RELAÇÕES SOCIAIS
E SERVIÇO SOCIAL NO BRASIL

Dados Internacionais de Catalogação na Publicação (CIP)
(Câmara Brasileira do Livro, SP, Brasil)

Iamamoto, Marilda Villela
　Relações sociais e serviço social no Brasil : esboço de uma interpretação histórico-metodológica / Marilda Villela Iamamoto, Raúl de Carvalho. – 41. ed. – São Paulo : Cortez, 2014.

　Bibliografia.
　ISBN 978-85-249-1706-6

　1. Política social 2. Serviço social 3. Serviço social — Brasil 4. Serviço Social como profissão I. Título.

11-02184　　　　　　　　　　　　　　　　　　　　　CDD-361.0023

Índices para catálogo sistemático:

1. Serviço social como profissão　361.0023

Marilda Villela Iamamoto
Raul de Carvalho

RELAÇÕES SOCIAIS E SERVIÇO SOCIAL NO BRASIL

Esboço de uma interpretação histórico-metodológica

41ª edição
8ª reimpressão

RELAÇÕES SOCIAIS E SERVIÇO SOCIAL NO BRASIL
Marilda Villela Iamamoto – Raul de Carvalho

1. Heloisa Tapajóz de Morais
2. Yolanda Maciel
3. Lucy Pestana Silva
4. Guiomar Urbina Telles
5. Haütil Prado
6. Maria José de Silveira
7. Dina Bartolomeu
8. Nair de Oliveira Coelho
9. Nadir Gouvêa Kfouri
10. Helena Iracy Junqueira
11. Fátima Vasta de Souza
12. Maria Ignez de Barros Penteado
13. Maria Amélia de Andrade Reis

Primeiras Assistentes Sociais diplomadas no Brasil, em 1938, pela Escola de Serviço Social de São Paulo, atualmente Faculdade de Serviço Social da PUC-SP.
(Foto gentilmente cedida pela profa. Helena I. Junqueira, a quem agradecemos).

Capa: DAC
Revisão: Maria de Lourdes de Almeida; Agnaldo Alves
Composição: Linea Editora Ltda.
Coordenação editorial: Danilo A. Q. Morales

1ª edição — 1982

Nenhuma parte desta obra pode ser reproduzida ou duplicada sem autorização expressa dos autores e do editor.

© 1982 by Autores

Direitos para esta edição
CORTEZ EDITORA
Rua Monte Alegre, 1074 – Perdizes
05014-001 – São Paulo - SP
Tel.: (11) 3864-0111   Fax: (11) 3864-4290
E-mail: cortez@cortezeditora.com.br
www.cortezeditora.com.br

Impresso no Brasil — julho de 2025

*A
André Toshio,
João Lucas,
Bel,
Jorge.*

Sumário

Apresentação 11

Prefácio 15

Introdução 19

PARTE I
Proposta de Interpretação Histórico-Metodológica

CAPÍTULO I Uma Concepção Teórica da Reprodução das Relações Sociais 35
1. A produção capitalista é produção e reprodução das relações sociais de produção 35
2. O capital como relação social 38
   2.1 O capital e a forma mercadoria 38
   2.2 A transformação da mercadoria em capital 42
3. As relações sociais mistificadas e o ciclo do capital 51
4. A reprodução do capital e a totalidade da vida social 72

CAPÍTULO II O Serviço Social no Processo de Reprodução das Relações Sociais 77
1. Perspectiva de análise 77
2. A intervenção do agente profissional nas relações sociais 83
3. O significado dos serviços sociais 96

4. Relações sociais e serviço social 101
    4.1 Serviço social e reprodução da força de trabalho 105
    4.2 Serviço social e reprodução do controle e da ideologia dominante 112

PARTE II
Aspectos da História do Serviço Social no Brasil (1930-1960)

CAPÍTULO I   A Questão Social nas Décadas de 1920-1930 e as Bases para a Implantação do Serviço Social 133
1. A questão social na Primeira República 133
2. A reação católica 149
    2.1 Primeira fase da reação católica 150
    2.2 O movimento político-militar de 1930 e a implantação do corporativismo 157
    2.3 Relações Igreja-Estado 165

CAPÍTULO II   Protoformas do Serviço Social 175
1. Grupos pioneiros e as primeiras escolas de Serviço Social...... 175
    1.1 O Centro de Estudos e Ação Social de São Paulo e a necessidade de uma formação técnica especializada para a prestação de assistência 178
    1.2 O Serviço Social no Rio de Janeiro e a sistematização da atividade social 190
2. Campos de ação e prática dos primeiros assistentes sociais ... 198
3. Elementos do discurso do Serviço Social 208
4. Modernos agentes da justiça e da caridade 225
    4.1 O Serviço Social e o bloco católico 226
    4.2 Humanismo cristão e vocação 231

CAPÍTULO III Instituições Assistenciais e Serviço Social 248
1. O Estado Novo e o desenvolvimento das grandes instituições sociais 248
2. O Conselho Nacional de Serviço Social e a LBA 263
3. O SENAI e o Serviço Social 268
4. O SESI e o Serviço Social.. 283
5. Fundação Leão XIII e Serviço Social 298
6. Previdência Social e Serviço Social..................................... 306
7. Institucionalização da prática profissional dos assistentes sociais.. 323

CAPÍTULO IV Em Busca de Atualização 343
1. Os congressos de Serviço Social na década de 1940 345
2. Expansão da profissão e ideologia desenvolvimentista............ 358
3. O II Congresso Brasileiro de Serviço Social e a descoberta do desenvolvimentismo... 364

Considerações finais 379

Bibliografia... 389

Apresentação

O livro *Relações Sociais e Serviço Social: Esboço de uma interpretação teórico-metodológica* é o produto dos trabalhos de Marilda Villela Iamamoto e Raul de Carvalho, vinculados ao projeto de investigação do CELATS sobre a História do Trabalho Social na América Latina. Desta investigação participaram igualmente Manuel Manrique e Alejandrino Maguina; este último, a partir do mesmo projeto, escreveu o livro *Desarrollo Capitalista y Trabajo Social en el Perú*. O objetivo básico do projeto matriz de ambas as investigações foi efetuar uma análise da profissão no Brasil e no Peru, inicialmente, explicitando as articulações entre a gestação e desenvolvimento da profissão de Serviço Social e a dinâmica dos processos econômicos, sociais e políticos nesses países. Isto é, entender nossa profissão — sua natureza, seu posicionamento, sua função nas relações sociais vigentes em nossas sociedades — era também a proposta específica desta investigação. A partir deste nível particular de preocupação, buscava-se, assim, fortalecer a política de investigações do CELATS, dirigindo-a prioritariamente ao estudo de nossa realidade profissional.

Escrito originalmente em português, por dois investigadores brasileiros, o CELATS decidiu estimular a publicação destes resultados no Brasil, através de uma coedição com a Cortez Editora. Entendíamos que eram válidas as vantagens deste trabalho em coedição. Às mencionadas anteriormente, somava-se a existência de um "receptor" natural e sensitivo, constituído por estudantes, docentes e profissionais brasileiros, os quais teriam seguramente maior interesse por um texto editado em seu próprio idioma. A coordenação entre a edição e os autores, problema sempre presente na produção dos livros, estaria igualmente garantida através de acordo pessoal entre os autores e a editora. Enfim, havia inúmeras vantagens, pelo que passamos a inaugurar com este livro uma nova linha de trabalho editorial: as coedições. Neste caso com a Cortez Editora, cujo respaldo pioneiro aos delineamentos básicos de uma política editorial do CELATS merece nosso reconhecimento.

Os elementos teóricos que servem de referência à investigação de Marilda e Raul possibilitam que o livro supere as barreiras de um estudo nacional. De fato, além dos limites territoriais, *Relações Sociais e Serviço Social* é um ponto de partida obrigatório para todos os estudiosos que queiram compreender, do ponto de vista das relações sociais, o posicionamento do Serviço Social. Daí que este livro, embora editado em português e no Brasil, pela própria natureza da temática que desenvolve encontrará, sem dúvida, grande receptividade nos países de língua espanhola.

Este livro não é uma historiografia, nem uma cronologia sucessiva de acontecimentos que marcaram a história do Serviço Social no Brasil; ele oferece, sim, os elementos de interpretação histórica das principais forças determinantes na origem e evolução do Serviço Social neste país. A Igreja e o Estado surgem como raízes, como protagonistas principais da formação do Serviço Social na América Latina.

Entendemos que este é um dos esforços mais sérios que se tem feito, através da óptica do Serviço Social, para compreender, a partir de novos ângulos, o processo de formação dessa atividade no Brasil, em sua relação com os processos sociais e econômicos da sociedade brasileira ao longo de sua história.

Para o desenvolvimento de seu trabalho, Marilda e Raul contaram com o subsídio de diversas instituições e organizações nacionais, assim como de grupos de Assistentes Sociais, que contribuíram, a partir de perspectivas diferenciadas, para compreender como surge nossa profissão no Brasil, como se desenvolve e como se delineia na atualidade.

A todas as organizações e pessoas que colaboraram para a implementação desta investigação, o CELATS manifesta nesta oportunidade seu mais expressivo reconhecimento.

Aos colegas Marilda Villela e Raul de Carvalho, por seu imbatível espírito investigador, pela seriedade com que assumiram este projeto, trabalhando inúmeras horas não reconhecidas pelos termos convencionais de uma relação de trabalho, queremos deixar a certeza do nosso apreço e admiração. Estamos seguros de que seu trabalho é um inestimável subsídio aos colegas do Brasil e da América Latina que buscam, como eles, forjar alternativas criativas e inovadoras no campo do conhecimento e da ação social.

Área de Comunicações
CELATS

Prefácio

Este prefácio bem poderia ser uma tentativa de síntese e crítica dos temas e propostas metodológicas desenvolvidos por Marilda e Raul. O que aprendemos sobre sua vocação — em um ano de trabalho conjunto e na amizade profunda — nos sugeriu, no entanto, deixar que o livro se abra diretamente ao leitor. Que a busca de cada um alcance seu próprio dinamismo, e que as descobertas e os encontros deem lugar a outros tantos testemunhos. Sendo o nosso, de alguma maneira, um "testemunho favorável", preferimos focalizar o livro, olhando-o em perspectiva, enquanto parte daquele mundo de inquietações coletivas que é a comunidade profissional do Serviço Social.

Em todo caso, é deste ponto de vista que pudemos apreciar que o livro aqui apresentado se afirma em uma ruptura e um debate implícitos, que cremos ser necessário pôr em relevo. Não se trata de uma proposta alternativa diante da concepção *tradicional* da profissão — e a conquista da sua *modernização* — nem de um mero, embora fundamental, discurso contestatório. Reafirmando a recusa e ao mesmo tempo indo contra o espontaneísmo e o voluntarismo, o que aqui nos é oferecido não é tão somente um passo adiante, mas a reformulação de uma rota. Uma rota que se constrói sobre os caminhos confusos e dispersos que deixaram atrás de si os sucessivos e diferentes contingentes de profissionais que, durante quase duas décadas, percorreram a América Latina abrindo trilhas ao caminhar, mas também uma rota que, ao seguir os rastros da reconceituação — assim o entendemos — consegue não só resgatar sua vitalidade histórica, como distanciar-se dos rastros alheios, retificar desvios e aliviar fadigas. Desta forma, sem que isso necessariamente tenha sido premeditado pelos autores, este livro tem, ante a reconceituação, a mesma filiação que inevitavelmente existe entre o fruto e a semente, entre o vigor democrático dos povos e o avanço da ciência.

Tem sido afirmado que "a reconceituação está morta".[1] Proposição aniquiladora e vã de quem não sabe distinguir o velho do novo; autossugestão dogmática — e não sugestão ortodoxa — de quem confunde suas expectativas estratégicas com os processos reais e, querendo enterrar com palavras o que essencialmente é tarefa do "velho míope", não o acompanha em seu percurso. Ainda mais, distanciando-se irremediavelmente das bases em seu movimento concreto, tais vozes não contribuem para conservar os terrenos férteis que elas conquistam em sua prática contraditória.

Ninguém afirmou, nem pode afirmar agora, que o movimento de reconceituação foi coeso e único ao nascer, nem em seu processo de crescimento. As tendências em seu interior sempre foram claramente perceptíveis, sendo que para um elas são sete,[2] para outro só cinco,[3] e para muitos um número indefinido e variável. A pluralidade de tendências, no entanto, não deve impedir-nos de perceber sua unidade, unidade com contradição e unidade que varia, sem dúvida. A luta no seu interior, em consequência, é inevitável, mas é sua única forma possível de existência: movimento que evolui ou involui, que cresce ou regride, que aprofunda criadoramente suas crises e se depura e decanta, ou que as multiplica na indefinição e sobreposições sem fim. Sendo assim, não basta que nos perguntemos para onde vai a reconceituação, mas para onde queremos que vá. Se as tendências são inevitáveis e válidas, saudemos as que dinamizam seu avanço, com consciência ou não de sua pertinência e filiação ao movimento. Porque, assim como não basta ter sido "fundador" para

---

1. Ver E. Ander Egg. "La Problemática de la reconceptualización del Servicio Social latinoamericano al comenzar la década del 70". In: *Reconceptualización del Servicio Social*. Buenos Aires: Humanitas, 1971.

2. Ver também H. C. Kruze. "La Reconceptualización del Servicio Social en América Latina". In: Ander Egg, Kruze e outros, *Conceptualización del Servicio Social*. Buenos Aires: Humanitas, 1971.

3. Vários. "Desafío al Servicio Social. Crisis de la reconceptualización?" Buenos Aires: Humanitas, 1976 (trabalhos publicados anteriormente na *Revista de Servicio Social*, n. 26, Buenos Aires 2º quadrimestre de 1975).

ser atualmente uma força vigente, tampouco a militância expressa na reconceituação é uma exigência prévia para que as novas contribuições ao Serviço Social fortaleçam sua possibilidade e perspectivas. Como as críticas conservadoras à reconceituação muitas vezes surgem "dentro" do movimento, assim também é possível que as novas contribuições e desenvolvimentos provenham aparentemente "de fora". Segundo nossa perspectiva, a delimitação sobre o que está dentro ou fora não tem nada a ver com as manifestações públicas de adesão ou desacordo, mas com o caráter e significado histórico do movimento e do significado *social* das práticas e posições pessoais.

É indubitável que o caráter atual do debate sobre a *reconceituação* já não tem as características dos anos iniciais, quando o movimento construía seu perfil diferenciado a partir do fundo cinzento da prática profissional *tradicional*. As propostas de *desafio* e *crítica*, com a intenção de delimitar "para fora", tornaram-se, nestas quase duas décadas, uma fundamental polêmica "interna". Isto, pelo menos, enquanto as "veleidades" e inconsistências não se tornem — por si mesmas ou por ação da contradição — forças centrífugas plenamente desveladas. Em todo caso, para esse desvelamento apontam as análises rigorosas que, como a de Paulo Netto,[4] nos alertam lucidamente sobre a "crítica conservadora" à reconceituação, ao assinalar que "as críticas que os setores profissionais refratários à reconceituação dirigem ao processo apresentam uma peculiaridade significativa: os núcleos temáticos desta crítica são literalmente *idênticos* aos elementos autocríticos que alguns promotores do processo de reconceituação chegaram a esboçar". Ainda que o livro a que se refere, *Desafio al Servicio Social*,[5] não se defina em sua totalidade neste ângulo — nele predominam as contribuições autocríticas válidas — não é, tampouco, o único nem a única ocasião e meio de difusão através do qual tais críticas conservadoras foram tomando corpo. Analisando uns e outros, entretanto, pode-se con-

---

4. José Paulo Netto. "A Crítica conservadora a reconceitualização". *Serviço Social & Sociedade*, São Paulo, ano 3, n. 5, mar. 1981, p. 62.

5. A. Miranda Z. e G. Mayte. "La Reconceptualización ha muerto?" (mimeografado). Centro de estudo e trabalho "Amauta", Puno, Peru, 1979 (resumo da correspondente tese de grau, Departamento de Trabajo Social Universidade Técnica del Altiplano, 1978).

cluir que o que foi polêmica "para fora", teria passado a ser "interna" só na aparência, seja porque muitos de seus adeptos só o foram nominalmente, desde o início, seja porque desde então, ou posteriormente, a contradição interna de suas próprias posições os levou a adotar antigas tendências conservadoras, reproduzindo-as e modernizando-as.

Postulamos, em troca, que o livro que estamos apresentando, ao adotar também tendências pretéritas — neste caso democráticas — não só as reproduz, mas também as situa em uma nova ordem de reflexão. Será visto, entretanto, que neste caso a filiação não se reduz tão só às contribuições prévias da reconceituação nem do Serviço Social. Fazendo o que se devia fazer, Marilda e Raul não se sujeitam a um debate mal formulado pelo pragmatismo funcionalista, prescindem de falsas perguntas e se situam no campo mais amplo e rigoroso da construção de um pensamento e consciência dialéticos sobre o significado social e caráter histórico da prática profissional. É assim que Marx deixa de ser também uma simples citação oportuna, para situar-se no interior do discurso, outorgando-lhe seu significado. E é assim também que a melhor tradição das ciências sociais brasileiras, de Florestan Fernandes em diante, ganha um novo espaço de reflexão.

Não se trata de um Serviço Social identificado com o "Social Survey" ou o "desenvolvimento de comunidade", tal como o que, inevitavelmente, Fernandes[6] se viu constrangido a discutir em seus textos de fins da década de 1950. Junto com outras ciências sociais aplicadas, a ciência da história contribuiu para desenvolver as perspectivas do Serviço Social — e este livro é uma prova disto — tanto impulsionando a "luta metodológica", como aproximando os profissionais dos processos e contradições reais.

Manuel Manrique Castro

---

6. Florestan Fernandes. *Ensaios de Sociologia Geral e Aplicada*. São Paulo: Pioneira, 1971 (veja-se o capítulo 3, "A Sociologia Aplicada: seu campo, objeto e principais problemas", em especial as p. 132-3).

Introdução

O texto que ora vem a público é resultado de um trabalho de pesquisa levado a efeito sob os auspícios do Centro Latino-Americano de Trabalho Social — CELATS —, durante o ano de 1978, como parte de projeto mais amplo sobre a "História do Serviço Social na América Latina".[1] É fruto de uma pesquisa de cunho profissional, mais que um trabalho de investigação de caráter estritamente acadêmico.

Preliminarmente, impõem-se algumas considerações sobre a *perspectiva de análise* que orientou a abordagem do objeto de estudo: o Serviço Social como profissão no contexto de aprofundamento do capitalismo na sociedade brasileira, no período 1930-1960. Através desse estudo procurou-se desvendar o significado social dessa instituição e das práticas desenvolvidas em seu âmbito, por agentes especialmente qualificados: os Assistentes Sociais. A análise sociológica nessa perspectiva implicou o esforço de inserir a profissão no processo de reprodução das relações sociais.

Afirmar que a instituição Serviço Social é produto ou "reflexo" da realidade social mais abrangente, expressa apenas um ângulo da questão, se considerado isoladamente. Por outro lado, reduzir a análise dos elementos constitutivos "internos" — que, supostamente, peculiarizam à

---

1. Parte do projeto dessa pesquisa encontra-se publicada. Ver: M. V. Iamamoto e M. C. Manrique. "Hacia el estudio de la historia del Trabajo Social en América Latina". In: *Acción-Crítica* n. 5, abr. 1979, CELATS — ALAETS, Lima, p. 53-73. Outro resultado parcial desse projeto é a publicação do livro de autoria de A. L. Maguina. "*Desarrollo capitalista y Trabajo Social*. Peru 1896-19Z9. Lima: CELATS, 1979.

profissão um perfil específico: seu objeto, objetivos, procedimentos e técnicas de atuação etc. — significa extrair, artificialmente, o Serviço Social das condições e relações sociais que lhe dão inteligibilidade e nas quais se torna possível e necessário. Significa privilegiar a visão focalista e a-histórica que permeia muitas das análises institucionais. A tentativa de superação dessas orientações metodológicas implicou considerar que a apreensão do significado histórico da profissão só é desvendada em sua inserção na sociedade, pois ela se afirma como instituição peculiar na e a partir da divisão social do trabalho. Como a profissão só existe em condições e relações sociais historicamente determinadas, é a partir da compreensão destas determinações históricas que se poderá alcançar o significado social desse tipo de especialização do trabalho coletivo (social), mais além da aparência em que se apresenta em seu próprio discurso, e, ao mesmo tempo, procurar detectar como vem contribuindo, de maneira peculiar, para a continuidade contraditória das relações sociais, ou seja, do conjunto da sociedade.[2]

O Serviço Social só pode afirmar-se como *prática institucionalizada e legitimada* na sociedade ao responder a *necessidades sociais* derivadas da prática histórica das classes sociais na produção e reprodução dos meios de vida e de trabalho de forma socialmente determinada.

À medida que a satisfação das necessidades sociais se torna mediatizada pelo mercado, isto é, pela produção, troca e consumo de mercadorias, tem-se uma crescente divisão do trabalho social, a qual pode ser considerada nas suas formas gerais (no mercado mundial, por grupo de países, no interior de um país, entre agricultura e indústria, cidade e campo etc.), passando pelas formas singulares e particulares dentro dos ramos de produção, até a divisão do trabalho no interior da oficina.

A divisão do trabalho na sociedade determina a vinculação de indivíduos em órbitas profissionais específicas, tão logo o trabalho assume

---

2. "Mostrar que uma instituição 'reflete' ou expressa uma realidade mais profunda e elevada, quer dizer, o inconsciente ou a história, a sociedade ou o Estado burguês, o econômico ou o social, é uma coisa: *mostrar como ela contribui para a produção e reprodução das relações sociais é outra coisa.*" H. Lefebvre "Estrutura social: A Reprodução das Relações Sociais". In: M. M. Foracchi e J. S. Martins. *Sociologia e sociedade (Leituras de introdução à Sociologia)*. Rio de Janeiro: Livros Técnicos e Científicos, 1977. p. 228-9. Grifos nossos.

um caráter social, executado na sociedade e através dela. Com o desenvolvimento das forças produtivas sociais do trabalho, sob a égide do capital, o processo de trabalho passa a ser efetuado sob a forma de cooperação de muitos trabalhadores livres e de máquinas no interior da fábrica. Verifica-se, ao mesmo tempo, um parcelamento das atividades necessárias à realização de um produto, sem precedentes em épocas anteriores, agora executados por diversos trabalhadores diferentes e por um sistema de máquinas. Cria-se o trabalhador parcial, efetuando-se o parcelamento do próprio indivíduo no ato da produção. As forças produtivas do trabalho coletivo são apropriadas pelo capital, enfrentando o trabalhador como elementos que o subjugam. A própria ciência é apropriada pela classe capitalista e colocada a seu serviço, como força produtiva do capital e não do trabalho.

Ao produzirem os meios de vida, os homens produzem sua vida material. O modo de produzir os meios de vida refere-se não só à reprodução física dos indivíduos, mas à *reprodução de determinado modo de vida*. A produção da própria vida no trabalho e da alheia na procriação dá-se numa dupla relação natural e social; social no sentido de que compreende a cooperação de muitos indivíduos. Portanto, determinado modo de produzir supõe, também, determinado modo de cooperação entre os agentes envolvidos, determinadas relações sociais estabelecidas no ato de produzir, as quais envolvem o cotidiano da vida em sociedade.[3]

O grau de desenvolvimento da divisão social do trabalho expressa o grau de desenvolvimento das forças produtivas sociais do trabalho. Com a divisão do trabalho dá-se, ao mesmo tempo, a distribuição quantitativa e qualitativa do próprio trabalho e dos seus produtos, isto é, da propriedade — do poder de dispor do trabalho de outros. A divisão do trabalho e a propriedade são expressões idênticas: o que a primeira enuncia em relação à atividade do homem, a segunda enuncia em relação ao produto da atividade do homem. Assim é que a cada fase da divisão do

---

3. "Tal como os indivíduos manifestam sua vida, assim são eles. O que eles são coincide, portanto, com sua produção: *como que* produzem, *com o modo como* produzem. O que os indivíduos são depende, pois, das condições materiais de produção". K. Marx e F. Engels. A *Ideologia alemã* (Feuerbach). São Paulo: Grijalbo, 1977. p. 27-8.

trabalho corresponde uma forma de propriedade, ou a cada estágio do desenvolvimento das forças produtivas do trabalho social corresponde uma forma de apropriação do trabalho.[4]

Sendo o trabalho humano expressão da atividade humana num contexto de alienação, a "divisão do trabalho é a expressão econômica do caráter social do trabalho dentro da alienação".[5] Trata-se de uma *forma específica* da divisão do trabalho, cujo elemento fundamental é que os indivíduos produzam *mercadorias*. Refere-se à divisão de trabalho, de estrutura histórica determinada, na qual o indivíduo se encontra determinado pela sociedade. O caráter social de seu trabalho só se manifesta no conteúdo do trabalho quando, como membro de um complexo social, produz para as necessidades dos demais, estando submetido a uma dependência social. Seu trabalho privado torna-se trabalho geral e seu produto um produto social, que responde a necessidades sociais. Tal se comprova pelo fato de que seu trabalho privado passa a constituir uma particularidade do trabalho social, um ramo que o completa, um modo de existência do trabalho coletivo. É nesse contexto da divisão do trabalho que se pretende situar a profissão de Serviço Social.

Esta é uma linha de análise que não encontra suporte na bibliografia especializada do Serviço Social e da sociologia das profissões, salvo engano, implicando, portanto, a necessidade de recuperar a teoria e o método de análise dos autores clássicos. Nesse sentido procura-se, no decorrer do estudo, explicitar o desenvolvimento da lógica que preside a concepção relativa à reprodução das relações sociais. Mais do que uma exposição, em forma didática, de categorias fundamentais da análise marxista, representa um esforço de sistematização de uma leitura dos clássicos que busca recuperar a dimensão da totalidade dessa teoria e método, vistos de forma indissociável. Acentua-se, como diretriz da pró-

---

4. Ver K. Marx e F. Engels. *A Ideologia...*, op. cit.

5. "Uma vez que o trabalho humano não é mais que a atividade humana dentro da alienação — da manifestação da vida enquanto alienação da vida — podemos dizer, também, que a divisão do trabalho não é outra coisa que o estabelecimento alienado da atividade humana genérica real ou da atividade do homem enquanto ser genérico". K. Marx. "Manuscritos econômico-filosóficos de 1848". In K. Marx e F. Engels. *Manuscritos econômicos vários*. Barcelona: Grijalbo, 1975. p. 99.

pria elaboração do texto, o empenho em explicitar a articulação básica e contraditória entre a essência das relações sociais e sua manifestação através de formas mistificadoras, mas necessárias à expressão dos fenômenos sociais: ambas criadas e recriadas no próprio processo da vida social. Cabe situar que o uso intenso de citações — particularmente no primeiro capítulo — teve por objetivo garantir rigor conceitual e, ao mesmo tempo, obedeceu à intenção de facilitar ao leitor interessado o aprofundamento de uma série de conceitos que são dados por supostos. Funciona, assim, como um roteiro de leitura das fontes utilizadas. A exposição do processo de reprodução das relações sociais apresenta, necessariamente, maior nível de abstração, sendo, porém, indispensável dentro da estratégia teórico-metodológica adotada para uma reflexão do Serviço Social ante as relações sociais vigentes.

Essa mesma concepção teórico-metodológica fundamenta os esforços desenvolvidos no sentido de recuperar alguns traços relevantes da história do Serviço Social no Brasil. O surgimento e desenvolvimento dessa instituição são vistos a partir do prisma da "questão social", isto é, do surgimento do proletariado com expressão política própria. Os rumos que essa instituição progressivamente assume são analisados tendo por elemento determinante a correlação de forças entre as classes fundamentais da sociedade. Procura-se recuperar as especificidades do processo histórico, centrando a análise em conjunturas que representam pontos de inflexão, isto é, crises, no bojo das quais se verificam mudanças nas formas de manifestação e enfrentamento da questão social pelas diversas frações da classe dominante, diante do poder de organização e pressão do proletariado. O Serviço Social surge como um dos mecanismos utilizados pelas classes dominantes como meio de exercício de seu poder na sociedade, instrumento esse que deve modificar-se, constantemente, em função das características diferenciadas da luta de classes e/ou das formas como são percebidas as sequelas derivadas do aprofundamento do capitalismo. Estas sequelas se manifestam, também, por uma série de comportamentos "desviantes", que desafiam a Ordem. Em face do crescimento da miséria relativa de contingentes importantes da classe trabalhadora urbana, o Serviço Social aparece como uma das alternativas às ações caritativas tradicionais, dispersas e sem solução de continuidade, a partir da busca de uma nova "racionalidade" no enfrentamento da questão social. A procura de maior eficiência no tratamento dessa questão consubstancia-se, também, na solidificação do Serviço Social como instituição, intimamente vinculado ao crescimento do aparelho de Estado, no sentido de criação de "braços que avançam para dentro da sociedade civil".

Na reconstrução histórica do Serviço Social foram utilizadas fontes diferenciadas. Para esboçar as conjunturas consideradas fundamentais para a trajetória da profissão, fez-se apelo à literatura disponível nas ciências sociais sobre a história recente do Brasil. Para o estudo específico da evolução do Serviço Social, a quase inexistência de sistematizações sobre o tema levou a que o trabalho se baseasse fundamentalmente em documentação de arquivos e na literatura original, dos diversos momentos considerados, produzida pelos próprios agentes.

A documentação analisada incluiu, portanto, o *discurso institucional* — do próprio Serviço Social, do empresariado ou do Estado — o *discurso dos agentes profissionais* sobre sua prática, *relatórios* em diversos níveis de detalhe da *intervenção técnica* e *debates* que marcaram o meio profissional em eventos associativos e revistas especializadas, expressando este último tipo de registro posições diversificadas presentes no meio profissional. Trabalhou-se dentro da perspectiva de que todas essas formas de expressão representam dimensões diversas da prática profissional, sendo elementos constitutivos dela. No tratamento destas fontes teve-se por diretriz analítica a apreensão da prática profissional na sua dupla dimensão: na representação sobre esse fazer expresso através do discurso dos agentes envolvidos e na direção historicamente circunscrita dos efeitos sociais dessa intervenção.[6] Procurou-se situar a unidade contraditória dessas duas dimensões da prática, contrapondo o discurso às conjunturas históricas presentes, num esforço de apreensão do Serviço Social como *processo social*. Ressalta, ainda, que os registros existentes mostram a sistematização da prática profissional essencialmente sob a ótica do polo institucional domi-

---

6. Maior explicitação dessa diretriz está contida na Parte 1, Capítulo 2: O Serviço Social no Processo de Reprodução das Relações Sociais.

nante, sendo raras as manifestações de posições aberta ou veladamente contestadoras. Isto é, a documentação utilizada não permitiu a apreensão de um "contra-discurso" institucional, que nas épocas consideradas eventualmente poderia ter existido. Limitação muito mais significativa foi o fato da total inexistência de registros que identificassem as posições da população "cliente" perante a instituição Serviço Social, o que permitiria recuperar historicamente o significado dos serviços prestados pelo profissional segundo o ponto de vista dos trabalhadores.

As condições que cercaram a execução deste trabalho induziram a que fossem feitas algumas opções que necessariamente incidiram sobre a dimensão e profundidade da pesquisa realizada. Dentre elas destacamos as condições artesanais de trabalho, o prazo extremamente limitado diante da abrangência do tema e do período considerado. Os esforços desenvolvidos para a integração à discussão e coleta de dados de representantes do meio profissional das áreas de docência e trabalho de campo, consubstanciada na formação de Grupos de Apoio à pesquisa em São Paulo e no Rio de Janeiro, de acordo com a orientação do CELATS, apesar de suas inestimáveis contribuições, constituíram-se em outro fator limitativo. Dessa forma, mais que uma análise da história do Serviço Social no Brasil, os dados trabalhados referem-se aos Estados do Rio de Janeiro e São Paulo. Por outro lado, temas diversos fundamentais para a configuração dessa profissão foram abordados em diferentes circunstâncias históricas: ensino especializado, exercício profissional em organizações institucionais diversas, processo de legitimação e institucionalização da profissão, caracterização dos agentes profissionais, influências internacionais, congressos etc. Em tais abordagens, mais que pretender um tratamento específico e exaustivo de cada tema, objetivou-se traçar um painel em que aqueles aspectos adquirissem significado face à história social e política da sociedade brasileira no período considerado.

Não se tem pretensão de, através deste trabalho, chegar a uma demonstração cabal de como o Serviço Social vem contribuindo, em sua evolução, para a reprodução das relações sociais. O que se supõe viável é explicitar as ferramentas teóricas que possibilitam trabalhar sob esta óptica de análise e situá-lo nesse processo dentro da história social do país.

Com estas reflexões pretendeu-se também apresentar elementos que dinamizem um debate, reforcem a procura de novos caminhos para o repensar da profissão, o que só será frutificado mediante um esforço coletivo. Esses novos rumos, acreditamos, têm que partir da consideração do passado vivido pela profissão, o qual, submetido a uma crítica à base do conhecimento científico, resgate seus elementos substanciais. Esta é uma condição indispensável à formulação de novas estratégias para a ação dos agentes profissionais que se propõem a atuar a serviço dos interesses dos trabalhadores. Estratégias que deverão apoiar-se na análise rigorosa da realidade, superando o mero voluntarismo dos agentes individuais. Nesse sentido, o indagar-se sobre a *legitimidade social* da demanda do Assistente Social traz à superfície um elemento essencial para a superação de um tipo de prática profissional controladora dos setores populares; procura ultrapassar a mera revisão de formas de atuar numa linha de modernização do aparato teórico-prático da instituição Serviço Social, para situá-la a partir das relações de força entre as classes fundamentais da sociedade.

* * *

A primeira parte do livro é dedicada à reconstrução e explicação de diretrizes analíticas — teórico-metodológicas — que permitem conformar uma maneira peculiar de encarar a profissão de Serviço Social na sociedade capitalista. É a partir dessas diretrizes que, na segunda parte do livro, procura-se apreender aspectos da gênese e desenvolvimento da profissão inserida no processo histórico da sociedade brasileira.

O Capítulo 1 — Uma Concepção Teórica da Reprodução das Relações Sociais — expressa os fundamentos analíticos, segundo a concepção clássica marxista, para a compreensão da reprodução das relações sociais, como premissa fundamental para situar o Serviço Social nesse processo. Procura-se apreender a vida em sociedade em uma perspectiva de totalidade, como produção e reprodução de relações sociais historicamente determinadas e das contradições que as permeiam, evitando-se a reificação de categorias econômicas. Ressaltam-se as expressões simultaneamente econômico-políticas e ideológicas dos fenômenos sociais. No desenvolvimento do texto existe uma linha metodológica básica que permeia toda a exposição: desvendar por que, na sociedade do capital, relações sociais entre pessoas, enquanto personificam interesses de classe, aparecem como relações entre coisas, em que os sujeitos desse processo submergem, para transparecer, na superfície da sociedade, as coisas, isto é, as mercadorias que possuem, e mediadas pelas quais entram em relação. Trata-se, portanto, de elucidar e articular as relações sociais e as *formas sociais* por intermédio das quais necessariamente se expressam, ao mesmo tempo em que encobrem seu caráter mais substancial. O desencadeamento dessa linha de raciocínio parte da mercadoria simples e de seu fetiche, como forma social básica e pressuposto da sociedade capitalista. Acentua-se, a seguir, o processo de transformação da mercadoria em capital, ressaltando as novas determinações do processo de trabalho enquanto processo de valorização do capital, de produção de mais-valia. Ante a reprodução ampliada do capital, são expressas algumas mistificações que permeiam o ciclo do capital, as relações entre capital e trabalho.

O Capítulo 2 — O Serviço Social no Processo de Reprodução das Relações Sociais — orienta-se no sentido de situar a profissão na reprodução das classes sociais fundamentais, recuperando a orientação teórica supramencionada para apreender essa expressão particular do trabalho coletivo. Representa um intento de compreender o *significado social* dessa profissão. O texto tem por objetivo básico a construção de hipóteses diretrizes de trabalho, que constituem a base estratégica da investigação.

A prática institucional do Serviço Social, demandada pela classe capitalista e por seus representantes no Estado para intervir junto aos trabalhadores, é apreendida como uma atividade auxiliar e subsidiária no exercício do controle social e na difusão da ideologia dominante. Atua, ainda, pela mediação dos serviços sociais, na criação de condições favorecedoras da reprodução da força de trabalho. Sendo o exercício profissional polarizado pela luta de classes, o Serviço Social também participa do processo social, reproduzindo as contradições próprias da sociedade capitalista, ao mesmo tempo e pelas mesmas atividades pelas quais é chamado a reforçar as condições de dominação. Se, de um lado, o profissional é solicitado a responder às exigências do capital, de outro, participa, ainda que subordinadamente, de respostas às necessidades legítimas de sobrevivência da classe trabalhadora. Procura-se, pois, apreender o movimento contraditório da prática profissional no jogo das forças sociais presentes na sociedade. Subsidiando o desenvolvimento analítico das hipóteses, são ressaltadas algumas características do agente profissional nas relações sociais: as fontes de legitimidade de sua demanda, a condição de trabalhador assalariado e de intelectual, suporte simbólico que sustenta, dominantemente, a atuação técnica etc. Como o Assistente Social atua na implementação de medidas de política social concretizadas através dos serviços sociais, procura-se marcar o significado desses serviços na sociedade burguesa, na óptica do capital e do trabalho.

* * *

A segunda parte do livro — Aspectos da História do Serviço Social no Brasil (1930-1960) — divide-se em quatro capítulos, obedecendo, *grosso modo*, a uma perspectiva cronológica. O estudo parte da *Questão Social*, no quadro histórico do colapso da *Primeira República* e consolidação do *Estado Novo*, período que pode ser caracterizado pela vivência de um processo marcado por crises profundas. Procura-se recuperar, ante a luta do proletariado pela conquista de sua *cidadania social*, as posições assumidas pelas diversas facções dominantes. Adquire aí especial relevo a análise da chamada *Reação Católica* ou rearmamento institucional da Igreja, que fornece o arcabouço dentro do qual se criam as condições para a implantação do Serviço Social. A base social, as posições políticas e práticas do *Bloco Católico*, que se reorganiza, irão caracterizar o discurso e a atuação dos grupos pioneiros do Serviço Social. Nesse ponto, procura-se recuperar diversas das características desses grupos — em São Paulo e no Rio de Janeiro — buscando retratar o surgimento das escolas especializadas, as atividades desenvolvidas, o discurso, particularizando neste último as representações que ratificam aquelas práticas.

Na conjuntura em que progressivamente o Estado Novo vai adquirindo contornos mais precisos, tem significado decisivo a análise das relações contraditórias entre Igreja e Estado, no bojo da constituição de um novo pacto de dominação. As transformações decorrentes do aprofundamento do capitalismo, a consequente pressão exercida pelas novas forças sociais urbanas, as tensões políticas que se originam desse processo, refletem o quadro a partir do qual o Estado passa a assumir novas funções, aprofundando sua intervenção nas mais diferentes esferas. Na medida em que a Igreja se vê reinstalada em seus privilégios, enquanto principal agência civil de controle e domesticação das classes subalternas, e em que o aparelho de Estado tem enorme desenvolvimento, expandindo-se sobre a *Sociedade Civil*, realiza-se uma transformação crucial no Serviço Social. Acompanhando aquele movimento, o Serviço Social será progressivamente institucionalizado e seus agentes profissionais absorvidos pelo aparelho de Estado, preferentemente a partir de seus ramais especializados nas tarefas assistenciais e de dominação. Procura-se retratar, aí, as razões que presidem o surgimento das grandes instituições sociais e assistenciais, particularizando-se a análise para algumas das entidades mais conhecidas nesse ramo. Num segundo momento, analisa-se a incorporação do Serviço Social a essas entidades e o projeto de prática institucional que se gesta, seus compromissos e limitações. Nesse processo procura-se fixar a mudança profunda que ocorre nas características dos agentes profissionais: a transição do agente benévolo que atua por meio de canais particulares, em geral proveniente dos setores abastados da sociedade, para o agente técnico-profissional, cuja origem social se encontra predominantemente nos estratos médios e que atua através de canais legais, muitas vezes disciplinares; a transição entre o caráter *apostolar* do discurso e das práticas sociais desenvolvidas, nas quais seu conteúdo de classe é explícito e apenas mediatizado por um teor humanista e cristão, para sua tecnificação e crescente eufemização de seu conteúdo de classe. Enfim, busca-se retratar, com exemplos concretos, a nova "racionalidade" que assume o *tratamento* da questão social, e as novas funções daí decorrentes, que irão compor o projeto de prática institucional do Serviço Social.

No último capítulo, o estudo se orienta para a observação de alguns grandes encontros do meio profissional. Analisam-se os Congressos de Serviço Social na década de 1940 e o II Congresso Brasileiro de Serviço

Social (1961), realizado em pleno período desenvolvimentista. Subjacente à análise — às vezes prolongada — do conteúdo das teses e intervenções apresentadas, está a preocupação em detectar as estratégias de atualização da instituição diante das preocupações que agitam as instâncias dominantes.

* * *

Esta publicação é uma versão revista do relatório original da pesquisa apresentada ao CELATS em 1979, sendo expressão de um trabalho conjunto dos autores, no que se refere à pesquisa e discussão, tendo havido, no entanto, uma divisão de tarefas quanto à redação das partes do livro. Coube a Marilda V. Iamamoto redigir a primeira parte e a Raul de Carvalho a Análise Histórica do Serviço Social no Brasil. A introdução e a conclusão foram elaboradas por ambos os autores.

No decorrer da investigação, contamos com valioso apoio de pesquisadores e profissionais, aos quais registramos nossos agradecimentos:

— às Assistentes Sociais participantes dos Grupos de Apoio à pesquisa, organizados no Rio de Janeiro e em São Paulo: Mariléa Venâncio Porfírio, Elizabeth Andrade Romeiro, Maria Lúcia Rezende Garcia, Dayse Gonçalves, Ana Maria de Vasconcelos Gouveia Matos e Maria Olímpia Quirino Costa; Maria Carmelita Yazbek, Raquel Raichelis, Maria Rosangela Batistoni, Diva Maria de Souza Cunha, Maria Beatriz da Costa Abramides, Sandra Márcia R. de Lins Albuquerque e Maria Célia Perez Fernandez Vilarinho;

— à Socióloga Berenice Moraes Lacroix, pela disponibilidade no acompanhamento e discussão da trajetória da pesquisa;

— à diretoria da Faculdade de Serviço Social da Pontifícia Universidade Católica de São Paulo, na pessoa da Profa. Mariangela Belfiore, pela autorização de consulta aos seus arquivos;

— aos professores Octavio Ianni, Oriowaldo Queda, José de Souza Martins, Luís Flávio Rainho Ribeiro, Maria José Ferreira de Araújo Ribeiro, Izabel de Carvalho, Leila Stein e José Paulo Netto, pelas sugestões apresentadas;

— aos amigos e colegas de trabalho Manuel Manrique Castro e Alejandrino Maguina Larco, pela gratificante oportunidade de trabalho em equipe;

— à Direção do CELATS, na pessoa de Leila Lima Santos, o nosso reconhecimento pela compreensão e apoio proporcionados;

— à Socióloga Fernanda Maria Coelho, pela colaboração prestada na coleta de dados.

Finalmente, deve ser afirmado, como é de praxe, que as pessoas supracitadas não têm qualquer responsabilidade nas opiniões emitidas e nas eventuais falhas deste texto.

São Paulo, 12 de outubro de 1981.

Marilda Villela Iamamoto
Raul de Carvalho

Parte I

PROPOSTA DE INTERPRETAÇÃO HISTÓRICO-METODOLÓGICA

CAPÍTULO I

Uma Concepção Teórica da Reprodução das Relações Sociais

Para situar o significado da profissão de Serviço Social no processo de reprodução das relações sociais, faz-se necessário, inicialmente, procurar apreender o movimento no qual e através do qual se engendram e se renovam as relações sociais que peculiarizam a formação social capitalista. Buscar detectar no processo da vida social sua realidade substancial e as formas que reveste é uma tarefa preliminar.

É este referencial teórico que fornecerá os subsídios para análise do objeto de estudo. Trata-se, portanto, de um primeiro nível de reflexão mais geral e de maior nível de abstração, para, em seguida, voltar à profissão, captando-a na sua significação histórica.

1. A Produção Capitalista é Produção e Reprodução das Relações Sociais de Produção[1]

É na vida em sociedade que ocorre a produção. *A produção é uma atividade social.* Para produzir e reproduzir os meios de vida e de produção, os homens estabelecem determinados vínculos e relações mútuas, dentro

---

1. Esta concepção está presente no conjunto das obras de Karl Marx. Ver especialmente: K. Marx, *El Capital. Crítica de la Economía Política*. México: Fondo de Cultura Económica, 2. ed., 5ª reimpressão, 3 tomos,

e por intermédio dos quais exercem uma ação transformadora da natureza, ou seja, realizam a produção. A produção do indivíduo isolado é uma abstração. A relação entre os homens na produção e na troca de suas atividades varia de acordo com o nível de desenvolvimento dos meios de produção. Tais relações se estabelecem, portanto, em condições históricas determinadas, nas quais os elementos da produção articulam-se de forma específica. Assim sendo, *a produção social é essencialmente histórica.* Aqui, trata-se de uma produção social na sua especificidade: a produção capitalista.

> "(...) as relações sociais, de acordo com as quais os indivíduos produzem, as relações sociais de produção alteram-se, transformam-se com a modificação e o desenvolvimento dos meios materiais de produção, das forças produtivas. Em sua totalidade as relações de produção formam o que se chama relações sociais: a sociedade e, particularmente, uma sociedade num determinado estágio de desenvolvimento histórico, uma sociedade com um caráter distintivo particular (...) O Capital também é uma relação social de produção. É uma relação burguesa de produção, relação de produção da sociedade burguesa".[2]

O processo capitalista de produção expressa, portanto, uma maneira historicamente determinada de os homens produzirem e reproduzirem as condições materiais da existência humana e as relações sociais através das quais levam a efeito a produção. Neste processo se reproduzem, concomitantemente, as ideias e representações que expressam estas relações e as condições materiais em que se produzem, encobrindo o antagonismo que as permeia.

Assim, a produção social não trata de produção de objetos materiais, mas de relação social entre pessoas, entre classes sociais que personificam determinadas categorias econômicas.[3]

1975; *El capital, Libro I, Capítulo VI (Inédito).* Buenos Aires: Siglo XXI, 3. ed., 1973; "Trabalho assalariado e capital". In: K. Marx e F. Engels. *Textos 3.* São Paulo: Ed. Sociais, 1977. p. 60-93.

2. K. Marx. "Trabalho...", *op. cit.*, p. 69.

3. "A economia não trata de coisas, mas de relações entre pessoas, e em última instância entre classes sociais, embora estas relações estejam sempre ligadas a coisas e apareçam como coisas". F. Engels.

Na sociedade de que se trata, o capital é a relação social determinante que dá a dinâmica e a inteligibilidade de todo o processo da vida social.

Sendo o capital uma relação social, supõe o outro termo da relação: o trabalho assalariado, do mesmo modo que este supõe o capital. Capital e trabalho assalariado são uma unidade de diversos; um se expressa no outro, um recria o outro, um nega o outro. O capital pressupõe como parte de si mesmo o trabalho assalariado.

> "Capital não é uma coisa material, mas uma determinada relação social de produção, correspondente a uma determinada formação histórica da sociedade, que toma corpo em uma coisa material e lhe infunde um caráter social específico. O capital é a soma dos meios materiais de produção produzidos. *É o conjunto dos meios de produção convertidos em capital, que, em si, tem tão pouco de capital como o ouro e a prata, como tais, de dinheiro. É o conjunto dos meios de produção monopolizados por uma determinada parte da sociedade, os produtos e as condições de exercício da força de trabalho substantivados frente à força de trabalho viva e a que este antagonismo personifica como capital*".[4]

A reificação do capital, isto é, sua identificação com coisas materiais (os meios de produção) é típica daqueles que não conseguem distinguir as formas em que as relações se expressam destas mesmas relações. O capital se expressa através de mercadorias (meios de produção e de vida) e do dinheiro. Estas formas que o representam são *necessárias* porque criadas e recriadas no movimento mesmo da produção. Tais formas exteriores são aparências necessárias que fazem parte dos próprios fenômenos, através das quais se manifesta a substância real dos mesmos. Ao mesmo tempo que as expressam, as encobrem, pois as relações aparecem invertidas naquilo que realmente são: aparecem como relações entre mercadorias, embora não sejam mais que expressões de relações entre classes sociais antagônicas.

As relações sociais aparecem, pois, mistificadamente, como relações entre coisas, esvaziadas de sua historicidade. A reificação do capital é,

---

"'Contribuição à crítica da Economia Política' de Karl Marx". In: K. Marx e F. Engels. *Textos 3*. São Paulo: Ed. Sociais. p. 311.

4. K. Marx. *El Capital. Crítica de la Economia Política*, op. cit., t. III, p. 754.

pois, a forma mistificada em que a relação social do capital aparece na superfície da sociedade.[5]

Cabe, porém, a indagação: *Por que a produção e reprodução do capital é uma relação social historicamente dada que aparece como produção e reprodução de coisas?*

Para responder a esta questão, vamos partir do capital como mercadoria, tentando desvendar o mistério que acompanha esta forma social típica da sociedade burguesa. Em seguida, procuraremos detectar em que condições as mercadorias se transformam em capital, desvendando o que ocorre no mercado e no processo de trabalho característicos da sociedade capitalista. Finalmente, nos deteremos na reprodução do capital como reprodução ampliada das relações de dominação e as mistificações que a acompanham.

A partir deste quadro analítico poderemos levantar algumas hipóteses sobre o Serviço Social e a Reprodução das Relações Sociais.

2. O Capital como Relação Social

2.1 O Capital e a Forma Mercadoria[6]

O Capital se expressa sob a forma de mercadorias: meios de produção (matérias-primas e auxiliares e instrumentos de trabalho) e *meios de vida* necessários à reprodução da força de trabalho.

---

5. "Os economistas, prisioneiros das representações nas quais se movem os agentes capitalistas de produção, incorrem em um "quid pro quo" duplo, porém reciprocamente condicionado. Por uma parte, transformam o capital, de relação, em uma coisa, em um conjunto de mercadorias, as quais, na medida em que servem como condições de novo trabalho, se denominam capital (...) Por outra parte, transformam as coisas em capital, isto é, consideram a relação social que se representa nelas e através delas como uma propriedade que corresponde à coisa enquanto tal, tão logo a mesma ingressa como elemento no processo de trabalho ou no processo tecnológico." K. Marx. El Capital. Libro I. Capítulo VI (inédito), op. cit., p. 3, nota 3.

6. "A riqueza das sociedades onde impera o regime capitalista de produção se nos parece como 'um imenso arsenal de mercadorias e a mercadoria como sua forma *elementar*'. Por isso nossa investigação parte da mercadoria." K. Marx. El Capital. Crítica de la Economía Política, op. cit., t. I, cap. I, p. 4. Porém, é só sob a hegemonia do capital industrial que a mercadoria se transforma em forma geral e necessária, não só dos produtos do trabalho, mas também das condições de produção (meios de produção, força de trabalho); o

As mercadorias são objetos úteis, produtos de um trabalho de qualidade específica (trabalho útil concreto), que atendem a necessidades sociais; como objetos úteis, de qualidades materiais diferenciadas, são *valores de uso*. O valor de uso é a própria materialidade da mercadoria e se realiza no consumo dos objetos úteis.

> "Os valores de uso formam o *conteúdo material da riqueza*, qualquer que seja a *forma social* desta. No tipo de sociedade a que nos propomos a estudar, os valores de uso, são, ademais, o suporte material dos valores de troca".[7]

Mas as mercadorias não são apenas valores de uso; são grandezas ou magnitudes sociais que têm em comum o fato de serem produto do trabalho humano geral e indiferenciado (trabalho abstrato); são *valores* enquanto materialização de força humana de trabalho. Enquanto grandezas sociais não se distinguem por sua qualidade, mas pela quantidade de trabalho que têm incorporado. São valores que se medem pelo tempo de trabalho socialmente necessário,[8] incorporado na sua produção. É esta "substância comum" que viabiliza que objetos úteis de qualidades diversas sejam trocados numa relação equivalente. O valor das mercadorias só se expressa na relação de troca. Na expressão dos valores se distinguem dois polos: a mercadoria, cujo valor se expressa (forma relativa), e aquela em que se expressa este valor (forma equivalente). Assim é que a proporção em que as mercadorias são trocadas se expressa numa relação quantitativa de mercadorias, em que uma classe destas assume a função de equivalente; isto é, representante do valor das demais mercadorias que entram na relação de troca. Historicamente, este papel de *equivalente geral,*

---

mundo da mercadoria atinge a própria força de trabalho, que passa a encontrar-se no mercado para ser comprada e vendida, dotada de sua qualidade específica de ser uma mercadoria cujo valor de uso possui a virtude particular de ser fonte de valor, de modo que consumi-la significa realizar trabalho e, portanto, criar valor.

Esta parte do texto está fundamentalmente baseada na obra supra referida, t. 1, cap. I, p. 3-55; partimos da mercadoria simples, porque esta é a premissa básica para que os produtos ingressem no ciclo do capital.

7. K. Marx. *El Capital. Crítica de la Economía Política, op. cit.*, t. I, cap. I, p. 4.

8. "Tempo de trabalho socialmente necessário é aquele que se requer para produzir um valor qualquer, nas condições normais da produção e com o grau médio de destreza e intensidade de trabalho imperantes na sociedade." K. Marx. *El Capital. Crítica de la Economía Política, op. cit.*, t. I, cap. I, p. 6 e 7.

de forma de expressão do valor das mercadorias, incorporou-se ao ouro, que se converteu em mercadoria dinheiro.

Os produtos assumem, historicamente, a forma de mercadoria porque são produtos de trabalhos privados que necessitam ser trocados.[9] *São valores de uso para outros*, enquanto, para seu possuidor, não têm outra utilidade que a de ser valor de troca e, portanto, meio de troca. Porém, sendo as mercadorias produto de trabalhos privados, têm um *caráter social* que decorre do fato de que:

a) por um lado, sendo produtos de um trabalho útil, têm que satisfazer uma determinada necessidade social e, portanto, integrar-se no trabalho coletivo da sociedade, dentro da divisão social do trabalho;

b) por outro lado, este trabalho só pode satisfazer uma necessidade de seu produtor à medida que possa ser trocado por outro trabalho útil, que lhe seja equivalente (já que são não valores de uso para quem os produz, e sim para outros). Para que seja possível a troca de produtos de qualidades diferenciadas, fruto de trabalhos de qualidades determinadas, tem-se que abstrair da desigualdade real destes trabalhos materializados nos objetos para que apareça, subjacente a eles, sua igualdade a todos os outros tipos de trabalho, enquanto desgaste de força humana de trabalho — trabalho humano geral.

Este duplo caráter social do trabalho é o que permite aos diversos produtores equipararem seus produtos no ato da troca como valores. O que fazem, ao trocar suas mercadorias, é equiparar seus diversos produtos como modalidades do mesmo trabalho, embora não o saibam.[10]

---

9. "Para que estas coisas se relacionem umas com as outras, é necessário que seus guardiães se relacionem entre si como 'personas' cujas *vontades* moram naqueles objetos, de tal modo que cada possuidor de uma mercadoria só possa apoderar-se da de outro por vontade deste e desprendendo-se da sua própria; isto é, por meio de um ato de vontade comum a ambos. É necessário, por conseguinte, que ambas as pessoas se reconheçam como proprietários privados.

Esta *relação jurídica* que tem por forma de expressão o *contrato*, e ache-se ou não legalmente regulamentada, é uma *relação de vontade* em que se reflete a relação econômica. O *conteúdo* desta *relação jurídica* ou de *vontade* é o da relação econômica mesma. Aqui, as pessoas só existem umas para as outras como representantes de suas mercadorias, isto é, como *possuidores de mercadorias*." K. Marx. *El Capital. Crítica de la Economía Política*, op. cit., t. I, cap. II, p. 48. Grifos do autor.

10. K. Marx. *El Capital. Crítica de la Economía Política*, op. cit., t. I, cap. I, p. 39.

Nas relações que os homens estabelecem através da troca de seus trabalhos equivalentes, materializados em objetos, o caráter social de seus trabalhos aparece como sendo relação entre os produtos de seus trabalhos, entre coisas, independentes de seus produtores.[11]

O que aparece como relação entre objetos materiais é uma relação social concreta entre homens, oculta por trás das coisas.

Constata-se, pois, um caráter misterioso das mercadorias, mistério esse que faz com que as relações sociais entre pessoas, expressas através de relações materiais entre coisas, apareçam invertidas. Isto é, apareçam como relações materiais entre pessoas e relações sociais entre coisas, alheias de seus produtores. De onde decorre esse caráter misterioso das mercadorias?

Ao responder a esta questão, o autor afirma não decorrer nem do valor de uso, nem das determinações de seu valor, mas sim da própria *forma* mercadoria. Isto porque, na mercadoria,

> "a igualdade dos trabalhos humanos fica disfarçada sob a forma de igualdade dos produtos do trabalho como valores; a medida, por meio da duração, de dispêndio da força humana de trabalho, toma a forma de quantidade de valor dos produtos do trabalho; finalmente, as relações entre os produtores, nas quais se afirma o caráter social de seus trabalhos, assumem a forma de relação social entre os produtos do trabalho".[12]

Este fetiche da mercadoria simples reaparece sob novas formas e novas determinações na mercadoria produto do capital, dando origem ao que o autor denomina "mistificação do capital".

---

11. "A forma mercadoria e a relação de valor dos produtos do trabalho em que esta forma se corporifica não têm nada a ver com seu caráter físico nem com as relações materiais que deste caráter se derivam. O que aqui reveste, aos olhos dos homens, a forma fantasmagórica de uma relação entre objetos materiais não é mais que uma relação social concreta estabelecida entre os mesmos homens. Por isso, se quisermos encontrar uma analogia a estes fenômenos teremos que remontar às regiões nebulosas do mundo da religião, onde os produtos da mente humana assemelham-se a seres dotados de vida própria, de existência independente e relacionados entre si e com os homens. Assim acontece no mundo das mercadorias com os produtos da mão do homem. A isto eu chamo fetichismo, sob o qual se apresentam os produtos do trabalho, tão logo se criam na forma de mercadorias, e que é inseparável, consequentemente, deste modo de produção." K. Marx. *El Capital. Crítica de la Economia Política*, op. cit., t. I, cap. I, p. 38.

12. Adotou-se aqui a tradução brasileira: *O Capital — Crítica da Economia Política*. Livro I, v. I, 3. ed. Trad. de Reginaldo Sant'Anna. Rio de Janeiro: Civilização Brasileira, 1975. p. 37.

2.2 A Transformação da Mercadoria em Capital

O valor capital se expressa em mercadorias: meios de produção e meios de subsistência. *Mas nem toda soma de mercadorias é capital.*[13] O capital supõe o monopólio dos meios de produção e de subsistência por uma parte da sociedade — a classe capitalista — em confronto com os trabalhadores desprovidos das condições materiais necessárias à materialização de seu trabalho. Supõe, o trabalhador, que, para sobreviver, só tem a vender a sua força de trabalho. *O capital supõe o trabalho assalariado e este, o capital.*[14]

O capital na sua forma elementar de dinheiro ou mercadoria só é potencialmente capital; deve se transformar em capital real e efetivo no processo de produção, mediante a incorporação da força de trabalho viva, que conserva os valores das mercadorias que ingressam no processo produtivo e cria novos valores.

Enquanto o dinheiro representa uma soma dada de valores, isto é, tem uma magnitude constante, o capital é uma soma de valor que tende a crescer. É empregado tendo em vista a sua conservação e o seu engrandecimento. O produto da produção capitalista não é apenas um valor de uso, nem um produto que tem valor de troca. "Seu produto é a mais-valia; ou seja, seu produto são mercadorias que possuem mais valor de troca, isto é, representam mais trabalho que o que foi adiantado para a sua produção sob a forma de mercadoria ou de dinheiro".[15] A função específica do capital é a produção de um sobrevalor ou de um valor maior que aquele adiantado no início do ciclo produtivo. Este sobrevalor ou

---

13. "Como, então, uma soma de mercadorias, de valores de troca, se transforma em capital? Conservando-se, multiplicando-se como *força social independente*, isto é, como força de uma *parte da sociedade*, através da *troca pela força de trabalho imediata, viva*. A existência de uma classe que possui apenas sua força de trabalho é uma condição preliminar necessária ao capital. É exclusivamente o domínio do trabalho acumulado, passado, materializado, sobre o trabalho imediato, vivo, que transforma o trabalho acumulado em capital." K. Marx. "Trabalho assalariado e capital", op. cit., p. 70.

14. É nossa intenção desenvolver conceitualmente esta afirmativa inicial. O desenvolvimento do raciocínio que aqui se segue está baseado principalmente em K. Marx. *El Capital. Libro I. Capítulo VI (Inédito)*, op. cit., p. 4-101.

15. K. Marx. *El Capital. Livro I. Capítulo VI (Inédito)*, op. cit., p. 33.

mais-valia é o fim e o resultado do processo capitalista de produção. Significa substancialmente materialização de tempo de trabalho excedente, trabalho não pago apropriado pela classe capitalista.[16]

A transformação do dinheiro em capital decompõe-se em três processos inter-relacionados, mas independentes, no tempo e no espaço. O primeiro: a compra e venda dos meios de produção e da força de trabalho que se desenvolve no mercado. O segundo, que se efetiva no processo de produção onde, mediante o consumo produtivo da capacidade de trabalho, os meios de produção transformam-se em produtos, os quais, além de conterem o valor do capital adiantado, contêm, ainda, a mais-valia criada. Tem-se aí a produção e reprodução de capital. E o terceiro processo, que ocorre novamente na órbita da circulação, onde se realiza o valor do capital e da mais-valia, mediante a transformação de mercadoria em dinheiro.[17]

No primeiro processo tem-se a transformação do dinheiro nas mercadorias que constituem os fatores de produção. É um ato de troca de mercadorias, premissa do processo global de produção. O valor capital ingressa no processo de produção sob a forma de mercadorias determinadas, revestindo a dupla forma de valores de uso e de troca, nas quais intervêm determinações mais complexas que as diferenciam da mercadoria simples.

---

16. "A única coisa que distingue uns tipos econômicos de sociedade de outros (...) é a *forma* em que este trabalho excedente é arrancado do produtor imediato — o trabalhador." K. Marx. *El Capital. Crítica de la Economía Política*, op. cit., t. I, cap. VII, p. 164.

E ainda: "O trabalho excedente não foi inventado pelo capital. Onde quer que uma parte da sociedade possua o monopólio dos meios de produção nos encontramos com o fenomeno de que o trabalhador, livre ou escravizado, tem que acrescentar ao tempo de trabalho necessário para poder viver uma quantidade de tempo suplementar, durante o qual trabalha para produzir os meios de vida destinados ao proprietário dos meios de produção, dando no mesmo que este proprietário seja (...) ateniense, teocrata, etrusco, o 'civis romanus', o barão normando, o escravista norte-americano, o boiardo da Valáquia, o proprietário de terras moderno ou o capitalista. Sem dúvida é evidente que naquelas sociedades econômicas em que não predominava o *valor da troca*, mas o *valor do uso* do produto, o trabalho excedente se achava circunscrito a um setor mais ou menos amplo de necessidades, sem que do *caráter mesmo da produção brote uma fome insaciável de trabalho excedente*." K. Marx. *El Capital. Crítica de la Economía Política*, op. cit., t. I, cap. VIII, p. 181.

17. "E todo este processo, a transformação do dinheiro em capital, opera-se na órbita da circulação e não opera nela. Opera-se *por meio da* circulação, pois está condicionada pela *compra de força de trabalho* no mercado de mercadorias. Não se opera na circulação, porque este processo não faz mais que iniciar o processo de valorização, cujo centro reside na órbita da produção." K. Marx. *El Capital. Crítica de la Economía Política*, op. cit., t. I, cap. V, p. 145-6.

Enquanto as mercadorias isoladas devem ter *qualquer* valor de uso, de modo a atender a uma necessidade social, a forma valor de uso do capital é determinada pela natureza do processo de trabalho, devendo constituir-se dos elementos do mesmo: objetos e meios de trabalho. Deve constituir-se de meios de produção objetivos (instrumento de produção, matérias-primas e auxiliares) e força de trabalho com uma especialidade determinada, correspondente ao particular valor de uso dos meios de produção, capaz de transformá-los em produtos. Esta força de trabalho é a condição subjetiva da produção.[18]

A transformação do dinheiro em capital exige, portanto, que os possuidores de dinheiro encontrem no mercado não só os meios objetivos de produção como mercadorias, mas também uma mercadoria especial: a força de trabalho, cujo valor de uso tem a qualidade de ser fonte de valor, isto é, cujo consumo é ao mesmo tempo materialização de trabalho e, portanto, criação de valor.

Tal fato supõe que o capitalista encontre no mercado o trabalhador livre,[19] isto é, livre de outros vínculos de dominação extraeconômicos, proprietário de sua pessoa, a fim de que possa enfrentar-se no mercado com os possuidores do dinheiro, em uma relação entre possuidores juridicamente iguais de mercadorias, através das quais entram em relação (o dinheiro, expressão dos meios de subsistência, e a força de trabalho): o proprietário da força de trabalho a cede ao comprador para o seu uso durante certo período de tempo. Esta é a condição para que se mantenha como proprietário de sua mercadoria, podendo tornar a vendê-la. A esta condição se alia outra, qual seja, o trabalhador (classe trabalhadora) se vê *obrigado* a vender, para sobreviver, a única mercadoria que possui: sua

---

18. "Entendemos por capacidade ou força de trabalho o conjunto de condições físicas e espirituais que se dão na corporeidade, na personalidade viva de um homem e que este põe em ação ao produzir valores de uso de qualquer classe." K. Marx. *El Capital. Crítica de la Economía Política*, op. cit., t. I, cap. IV, p. 121.

19. "Para converter o *dinheiro* em *capital*, o possuidor do dinheiro tem, pois, que encontrar-se no mercado, entre as mercadorias, com o trabalhador livre; livre em um duplo sentido, pois de um lado terá que poder dispor livremente de sua força de trabalho como sua própria mercadoria; e de outro lado não deve ter outra mercadoria para vender; deverá encontrar-se, portanto, livre de todos os objetos para realizar por conta própria sua força de trabalho." K. Marx. *El Capital. Crítica de la Economía Política*, op. cit., t. I, cap. IV, p. 122.

força de trabalho. Ou seja, vende parte de si mesmo, já que de outro lado se lhe enfrentam como *propriedade alheia* todos os meios de produção e condições de trabalho necessários à materialização de seu trabalho, assim como os meios necessários à sua subsistência.

Para sobreviver, o homem precisa produzir os seus meios de subsistência e, para isso, tem que dispor dos meios necessários à sua produção. Quando o trabalhador está desprovido dos meios de produção, está, também, desprovido dos meios de subsistência. À medida que estes se contrapõem ao trabalhador, como propriedade alheia monopolizados por uma parte da sociedade — a classe capitalista — não lhe resta outra alternativa senão vender parte de si mesmo em troca do valor equivalente aos meios necessários para sua subsistência e de sua família,[20] expressos através da forma do salário. A condição histórica para o surgimento do capital e o pressuposto essencial para a transformação do dinheiro em capital é a existência no mercado da força de trabalho como mercadoria.

Na esfera da circulação de mercadorias se estabelece uma relação contratual — de compra e venda — entre possuidores juridicamente iguais de mercadorias equivalentes: a força de trabalho e os meios de subsistência sob a forma de dinheiro. Mas o que ocorre na esfera de produção?

O processo de produção do capital considerado como um processo que, por meio do trabalho útil, cria novos valores de uso, é um *Processo de Trabalho*.[21] Mas é um processo de consumo da força de trabalho pelo

---

20. Segundo Marx, o valor da força de trabalho é determinado como o de qualquer outra mercadoria, isto é, pelo tempo de trabalho socialmente necessário para sua produção, incluindo a sua reprodução. Como a força de trabalho não existe separada do indivíduo, sua produção corresponde à produção e à reprodução do trabalhador. Neste sentido, o valor da força de trabalho equivale ao tempo de trabalho necessário para a produção dos meios de subsistência indispensáveis para a satisfação de necessidades básicas do trabalhador e de sua família (alimentação, educação, habitação etc.). Inclui a reprodução da prole do trabalhador, pois, para que a força de trabalho se renove continuamente no mercado como mercadoria, é necessário que seu vendedor se perpetue através da procriação. O mínimo vital para atender as necessidades básicas e o modo de satisfazê-las varia de acordo com o nível de cultura de um país e com os hábitos, condições e exigências da classe trabalhadora. O valor da força de trabalho contém um dado histórico-moral, sendo um fator fixo numa época e país determinados. K. Marx. *El Capital. Crítica de la Economía Política*, op. cit., t. I, cap. IV, p. 124-5 (Resumo livre).

21. "(...) No processo de trabalho a atividade do homem consegue, valendo-se do instrumento correspondente, transformar o objeto sobre o qual versa o trabalho, de acordo com o fim perseguido. Este pro-

capitalista. Assim sendo, é um processo de trabalho com características específicas, historicamente diferenciadas, já que:

a) As mercadorias compradas pelo capitalista para serem consumidas no processo de produção são sua *propriedade*; é o seu dinheiro transformado em mercadorias. É um modo de existência de seu capital sob a forma em que realmente pode funcionar como capital. Isto se aplicaria também ao trabalho? A força de trabalho em ação — isto é, o trabalho — é uma função pessoal do trabalhador, enquanto gasto de sua força vital, realização de suas capacidades produtivas. Porém, enquanto criador de valores, pertence ao capitalista que comprou a força de trabalho para empregá-la, produtivamente, durante um certo período de tempo. A força de trabalho é uma potência que só se exterioriza em contato com os meios de produção; só sendo consumida, ela cria valor. O consumo da força de trabalho pertence ao capitalista, do mesmo modo que lhe pertencem os meios de produção.

Assim é que o trabalhador trabalha sob o *controle* do capitalista a quem pertence o seu trabalho. A produção capitalista supõe a cooperação em larga escala e a concentração e centralização dos meios de produção com que se defronta o trabalhador como uma propriedade alheia. Ao capitalista e/ou a seus prepostos cabe, portanto, a função de direção e vigilância do trabalhador coletivo, seja garantindo o emprego racional dos meios de produção para evitar desperdícios, seja garantindo a maior intensidade possível de exploração da força de trabalho.

Como as condições de trabalho e o próprio trabalho pertencem ao capitalista, este recebe também, gratuitamente, a força produtiva do trabalho social derivada da cooperação, que se apresenta como força produtiva do capital.[22]

---

cesso desemboca num *produto*. Seu produto é um *valor de uso*, uma matéria oferecida pela natureza e adaptada às necessidades humanas mediante uma mudança de forma. O trabalho se compenetra e confunde com objetos. Materializa-se no objeto, à medida que este é elaborado. E o que no trabalhador era dinamismo é, agora, plasmado no produto, quietude. O trabalhador é o tecedor e o produto: o tecido." K. Marx. *El Capital. Crítica de la Economía Política*, op. cit., t. I, cap. V, p. 133.

Esta é a característica de qualquer processo de trabalho considerado nos seus elementos gerais.

22. "Como pessoas independentes, os trabalhadores são *indivíduos* que entram na relação com o mesmo capital, mas não entre si. Sua cooperação começa no processo de trabalho, isto é, quando já deixa-

Assim como o trabalho é propriedade do capitalista o é, também, o *produto do trabalho*.[23]

b) Enquanto os meios de produção entram no processo de produção da mesma forma útil que revestiam na circulação, o mesmo não ocorre com a parte variável do capital que é trocada pela força de trabalho. O dinheiro, aqui, é uma forma modificada dos meios de subsistência do trabalhador, existente no mercado; esta parte do capital só se transforma em capital variável quando é trocada pelo trabalho, que é a substância criadora de valor. Assim, a forma de valor de uso desta parte do capital na circulação (meios de subsistência) é completamente diferente da forma de valor de uso com que ingressa na produção propriamente dita (como trabalho vivo em ação).

A análise do processo de produção capitalista como *processo de trabalho* esclarece o fundamento da mistificação que considera o capital como coisa. Ela decorre da forma útil, de meios de produção, que o valor capital tem, necessariamente, que assumir no processo de trabalho. Considerando-se, simplesmente, o substrato material do valor do capital, substrato este determinado pela natureza do processo de trabalho, considerando-o, entretanto, isolado das relações sociais e das relações de propriedade que se estabelecem entre a classe capitalista e a classe trabalhadora na produção, considerar o capital como coisa é abstrair de sua historicidade.

O processo de produção capitalista não é apenas um processo de trabalho, de produção de valores de uso mediante o consumo de um

---

ram de pertencer a si mesmos. Ao entrar no processo de trabalho são absorvidos pelo capital. Como trabalhadores que cooperam para um resultado, como membros do organismo trabalhador, não são mais que uma modalidade de existência de capital para o qual trabalham. Por conseguinte, a força produtiva desenvolvida pelo trabalhador como um *trabalhador social (coletivo) é a força produtiva do capital*. Esta *força produtiva social do trabalho* se desenvolve, gratuitamente, tão logo os trabalhadores se veem sujeitos a determinadas condições, a que o capital os submete. E como a força produtiva social do trabalho não custa nada ao capitalista, já que, ademais, o trabalhador não a desenvolve antes que o seu trabalho pertença ao capitalista, parece, à primeira vista, como se esta força fosse força produtiva inerente *por natureza* ao capital, a força produtiva inata a este." R. Marx. *El Capital. Crítica de la Economía Política*, op. cit., t. I, cap. XI, p. 268-9 (grifos do autor).

23. "(...) *O processo de trabalho* é um processo entre objetos *comprados* pelo capitalista, entre objetos pertencentes a ele. E o *produto* deste processo pertence ao capitalista, da mesma forma que lhe pertence o produto da fermentação do vinho de sua adega." K. Marx. *El Capital. Crítica de la Economía Política*, op. cit., t. I, cap. V, p. 137.

trabalho de qualidade específica (trabalho concreto). É, ao mesmo tempo, um processo de valorização: de criação e conservação de valor. Nesta ótica de análise, o que interessa é o *valor de troca do capital*, que se diferencia do valor de troca das mercadorias, que ingressam, como tais, no processo de produção. O importante, para perceber essa diferença, é verificar o que ocorre com a parte variável do capital, ou seja, aquela que é trocada pela força de trabalho. O valor de troca da mercadoria força de trabalho, seu custo diário de conservação, é definido antes mesmo que esta mercadoria ingresse na circulação. Ele se expressa no seu preço, ou seja, no salário. Já o seu valor de uso — que é o próprio trabalho — só se expressa no seu consumo. A realização deste consumo supõe a existência dos meios de produção, nos quais a capacidade de trabalho se materializa. Porém, ao ser consumida, a força de trabalho já não pertence mais ao trabalhador e sim ao capitalista que a comprou, temporariamente, sendo uma forma de existência de seu capital. O que busca o capitalista é, pois, o valor de uso específico desta mercadoria que lhe permite ser fonte de valor e, portanto, criar um valor superior ao seu preço; mas, para que crie valor, a força de trabalho deve ter um caráter útil, enquanto apta para produzir objetos de qualidades específicas. O que se verifica, pois, é que o valor da força de trabalho na circulação é diferente da magnitude de valor que cria na produção. Esta parte do valor adiantado na produção, ao ser transformada em trabalho vivo em ação, adquire uma magnitude variável; aí, tem-se não mais um valor, mas a *valorização enquanto processo*. O trabalho vivo não só conserva os valores dos meios de produção (trabalho acumulado), mas reproduz o valor do capital variável e gera um incremento de valor: a mais-valia. Trata-se da força de trabalho em ação que se apresenta em processo de realização. O trabalho, como formador de valor, é aqui abstraído de seu valor de uso particular (trabalho concreto) e considerado como trabalho socialmente necessário, indiferenciável na sua qualidade, mas diferenciável na sua quantidade; trabalho que agrega valor proporcionalmente a sua duração. Trata-se do tempo de trabalho socialmente necessário[24] que alcança sua expressão autônoma

---

24. "A fim de que o tempo de trabalho do trabalhador gere valor proporcional a sua duração, deve ser *tempo de trabalho socialmente necessário*. Isto é, o trabalhador deve executar, em um tempo deter-

no dinheiro, no preço da mercadoria força de trabalho. Por isso, interessa ao capitalista aumentar a duração e intensidade do trabalho, seja prolongando a sua jornada (mais-valia absoluta), seja potenciando o trabalho acima do grau médio (mais-valia relativa), para que obtenha um tempo de trabalho superior àquele necessário à reposição do salário.

Deve-se ter claro, entretanto, que esta segmentação entre trabalho concreto e socialmente necessário, tendo fundamento na realidade e em termos analíticos, não deve ser encarada como uma dualidade, de modo dicotômico. Trata-se de uma unidade de contrários, em que um trabalho se expressa através do outro. O mesmo trabalho é, ao mesmo tempo, concreto e abstrato; o tempo de trabalho socialmente necessário só se expressa através de trabalhos úteis determinados.

O fato de o trabalhador ser forçado a produzir um trabalho excedente determina mudanças na forma de valor de uso com que o capital se apresenta no processo produtivo. Em primeiro lugar, os meios de produção devem estar disponíveis em uma quantidade suficiente para absorver o trabalho necessário e o sobretrabalho. Em segundo lugar, a duração e a intensidade do processo de trabalho se modificam. Finalmente, as relações entre o trabalhador e os meios de produção se alteram, substancialmente. Se, do ponto de vista do processo de trabalho, é o trabalhador quem emprega os meios de produção, como instrumento para a realização de seu trabalho, transformando-os em produto, no processo de valorização a relação se inverte. Aqui, o *trabalho vivo é mero meio de valorização dos valores existentes expressos nos meios de produção.*[25]

---

minado, o *quantum* socialmente normal de trabalho útil, e para isto o capitalista obriga ao trabalhador que seu trabalho alcance, no mínimo, o grau médio de intensidade conforme a norma social. Procurará aumentá-lo acima deste mínimo e extrair do trabalhador, em um tempo dado, o maior trabalho possível, já que toda intensificação do trabalho superior ao grau médio lhe oferece mais-valia. Tratará, ademais, de prolongar o mais possível o processo de trabalho, mais além dos limites em que é necessário trabalhar para repor o capital variável, o salário." K. Marx. *El Capital. Libro I. Capítulo I (Inédito)*, op. cit., p. 16.

25. "O capital não consiste em que o trabalho acumulado sirva de meio de trabalho vivo para nova produção. Consiste em que o trabalho vivo sirva de meio ao trabalho acumulado, para manter e aumentar o valor de troca deste último." K. Marx. "Trabalho assalariado e capital", *op. cit.*, p. 70.

"A absorção pelo trabalho objetivado, passado, do trabalho vivo constitui o processo de autovalorização, sua transformação em capital." K. Marx. *El Capital. Libro I. Capítulo VI (Inédito), op. cit.*, p. 24.

Estes valores só se conservam e se acrescentam mediante a absorção do trabalho vivo, que se torna *meio* de valorização de todo o capital. Trata-se do domínio do trabalho objetivado nos meios de produção, nas coisas, sobre o trabalho vivo, ou seja, sobre o trabalhador.[26] Aí o capitalista só funciona como personificação do capital e o trabalhador como personificação do trabalho.[27]

No decorrer da presente reflexão, destacamos o processo de produção do capital como *processo de trabalho e de valorização*; não se trata de dois processos independentes, mas de duas dimensões do mesmo processo. Não se trabalha duas vezes para produzir um produto útil e para criar valor e mais-valia. O que cria o valor é o trabalho real que, tendo uma dada intensidade, materializa-se no produto em determinadas quantidades; que transforme os meios de produção em produtos de qualidades específicas. Ou seja, o processo imediato de produção é unidade do processo de trabalho e de valorização, assim como a mercadoria é unidade de valor de uso e valor de troca. Porém, na formação social capitalista, o processo de trabalho é *meio* do processo de valorização, já que o objetivo primordial da produção não é a satisfação de necessidades sociais, mas a produção de mais-valia, a valorização do próprio capital.

No processo de produção do capital, os meios de produção, por meio de trabalho vivo, se transformam em produtos que são mercadorias, mas são *mercadorias produto do capital* que contêm novas determinações que as diferenciam da mercadoria individual, premissa da produção capitalista, visto que:

---

26. "No processo de trabalho efetivo, o trabalhador *consome* os meios de trabalho como veículo de seu trabalho e o objeto de trabalho como matéria na qual se expressa o seu trabalho. Precisamente por isto, transforma os meios de produção na forma adequada a um fim, do produto. Do ponto de vista do processo de valorização, as coisas, porém, se apresentam diferentemente. Não é o trabalhador quem emprega os meios de produção, são os meios de produção que empregam o trabalhador (...) é o trabalho material que se conserva e se acrescenta mediante sucção de trabalho vivo, graças ao qual se converte em valor que se valoriza, em capital, e funciona como tal." K. Marx. *El Capital. Libro I. Capítulo VI (Inédito), op. cit.*, p. 17.

27. "As funções que exerce o capitalista não são outra coisa que as funções do capital mesmo, exercidas com consciência e vontade. O capitalista só funciona enquanto capital personificado, é o capital enquanto pessoa: do mesmo modo que o trabalhador funciona unicamente enquanto trabalho personificado, que a ele pertence enquanto suplício, porém que pertence ao capitalista como substância criadora e acrescentadora de riqueza". K. Marx. *El capital. Libro I. Capítulo VI (Inédito), op. cit.*, p. 19.

a) Contêm trabalho pago e não pago; parte do trabalho nela objetivado equivale ao salário, enquanto a outra é trabalho excedente, mais-valia.

b) Cada mercadoria se apresenta como parte integrante da massa total de mercadorias, como parte alíquota do produto total do capital que pode ser considerado como uma única mercadoria, que contém o valor do capital adiantado e a mais-valia.

c) Para que se realize o valor do capital e da mais-valia, o volume de mercadorias vendido é, aqui, essencial.[28]

À medida que o valor capital se expressa sob forma de mercadorias, tem que cumprir as funções destas: têm que ser vendidas, convertidas em dinheiro, para que o valor passe a circular, e reiniciar o ciclo produtivo sob novas formas. Opera-se aí uma mudança na forma do valor: este, que existia sob a forma de produtos, existe agora sob a forma de dinheiro, mas de capital — dinheiro que expressa o valor dos meios de produção invertidos no produto e o sobrevalor criado no processo produtivo.

Esta metamorfose do valor da forma mercadoria na forma dinheiro, que é, ao mesmo tempo, a *realização do valor* criado no processo produtivo, ocorre na esfera da *circulação*.

No "modo de produção especificamente capitalista", tem-se a generalização da mercadoria, que se torna a forma geral de toda a riqueza, e a alienação do produto, a forma necessária para a sua apropriação. A própria substância da produção torna-se mercadoria (e não só o excedente produzido) e as condições da produção se mercantilizam, inclusive a força de trabalho.

3. As Relações Sociais Mistificadas e o Ciclo do Capital

O processo que acabamos de apresentar, de transformação do dinheiro em capital, não é algo mecânico, de simples mudanças de formas do

---

28. Sobre a mercadoria produto do capital, ver K. Marx. *El Capital. Libro I. Capítulo VI (Inédito)*, op. cit., cap. III. "Las Mercancías como producto del capital", p. 109-37; e, também, *El Capital. Crítica de la Economía Política*, op. cit., t. II, seção I. "Las Metamorfosis del capital y su ciclo", p. 27-135, especialmente o ciclo do capital dinheiro e do capital mercadoria.

valor capital. As metamorfoses do capital são uma condição indispensável para que o valor capital se movimente, se crie e se acrescente e reinicie o seu ciclo. Partimos do valor capital na sua forma dinheiro monopolizado pelo capitalista, que, no mercado e através da compra e venda das condições de produção, transforma-o em mercadorias; esta forma mercadoria do valor capital é condição indispensável para que o processo de produção se realize, já que este é um processo de trabalho que supõe instrumentos de produção, matérias-primas e auxiliares e a força viva de trabalho, através da qual não só estes meios de produção se transformam em produtos, mas em produtos de um valor maior que o do capital adiantado no início do processo. É no ciclo do capital produtivo que ocorre a verdadeira transformação do dinheiro em capital, isto é, em valor que se valoriza, em valor que gera valor. Aí a mudança de forma é acompanhada de uma transformação real do valor. Finalmente, as mercadorias produzidas têm que se transformar novamente em dinheiro, nesta expressão substantivada do valor já valorizado, pois é sob esta forma que o ciclo pode se reiniciar. O capitalista poderá, então, transformar o valor do capital inicial e a mais-valia capitalizada em novas condições de produção, ampliando a sua escala. É nesta última metamorfose da mercadoria produto do capital em dinheiro (venda) que o valor do capital valorizado se realiza.[29]

O que nos interessa aqui é destacar as *relações sociais através das quais este processo se realiza*. Para tanto, devemos considerar não o capitalista e o trabalhador individualmente, mas o *conjunto dos capitalistas e dos trabalhadores*, enquanto *classes sociais* que personificam categorias econômicas: o capital, o trabalho e o seu antagonismo. E, ainda, considerar o *processo de produção na sua continuidade*, isto é, na *sua reprodução*.

O processo de produção, quaisquer que sejam as suas características históricas, é um processo que se reinicia permanentemente, já que a sociedade não pode prescindir da produção e do consumo.

---

29. Sobre o Ciclo do Capital, ver K. Marx. *El Capital. Crítica de la Economía Política*, op. cit., t. II, seção I, p. 27-135.

A reprodução é a continuidade do processo social de produção,[30] porém, uma continuidade que não se reduz à mera repetição é uma continuidade no decorrer da qual o processo *se renova, se cria e recria de modo peculiar*. As condições de produção são, portanto, as da reprodução.

Aqui, trata-se de uma produção determinada historicamente: a produção capitalista, em que o processo de trabalho é meio do processo de valorização. Desta forma a reprodução torna-se simplesmente um meio de reproduzir o capital, de produzir mais-valia, a qual aparece como forma de rendimento produzido pelo próprio capital e não pelo trabalho.

O ponto de partida do processo capitalista de produção é a separação entre a força de trabalho e os meios de produção, que são monopolizados, privadamente, pela classe capitalista. Ao se analisar a continuidade do processo social de produção, verifica-se que o que era *premissa* é agora *resultado* do processo. O trabalhador assalariado sai do processo de produção como ingressou, como mera força de trabalho, como fonte pessoal de riqueza que se realiza como riqueza para outros. Deixando de lado, por um momento, o desgaste de sua energia vital, que é consumida pelo capital no processo de trabalho, o que recebe em troca da venda da força de trabalho — os seus meios de vida — são consumidos na reprodução de sua vida e de sua família. Não lhe resta, portanto, outra alternativa senão a de retornar ao mercado novamente, vender parte de si mesmo como condição de sua sobrevivência, já que os seus meios de vida estão monopolizados, também, pela classe capitalista.

Mas o que a classe trabalhadora entrega ao capitalista?

Entrega-lhe, diariamente, o valor de uso de sua força de trabalho — o trabalho de uma jornada, que não só reproduz o valor de todo o capital adiantado mas cria novo valor, o que se materializa em mercadorias que são propriedade do capitalista, por ele vendidas no mercado. Mediante a sucção do trabalho, o capital não só se produz como capital, mas se *reproduz*: a mais-valia criada se converte em meios de consumo da

---

30. "Portanto, todo processo social de produção considerado em seus constantes vínculos e em fluxo ininterrupto de sua renovação é, ao mesmo tempo, um processo de reprodução". K. Marx. *El Capital. Crítica de la Economía Política*, op. cit., t. I, p. 477-8.

classe capitalista e em capital adicional empregado em nova produção, em novo meio de exploração do trabalho assalariado.

A classe trabalhadora cria, pois, em antítese consigo mesma, os próprios meios de sua dominação, como condição de sua sobrevivência.[31]

Capital e trabalho assalariado se criam mutuamente no mesmo processo. *A continuidade do processo de produção capitalista é um processo de produção e reprodução de classes sociais.*

Como esse processo se engendra? Como estas relações se produzem e reproduzem? Quais as suas características?

Retornemos, brevemente, ao confronto da classe capitalista e da classe trabalhadora no mercado. Aqui, o que está em jogo é compra e venda de mercadorias, supondo uma relação entre livres proprietários de mercadorias equivalentes, que se diferenciam pela qualidade material de suas mercadorias: os trabalhadores, proprietários da força de trabalho, e os capitalistas, dos meios de produção e dos meios de subsistência. O que se esconde sob esta relação de iguais?

Em troca de sua mercadoria, o trabalhador recebe a título de *salário* uma parte do produto em que se traduz parcela de seu trabalho: o trabalho necessário para a sua conservação e reprodução.

O salário, embora à primeira vista apareça como o preço do trabalho, é o preço da força de trabalho. Se o trabalho fosse vendido no mercado como mercadoria, teria que existir antes de ser vendido. No entanto, se

---

31. "(...) O próprio trabalhador produz constantemente a riqueza objetiva como capital, como uma potência estranha a ele que o explora e o domina. E o capitalista produz, não menos constantemente, a força de trabalho como fonte subjetiva de riqueza, separada de seus meios de realização e materialização, como fonte abstrata que radica na mera corporeidade do trabalhador ou, para dizê-lo brevemente, o trabalhador como trabalhador assalariado. Esta constante reprodução ou eternização do trabalhador é condição *sine qua non* da produção capitalista". K. Marx. *El Capital. Crítica de la Economía Política, op. cit.*, t. 1, cap. XXI, p. 48).

E ainda: "o trabalhador se empobrece tanto mais quanto mais riqueza produz (...) à medida que se valoriza o mundo das coisas se desvaloriza em razão direta o mundo dos homens. O trabalho não produz só mercadorias, produz a si mesmo e produz o trabalhador como uma mercadoria, na mesma proporção em que produz mercadorias em geral (...) o objeto produzido pelo trabalho, seu produto, o enfrenta como algo estranho, como um poder independente de seu produtor". K. Marx. "Manuscritos económico-filosóficos de 1844". In: K. Marx e F. Engels. *Manuscritos económicos vários*. Barcelona: Grijalbo, 1975. p. 63.

o trabalhador pudesse dar uma existência independente a seu trabalho, venderia o produto do mesmo, e não o trabalho.[32]

Em nota ao pé da página, o autor destaca ainda que: "o trabalho, medida exclusiva do valor (...) fonte de toda riqueza, *não é uma mercadoria*".

O salário é o preço da força de trabalho, em que se traduz o capital variável do capitalista.[33] Mas o valor da força de trabalho é diferente de seu *rendimento*; quando colocada em ação, torna-se uma magnitude variável; a força de trabalho em realização é um processo de valorização que não só transfere o valor dos meios de produção ao produto, mas repõe o valor do capital variável e cria novo valor. O rendimento do trabalho depende de sua *duração*. O capitalista compra o direito de explorar a força de trabalho durante uma jornada, na qual o trabalhador não só produz o trabalho necessário para a sua subsistência, mas um trabalho excedente ou um valor excedente. Assim, o capitalista que compra a força de trabalho a faz funcionar por mais tempo que o necessário para reproduzir o seu preço; caso contrário, só obteria o tempo de trabalho socialmente necessário, equivalente ao salário, não se apropriando de qualquer trabalho excedente. Sem trabalho excedente não haveria mais-valia, e a continuidade da produção estaria comprometida, já que esta é seu impulso e finalidade básica.

Ao aparecer como preço do trabalho, a forma salário encobre toda a divisão da jornada de trabalho em trabalho necessário e excedente (pago e não pago), fazendo com que todo o trabalho entregue ao capitalista apareça[34] como trabalho pago. Esta mistificação da forma salário não é

---

32. "O possuidor do dinheiro não se enfrenta no mercado de mercadorias com o trabalho, mas com o trabalhador. O que este vende é a sua força de trabalho. Tão logo o seu trabalho começa a colocar se em ação, já deixou de pertencer-lhe e não pode, portanto, vender o que não lhe pertence. O trabalho é a substância imanente de valores, porém, em si, carece de valor." K. Marx. *El Capital. Crítica de la Economía Política*, op. cit., t. I, p. 449.

33. "O capital variável não é mais que uma forma histórica concreta de manifestar o fundo de meios de vida ou o fundo do trabalho que o trabalhador necessita para o seu sustento e reprodução". K. Marx. *El Capital. Crítica de la Economía Política*, op. cit., t. I, p. 477-8.

34. "Ademais, a forma exterior 'valor ou preço do trabalho' ou 'salário', à diferença da realidade substancial que nela se exterioriza, ou seja, o valor ou o preço da força de trabalho, está sujeita às mesmas leis

facilmente desvendada no cotidiano, tanto pelo capitalista, como pelo trabalhador.

> "O capitalista ignora que o *preço normal do trabalho* envolve também uma determinada quantidade de trabalho não retribuído e que precisamente este trabalho não retribuído é a fonte *normal* de onde provém seu lucro. Para ele, a categoria tempo de trabalho excedente não existe, pois aparece confundida na jornada normal de trabalho que crê pagar com salário".[35]

Para melhor explicitar a "desigualdade" que se esconde sob a forma de salário, importa destacar que o trabalhador só é pago depois de ter vendido sua força de trabalho; após o seu trabalho útil, que é ao mesmo tempo criador de valor, ter sido colocado em funcionamento. Assim, a classe trabalhadora adianta à capitalista o seu trabalho, fornece-lhe um crédito, já que o dinheiro com que o trabalhador é pago desempenha a função de meio de pagamento: o trabalhador só recebe seu salário após sua força de trabalho ter sido consumida produtivamente pelo capital. Considerando o processo de produção na sua continuidade, verifica-se que a *classe trabalhadora é paga com o produto de seu próprio trabalho*, do trabalho efetuado anteriormente pelo conjunto dos trabalhadores. Assim é que a classe trabalhadora é quem *produz o capital variável* que posteriormente lhe é devolvido sob a forma de salário.[36]

Assim é que o capitalista "vende" constantemente ao trabalhador uma parte do próprio produto deste último — os meios necessários de sobrevivência em troca de trabalho — e lhe empresta, constantemente, outra parte de seu próprio produto — os meios de produção — cujo valor é, também, recriado pelo trabalho. Ora, a relação entre compradores e

---

de todas as formas exteriores e seu fundo oculto. As primeiras se reproduzem de modo direto, e espontâneo, como formas discursivas que se desenvolvem por sua própria conta; o segundo é a ciência que terá que descobrir (...) Nesta forma exterior de manifestar-se, que oculta e faz invisível a realidade, invertendo-a, baseiam-se todas as ideias jurídicas do trabalhador e do capitalista, todas as mistificações do regime capitalista de produção, todas as ilusões livre-cambistas, todas as frases apologéticas da economia vulgar." K. Marx. *El Capital. Crítica de la Economía Política*, op. cit., t. I, p. 452, 454.

35. K. Marx. *El Capital. Crítica de la Economía Política*, op. cit., t. I, cap. XVIII, p. 461.

36. A este respeito, ver K. Marx. *El Capital. Crítica de la Economía Política*, op. cit., t. I, cap. XXI.

vendedores supõe a troca de seus próprios trabalhos, o que não se verifica neste caso. Com isto se desvanece a aparência, expressa na circulação, de uma relação entre possuidores de mercadorias. Esta compra e venda é a forma mediadora de subjugamento do trabalhador ao capital, que se renova constantemente.

> "Encobre, como mera *relação monetária*, a transação real e a dependência perpétua que essa intermediação de compra e venda renova incessantemente. Não só se reproduzem de maneira constante as condições deste comércio, mas o que um compra e o que o outro se vê obrigado a vender é resultado do processo. A renovação constante desta relação de compra e venda não faz mais que mediar a continuidade da relação específica de dependência e lhe confere a *aparência* falaciosa de uma transação, de um contrato entre *possuidores de mercadoria*, dotados de iguais direitos e que se contrapõem de maneira igualmente livre. Esta relação *introdutória* agora se apresenta, inclusive, como elemento imanente desse predomínio do trabalho objetivado sobre o trabalho vivo, gerado na produção capitalista."[37]

O que o capitalista devolve ao trabalhador como fundo de trabalho ou salário é empregado na aquisição dos meios de vida do trabalhador e de sua família. O consumo individual da classe trabalhadora reproduz o próprio trabalhador como trabalhador assalariado: tanto os trabalhadores atuais como os futuros, condição indispensável para a continuidade do processo de produção. Tem-se aí não só a reprodução física da força de trabalho, mas também da "tradição e acumulação de destreza para o trabalho de geração em geração" (K. Marx, t. I, p. 483). Embora a conservação de sua vida e progenitura seja levada a efeito pelo próprio trabalhador, fora do processo produtivo propriamente dito, o consumo dos meios de subsistência implica a própria destruição dos mesmos, o que obriga a classe trabalhadora a comparecer novamente no mercado vendendo sua força de trabalho ao capital.

O consumo individual do trabalhador é improdutivo para ele mesmo, pois não faz mais que reproduzir o indivíduo necessário: *só é produtivo*

---

37. K. Marx. *El Capital. Libro I. Capítulo VI (Inédito)*, op. cit., p. 105 (grifos do autor).

para o capitalista e para o Estado, visto que produz a *"força produtora de riqueza para outros".*[38]

Assim, quando o capitalista converte parte de seu capital em força de trabalho, o que obtém é uma exploração de *todo* o seu capital. Obtém vantagens não só do que *extrai* do trabalhador, mas do que *entrega* à classe trabalhadora sob a forma de salário.[39] O processo capitalista de produção reproduz o trabalhador divorciado das condições de trabalho; o reproduz como trabalhador assalariado. Esta "vassalagem econômica" se disfarça pela ocorrência da renovação periódica da venda de força de trabalho, seja devido à troca de patrões individuais, seja devido às oscilações de preço da força de trabalho no mercado.[40] Do ponto de vista social, a classe trabalhadora é um atributo do capital. Mas o próprio processo cria as aparências mistificadoras que evitam que a revolta se expresse e garantem a continuidade do processo produtivo. A reprodução das relações de dominação é também reprodução das formas jurídicas igualitárias e "livres" que as mascaram.

Na esfera da circulação, na compra e venda da força de trabalho, o que distingue o trabalhador de outros vendedores de mercadorias é o valor de uso específico da mercadoria que é fonte de riqueza: o trabalho capaz de produzir e reproduzir valor. Porém, isto não modifica a determinação formal da transação entre compradores de mercadorias. Ou seja, não há violação da lei de troca de mercadorias. Para demonstrar, portanto, que se trata de uma mera troca de mercadorias, basta se ater ao aspecto formal desta transação de troca de coisas, não se atendo à natureza das relações que ela encerra.

---

38. K. Marx. *El Capital. Crítica de la Economía Política,* op. cit., t. I, p. 482.

39. "Assim, dentro dos limites do absolutamente necessário, o consumo individual da classe trabalhadora volta a converter o capital gasto em troca de força de trabalho em nova força de trabalho, explorável pelo capital. É produção e reprodução do meio de produção indispensável para o capitalista, do próprio trabalhador. O consumo individual do trabalhador é, pois, um fator de produção e reprodução do capital." K. Marx. *El Capital. Crítica de la Economía Política,* op. cit., t. I, p. 486.

40. "O escravo romano se achava sujeito por cadeias à vontade do senhor; o trabalhador assalariado se acha submetido à palmatória de seu proprietário por meio de fios invisíveis. A troca constante de patrões e a *fictio juris* do contrato de trabalho mantêm a aparência de livre personalidade." K. Marx. *El Capital. Crítica de la Economía Política,* op. cit., t. I, p. 482.

O que imprime ao dinheiro e à mercadoria o caráter de *capital* desde a circulação não é o fato de serem mercadorias e dinheiro e muito menos o valor de uso específico destas mercadorias. Mas é o fato de que as condições de produção e os meios de subsistência estejam alienados do trabalhador e enfrentam-no como coisas capazes de comprar pessoas. O trabalhador trabalha como não proprietário, e as condições de trabalho se lhe enfrentam como um poder estranho, autônomo, personificado por seus possuidores.[41]

> "As coisas que são condições objetivas de trabalho, ou seja, os meios de produção e as *coisas* que são condições objetivas para a conservação do trabalhador mesmo, isto é, os meios de subsistência, só se convertem em capital ao enfrentar o trabalho assalariado. O capital não é uma coisa, assim como o dinheiro não o é. No capital, como no dinheiro, determinadas relações sociais aparecem como *qualidades sociais* que certas coisas têm por natureza (...) Capital e trabalho assalariado (assim denominado o trabalho do trabalhador que vende sua própria capacidade de trabalho) não expressam outra coisa que dois fatores da mesma relação. O dinheiro não pode transformar-se em capital, se não se troca por capacidade de trabalho, enquanto mercadoria vendida pelo próprio trabalhador. Ademais, o trabalho só pode aparecer como trabalho assalariado quando suas próprias condições objetivas enfrentam-no como poderes autônomos, egoístas, propriedade alheia, valor que é para si aferrado a si mesmo, em suma: como capital".[42]

Capital e trabalho assalariado se criam mutuamente no mesmo processo. Assim é que o processo de produção capitalista é um *processo de relações sociais entre classes*.

---

41. "Antes que o dinheiro e a mercadoria se tenham realmente transformado em capital (que) lhe imprime desde o início um caráter de capital, não é a sua condição de dinheiro, nem sua condição de mercadoria, nem o valor de uso destas mercadorias que consiste em servir de meios de subsistência e produção, mas é o fato de que este dinheiro e esta mercadoria, estes meios de produção e de subsistência se enfrentam com a *capacidade de trabalho* — despojada de toda riqueza objetiva — como poderes autônomos personificados em seus possuidores; o fato de que as condições de trabalho estão *alienadas* do trabalhador mesmo ou, mais precisamente, se apresentam como fetiches dotados de uma vontade e alma próprias; o fato de que mercadorias figuram como *compradoras de pessoas*." K. Marx. *El Capital. Libro I. Capítulo VI (Inédito), op. cit.*, p. 35-7 (grifos do autor).

42. K. Marx. *El Capital. Libro I. Capítulo VI (Inédito), op. cit.*, p. 38.

O salário, forma típica do mundo dos equivalentes, encobre a desigualdade efetiva que se esconde sob a aparência de relações contratuais juridicamente iguais. O que ocorre no "mundo da produção" sob a aparência da igualdade expressa no "mundo da troca" de mercadorias?

Com o desenvolvimento do que Marx denomina "modo de produção especificamente capitalista", verifica-se uma revolução total no modo de produzir, ou seja, no processo de trabalho. Desenvolvem-se as forças produtivas sociais do trabalho devido à cooperação, à progressiva divisão técnica do trabalho, à aplicação de maquinaria, à aplicação do desenvolvimento científico e tecnológico no processo produtivo. A escala social de produção se amplia e, com isto, também o volume mínimo de capital exigido para que os capitalistas individuais explorem produtivamente o seu capital. Tem-se a concentração e centralização do capital existente, que ampliam e aceleram as mudanças na composição técnica e de valor do capital, isto é, na sua composição orgânica,[43] fazendo com que o capital aplicado nos meios de produção cresça em maior proporção que aquele aplicado na compra da força de trabalho. O trabalho é, pois, potenciado, isto é, verifica-se um aumento de produtividade social de trabalho: uma quantidade menor de trabalho é capaz de criar uma maior quantidade de produtos.[44] Com isso se reduz o tempo de trabalho socialmente necessário para a reprodução da força de trabalho, ampliando-se

---

43. "A composição do capital pode ser interpretada em dois sentidos. Em relação ao valor, a composição do capital depende da proporção em que se divide em capital constante ou valor dos meios de produção e capital variável ou valor da força de trabalho, soma global dos salários. Em relação à matéria, a seu funcionamento no processo de produção, os capitais se dividem em meios de produção e força viva de trabalho; esta composição se determina pela proporção existente entre a massa dos meios de produção empregados, de um lado, e, de outro, pela quantidade de trabalho necessário para o seu emprego. Chamaremos à primeira de *composição do valor* e à segunda de *composição técnica* do capital. Existe entre elas uma relação de mútua interdependência. Para expressá-la, dou à composição de valor, enquanto se acha determinada pela composição técnica e reflete as mudanças operadas nesta, o nome de *composição orgânica* do capital." K. Marx. *El Capital. Crítica de la Economía Política*, op. cit., t. I. cap. XXIII, p. 517 (grifos do autor).

44. *O grau social de produtividade do trabalho* se reflete no *volume relativo dos meios de produção* que o trabalhador converte em produto, durante certo tempo e com a mesma tensão da força de trabalho (...) seja condição ou efeito, o volume crescente dos meios de produção, comparado com a força de trabalho que absorvem, expressa sempre a produtividade *crescente do trabalho*." K. Marx. *El Capital. Crítica de la Economía Política*, op. cit., t. I, cap. XXIII, p. 525 (grifos do autor).

o tempo de trabalho que é entregue gratuitamente ao capitalista. É o mundo da mais-valia relativa.

Como a classe trabalhadora dentro do processo produtivo não é mais que um modo de existência do capital, o desenvolvimento das forças produtivas sociais do trabalho aparece como força produtiva do capital, como propriedades inerentes aos meios de produção enquanto valores de uso, enquanto coisas. Esta aparência se reforça à medida que, no capitalismo, observa-se um amplo desenvolvimento das forças *produtivas do trabalho coletivo*, que não têm comparação em épocas precedentes; aparecem, portanto, como algo natural à relação do capital. Por outro lado, as condições objetivas do trabalho assumem aí, devido ao trabalho combinado socialmente, uma forma modificada, como meios de produção concentrados. Porém, este *caráter social das condições de trabalho* (máquinas, edifícios etc.) aparece como algo dado, independente do trabalhador, como sendo organizado pelo capitalista e obra sua. Como o trabalho, enquanto criador de riqueza, pertence ao capital e apenas como esforço individual pertence ao trabalhador, o desenvolvimento das forças produtivas sociais do trabalho e as condições sociais do trabalho se apresentam como se fossem fruto do capital e não do trabalho. Esta forma alienada, porém necessária para a subsistência do capitalismo, se reflete na consciência dos homens, como se a riqueza proviesse do capital e não do trabalho. O que decorre da potenciação do trabalho coletivo aparece como algo inerente às condições naturais da produção enquanto tais; o que é produto do trabalho aparece como produto do capital. Esta é a *mistificação do capital*[45] inerente ao processo de trabalho como meio do processo de valorização. No processo social de produção, o trabalhador não só produz mercadorias, mas capital. A força de trabalho é consumida pelo capitalista que a adquiriu como meio de valorização de valores já existentes, e, ao mesmo tempo, o componente vivo do capital consome os meios de produção, transformando-os em produtos que têm um valor superior àquele desembolsado inicialmente. Tem-se, aí, o consumo produtivo da força de trabalho; o trabalho produtor de mais-valia. Deste processo resulta a

---

45. Sobre a mistificação do capital ver K. Marx. *El Capital. Libro I. Capítulo VI (Inédito)*, op. cit., p. 93-101.

vida da classe capitalista, isto é, a mais-valia obtida é empregada tanto como fundo de consumo individual do capitalista, como para aquisição de novas condições de produção necessárias à continuidade ampliada do processo produtivo, como capital adicional (mais-valia capitalizada). Ou seja, *o trabalhador produz e reproduz o capital; produz e reproduz a classe capitalista que o personifica, enfim, cria e recria as condições de sua própria dominação*. Portanto, a relação entre o trabalhador e o produto de seu trabalho é uma relação entre o produtor e um objeto alheio, dotado da condição de exercer poder sobre ele. A objetivação do trabalho, desta substância criadora de riqueza, no produto, torna-se para o produtor escravização de si mesmo aos objetos criados pelo seu trabalho. Mas a *alienação do trabalhador* não só se expressa na sua relação com os produtos de trabalho.[46] A alienação se manifesta no próprio ato da produção, no trabalho. O trabalho aparece como algo externo ao trabalhador, como algo em que não se afirma, mas se nega a si mesmo; que o mortifica. Só se sente livre quando deixa de trabalhar. Seu trabalho é um *trabalho forçado*, que "não representa, portanto, a satisfação de uma necessidade, mas que é simplesmente um meio para satisfazer necessidades estranhas a ele (...) a exterioridade do trabalho para o trabalhador se revela no fato de que não é algo próprio seu, mas de outro, de que não lhe pertence e de que ele mesmo, no trabalho, não pertence a si mesmo, mas a outro".[47]

Contraditoriamente ao processo de alienação do trabalho, típico do processo de produção do capital, o trabalhador encontra-se numa situação mais privilegiada que a do capitalista; este encontra aí a sua satisfação

---

46. "Consideramos o ato de alienação da atividade prática humana, do trabalho, em dois aspectos: 1) A relação entre o trabalhador e o produto do trabalho, como objeto alheio e dotado de poder sobre ele. Esta relação é ao mesmo tempo a que o coloca ante um mundo exterior sensível, ante os objetos da natureza como ante um mundo estranho e hostil; 2) a relação entre o trabalho e o ato de produção, dentro do trabalho. Esta relação é a que se estabelece entre o trabalhador e sua própria atividade, como uma atividade alheia e que não lhe pertence, a atividade como passividade, a força como impotência, a procriação como castração, a própria energia física e espiritual do trabalhador, sua vida pessoal — pois a vida não é outra coisa que atividade — como uma atividade que se volta contra ele mesmo, independente dele, que não lhe pertence. Autoalienação como acima, a alienação da coisa." K. Marx. "Manuscritos económico-filosóficos de 1844", *op. cit.*, p. 66.

47. K. Marx. "Manuscritos económico-filosóficos de 1848", *op. cit.*, p. 65-6.

absoluta — a produção de mais-valia — enquanto o trabalhador encontra aí as condições materiais que explicam a sua rebeldia, já que neste processo são criadas as condições materiais de uma nova forma de produção social de riqueza, de "um processo de vida social conformado de maneira nova, e com isto, de uma nova formação social".[48]

> "A dominação do capitalista sobre o trabalhador é, consequentemente, a da coisa sobre o homem, do trabalho morto sobre o trabalho vivo, a do produto sobre o produtor, já que na realidade as mercadorias que se convertem em meios de dominação sobre os trabalhadores (porém, só como meios de dominação do *capital* mesmo) não são meros resultados do processo de produção, mas os produtos do mesmo. Na produção material, no verdadeiro processo de vida social — pois este é o processo de produção — se dá exatamente a *mesma* relação que se apresenta no terreno ideológico, na religião: a conversão do sujeito em objeto e vice-versa. Considerada *historicamente*, esta conversão aparece como momento de transição necessário, para impor, pela violência e às custas da maioria, a criação de riqueza enquanto tal, isto é, o desenvolvimento inexorável das forças produtivas do trabalho social, que é o único que pode constituir a base material de uma sociedade humana livre".[49]

Esta aparente transformação de relações sociais em relações entre coisas é uma inversão inerente e própria ao processo de produção e reprodução do capital; não depende de um ato de vontade ou de forças externas mas da mistificação que se ergue sobre a fonte criadora de valor que é o trabalho. Para que esta inversão se produza, a própria dinâmica de produção joga a seu favor, já que o trabalho aparece materializado em mercadorias, e o que predomina nesta aparência é a forma material do objeto que é propriedade privada do capitalista. Ante os olhos aparecem as coisas e desaparece a tarefa cumprida pelo esforço criador.

Vimos que as relações entre classes sociais se engendram contraditoriamente no ciclo do capital, ao mesmo tempo em que engendram as mistificações que as transfiguram em relações entre coisas, desprovidas

---
48. K. Marx. *El Capital. Libro I. Capítulo VI (Inédito), op. cit.*, p. 19-106.
49. *Ibidem*, p. 19.

dos antagonismos que as caracterizam. Perguntaríamos ainda: qual a influência da acumulação ampliada do capital sobre a classe trabalhadora?

Considerando o ciclo do capital no seu conjunto, a acumulação ou reprodução ampliada do capital não é mais que um momento da continuidade da produção. Parte da mais-valia extraída da classe trabalhadora na produção e realizada na circulação, através da venda das mercadorias produzidas, capitaliza-se, convertendo-se em capital adicional, reinvertido no processo produtivo. Esse aumento do volume de capital funciona como base para ampliar a escala da produção. Essa ampliação supõe a incorporação de novos meios de produção e de novos trabalhadores, ou seja, a ampliação do proletariado.[50]

Como o objetivo da produção é a obtenção de mais-valia, da maior lucratividade possível, ao capitalista só restam duas alternativas: ou aumentar a jornada de trabalho, fazendo crescer o tempo de trabalho excedente materializado (mais-valia absoluta) ou, mantendo uma dada jornada de trabalho, aumentar a produtividade do trabalho, mediante o emprego de meios de produção mais eficazes, que permitam reduzir o tempo de trabalho socialmente necessário à produção de uma mercadoria e aumentar, consequentemente, o tempo de trabalho excedente da jornada de trabalho (mais-valia relativa). Esta última alternativa supõe, necessariamente, uma mudança na composição orgânica do capital, ou seja, um maior emprego de capital constante em relação ao capital variável.

A acumulação do capital implica a concentração de meios de produção e do poder de mando sobre o trabalho nas mãos de capitalistas individuais que competem entre si. Mas se expressa, também, na expropriação dos capitalistas menores em um movimento de atração de capitais já existentes, isto é, em um movimento de centralização de capital.[51]

---

50. "Assim como *a reprodução simples produz* constantemente o *próprio regime do capital*, de um lado capitalistas e de outro trabalhadores assalariados, a *reprodução em escala ampliada*, ou seja, a acumulação, *reproduz o regime de capital* em uma *escala superior*, cria em um polo mais capitalista ou capitalistas mais poderosos e em outro mais trabalhadores assalariados (...) A acumulação do capital supõe, portanto, um aumento do proletariado." K. Marx. *El Capital. Crítica de la Economia Política, op. cit.*, t. I, cap. XXIII, p. 518.

51. Sobre a concentração e centralização do capital, ver K. Marx. *El Capital. Crítica de la Economia Política, op. cit.*, t. I, cap. XXIII, p. 528-32.

Ao desenvolver-se o processo de acumulação, o incremento de produtividade do trabalho torna-se a sua alavanca mais poderosa. Essa produtividade aumentada do trabalho se expressa no fato de que um capital necessita menos trabalho necessário para produzir um mesmo valor de troca, ou quantidades maiores de valor de uso. Ou seja: um mesmo capital põe em movimento mais sobretrabalho e menos trabalho necessário. Dessa forma, todos os métodos de potenciação da força de trabalho são métodos de incrementar a produção de mais-valia, elemento constitutivo da acumulação. A lei do capital é criar sobretrabalho, o que supõe a mediação do trabalho necessário como condição de extrair aquele. Sua tendência é criar a maior quantidade possível de trabalho materializado, isto é, de valor, e ao mesmo tempo, reduzir o tempo de trabalho necessário à reprodução da força de trabalho a um mínimo, ampliando o tempo de trabalho excedente. O grau social da produtividade do trabalho reflete-se numa diminuição relativa da massa de trabalho ante a massa dos meios de produção que absorve. Portanto, à medida que progride a acumulação, a tendência é a redução do capital investido na compra e venda da força de trabalho, em proporção ao capital total empregado na produção: não é uma redução absoluta, mas relativa ao aumento do capital constante. Como a demanda do trabalho depende do capital variável e não do capital total, esse tende a se reduzir, relativamente ao crescimento do capital investido no conjunto do processo produtivo. Assim, para ser possível manter os trabalhadores empregados e manter o contingente dos ativos, é necessário um ritmo cada vez mais acelerado de acumulação de capital. Esse descenso relativo do capital variável expressa-se como um crescimento absoluto da população trabalhadora, mais rápido que os meios de ocupação que o capital oferece, dando origem a uma superpopulação relativa diante das necessidades médias do capital ou "exército industrial de reserva". Essa população sobrante faz com que a produção capitalista possa desenvolver-se livre de limites que se lhe possam opor o crescimento natural da população.

"Portanto, ao produzir a acumulação do capital, a população trabalhadora produz, também em proporções cada vez maiores, *os meios para o seu excesso relativo*. Esta é a *lei de população* peculiar do *regime de produção capitalista*, pois, em realidade, todo regime histórico concreto de produção tem suas leis de população próprias, leis que regem de um modo historicamente concreto."[52]

Contraditoriamente, portanto, a classe trabalhadora, ao fazer crescer a lucratividade da classe capitalista, reduz as possibilidades de obter os meios de vida do conjunto da população trabalhadora, já que, neste mesmo processo em que cria riquezas para outros, cria também as condições para que se reproduza uma parcela de população excessiva para as necessidades médias do capital, isto é, em proporção à intensidade e extensão do processo de acumulação.

O exército industrial de reserva, sendo um *produto* da acumulação, é, também, uma das *condições* para que esta se efetive. A existência de uma superpopulação trabalhadora disponível, independente dos limites reais de crescimento da população, é condição fundamental para a vida do próprio regime do capital. Isto porque, à medida que cresce a força expansiva do capital em face da produção em grande escala, aumenta o ritmo da acumulação, a transformação acelerada do produto excedente em novos meios de produção. A existência de grandes massas de trabalhadores disponíveis a serem imediatamente absorvidas, sem que a escala de produção em outras órbitas seja afetada, é condição para que o processo de acumulação ampliada se renove. Essa massa de trabalhadores é oferecida à indústria pela existência de uma população excessiva colocada em disponibilidade, devido a métodos de produção que diminuem, proporcionalmente, a cifra de trabalhadores ante a ampliação da mesma produção.[53]

O desenvolvimento das forças produtivas sociais do trabalho permite ao capitalista, com o mesmo desembolso de capital variável, colocar

---

52. K. Marx. *El Capital. Crítica de la Economía Política, op. cit.*, t. I, cap. XXIII, p. 534 (grifos do autor).

53. "Constitui um exército industrial de reserva, um contingente disponível, que pertence ao capital de modo tão absoluto como se tivesse sido criado e se mantivesse às suas custas. Oferece-lhe o material humano, disposto a ser sempre explorado, à medida que o exijam suas necessidades variáveis de exploração e, além disso, independente dos limites que o aumento real da população lhe possa opor." K. Marx. *El Capital. Crítica de la Economía Política, op. cit.*, t. I, cap. XXIII, p. 535.

em ação maior quantidade de trabalho, mediante maior exploração intensiva e extensiva de forças de trabalho individuais. Esse excesso de trabalho de trabalhadores ativos tem como contrapartida o engrossamento das filas dos trabalhadores em reserva, ao mesmo tempo em que a pressão destes sobre aqueles obriga-os a trabalharem mais e a se submeterem às pressões do capital.[54]

O crescimento cíclico da indústria moderna, as necessidades de expansão e retração do capital funcionam como um dos agentes mais ativos do exército industrial de reserva.

O movimento geral de salários passa a ser regulado, em termos gerais, pelas expansões e contrações da população trabalhadora sobrante, correspondentes às alternativas periódicas do ciclo industrial: se durante as fases de expansão econômica o exército industrial de reserva exerce uma pressão sobre os trabalhadores ativos, nos momentos de superprodução e crise funciona como freio às suas exigências. Atua como uma pressão baixista dos salários e favorecedora da subordinação do exército ativo às imposições do capital na sua fome insaciável de absorção de trabalho não pago. Assim, a existência da superpopulação relativa é o pano de fundo a partir do qual se move a lei da oferta e demanda de trabalho, em condições absolutamente favoráveis ao capital, no regime especificamente capitalista da produção.

Esta população sobrante se apresenta sob diversas modalidades.[55] Nos centros industriais modernos, a produção ora atrai um número maior de trabalhadores, ora os repele. O número de trabalhadores empregados aumenta em termos gerais, ainda que em proporções decrescente à escala de produção. A superpopulação existe em um estado *flutuante*. Com o avanço de divisão técnica do trabalho dentro do processo produtivo, o

---

54. "A existência de um setor da classe trabalhadora condenado à ociosidade forçada, pelo excesso de trabalho imposto à outra parte, converte-se em fonte de riqueza do capitalista individual e acelera, ao mesmo tempo, a formação do exército industrial de reserva em uma escala proporcional aos progressos da acumulação social." K. Marx. *El Capital. Crítica de la Economía Política*, op. cit., t. I, cap. XXIII, p. 539.

55. Sobre as modalidades da superpopulação trabalhadora, que aqui mencionaremos de modo sucinto, ver K. Marx. *El Capital. Crítica de la Economía Política*, op. cit., t. I, cap. XXIII, item 4: "Diversas modalidades de superpopulação relativa. A lei geral da acumulação capitalista", p. 543-9.

capital tende a absorver parcelas da classe trabalhadora até então não integradas na produção: jovens e mulheres especialmente.[56] Com a intensificação do processo de exploração do trabalho a vida média do trabalhador se reduz; o processo de envelhecimento se acelera. Tais condições exigem uma rápida reprodução das gerações trabalhadoras.

Mas a expansão da acumulação do capital não é linear: vai abarcando progressivamente diversos ramos de produção. Ao atingir a agricultura, tende a reduzir a demanda da população trabalhadora rural, sendo que esta expulsão não é completada, como na indústria, por um movimento de nova absorção. Uma das alternativas que se afigura à população é a migração para os centros urbanos. O fluxo para as cidades supõe, no campo, a existência de uma *superpopulação latente constante*.

Existem ainda aquelas camadas de classe trabalhadora do exército ativo que vivem de trabalho muito irregular. É a chamada superpopulação *intermitente*, cujo nível de vida encontra-se abaixo da média da classe trabalhadora.

Finalmente excluindo o *lumpen proletariado*, encontra-se a camada social dos trabalhadores que vivem numa situação de pauperismo,[57] constituída não só de pessoas capacitadas para o trabalho (cuja proporção aumenta nos períodos de crise e se reduz nas fases de "euforia econômica"), como também de órfãos e filhos de pobres que são envolvidos no exército ativo nos períodos de pico econômico e, ainda, os velhos e as "vítimas da grande indústria": viúvas, mutilados, doentes.

Importa marcar que, quanto maior é o crescimento econômico, isto é, a acumulação, maior também é o contingente absoluto do proletariado

---

56. "O fato de que o incremento natural da massa trabalhadora não sacie as necessidades de acumulação do capital e, apesar disto, as rebaixe, é uma contradição inerente ao próprio processo capitalista. O capital necessita grandes massas trabalhadoras de idade jovem e menores proporções de idade adulta. Esta contradição não é menos escandalosa que aquela que supõe a queixa de falta de braços em um momento que estão lançados à rua milhões de homens, porque a divisão do trabalho os vincula a um determinado ramo industrial". K. Marx. *El Capital. Crítica de la Economía Política, op. cit.*, t. I, cap. XXIII, p. 543.

57. "O pauperismo é asilo dos inválidos do exército trabalhador ativo e peso morto do exército industrial de reserva. Sua existência leva implícita a existência de uma superpopulação relativa, sua necessidade a necessidade desta e com ela constitui uma das condições de vida da produção capitalista e da produção de riqueza. Figura entre as "faux frais" de produção capitalista (...)" K. Marx. *El Capital. Crítica de la Economía Política, op. cit.*, t. I, cap. XXIII, p. 545-6.

e a capacidade produtiva de seu trabalho; e tanto maior é o exército industrial de reserva. Este cresce ao crescer a riqueza social.[58]

O capital mantém sempre a superpopulação relativa em proporção às suas necessidades de acumulação.

A reprodução ampliada do capital é acompanhada não só de uma *reprodução ampliada das relações de classes*, à proporção que o proletariado absorvido pelo capital se expande; mas esta *reprodução da relação social é também uma reprodução dos antagonismos de classe que tendem a se aprofundar. A acumulação da miséria é proporcional à acumulação do capital*.

> "A produção capitalista não é só reprodução da relação; é sua reprodução numa escala sempre crescente, e, na mesma medida em que, com o modo de produção capitalista se desenvolve a força produtiva social de trabalho, cresce também frente ao trabalhador a riqueza acumulada, como riqueza que o domina, como capital (...) e na mesma proporção se desenvolve por oposição sua pobreza, indigência e sujeição subjetiva".[59]

No mundo das aparências, esta realidade, que aqui se busca desvendar, apresenta uma outra face: para o capitalista o capital é uma soma de meios materiais de produção que tem o poder místico de gerar mais capital; o trabalho não pago extraído da classe trabalhadora, que é a fonte de riqueza do burguês e da miséria do proletário, aparece, exclusivamente, como trabalho pago através do salário. Para a classe capitalista a fonte de seu lucro não provém de expropriação da vida humana da classe trabalhadora mas, sim, de um mero mecanismo de mercado: comprar

---

58. "Quanto maiores são a riqueza social, o capital em funcionamento, o volume e a intensidade de seu crescimento e *maiores também*, portanto, a magnitude absoluta do proletariado e a capacidade produtiva do seu trabalho, tanto maior é o exército industrial de reserva. A força de trabalho disponível se desenvolve pelas mesmas causas que a força expansiva do capital. A magnitude relativa do exército industrial de reserva cresce, consequentemente, à medida que crescem as potências da riqueza. E quanto maior é este exército de reserva em proporção ao exército ativo, mais se estende a massa da superpopulação *consolidada*, cuja miséria se acha em razão inversa aos tormentos de seu trabalho. E finalmente, quanto mais crescem a miséria dentro da classe trabalhadora e o exército industrial de reserva, mais cresce o pauperismo oficial. *Tal é a lei geral absoluta da acumulação capitalista*". K. Marx. *El Capital. Crítica de la Economía Política, op. cit.*, t. I, cap. XXIII, p. 546 (Grifos do autor).

59. K. Marx. *El Capital. Libro I. Capítulo VI (Inédito), op. cit.*, p. 103.

mais barato e vender mais caro. A fonte de seu lucro, na sua consciência aderida ao capital, provém da circulação. O capital acrescido, expresso num produto que é uma mercadoria, tem que ir ao mercado, para este valor valorizado *se realizar*, transformando-se novamente em dinheiro, que é a forma necessária para se reiniciar o ciclo produtivo. Este processo que se expressa numa mudança meramente formal do valor capital é falsamente qualificado como a fonte da riqueza.

O limite mínimo do preço de venda da mercadoria produzida é o seu *preço de custo*, que significa, para o capitalista, o necessário para repor o capital invertido na produção: o valor dos meios de produção consumidos e o preço da força de trabalho. O preço de custo repõe o que a mercadoria custou ao capitalista, sendo medido pela inversão do capital. Desta forma, o custo capitalista não expressa todo o valor da mercadoria ou o seu preço real de custo, porque este inclui, além da reposição do capital adiantado, uma parte do valor contido na mercadoria, o qual nada custou ao capitalista — a mais-valia — mas que custou ao trabalhador como trabalho não retribuído. Porém, o capitalista não pensa a partir do valor da mercadoria, mas sim de seu preço de custo; não pensa em termos de mais-valia e sim de lucro. O lucro é a forma transfigurada da mais-valia na qual se encobre o segredo de sua existência e a sua origem: mas é uma das formas em que a mais-valia se manifesta.[60] Mas se até aqui nos referimos fundamentalmente à mais-valia, o que é o lucro? A mais-valia, considerada como o remanescente do capital *total* invertido na produção, assume a forma de lucro.[61] Enquanto a taxa de mais-valia ou de exploração do trabalho é medida em relação ao capital variável, ou seja, é a relação entre trabalho pago e não pago, na taxa de lucro o trabalho não pago

---

60. K. Marx. *El Capital. Crítica de la Economía Política*, op. cit., t. III, cap. II, p. 63.

61. "Assim representada, como "rebento" do capital total desembolsado, a mais-valia reveste a forma transfigurada de lucro (...) Consequentemente, o lucro (...) é o mesmo que a mais-valia, ainda que sob uma forma mistificada, a qual responde, necessariamente, ao regime de produção capitalista (...) Ao aparecer o preço da força de trabalho, em um dos polos, sob a forma transfigurada de salário, a mais-valia aparece em outro polo, sob a forma transfigurada de lucro (...)" K. Marx. *El Capital. Crítica de la Economía Política*, op. cit., t. III, cap. I, p. 53.

"A mais-valia ou lucro consiste na remanescente do valor da mercadoria sobre o seu preço de custo, isto é; no remanescente da soma total de trabalho contido na mercadoria depois de cobrir a soma de trabalho retribuído que ela encerra (...)" K. Marx. *El Capital. Crítica de la Economía Política*, op. cit., t. III, cap. I, p. 58.

é calculado em relação ao capital total adiantado na produção. Na taxa de mais-valia se desnuda a relação capital e trabalho; na taxa de lucro, as diferentes "funções" que cumpre o capital invertido nos meios de produção e na força de trabalho se obscurecem, já que se trata de considerar o capital total de maneira indiferenciada; consequentemente, o capital aparece numa relação consigo mesmo. Existe aí a consciência de que o valor novo é gerado pelo capital ao longo do processo de produção e circulação. Porém, o modo como isto ocorre aparece mistificado como fruto de qualidades inerentes ao próprio capital. Mas, se a mais-valia nasce *no processo direto de produção, só se realiza no processo de circulação*. O fato de realizar-se ou não e o grau em que este valor excedente se realiza dependem das condições do mercado, da concorrência, isto é, da mútua especulação entre os capitalistas. Assim sendo, a mais-valia ou lucro já não aparece como produto da apropriação de tempo de trabalho não pago, mas sim como o remanescente do preço de venda sobre o preço de custo. Como o capitalista identifica o preço de custo com o valor intrínseco da mercadoria, o lucro para ele só pode provir da circulação.[62] Não percebe que seu lucro só pode originar-se do fato de poder vender algo pelo qual nada pagou. Esta aparência de que a mais-valia ou lucro, além de realizar-se na circulação, dela brotasse diretamente é realçada pelo menos por dois fatores: o lucro obtido na venda depende das conjunturas de mercado, além da astúcia e do conhecimento do capitalista; por outro lado, entra em jogo, além do tempo de produção, o *tempo de circulação*, pois quanto menor é o período em que a mercadoria permanece no mercado ou, em outros termos, quanto mais rápida é a venda, maior é a rotatividade do valor capital e maior a acumulação.

Este processo mistificador adquire novos matizes e complica-se, ainda mais, ao se considerar o lucro médio e os preços de produção.[63]

---

62. "O remanescente do valor ou mais-valia que se realiza ao vender a mercadoria é considerado pelo capitalista, portanto, como o remanescente de seu preço de venda sobre o seu valor e não como um remanescente de seu valor sobre o seu preço de custo, como se a mais-valia contida na mercadoria não se realizasse mediante a venda, mas surgisse diretamente dela". K. Marx. *El Capital. Crítica de la Economía Política*, *op. cit.*, t. III, cap. I, p. 54.

63. Sobre esta questão, ver K. Marx. *El Capital. Crítica de la Economía Política*, *op. cit.*, t. III, seção II, p. 150-212.

4. A Reprodução do Capital e a Totalidade da Vida Social

Ao finalizar estas reflexões, importa destacar alguns aspectos já explicitados no decorrer da exposição, mas que, reunidos, explicitam melhor a dimensão de totalidade do processo de produção e reprodução das relações sociais, ou seja, como a reprodução do capital permeia as várias "dimensões" e expressões da vida em sociedade.

A produção e reprodução da riqueza material, inseparável da criação e recriação das formas sociais de que se reveste, é um processo eminentemente social. É indissociável das relações sociais que na era do capital têm como agentes fundamentais os capitalistas e trabalhadores assalariados, considerados não apenas individualmente, mas como representantes de classes sociais antagônicas.[64] O antagonismo de interesses que permeia tais relações, independente das elaborações ideológicas que se façam do mesmo é fato objetivo, dado pelo caráter cada vez mais social da produção contraposto à apropriação privada dos meios e dos produtos do trabalho alheio. Em outros termos, a lei geral da acumulação supõe a acumulação da riqueza, monopolizada por uma parte da sociedade — a classe capitalista — inseparável da acumulação da miséria e da pauperização daqueles que produzem a riqueza como uma riqueza alheia, como poder que os domina, enfim, como capital.

---

64. Faz-se necessário esclarecer que, embora a reflexão expressa nessa primeira parte tenha se centralizado em torno do capital e trabalho assalariado, tal não significa um desconhecimento da importância da propriedade privada da terra e da classe dos proprietários de terra que se apropriam de parcela da mais-valia socialmente gerada, sob a forma de renda da terra. A centralização da análise em torno do capital como relação burguesa de produção tem as suas justificativas. Em primeiro lugar, por ser a relação determinante da atual forma de organização social da produção a partir da qual as demais adquirem inteligibilidade. É sua compreensão que desvenda a produção e extração da mais-valia, que constitui o motor e a finalidade básica da produção nesta fase histórica. A renda da terra não é mais que outra forma transfigurada de se expressar a mais-valia, que, como o lucro, tem como tal suas características específicas. Em segundo lugar, como o propósito desta exposição é subsidiar a discussão da profissão de Serviço Social, situando-a no processo de reprodução, esta se nos afigura como sendo um fenômeno tipicamente urbano-industrial. Embora isto não elimine a importância da compreensão da classe dos proprietários de terra, especialmente face à realidade latino-americana, não se trata de uma condição indispensável para a fundamentação das hipóteses de trabalho referentes à inserção da profissão no movimento contraditório da vida social. Dentro das limitações do presente trabalho, cremos que as colocações apresentadas são suficientes (mas não exaustivas) para os propósitos em vista.

A reprodução ampliada do capital supõe a recriação ampliada da classe trabalhadora e do poder da classe capitalista e, portanto, uma reprodução ampliada da pobreza e da riqueza e do antagonismo de interesses que permeia tais relações de classes, o qual se expressa na *luta de classes*.

Nesse mesmo processo de reprodução da dominação, são criadas as bases materiais para uma nova forma de organização da sociedade. A sociedade capitalista, expressão histórica do desenvolvimento social e, portanto, necessária à expansão das forças produtivas do trabalho social, encontra-se em processo de recriação e de negação. O mesmo processo que a recria, reproduz os seus antagonismos.

Do ponto de vista da população trabalhadora, este processo se expressa numa pauperização crescente em relação ao crescimento do capital. Não se trata, necessariamente, de pauperização absoluta, mas relativa à acumulação do capital, que atinge a globalidade da vida da classe trabalhadora. A exploração se expressa tanto nas condições de saúde, de habitação, como na degradação moral e intelectual do trabalhador; o tempo livre do trabalhador é cada vez menor, sendo absorvido pelo capital nas horas extras de trabalho, no trabalho noturno que desorganiza a vida familiar. O período da infância se reduz pelo ingresso precoce de menores na atividade produtiva. As mulheres tornam-se trabalhadoras produtivas. Crescem, junto com a expansão dos equipamentos e máquinas modernas, os acidentes de trabalho, as vítimas da indústria. O processo de industrialização, ao atingir todo o cotidiano do operário, transforma-o num cotidiano de sofrimento, de luta pela sobrevivência. Esta luta pela sobrevivência se expressa também em confrontos com o capital, na busca de reduzir o processo de exploração, com vitórias parciais mas significativas da classe trabalhadora, como a jornada de oito horas de trabalho, a legislação trabalhista, o sindicalismo livre etc. A classe capitalista, zelosa de seus interesses, cuida para que as conquistas da classe trabalhadora não afetem visceralmente a continuidade da vida do capital.[65]

---

65. "A lei da acumulação capitalista que se pretende mistificar, convertendo-a em lei natural, não expressa mais que uma coisa: que sua natureza exclui toda redução do grau de exploração do trabalho ou toda alta do preço deste, que possa colocar em perigo seriamente a reprodução constante do regime capitalista e a reprodução do capital em uma escala cada vez mais alta. E, forçosamente, tem que ser assim em um regime de produção em que o trabalhador existe para as necessidades de exploração de valores já

Vemos, portanto, que a reprodução das relações sociais é reprodução da dominação: reprodução ampliada do domínio de classe. Este é um processo eminentemente político, em que as classes dominantes têm no Estado o instrumento privilegiado do exercício de seu poder no conjunto da sociedade.

Mas, concomitantemente à reprodução da dominação, recriam-se, também, as formas sociais mistificadas que encobrem a exploração. Têm por função apresentar a desigualdade entre classes como normais, naturais, destituídas de conflitos e contradições. Estas formas ideológicas são as aparências através das quais as relações sociais antagônicas se manifestam. A produção e reprodução da ideologia é fruto do mesmo processo em que se reproduz a riqueza social como capital e o trabalho como trabalho assalariado. Porém, se as formas ideológicas encobrem a exploração, *não a eliminam*: ambas são produto contraditório do mesmo processo histórico, configurando-o como um "desenvolvimento histórico desigual".[66] As ideologias que se reproduzem na prática cotidiana são também absorvidas pela "ciência" ou pelos intelectuais "orgânicos" das classes dominantes. Como sustentam Marx e Engels:

> "As ideias (*Gedanken*) da classe dominante são, em cada época, as ideias dominantes, isto é, a classe que é a força *material* dominante é, ao mesmo tempo, sua força *espiritual* dominante. A classe que tem à sua disposição os meios de produção materiais, tem ao mesmo tempo os meios de produção espiritual, o que faz com que a ela sejam submetidas, ao mesmo tempo e, em média, as ideias daqueles a que faltam os meios de produção espiritual. As ideias dominantes não são mais que a expressão ideal das relações materiais dominantes concebidas como ideias; portanto, a expressão das relações que tornam uma classe a classe dominante; portanto, as ideias de sua dominação. Os indivíduos que constituem a classe dominante possuem, entre outras coisas, também consciência e, por isto, pensam; na medida em que dominam como classe e determinam todo o âmbito de uma época histórica, é evidente que o façam em toda a sua extensão e, consequentemente, entre

---

criados, em vez da riqueza material existir para as necessidades do trabalhador". K. Marx. *El Capital. Crítica de la Economía Política*, op. cit., t. I, cap. XXIII, p. 524.

66. Esta noção de desenvolvimento histórico desigual, assim compreendida, é desenvolvida por José de Souza Martins, no conjunto de seus trabalhos, conforme indicação bibliográfica.

outras coisas, dominem também como pensadores, como produtores de ideias; que regulem a produção e distribuição de ideias de seu tempo e que suas ideias sejam, por isso mesmo, as ideias dominantes da época".[67]

Deve-se, ainda, apenas marcar que o processo de produção capitalista não é só um processo de reprodução de relações sociais, mas de *produção de relações*. Enquanto as relações sociais se renovam em alguns ramos produtivos, a expansão da acumulação vai abrangendo novos ramos, provocando alterações substanciais na maneira de produzir, ou seja, no processo técnico de trabalho e nas relações sociais de produção, ante a subsunção real do trabalho ao capital. Porém, a expansão do capital não é linear. Verifica-se, historicamente, que o movimento mesmo de reprodução no conjunto da sociedade *produz relações sociais de produção não capitalistas*, como meio de extração de trabalho excedente pelo capital. Não se trata de mera sobrevivência de relações próprias de modos anteriores de organização da sociedade, porque são redimensionadas no seu significado histórico ao se subordinarem ao movimento expansionista do capital. Trata-se da produção capitalista de relações de produção não capitalistas.[68]

Finalizando este capítulo, importa explicitar o raciocínio que norteou sua elaboração. O esforço efetuado orientou-se no sentido de articular, na exposição, teoria e método. A explicitação das noções fundamentais que conformam o universo analítico da pesquisa é condição preliminar para o tratamento teórico do tema em estudo. Procurou-se resgatar e acentuar, no decorrer da exposição efetuada, alguns princípios metodológicos do pensamento de Marx, assim como a dimensão propriamente sociológica de sua reflexão, procurando fazer face às leituras correntes, de cunho economicista do autor. Embora limitadamente, aventuramos na busca de explicitar as tensões inerentes e específicas às relações sociais que peculiarizam a sociedade do capital: a articulação indissolúvel e contraditória entre a essência dessas relações sociais e sua manifestação através

---

67. K. Marx e F. Engels. *A Ideologia Alemã* (Feuerbach). São Paulo: Grijalbo, 1977. p. 72.

68. Não se pode encarar relações como o escravismo, a produção mercantil simples, o "colonato" etc., como excrescências no capitalismo, mas como maneiras historicamente específicas do capital se reproduzir. Sobre a questão ver o original trabalho de José de Souza Martins. *O Cativeiro da Terra*. São Paulo: Ciências Humanas, 1979.

das formas sociais, por meio das quais se expressam, ambas engendradas e recriadas no processo da vida social. Acentuamos a tensão entre a aparência de relações igualitárias, indispensável à troca de mercadorias equivalentes, expressa na órbita da circulação, e a desigualdade inerente a esse modo de produção e de vida, em que o caráter cada vez mais social do trabalho contrapõe-se à apropriação privada das condições e produtos do mesmo. Ressaltamos ainda, como a "liberdade" do trabalhador, necessária ao intercâmbio de sua capacidade de trabalho como mercadoria, contrapõe-se, contraditoriamente, à reprodução das condições de sua dominação e de sua miséria. Ou seja, procuramos explicitar como o próprio processo de exploração produz a sua legitimação. Esse descompasso necessário ao funcionamento da sociedade só pode ser superado através da prática política.

A força de trabalho em ação, sendo a substância que produz a riqueza, a reproduz como riqueza para outros. Assim, o trabalho se torna para o trabalhador como algo que lhe é estranho, que o mortifica e no qual se aliena, mas através do qual são também gestadas as condições de sua efetiva libertação. A própria organização do processo de produção, entendido como unidade contraditória de produção, circulação, troca e consumo, viabiliza as ilusões que conferem à circulação a qualidade de criadora de sobrevalor, independente da produção. Por outro lado, a mística da forma salário encobre, ao mesmo tempo em que permite desvendar, a relação entre o trabalho pago e não pago do trabalhador. Essas mistificações afetam não só aos capitalistas, mas também à classe trabalhadora.

Esses, dentre outros, foram alguns aspectos que se procurou acentuar, descartando a perspectiva analítica, que, em detrimento da apreensão do movimento contraditório da totalidade concreta, enquadra a realidade em níveis analíticos, econômico, político ou ideológico. Enfim, procurou-se dar alguns passos, ainda que limitadamente, no sentido de captar o desenvolvimento desigual entre as representações e a realidade substancial dos fenômenos, ressaltando as mediações necessárias à expressão das contradições e as determinações do processo social na sua totalidade.

CAPÍTULO II

O Serviço Social no Processo de Reprodução das Relações Sociais

1. Perspectiva de Análise

A presente análise está voltada para a reconstrução do objeto de estudo — a profissão de Serviço Social — segundo a orientação teórico-metodológica anteriormente expressa. Trata-se de um esforço de captar o *significado social dessa profissão na sociedade capitalista*, situando-a como um dos elementos que participa da reprodução das relações de classes e do relacionamento contraditório entre elas. Nesse sentido, efetua-se um esforço de *compreender a profissão* historicamente situada, configurada como um tipo de especialização do trabalho coletivo dentro da divisão social do trabalho peculiar à sociedade industrial.

Poder-se-ia afirmar que as reflexões aqui reunidas têm em vista responder à seguinte indagação: como o *Serviço Social se situa na reprodução das relações sociais*?[1] Assim, mais do que uma análise centrada nos elementos constitutivos que dão um perfil peculiar ao Serviço Social, face a outras profissões, o esforço orienta-se no sentido de apreender as implicações

---

1. Situar consiste em "determinar a posição real do objeto no processo total". J. P. Sartre. *Problemas de método*. Bogotá: Estratégia, 1963, p. 29.

sociais que conformam as condições desse exercício profissional na sociedade atual.

Ainda a nível introdutório, vale ressaltar que, dado o caráter preliminar do presente ensaio, sua pretensão se restringe ao estabelecimento de *hipóteses diretrizes de trabalho*,[2] norteadoras da análise histórica sobre alguns aspectos da gênese e desenvolvimento do Serviço Social no Brasil, apresentados na segunda parte do livro. Procura-se, através delas, estabelecer eixos que permitam caracterizar a participação do Serviço Social no processo de reprodução das relações sociais, na perspectiva do capital e do trabalho.

Dentro da referência analítica adotada, cabe reafirmar que a reprodução das relações sociais não se restringe à reprodução da força viva de trabalho e dos meios objetivos de produção (instrumentos de produção e matérias-primas). A noção de reprodução engloba-os, enquanto elementos substanciais do processo de trabalho, mas, também, os ultrapassa. Não se trata apenas de reprodução material no seu sentido amplo, englobando produção, consumo, distribuição e troca de mercadorias. Refere-se à reprodução das forças produtivas e das relações de produção na sua globalidade, envolvendo, também, a reprodução da produção espiritual, isto é, das formas de consciência social: jurídicas, religiosas, artísticas ou filosóficas, através das quais se toma consciência das mudanças ocorridas nas condições materiais de produção.[3] Nesse processo são gestadas e recriadas as lutas sociais entre os agentes sociais envolvidos na produção, que expressam a luta pelo poder, pela hegemonia das diferentes classes sociais sobre o conjunto da sociedade.

---

2. As hipóteses diretrizes constituem "a base estratégica para a investigação do fenômeno... "; não são concebidas "como hipóteses para verificação, inferidas empiricamente por meio de pesquisa anterior; mas hipóteses de trabalho baseadas nos quadros reais da pesquisa e formuladas com o fim de orientar teoricamente a pesquisa". F. Fernandes. "Raça e sociedade: O preconceito social em São Paulo" (Projeto de Estudo). In: *A Sociologia numa era de revolução social*. 2. ed., cap. IX. Rio de Janeiro: Zahar, 1976, p. 296 e 300.

3. Ver, por exemplo, o texto clássico de Marx, que expõe a noção de sociedade enquanto totalidade e o desenvolvimento desigual de seus elementos: K. Marx. "Prefácio à contribuição à crítica da Economia Política. In: K. Marx e F. Engels, *Textos 3, op. cit.*, p. 60-93.

Assim, a reprodução das relações sociais é a *reprodução da totalidade do processo social, a reprodução de determinado modo de vida*[4] que envolve o cotidiano da vida em sociedade: o modo de viver e de trabalhar, de forma socialmente determinada, dos indivíduos em sociedade. Envolve a reprodução do modo de produção, entendido na linha de interpretação que Lefebvre[5] faz da noção:

> "Quanto ao *modo de produção* (capitalista) este conceito designa em Marx o resultado global das relações de antagonismo: "salário/capital", "proletariado/burguesia". Estas relações sociais não entram na prática da sociedade, e da sociedade burguesa, a não ser através de *formas* que as sustêm e a mascaram; por exemplo, a *forma contratual* (a do "contrato de trabalho", ficticiamente livre, que liga os membros da classe trabalhadora e os da burguesia, e que pretensamente os associa). Este resultado global compreende, portanto, as elaborações jurídicas das relações de produção, as relações de propriedade codificadas — as ideologias que 'exprimem' também, dissimilando-as, as relações de antagonismo —, as instituições políticas e 'culturais', a ciência etc."[6]

Trata-se, portanto, de uma *totalidade concreta em movimento, em processo de estruturação permanente*. Entendida dessa maneira, a reprodução das relações sociais atinge a totalidade da vida cotidiana, expressando-se tanto no trabalho, na família, no lazer, na escola, no poder etc., como também na *profissão*.

Isso supõe, como diretriz de trabalho, considerar a profissão sob dois ângulos, não dissociáveis entre si, como duas expressões do mesmo fenômeno: como realidade vivida e representada na e pela consciência de seus agentes profissionais expressa pelo discurso teórico-ideológico sobre

---

4. Ver K. Marx. A *Ideologia...*, op. cit., p. 27.

5. H. Lefebvre. "Estrutura social: A Reprodução das relações sociais". In: M. M. Foracchi e J. S. Martins. *Sociologia e sociedade. Leituras de introdução à Sociologia*. Rio de Janeiro: Livros Técnicos e Científicos, 1977. p. 220.

6. É evidente, portanto, que tal concepção não se confunde com a interpretação sistêmica do modo de produção de cunho estrutural funcionalista. Não diz respeito a um todo fechado, em que as partes mantêm relativa autonomia, expressa em "instâncias" econômicas, políticas e ideológicas e em níveis de determinações e sobredeterminações.

o exercício profissional; a atuação profissional como atividade socialmente determinada pelas circunstâncias sociais objetivas que conferem uma direção social à prática profissional, o que condiciona e mesmo ultrapassa a vontade e/ou consciência de seus agentes individuais.

A unidade entre essas duas "dimensões" é contraditória, podendo haver uma defasagem entre as condições e efeitos sociais objetivos da profissão e as representações que legitimam esse fazer. Em outros termos: uma defasagem entre intenções expressas no discurso que ratifica esse fazer e o próprio exercício desse fazer. O esforço está direcionado, pois, para apreender o Serviço Social inserido no *processo social*.[7]

A reflexão teórica sobre o Serviço Social no movimento de reprodução da sociedade não se identifica com a defesa da tese unilateral que tende a acentuar, aprioristicamente, o caráter "conservador" da profissão como esforço e apoio ao poder vigente. Não significa, ainda, assumir a tese oposta, amplamente divulgada no movimento de Reconceituação, que sustenta, a princípio, a dimensão necessariamente "transformadora ou revolucionária" da atividade profissional. Ambas as posições acentuam, apenas e de modo exclusivo, um polo do movimento contraditório do concreto, sendo nesse sentido unilaterais. Não se esgota a análise da profissão na afirmativa mecanicista que, sustentando ser o Serviço Social um dos instrumentos a serviço de um poder monolítico, conclui estar a profissão necessariamente fadada a constituir-se num reforço exclusivo do mesmo. Por outro lado, o voluntarismo que impregna a posição oposta, ao considerar o Assistente Social como "o agente de transformação", não reconhece, nem elucida, o verdadeiro caráter dessa prática na sociedade atual. Ao superestimar a eficácia política da atividade profissional, subestima o lugar das organizações políticas das classes sociais no processo de transformação da sociedade, enquanto sujeitos da história; por outro lado, parece desconhecer a realidade do mercado de trabalho.

---

7. "Por processo social não entendemos o sentido intersubjetivo das relações sociais, mas sim que as relações sociais são mediatizadas por condições históricas e que os processos têm duas dimensões: a da consciência subjetiva da situação e a do sentido e direção objetiva que assume. Então entre estes sujeitos há uma realidade objetiva e construída, cujos significados podem ser compreendidos de diferentes modos". J. S. Martins. *Capitalismo e tradicionalismo. Estudos sobre as contradições da sociedade agrária no Brasil*. São Paulo: Pioneira, 1975. p. 54.

Tais considerações não visam sustentar uma posição intermediária ou conciliatória de tendências opostas, mas estão inscritas na preocupação de recuperar, na análise dessa expressão da prática social, o caráter da diversidade do movimento histórico.

O movimento de reprodução do capital, que recria o móvel básico da continuidade da organização dessa sociedade — a criação e apropriação do trabalho excedente, sob a forma de mais-valia — recria, também, em escala ampliada, os antagonismos de interesses objetivos inerentes às relações sociais, através das quais se efetiva a produção. Concomitantemente, no mesmo processo, reproduz-se a contradição entre a igualdade jurídica de cidadãos "livres" e a desigualdade econômica que envolve a produção cada vez mais social contraposta à apropriação privada do trabalho alheio. Em outros termos: são reproduzidas as condições de exploração ou da reprodução da riqueza pelo trabalhador como riqueza alheia; as relações sociais que sustentam o trabalho alienado com seus antagonismos e o mascaramento ideológico que encobre e revela sua verdadeira natureza.

Ora, o Serviço Social, como instituição componente da organização da sociedade, não pode fugir a essa realidade. As condições que peculiarizam o exercício profissional são uma concretização da dinâmica das relações sociais vigentes na sociedade, em determinadas conjunturas históricas. Como as classes sociais fundamentais e suas personagens só existem em relação, pela mútua mediação entre elas, a atuação do Assistente Social é necessariamente polarizada pelos interesses de tais classes, tendendo a ser cooptada por aqueles que têm uma posição dominante. Reproduz também, pela *mesma atividade, interesses contrapostos que convivem em tensão. Responde tanto a demandas do capital como do trabalho e só pode fortalecer um ou outro polo pela mediação de seu oposto. Participa tanto dos mecanismos de dominação e exploração como, ao mesmo tempo e pela mesma atividade, da resposta às necessidades de sobrevivência da classe trabalhadora e da reprodução do antagonismo nesses interesses sociais, reforçando as contradições que constituem o móvel básico da história.* A partir dessa compreensão é que se pode estabelecer uma *estratégia profissional e política, para fortalecer as metas do capital ou do trabalho,* mas não se pode excluí-las do contexto da prática profissional, visto que as classes só existem inter-relacionadas. É isto, inclusive, que viabiliza a possibilidade de o profissional colocar-se no horizonte dos interesses das classes trabalhadoras.

É este o ponto de partida da análise, a qual deverá demonstrar, no seu desenvolvimento teórico e empírico, o que tem sido a *força dominante* na trajetória da prática histórica do Serviço Social: atender, prioritariamente, uma demanda do capital ou do trabalho, tendo por suposto que estas forças contraditórias não se excluem do contexto profissional.

A perspectiva analítica está voltada, pois, para efetuar a reconstrução da profissão na ótica das relações de classes, em que as personagens sociais envolvidas na prática profissional, diante das quais o Assistente Social exerce uma função mediadora, são encaradas mais além de meras individualidades. As personagens sociais que entram na relação profissional são consideradas, simultaneamente, enquanto seres sociais e particulares, e em cujo modo de ser, de atuar e de ver o mundo estão contidas as determinações sociais derivadas da posição que ocupam no processo de produção e no jogo do poder. Não se nega a singularidade dos indivíduos, numa visão determinista da história, mas essa individualidade é tida como expressão e manifestação de seu ser social, de sua vida em sociedade. Ressaltamos isto, porque a particularização do indivíduo e de seu trabalho tende a ser *representada* na perspectiva de sua individualidade. É concebida como se sua particularidade intelectual e moral houvesse adquirido uma particularidade social e não o inverso: sua individualidade como manifestação da vida em sociedade. Tal concepção, que emana da circulação simples de mercadorias, confirma a liberdade dos indivíduos necessária à troca de mercadorias e permanece viva em toda a economia burguesa, tendo adquirido uma força muito expressiva na representação ideológica do Serviço Social. Essa forma de ver está presente em certo tipo de literatura profissional, que tende a encarar o indivíduo focalisticamente, segmentado da sociedade. É a visão a-histórica do indivíduo abstraído, artificialmente, da produção material, das relações de classe, enfim, da sociedade.

Na perspectiva ora adotada, os "contratantes" do profissional — os capitalistas e seus representantes no aparelho de Estado — e os "clientes" ou usuários dos serviços prestados pelo Assistente Social — os trabalhadores assalariados a quem se dirigem, prioritariamente, tais serviços — são apreendidos enquanto representantes de interesses de classes, personificando categorias econômicas.[8]

2. A Intervenção do Agente Profissional nas Relações Sociais

Dentro da orientação analítica expressa neste ensaio, parte-se do pressuposto de que a compreensão da profissão de Serviço Social implica o esforço de inseri-la no conjunto de condições e relações sociais que lhe atribuem um significado e nas quais torna-se possível e necessária. Afirma-se como um tipo de especialização do trabalho coletivo, ao ser expressão de necessidades sociais derivadas da prática histórica das classes sociais no ato de produzir e reproduzir os meios de vida e de trabalho de forma socialmente determinada. O desenvolvimento das forças produtivas e as relações sociais engendradas nesse processo determinam novas *necessidades sociais* e *novos impasses* que passam a exigir *profissionais especialmente qualificados* para o seu atendimento, segundo os parâmetros de "racionalidade" e "eficiência" inerentes à sociedade capitalista.

O Serviço Social se gesta e se desenvolve como profissão reconhecida na divisão social do trabalho, tendo por pano de fundo o *desenvolvimento capitalista industrial e a expansão urbana*, processos esses aqui apreendidos sob o ângulo das novas classes sociais emergentes — a constituição e expansão do proletariado e da burguesia industrial — e das modificações verificadas na composição dos grupos e frações de classes que compartilham o poder de Estado em conjunturas históricas específicas. É nesse contexto, em que se afirma a hegemonia do capital industrial e financeiro, que emerge sob novas formas a chamada "questão social", a qual se torna a base de justificação desse tipo de profissional especializado.[9] A *questão*

---

8. Esta precisão é metodologicamente importante: "aqui nos referimos às pessoas enquanto personificação de categorias econômicas, como representantes de determinados interesses e relações de classe". K. Marx, *El Capital. Crítica de la Economía Política, op. cit.*, Prólogo da 1. ed., t. I, p. XV.

9. Um tratamento mais detalhado e conjunturalmente circunscrito da questão social e do posicionamento das frações de classes dominantes diante da mesma é feito na segunda parte deste livro.

social não é senão as expressões do processo de formação e desenvolvimento da classe operária e de seu ingresso no cenário político da sociedade, exigindo seu reconhecimento como classe por parte do empresariado e do Estado. É a manifestação, no cotidiano da vida social, da contradição entre o proletariado e a burguesia, a qual passa a exigir outros tipos de intervenção, mais além da caridade e repressão. O Estado passa a intervir diretamente nas relações entre o empresariado e a classe trabalhadora, estabelecendo não só uma regulamentação jurídica do mercado de trabalho, através de legislação social e trabalhista específicas, mas gerindo a organização e prestação dos serviços sociais, como um novo tipo de enfrentamento da questão social. Assim, as condições de vida e trabalho dos trabalhadores já não podem ser desconsideradas inteiramente na formulação de políticas sociais, como garantia de bases de sustentação do poder de classe sobre o conjunto da sociedade. O Estado busca enfrentar, também, através de medidas previstas nessas políticas e concretizadas na aplicação da legislação e na implementação dos serviços sociais, o processo da pauperização absoluta ou relativa do crescente contingente da classe trabalhadora urbana, engrossado com a expansão industrial, como elemento necessário à garantia dos níveis de produtividade do trabalho exigidos nesse estágio de expansão do capital. Ao referir-se à classe trabalhadora, engloba-se aí tanto a parcela dessa classe diretamente inserida no mercado de trabalho, como aquela excedente para as necessidades médias de exploração do capital: o exército industrial de reserva. Este segmento de trabalhadores, não podendo sobreviver principalmente de salário, enquanto está socialmente impossibilitado de produzi-lo, passa a depender da renda de todas as classes. A sociedade é obrigada a ocupar-se com a manutenção dessa parcela da classe trabalhadora alijada do mercado de trabalho. Os capitalistas, embora impelidos a partilhar dos custos de reprodução dessa população, tentam, na medida do possível, desincumbir-se de tal ônus, ampliando a penúria desses trabalhadores "livres", reduzidos a condições de vida infra-humanas, e socializando os custos de reprodução desse segmento da classe trabalhadora para o conjunto da sociedade, no que as políticas sociais dos Estados capitalistas desempenham um papel fundamental. Isto sem relegar a necessidade política de contenção e controle de possíveis insubordinações do conjunto da população trabalhadora submetida a um processo intenso de exploração.

Assim, à medida que avança o desenvolvimento das forças produtivas, da divisão do trabalho e a sua consequente potenciação, modificam-se as formas e o grau de exploração da força de trabalho.[10] Modifica-se, concomitantemente, o posicionamento das diversas frações da classe dominante e suas formas de agir perante a questão social, no que entram em cena os interesses econômicos específicos desses grupos e a luta pelo poder existente no seu interior. As respostas à questão social sofrem alterações mais significativas nas conjunturas de crise econômica e de crise de hegemonia no bloco do poder.

Historicamente, passa-se da caridade tradicional levada a efeito por tímidas e pulverizadas iniciativas das classes dominantes, nas suas diversas manifestações filantrópicas, para a centralização e racionalização da atividade assistencial e de prestação de serviços sociais pelo Estado, à medida que se amplia o contingente da classe trabalhadora e sua presença política na sociedade. Passa o Estado a atuar sistematicamente sobre as sequelas da exploração do trabalho expressas nas condições de vida do conjunto dos trabalhadores.[11]

O que merece ser marcado é que a evolução da questão social apresenta duas faces, indissociáveis: uma, configurada pela situação objetiva da classe trabalhadora, dada historicamente, em face das mudanças no modo de produzir e de apropriar o trabalho excedente, como frente à capacidade de organização e luta dos trabalhadores na defesa de seus interesses de classe e na procura de satisfação de suas necessidades imediatas de sobrevivência; outra, expressa pelas diferentes maneiras de interpretá-la e agir sobre ela, propostas pelas diversas frações dominantes, apoiadas no e pelo poder do Estado.

Mais além das especificidades dessas formas de enfrentamento da questão social — que necessitam ser retidas, dado seu inestimável valor

---

10. Ver K. Marx. *El Capital. Crítica de la Economía Política, op. cit.*, t. I, seção IV.

11. Tais considerações são retomadas e demonstradas em suas expressões históricas na sociedade brasileira na segunda parte, Aspectos da História do Serviço Social no Brasil (1930-1960).

heurístico para a compreensão da atuação do Serviço Social — o que se encontra subjacente e as unifica é a contradição fundamental que expressa a desigualdade inerente à organização vigente dessa sociedade: o trabalho social e a apropriação privada das condições e dos frutos do trabalho, que se traduz na valorização crescente do capital e no crescimento da miséria relativa do trabalhador.

O Serviço Social no Brasil afirma-se como profissão, estreitamente integrado ao setor público em especial, diante da progressiva ampliação do controle e do âmbito da ação do Estado junto à sociedade civil. Vincula-se, também, a organizações patronais privadas, de caráter empresarial, dedicadas às atividades produtivas propriamente ditas e à prestação de serviços sociais à população. A profissão se consolida, então, como parte integrante do aparato estatal e de empresas privadas, e o profissional, como um assalariado a serviço das mesmas. Dessa forma, *não se pode pensar a profissão no processo de reprodução das relações sociais independente das organizações institucionais a que se vincula*, como se a atividade profissional se encerrasse em si mesma e seus efeitos sociais derivassem, exclusivamente, da atuação do profissional. Ora, sendo integrante dos aparatos de poder, como uma das categorias profissionais envolvidas na implementação de políticas sociais, seu significado social só pode ser compreendido ao levar em consideração tal característica.

O Serviço Social no Brasil, embora regulamentado como uma profissão liberal,[12] não tem uma tradição de prática peculiar às profissões liberais na acepção corrente do termo. O Assistente Social não tem sido um profissional autônomo, que exerça independentemente suas atividades, dispondo das condições materiais e técnicas para o exercício de seu trabalho e do completo controle sobre o mesmo, seja no que se refere à maneira de exercê-lo, ao estabelecimento da jornada de trabalho, ao nível de remuneração e, ainda, ao estabelecimento do "público ou clientela a ser atingida".[13] No entanto, se esta não vem sendo, historicamente, uma

---

12. A Portaria n. 35, de 19-4-49, do Ministério de Trabalho, Indústria e Comércio enquadra o Serviço Social no 14º grupo de profissões liberais.

13. Segundo Mills, a característica básica do profissional liberal tradicional é a independência no exercício de suas atividades. Contrapõe o profissional independente, figura da antiga classe média, ao

característica básica da profissão, ela não exclui, integralmente, certos traços que marcam uma prática "liberal" entre os quais se poderia arrolar: a reivindicação de uma deontologia (Código de Ética), o caráter não rotineiro da intervenção, viabilizando aos agentes especializados uma certa margem de manobra e de liberdade no exercício de suas funções institucionais. Outra característica a ser ressaltada é a existência de uma relação singular no contato direto com os usuários — os "clientes" — o que reforça um certo espaço para a atuação técnica, abrindo a possibilidade de se reorientar a forma de intervenção, conforme a maneira de se interpretar o papel profissional. A isso se acresce outro traço peculiar ao Serviço Social: a indefinição ou fluidez do "que é" ou do "que faz" o Serviço Social, abrindo ao Assistente Social a possibilidade de apresentar propostas de trabalho que ultrapassem meramente a demanda institucional. Tal característica, apreendida às vezes como um estigma profissional, pode ser reorientada no sentido de uma ampliação de seu campo de autonomia, de acordo com a concepção social do agente sobre sua prática. Resta salientar ainda que a definição jurídica do Serviço Social como profissão liberal abre possibilidades de seu exercício independente, apesar de serem restritas tais experiências ante o panorama do mercado de trabalho especializado no país.

Dentre as organizações institucionais que mediatizam o exercício profissional, cabe ao *Estado* uma posição de destaque, por ser, tradicionalmente, um dos maiores empregadores de Assistentes Sociais no Brasil. Ao considerar-se o Estado, é necessário acentuar sua importância decisiva na reprodução das relações sociais, na sua condição de legislador e de controlador das forças repressivas. Estes dois "braços" do Estado são mutuamente complementares na tarefa de assegurar o poder e a ordem estabelecida conforme os interesses dominantes.[14] O Estado, como centro

---

profissional assalariado, categoria integrante dos *white collars* ou nova classe média. Não se pretende incorporar integralmente a concepção desse autor, que, conforme ele próprio explicita, trabalha à base de conceitos de origem weberiana. Ver C. W. Mills. *A Nova classe média*. Rio de Janeiro: Zahar, 1969. caps. 4, 6 e 16.

14. "A que se deve imputar a perenidade (aparente) das relações de produção? Será ao Estado, na sua condição de legislador, organizador do sistema contratual e institucional, sempre perfectível, pelo menos aparentemente, ou então ao Estado enquanto capacidade repressiva que detém o exército, a polícia, os

de exercício do poder político, é a via privilegiada através da qual as diversas frações das classes dominantes, em conjunturas históricas específicas, impõem seus interesses de classe ao conjunto da sociedade, como ilusório interesse geral. Sendo a noção de Estado inseparável da de dominação, importa reter o movimento contraditório através do qual é exercida. No interior da classe dominante encontram-se presentes interesses divergentes entre suas frações, que lutam entre si pelo controle do poder e pela apropriação da maior parcela possível do excedente produzido sob as formas de lucro industrial e comercial, juros e renda da terra. O Estado supõe, pois, uma aliança de segmentos sociais, cujos interesses são conflitantes, embora não antagônicos. Porém, se o poder de Estado exclui as classes dominadas, não pode desconsiderar totalmente suas necessidades e interesses como condição mesma de sua legitimação. Assim, o Estado vê-se obrigado, pelo poder de pressão das classes subalternas, a incorporar, ainda que subordinadamente, alguns de seus interesses, desde que não afetem aqueles da classe capitalista como um todo, dentro de um "pacto de dominação".[15] As relações sociais explicam, pois, o Estado. Na prática da dominação política deve ser considerado, ainda, o conjunto de meios de direção moral e intelectual de uma classe sobre o conjunto da sociedade, ou seja, a forma pela qual é possível realizar sua hegemonia, ultrapassando as entidades estritamente governamentais, para abarcar a própria sociedade civil. Configura-se, aí, o que Gramsci denomina "Estado Integral" ou "ampliação do Estado".[16]

---

serviços especiais ou meios de constrangimentos? (...) Aos dois, enquanto fatores complementares e fatores da ordem estabelecida (...) A capacidade legislativa e contratual não é nada sem a repressão. O Estado dispõe destes dois membros, destas duas mãos, destes dois braços armados; é no nível do Estado político que se situam os *pensamentos estratégicos* que utilizam, bem ou mal, consciente ou inconscientemente, as forças econômicas sociais, ideológicas e políticas de que os atores dispõem". H. Lefebvre *"Estrutura..."*, *op. cit.*, p. 244.

15. L. Kowarick. "Proceso de desarrollo del Estado en América Latina y políticas sociales". *Acción Critica* n. 5. Lima: CELATS/ALAETS, abr. 79, p. 6-13.

16. Para o enriquecimento do tema em debate reconhecemos a importância de uma reflexão mais aprofundada sobre o significado do Estado no capitalismo monopolista, dado o caráter polêmico da questão expresso na literatura especializada. Fugindo aos limites deste trabalho desenvolvê-lo, remetemos os interessados à bibliografia que se segue: A. Gramsci. *Maquiavel, a política e o Estado Moderno*. 3. ed. Rio de Janeiro: Civilização Brasileira, 1978; H. Portelli. *Gramsci e o bloco histórico*. Rio de Janeiro: Paz e Terra, 1977;

Essas considerações sobre o Estado adquirem especial relevo para a compreensão do caráter da demanda e das fontes de legitimidade desse profissional ante as personagens sociais presentes nas condições que circunscrevem sua prática. O processo de institucionalização do Serviço Social como profissão dentro de divisão social do trabalho encontra-se estreitamente vinculado ao crescimento das grandes instituições de prestação de serviços sociais e assistenciais, geridas ou subsidiadas pelo Estado, que viabilizam a expansão do mercado de trabalho para estes trabalhadores especializados. A isto se aliam as alterações implantadas pelo empresariado, relativas à administração e gerência das relações industriais. Passam a lançar mão de técnicos qualificados na área de "relações humanas" — entre eles o Assistente Social — para a implementação de políticas de pessoal, diante da necessidade de racionalização da produção e do trabalho, exigidas pelo aprofundamento do processo de industrialização nos moldes do grande capital. À vigilância dos operários no interior da fábrica passam a ser articulados mecanismos de persuasão que contribuam para a garantia da organização e regulamentação das relações de trabalho, no sentido de adaptar o trabalhador aos novos métodos de produção que potenciem a extração de trabalho excedente.

Em suas origens no Brasil, o Serviço Social está intimamente vinculado a iniciativas da Igreja, como parte de sua estratégia de qualificação do laicato, especialmente de sua parcela feminina, vinculada predominantemente aos setores abastados da sociedade, para dinamizar sua missão política de apostolado social junto às classes subalternas, particularmente junto à família operária. Essa origem confessional, articulada aos movimentos de Ação Social e Ação Católica, conforma um tipo de legitimidade à profissão cujas fontes de justificação ideológica encontram-se na

---

V. I. Lênin. *O Estado e a revolução: O Conceito marxista de poder*. Rio de Janeiro, Diálogo Livraria, s.d., K. Marx. *O Dezoito Brumário de Luis Bonaparte*. In: K. Marx e F. Engels. *Textos 3*. São Paulo: Ed. Sociais, 1977; N. Poulantzas. *Poder político e classes sociais*. São Paulo: Martins Fontes, 1977, idem, *O Estado em crise*. Rio de Janeiro: Graal, 1977; R. Milliband. *El Estado en la sociedad capitalista*. México: Siglo XXI, 1976; J. O'Connors. *USA: A Crise do Estado capitalista*. Rio de Janeiro: Paz e Terra, 1977; L. Althusser. *Ideologia e aparelhos ideológicos do Estado*. São Paulo: Martins Fontes, s.d.; N. Bobbio et al. *O Marxismo e o Estado*. Rio de Janeiro: Graal, 1979, H. Lefebvre. "Sociologia Política: A Teoria do Estado". In: *Sociologia de Marx*. Rio de Janeiro: Forense, 1968.

doutrina social da Igreja. Configura-se, assim, um caráter missionário à atividade profissional, como meio de fazer face aos imperativos da justiça e da caridade, dentro da perspectiva de profissionalização do apostolado social segundo parâmetros técnicos e modernizadores, numa sociedade secularizada, ameaçada pelo liberalismo e pelo comunismo.[17] Se esta é a fonte legitimadora da formação desse profissional nos seus primórdios, ela não se choca com o crescente aproveitamento e cooptação desse agente pelo aparato de Estado e pelo empresariado, que progressivamente vão atribuindo novas determinações à legitimação e institucionalização do Serviço Social. O Estado passa a ser, num certo lapso de tempo, uma das molas propulsoras e incentivadoras desse tipo de qualificação técnica, ampliando seu campo de trabalho, conforme estratégias estabelecidas pelos setores dominantes para o enfrentamento da questão social, consolidadas em medidas de política social. O Assistente Social passa a receber um mandato diretamente das classes dominantes para atuar junto à classe trabalhadora. A demanda de sua atuação não deriva daqueles que são o alvo de seus serviços profissionais — os trabalhadores — mas do patronato, que é quem diretamente o remunera,[18] para atuar, segundo metas estabelecidas por estes, junto aos setores dominados. Estabelece-se, então, uma disjunção entre intervenção e remuneração, entre quem demanda e quem recebe os serviços do profissional. O que deve ser ressaltado é que esse profissional, embora trabalhe a partir e com a situação de vida do trabalhador, não é por ele diretamente solicitado; atua junto a ele a partir de uma demanda, que na maioria das vezes não é dele. A demanda dos serviços profissionais tem, pois, um nítido caráter de classe, o que fornece, por sua proximidade estreita com o Estado, um certo caráter "oficial" ao mandato recebido. Passa o profissional a dispor de um suporte jurídico-institucional para se impor ante o "cliente", mais além de sua solicitação,

---

17. Os vínculos do Serviço Social com o Bloco Católico são tratados na segunda parte. Apenas marcamos este aspecto, dada sua importância para compreensão das fontes de demanda e legitimidade desse agente.

18. Tal afirmativa não implica o desconhecimento de que a remuneração recebida por esse trabalhador qualificado tem sua origem no valor criado pela classe trabalhadora em geral, que é quem produz a riqueza social. O que se procura marcar é que, à diferença de outros profissionais liberais, o Assistente Social não recebe um pagamento diretamente daquele a quem se aplicam seus serviços.

restando ao usuário aceitar ou não os serviços prestados, não podendo deles se subtrair. O caminho que percorre o cliente até o profissional é mediatizado pelos serviços sociais prestados pelos organismos que contratam o profissional, os quais são, em geral, o alvo da procura do usuário. Porém, para obtê-los, é obrigado a passar pelo Assistente Social, enquanto um dos agentes institucionais que participa da implementação de tais serviços. Este caráter de cunho impositivo que marca grande parte da atuação do profissional não aparece limpidamente no discurso da instituição Serviço Social. Ao contrário, tende a expressar-se na representação dos profissionais ao reverso, como reforço à ideologia do desinteresse, do altruísmo, do dom de si, do respeito à livre-iniciativa do cliente, do princípio da não ingerência, da neutralidade etc. Essa linguagem característica de certo tipo de literatura especializada é típica de profissões referidas a opções vocacionais, que se constituem em seus primórdios, a partir de ações benemerentes e filantrópicas, que valorizavam o *primado do ser* — as qualidades pessoais, ideológicas, filosóficas e especialmente morais de seus adeptos — sobre o *primado do saber*, a ciência. A vocação de servir é concebida, nessa perspectiva, como uma escolha, oriunda de um chamado, justificado por motivações de ordens éticas, religiosas ou políticas, a que só podem aderir indivíduos dotados de certas aptidões particulares e dispostos a engajar a totalidade de suas vidas em um projeto que, antes de ser trabalho, é uma missão.[19] Dessa imagem social, historicamente plasmada e frequentemente incorporada pelos postulantes à profissão e mesmo por profissionais, deriva um certo caráter missionário da figura do profissional, expressiva em suas origens, mas ainda vigente, talvez, por meio de uma roupagem mais secularizada: não mais o discurso carregado da linguagem explícita do apostolado cristão, mas do agente voltado para a ajuda aos demais, a serviço do povo, do oprimido. Essa insígnia do despojamento que marca o profissional pode contribuir, ainda, para embaçar na e para a sua consciência as reais implicações de sua condição de trabalhador assalariado, fragilizando a luta

---

19. Ver, a respeito, J. Verdès-Leroux. *Le Travail social*. Paris: Minuit, 1978, especialmente capítulo III, p. 101-9.

sindical, o processo de organização da categoria profissional, pela defesa de seus direitos trabalhistas e reivindicações salariais.

O trabalho do Assistente Social se insere numa relação de compra e venda de mercadorias em que sua força de trabalho é mercantilizada. Aí se estabelece uma das linhas divisórias entre a atividade assistencial voluntária, desencadeada por motivações puramente pessoais e idealistas, e a atividade profissional que se estabelece mediante uma relação contratual que regulamenta as condições de obtenção dos meios de vida necessários à reprodução desse trabalhador especializado. Passa esse agente a perceber um salário, preço de sua mercadoria força de trabalho em troca de serviços prestados, determinado como o preço de qualquer outra mercadoria, ingressando sua atividade no reino do valor. Uma das pré-condições para tal ingresso é a transformação de sua força de trabalho em mercadoria e de seu trabalho em atividade subordinada à classe capitalista, para efetivar-se à medida que, conforme já acentuamos, não se afirma historicamente como uma profissão liberal.

Em caráter preliminar, poder-se-ia afirmar que o Serviço Social não é uma profissão que se inscreva, predominantemente, entre as atividades diretamente vinculadas ao processo de criação de produtos e de valor. Embora não ocupe uma posição na produção *stricto sensu*, como o que ocorre com outras profissões de caráter técnico, isto não significa seu alijamento da produção social em sentido amplo.[20] Ora, o alvo predominante do exercício profissional é o trabalhador e sua família, elemento mais vital e significativo do processo de produção. É dele ou, mais precisamente, de sua força de trabalho em ação, que depende não apenas a transferência do valor contido nos meios de produção ao produto, mas a criação de novos valores, os quais são realizados por intermédio da venda das mercadorias. Mais explicitamente: a força de trabalho em ação é a fonte de toda a riqueza social. Uma vez que o exercício do Serviço Social está circunscrito dentro do contexto referente às condições e situação de

---

20. Entenda-se, aqui, o processo de produção no seu conjunto, como a totalidade de produção, distribuição, troca e consumo. A respeito, ver: K. Marx. "Introdução geral à crítica da Economia Política". In: K. Marx e P. Sweezy. *Para uma crítica da Economia Política*. Porto: Publicações Escorpião, Cadernos O Homem e a Sociedade. p. 19-62.

vida da classe trabalhadora, encontra-se integrado ao processo de criação de condições indispensáveis ao funcionamento da força de trabalho, à extração da mais-valia. Embora a profissão não se dedique, preferencialmente, ao desempenho de funções diretamente produtivas, podendo ser, em geral, caracterizada como um trabalho improdutivo, figurando entre os falsos custos de produção,[21] participa, ao lado de outras profissões, da tarefa de implementação de condições necessárias ao processo de reprodução no seu conjunto, integrada como está à divisão social e técnica do trabalho. A produção e reprodução capitalista inclui, também, uma gama de atividades, que, não sendo diretamente produtivas, são indispensáveis ou facilitadoras do movimento do capital. São funções que, com o progresso da divisão do trabalho, se desmembraram de outras, adquirindo uma existência independente, substantivadas como função específica de determinados agentes a que está diretamente encomendada. Embora não sejam geradoras de valor, tornam mais eficiente o trabalho produtivo, reduzem o limite negativo colocado à valorização do capital, não deixando de ser para ele uma fonte de lucro. É o que ocorre, por exemplo, com a maioria das atividades ligadas ao comércio. Existem, ainda, muitas atividades caracterizadas por se dedicarem, especialmente, à criação de bases para o exercício do poder de classe, que tem sua expressão máxima no Estado. São atividades diretamente vinculadas ao controle político-ideológico e/ou repressivo e à modernização do aparato burocrático do Estado, necessários à garantia do domínio de classe. Deste ponto de vista, são funções cujo significado econômico está subordinado a seu caráter político determinante. Sua razão de ser é dada pela contribuição que possam oferecer, pois que se encontram vinculadas a estruturas do poder, à criação de condições político-ideológicas favoráveis à manutenção das relações sociais, configurando-as como harmônicas, naturais, destituídas das tensões que lhe são inerentes. Tratam, ainda, de reduzir as arestas da

---

21. "O soldado faz parte dos *faux-frais* de produção, de maneira semelhante a muitos trabalhadores improdutivos que não produzem produto algum, intelectual ou material, e que, sem dúvida, são úteis e inclusive necessários por causa da deficiente organização da sociedade; devem sua existência, portanto, à existência de males sociais. K. Marx. *Teoría de la plusvalia*. Madrid: Comunicación 28, Alberto Corazón, 1974, t. I, p. 206.

realização problemática da expansão do capital, determinada pela lei geral da acumulação: a reprodução ampliada da riqueza, apropriada privadamente e a miséria coletiva dos produtores diretos. Em outros termos: tratam de centrar esforços na busca de um equilíbrio tenso entre capital e trabalho, na árdua tarefa de conciliar o inconciliável. Assim, à proporção que encetam esforços no sentido de manter a continuidade da organização social dentro da ordem do capital, contribuem, inevitavelmente, para reproduzir as contradições fundamentais que conformam as relações sob as quais se baseia essa sociedade. É dentro desse quadro geral que se pretende situar o Serviço Social.

O profissional de Serviço Social é, aqui, também considerando na sua condição de *intelectual*. Para caracterizá-lo, busca-se suporte em Gramsci,[22] para quem essa categoria não constitui um grupo autônomo e independente das classes fundamentais; ao contrário, tem o papel de dar-lhes homogeneidade e consciência de sua função, isto é, de contribuir na luta pela direção social e cultural dessas classes na sociedade. Trata-se do "organizador, dirigente e técnico" que coloca sua capacidade a serviço da criação de condições favoráveis à organização da própria classe a que se encontra vinculado. Posto que expressa uma identidade pela consciência e pela prática com essas classes, são orgânicos, organicidade que é tanto maior quanto mais íntima a conexão com uma classe fundamental (burguesia ou proletariado).

Porém, em sua autorrepresentação, os intelectuais tendem a considerar-se como independentes das classes essenciais, o que, segundo o autor citado, não é mais que expressão de uma utopia social, uma vez que cada classe cria sua própria categoria de intelectual, a cujos interesses se encontra estritamente vinculado.

A categoria específica de intelectual de novo tipo da sociedade moderna está vinculada à educação técnica, típica do mundo industrial. Seu modo de ver e de atuar já não se reduz à eloquência, mas envolve-se, diretamente, na vida cotidiana, como "organizador, construtor, persuasor

---

22. Ver, especialmente, A. Gramsci. *Obras escolhidas*. V. II. Lisboa: Estampa, Coleção Teoria n. 22, 1974. p. 189-215.

permanente". Dessa forma, além da atividade técnica propriamente dita, executa um trabalho organizativo e articulador das "massas" aos grupos sociais a que se encontram ligados; atividade essa que se orienta para a criação de condições favoráveis ao domínio dessa classe. Nesse sentido, são organicamente vinculados aos grupos fundamentais, tendo seu desempenho voltado para contribuir na luta pela hegemonia da classe a que serve. A relação dos intelectuais com o processo de valorização do capital não é direta, mas mediatizada por todo o contexto social.[23]

Na atividade intelectual podem-se distinguir diferentes graus: "os criadores dos valores, das ciências, artes e filosofia" e os "administradores e divulgadores da riqueza intelectual existente, tradicionalmente acumulada".[24] O Assistente Social, que na sua qualidade de intelectual tem como instrumento básico de trabalho a *linguagem*, poderia ser caracterizado nesse segundo grupo. Historicamente, não constitui atividade proeminente para essa categoria profissional a produção de conhecimentos científicos. Emerge e se afirma em sua evolução como uma categoria voltada para a *intervenção na realidade*, utilizando-se dos conhecimentos socialmente acumulados e produzidos por outras ciências, aplicando-os à realidade social para subsidiar sua prática.

A consideração do Assistente Social como um intelectual subalterno situa, necessariamente, a reflexão de seu papel profissional numa dimensão eminentemente política, estando em jogo o sentido social da atividade desse agente. Coloca de frente indagações como: a quem vem efetivamente servindo esse profissional, que interesses reproduz, quais as possibilidades de estar a serviço dos setores majoritários da população?

O Serviço Social em sua trajetória não adquire o *status* de ciência, o que não exclui a possibilidade e necessidade de o profissional produzir conhecimentos científicos, contribuindo para o acervo das ciências humanas e sociais, numa linha de articulação dinâmica entre teoria e práti-

---

23. "A relação entre os intelectuais e o mundo de produção não é imediata, como acontece com os grupos sociais fundamentais, mas é mediata, em diversos graus por todo o tecido social, pelo conjunto das sobre-estruturas, do qual os intelectuais são precisamente os 'funcionários'". A. Gramsci. Obras..., op. cit., p. 198.

24. A. Gramsci. Obras..., op. cit., p. 200.

ca. A divisão de trabalho entre as ciências, a segmentação entre teoria e prática, ciência e técnica, são expressões da crescente divisão de trabalho intelectual e manual, que se desenvolve à medida que se aprofunda o capitalismo.[25] Independentemente do *referendum* à orientação positivista que procede à fragmentação da realidade em detrimento da apreensão da unicidade e das leis do movimento do concreto, é inegável que a divisão do trabalho engendra especialidades e especialistas, além de fragmentar o próprio homem no ato mesmo de produzir, tornando-o um trabalhador parcial, uma peça do trabalho coletivo. Estabelece a segmentação entre as ciências, as tecnologias que adquirem, inclusive, uma de suas expressões na diversidade de ocupações vigentes no mercado de trabalho. Dentro desse panorama vigente na sociedade, poder-se-ia caracterizar o Serviço Social como uma tecnologia social, e o profissional como um técnico cuja atuação é geralmente mediatizada pela prestação de serviços sociais em instituições que implementam políticas sociais específicas, sendo nesse sentido relevante indagar-se sobre o significado desses serviços na sociedade vigente.

3. O Significado dos Serviços Sociais

A expansão dos serviços sociais no século XX está estreitamente relacionada ao desenvolvimento da noção de *cidadania*.[26] Com a generali-

---

25. Para um aprofundamento sobre a divisão do trabalho na sociedade e no interior da produção, dentro da linha que procura apreender a historicidade dessa noção, isto é, compreender as formas específicas que assume nos vários estágios de desenvolvimento do capitalismo, ver especialmente: K. Marx e F. Engels. *A Ideologia...*, op. cit.; K. Marx. *El Capital. Crítica de la Economía política*, op. cit., t. I, seção IV, Idem. *La Miseria de la Filosofía*. 3. ed. Buenos Aires: Siglo XXI. p. 104-28; Idem. "Manuscritos económico-filosóficos de 1844", op. cit., p. 99-104; Idem. *Los Fundamentos de la crítica de la Economía Política*, v. II. Madri: Comunicación, 1972. p. 555-73. E ainda: H. Braverman. *Trabalho e capital monopolista. A Degradação do trabalho no século XX*. Rio de Janeiro: Zahar, 1977; H. Lefebvre. "A Sociologia...", op. cit., p. 64-88; A. Gorz (org.). *Crítica da divisão do trabalho*. São Paulo: Martins Fontes, 1980. Remetemos o leitor às considerações sobre a divisão do trabalho sinteticamente traçadas na introdução deste livro.

26. Segundo Marshall, o conceito de cidadania compreende três elementos inter-relacionados, cujo desenvolvimento, porém, não coincide no tempo: o elemento civil, composto dos direitos necessários à liberdade individual (de ir e vir, de imprensa, de pensamento e o direito à propriedade e de concluir contratos válidos), e o direito de justiça; o elemento político compreende o direito de participar do poder

zação da economia mercantil e a necessária afirmação da liberdade individual como condição de funcionamento da nova organização da sociedade, vai adquirindo forma a noção de igualdade de todos os homens perante a lei, com direitos e obrigações derivados de sua condição de participantes integrais da sociedade, ou seja, de cidadãos. A relação contratual se generaliza: afirmam-se os direitos civis e políticos, mas os direitos sociais só adquirem tal *status* no século atual. Antecedido de leis beneficentes, entre as quais se destaca a "Lei dos Pobres" na Inglaterra, a conquista dos direitos sociais é perpassada pela luta contra o estigma do assistencialismo, presente até os nossos dias.

> "A *poor law* tratava as reivindicações dos pobres não como parte integrante de seus direitos de cidadãos, mas como uma alternativa deles — como reivindicações que poderiam ser atendidas somente se deixassem de ser cidadãos. (...) O estigma associado à assistência aos pobres exprimia os sentimentos profundos de um povo que entendia que, aqueles que aceitavam assistência, deviam cruzar a estrada que separava a comunidade dos cidadãos da companhia dos indigentes".[27]

A incorporação dos direitos sociais à noção de cidadania começa com o desenvolvimento da escola primária pública e se expande, principalmente, à medida que o liberalismo vai perdendo terreno e o Estado assume progressivamente os encargos sociais face à sociedade civil.

O que merece ser ressaltado é que a sociedade do capital supõe uma contradição inevitável na sua continuidade: o *discurso da igualdade e a realização da desigualdade*. De um lado *a afirmação da liberdade individual e da igualdade de direitos e deveres de todos os cidadãos, como condição de funcionamento pleno da economia de mercado*. É a igualdade necessária a toda troca

---

político, seja como participante de um organismo investido de autoridade política, seja como eleitor; e, finalmente, o elemento social, "que se refere a tudo o que vai desde o direito a um mínimo de bem-estar econômico e segurança ao direito de participar, por completo, na herança social e levar uma vida de um ser civilizado de acordo com os padrões que prevaleçam na sociedade. As instituições mais intimamente ligadas a ele são o sistema educacional e os serviços sociais". T. H. Marshall. "Cidadania e classe social". In: *Cidadania, classe social e "status"*. Rio de Janeiro: Zahar, p. 57-114.

27. T. H. Marshall. *"Cidadania..."*, *op. cit.*, p. 72.

de mercadorias equivalentes, através da relação entre livres proprietários das mesmas. É a relação igualitária que aparece na esfera da circulação consubstanciada, também, nos textos legais. *Em polo oposto, tem-se a desigualdade inerente à organização da sociedade como unidade de classes sociais distintas e antagônicos assentada em uma relação de poder e exploração.* É a desigualdade inerente à relação do capital, ao "livre direito de propriedade", que só é desvendado ao se analisar o que ocorre com os agentes sociais na produção social da riqueza, contraposta a sua apropriação privada.

Em outros termos, a noção de cidadania e da igualdade que lhe acompanha, de igual participação de todos os indivíduos na sociedade, tem como contrapartida as classes sociais em confronto, que convivem numa relação desigual, tanto econômica quanto política. Uma é condição de existência da outra, embora se neguem mutuamente: a igualdade e a desigualdade, a cidadania e as classes sociais, como polos da mesma moeda. E *os "direitos sociais" têm por justificativa a cidadania, embora seu fundamento seja a desigualdade de classes.*[28]

Ora, os serviços sociais são uma expressão concreta dos direitos sociais do cidadão, embora sejam efetivamente dirigidos àqueles que participam do produto social por intermédio da cessão de seu trabalho, já que não dispõem do capital nem da propriedade da terra. São serviços a que têm direito todos os membros da sociedade na qualidade de cidadãos, mas são serviços que vêm suprir as necessidades daqueles cujo rendimento é insuficiente para ter acesso ao padrão médio de vida do "cidadão"; são, portanto, a esses efetivamente dirigidos e por eles consumidos predominantemente.

---

28. Tal questão é colocada por Marshall ("Cidadania...", *op. cit.*), embora seja desenvolvida e encaminhada a partir de outros parâmetros analíticos. A indagação é proposta pelo autor nos seguintes termos: "Se a cidadania tem sido uma instituição em desenvolvimento na Inglaterra, pelo menos durante a metade do século XVII, então é claro que seu crescimento coincide com o desenvolvimento do capitalismo, que é o sistema não de igualdade, mas de desigualdade. Eis o que necessita de explicação. Como é possível que estes dois princípios opostos possam florescer lado a lado, no mesmo solo? O que fez com que eles se reconciliassem e se tornassem, ao menos por algum tempo, aliados ao invés de antagonistas? A questão é pertinente pois não há dúvida de que, no século XX, a cidadania e o sistema de classe capitalista estão em guerra" (p. 76).

Mas o que significam os serviços sociais, mais além de serem expressão dos direitos sociais? Como se situam no conjunto da sociedade?

A riqueza social existente, fruto do trabalho humano, é redistribuída entre os diversos grupos sociais sob a forma de rendimentos distintos: o salário da classe trabalhadora, a renda daqueles que detêm a propriedade da terra, o lucro em suas distintas modalidades (industrial, comercial) e os juros daqueles que detêm o capital. Parte da riqueza socialmente gerada é canalizada para o Estado, principalmente sob a forma de impostos e taxas pagos por toda a população. Assim, parte do valor criado pela classe trabalhadora e apropriado pelo Estado e pelas classes dominantes é redistribuído à população sob a forma de serviços, entre os quais os serviços assistenciais, previdenciários ou "sociais", no sentido amplo. *Assim é que tais serviços nada mais são, na sua realidade substancial, do que uma forma transfigurada de parcela do valor criado pelos trabalhadores e apropriado pelos capitalistas e pelo Estado, que é devolvido a toda a sociedade* (e em especial aos trabalhadores, que deles mais fazem uso) *sob a forma transmatada de serviços sociais*. Reafirmando: tais serviços, públicos ou privados, nada mais são do que a devolução à classe trabalhadora de parcela mínima do produto por ela criado mas não apropriado, sob uma nova roupagem: a de serviços ou benefícios sociais. Porém, ao assumirem esta forma, aparecem *como sendo doados ou fornecidos ao trabalhador pelo poder político diretamente ou pelo capital, como expressão da face humanitária do Estado ou da empresa privada*. Os diversos serviços sociais previstos em políticas sociais específicas são a expressão de conquista da classe trabalhadora em sua luta por melhores condições de trabalho e de vida, que são consubstanciadas e ratificadas através da legislação social e trabalhista. A generalização dos serviços sociais expressa, portanto, vitórias da classe operária na luta pelo reconhecimento de sua cidadania na sociedade burguesa, mais do que a manifestação de um possível espírito solidário e humanitário de um caricato Estado de Bem-estar Social. No entanto, existe uma outra face da mesma questão que deve ser ressaltada: ao defrontar-se com o processo de organização da classe operária, o Estado e as classes patronais incorporam e encampam como *suas* uma série de reivindicações da classe trabalhadora em sua luta de resistência face ao capital e de afirmação de seu papel como classe na sociedade, defesa de salários reais, direito à educação, saúde, cultura etc. Tais reivindicações, ao serem absorvidas pelo Estado e pela classe patronal, através de suas organizações privadas, passam a ser devolvidas aos trabalhadores sob forma de benefícios indiretos, organizados e centralizados em instituições assistenciais e, agora, outorgados mediante uma estrutura burocratizada, sob o controle do Estado. Assim procedendo, não só debilitam o componente autônomo e, portanto, o caráter de classe das lutas operárias, esvaziando-as, como também reorientam a seu favor o conteúdo e os ganhos da mesma. Passam a utilizar tais conquistas como meio de interferir e de mobilizar controladamente os movimentos sociais, ao mesmo tempo em que deslocam as contradições do campo explícito das relações de classe, absorvendo-as dentro das vias institucionais. As expressões de luta de classe se transformam em objetos de assistência social, e os serviços sociais que são expressão de "direitos sociais" dos cidadãos, transmutam-se em matéria-prima da assistência. Explicitando: o que é direito do trabalhador, reconhecido pelo próprio capital, é manipulado de tal forma, que se torna um meio de reforço de visão paternalista do Estado, que recupera nesse processo o coronelismo presente na história política brasileira, agora instaurado no próprio aparelho do Estado. O novo "coronel" passa a ser o Estado, e os serviços sociais transfigurados em assistência social tornam-se uma das pontes para o estabelecimento de relações para com seus súditos.

Portanto, se tais serviços, de um lado, favorecem os trabalhadores, como resultante de suas próprias conquistas no sentido de suprir necessidades básicas de sobrevivência nessa sociedade, por outro lado, sua implementação, ao ser mediatizada e gerida pela classe capitalista, passa a se constituir em um dos instrumentos políticos de reforço do seu poder, face ao conjunto da sociedade. Torna-se um meio de não só manter a força de trabalho em condições de ser explorada produtivamente, evitando alterações substanciais na política salarial que afetem a lucratividade dos empresários, como, e principalmente, um instrumento de controlar e prevenir possíveis insubordinações dos trabalhadores que escapem ao domínio do capital. Passam, ainda, a ser utilizados como suportes materiais de um discurso ideológico que fortalece a divulgação de um modo de vida, dado pelo capital, para a classe trabalhadora, elemento básico à ação de impor a interiorização das relações sociais vigentes.

4. Relações Sociais e Serviço Social

As reflexões anteriores encaminham à formulação de hipóteses diretrizes norteadoras da análise, construídas a partir de um modo peculiar de encarar o objeto de estudo: a profissão de Serviço Social no contexto de aprofundamento do capitalismo monopolista na sociedade brasileira. Estas hipóteses, sinteticamente enunciadas, são, a seguir, desenvolvidas em seus elementos teórico-constitutivos.

Poder-se-ia afirmar que o Serviço Social, como profissão inscrita na divisão social do trabalho, situa-se no processo da reprodução das relações sociais, fundamentalmente como uma atividade *auxiliar e subsidiária no exercício do controle social* e *na difusão da ideologia da classe dominante junto à classe trabalhadora*. Assim, contribui como um dos mecanismos institucionais mobilizados pela burguesia e inserido no aparato burocrático do Estado, das empresas e outras entidades privadas, na criação de bases políticas que legitimem o exercício do poder de classe, contrapondo-se às iniciativas autônomas de organização e representação dos trabalhadores. Intervém, ainda, *na criação de condições favorecedoras da reprodução da força de trabalho*, através da mediação dos serviços sociais, previstos e regulados pela política social do Estado, que constituem o suporte material de uma ação de cunho "educativo", exercido por esses agentes profissionais. Porém, como o processo reprodução das relações sociais é, também, o processo de reprodução das contradições fundamentais que as conformam, estas se recriam e se expressam na totalidade das manifestações do cotidiano da vida em sociedade. A instituição Serviço Social, sendo ela própria polarizada por interesses de classes contrapostas, *participa, também, do processo social, reproduzindo e reforçando as contradições básicas que conformam a sociedade do capital, ao mesmo tempo e pelas mesmas atividades em que é mobilizada para reforçar as condições de dominação, como dois polos inseparáveis de uma mesma unidade*. É a existência e compreensão desse movimento contraditório que, inclusive, abre a possibilidade para o Assistente Social colocar-se a serviço de um projeto de classe alternativo àquele para o qual é chamado a intervir. Sendo o agente profissional um intelectual mediador de interesses de classes em luta pela hegemonia sobre o conjunto da sociedade, a prática profissional é, visceralmente, permeada por esse jogo de forças, subordinando-se, historicamente, àquelas que são dominantes do ponto de vista político, econômico e ideológico, em conjunturas históricas determinadas. Embora constituída para servir aos interesses do capital, a profissão não reproduz, monoliticamente, necessidades que lhe são exclusivas: *participa, também, ao lado de outras instituições sociais, das respostas às necessidades legítimas de sobrevivência da classe trabalhadora, em face das suas condições de vida, dadas historicamente.* Os movimentos sociais autônomos constituem a forma politicamente legítima de organização e mobilização dos trabalhadores, como meio de expressão e enfrentamento coletivo de suas necessidades e interesses de classe no cenário político; outra forma de enfrentamento dessas necessidades de sobrevivência é a busca de acesso aos recursos sociais existentes, por meio dos equipamentos coletivos, instituídos e mantidos pelo poder vigente, como meio de fazer face aos direitos já conquistados pela classe trabalhadora, na sua luta de resistência ao capital. Porém, ao serem tais respostas mediatizadas por organismos institucionais com um nítido caráter de classe, as "soluções" propostas para as necessidades de sobrevivência dessa população passam a ser subordinadas aos objetivos político-econômicos dos setores sociais que controlam tais entidades. As condições de vida dos trabalhadores passam a constituir-se em meio de implementação de uma estratégia política, do exercício de poder de classe, e os agentes profissionais tendem a se tornarem agentes mediadores dos interesses desse poder sobre a população, dentro dos requisitos estabelecidos pelo "pacto de dominação". Não se pode menosprezar, nesse contexto, o poder de pressão exercido pelos movimentos políticos das classes subalternas sobre essas instituições, o que se traduz, muitas vezes, em modificações operadas nas estratégias, programas e serviços estabelecidos pelas mesmas. Tais mudanças expressam a correlação de forças entre as diversas classes e suas frações, que conformam um perfil peculiar a conjunturas históricas determinadas, como expressão da luta de classes.

Dentro dessa perspectiva, cabe ressaltar a *figura do agente profissional, como sujeito partícipe desse processo*. No desempenho de sua função intelectual, o Assistente Social, dependendo de sua opção política, pode configurar-se como mediador dos interesses do capital ou do trabalho, ambos presentes, em confronto, nas condições em que se efetiva a prática profissional. Pode tornar-se intelectual orgânico a serviço da burguesia ou das forças populares emergentes; pode orientar a sua atuação reforçando a legitimação da situação vigente ou reforçando um projeto político alternativo, apoiando e assessorando a organização dos trabalhadores, colocando-se a serviço de suas propostas e objetivos. Isso supõe, evidentemente, por parte do profissional, uma clara compreensão teórica das implicações de sua prática profissional, possibilitando-lhe maior controle e direção da mesma, dentro de limites socialmente estabelecidos. Por outro lado, supõe, ainda, uma clara subordinação do exercício técnico-profissional às suas consequências políticas: aí, o caráter propriamente técnico subordina-se à dimensão política dessa prática. Portanto, trata-se da necessidade de uma reflexão sobre o caráter político da prática profissional, como condição para o estabelecimento de uma estratégia teórico-prática que possibilite, dentro de uma perspectiva histórica, a alteração do caráter de classe da legitimidade desse exercício profissional.

Considerando que o Serviço Social, no processo de reprodução das relações sociais, não se situa unilateralmente como um mecanismo de apoio ao capital, podendo tornar-se um instrumento a serviço dos trabalhadores, cabe, no entanto, apreender, na história dessa instituição na sociedade brasileira, qual tem sido sua tônica predominante. No estabelecimento dessa tendência dominante, intervêm vários fatores, além das determinações estruturais que estabelecem os limites dentro dos quais a profissão pode mover-se. Entre eles caberia reafirmar: o jogo das forças sociais que reflete a articulação das classes e de suas frações na luta pelo poder e pela hegemonia, conformando os vários momentos conjunturais e as respostas dadas pela categoria profissional aos novos desafios que lhe são apresentados, nos diferentes momentos históricos. Essas respostas estão condicionadas pelo nível de desenvolvimento teórico-prático obtido pelo Serviço Social, pelo peso das várias correntes profissionais e políticas existentes no interior dessa instituição, que conformam diferentes maneiras de interpretar o papel do profissional e da profissão, presentes em confronto no meio profissional.

A revisão da trajetória do Serviço Social no Brasil conduz a afirmar que, considerando o antagonismo da relação capital e trabalho, a *tendência predominante*, no que se refere à inserção da profissão na sociedade, vem sendo, historicamente, o *reforço dos mecanismos do poder econômico, político e ideológico, no sentido de subordinar a população trabalhadora às diretrizes das classes dominantes em contraposição à sua organização livre e independente*. Tal subordinação é mediatizada pela integração da "clientela" aos aparatos institucionais através dos quais se exerce o controle social, tornando-se esse profissional assalariado um agente auxiliar a serviço da racionalização de serviços prestados por essas organizações e intermediário entre elas e a população. Porém, se esta tem sido, historicamente, a direção principal e predominante dessa prática institucional, ela não é, cristalinamente, refletida na literatura especializada. Verifica-se uma defasagem entre os efeitos sociais objetivos da prática profissional e as representações que legitimam esse fazer, expressas através de um *discurso marcado por um tônus humanitário e modernizador*, o que não exclui seu conteúdo de classe, embora tenda a encobri-lo. Contribui, assim, para mistificar para o próprio agente profissional as implicações históricas de sua prática. Percebe-se que o discurso da instituição Serviço Social é mais límpido quanto à intenção de seu fazer, nos seus primórdios. A proporção que avança a acumulação e com ela a modernização do Estado e a consequente burocratização das atividades, aquele discurso vai se tornando cada vez mais técnico e racional, com uma aparência "neutra" e "apolítica". Mas, ao mergulhar-se mais além das aparências e ao confrontar o código com o fazer efetivo, historicamente situado, torna-se possível desvendá-lo, apreendendo os compromissos com interesses de classe que essa prática traz subjacente.

A afirmativa supramencionada, embora à primeira vista possa parecer uma radicalização unilateral, por chocar-se com aspirações de parcela significativa da categoria profissional hoje, tem por base fatos históricos reconstituídos no decorrer desta pesquisa no período considerado (1930-1960), que dão suporte empírico a essa reflexão.

As hipóteses aqui apresentadas acentuam, portanto, a relação do Serviço Social face à reprodução do controle social, da ideologia dominante, da força de trabalho e das contradições inerentes às relações sociais vigentes. Tais aspectos ressaltados são inseparáveis, enquanto dimensões distintas de um mesmo fazer profissional. Não se trata de trabalhar duas ou mais vezes, para obter resultados diversos, visto que os pontos colocados em relevo são resultados contrapostos de uma única e mesma atividade: da prática profissional do Assistente Social. A distinção estabelecida é apenas abstrata, para fins analíticos, sendo que, de acordo com as circunstâncias do trabalho profissional, pode haver ênfase em uma ou outra forma de inserção do Serviço Social no processo de reprodução das relações sociais. Essa expressão do trabalho coletivo é, pois, pensada na globalidade de suas implicações, a partir das contradições da sociedade que se traduzem na prática dessa instituição.

A seguir, as hipóteses apresentadas são desenvolvidas em seus elementos fundamentais, caracterizando-os conceitualmente. Reafirmamos, pois, que as distinções feitas no tocante ao Serviço Social e reprodução da força de trabalho, do controle e da ideologia, são meramente abstratas, orientadas no sentido de facilitar a exposição.

4.1 Serviço Social e Reprodução da Força de Trabalho

A sobrevivência e a reprodução da classe trabalhadora na sociedade capitalista dependem fundamentalmente do salário que o trabalhador recebe em troca da venda de sua força de trabalho no mercado; isto porque trata-se de trabalhadores assalariados, despojados dos meios de produção e dos meios de vida, os quais se encontram monopolizados pelos proprietários do capital e da terra.

É do rendimento do trabalhador, isto é, do salário, que depende, portanto, a satisfação das necessidades básicas do produtor direto e de sua família, tais como: alimentação, saúde, lazer, habitação, educação etc.

E o preço da força de trabalho é socialmente determinado considerando-se o mínimo indispensável para cobrir as necessidades consideradas básicas em cada momento histórico particular, de acordo com o nível de desenvolvimento alcançado pela sociedade.

Como a reprodução da força de trabalho está na dependência direta do salário, qual o significado dos serviços sociais mantidos pelo Estado ou pelas instituições privadas nessa reprodução?

A resposta a essa indagação é uma condição para se apreender o significado da atividade profissional do Assistente Social, do ponto de vista da reprodução das condições de sobrevivência da classe trabalhadora. Isto porque a atuação profissional é, geralmente, mediatizada pelos serviços sociais prestados através de aparatos institucionais aos quais se vincula o profissional por meio de um contrato de trabalho, enquanto um dos participantes da implementação de políticas sociais e do planejamento e execução de atividades por elas previstas. Assim, as reflexões efetuadas a partir dos serviços sociais são extensivas à profissão, à medida que aqueles constituem a retaguarda de recursos ou suporte material para o exercício profissional.

A tentativa de encontrar a resposta à indagação supramencionada conduz a caminhos que ajudam a desvendar a relação entre salário e acumulação.

Embora, à primeira vista, salário e acumulação sejam duas magnitudes independentes uma da outra, trata-se na realidade da relação entre trabalho retribuído e não pago da *mesma* população trabalhadora. O salário supõe sempre a entrega de trabalho excedente aos proprietários do capital, trabalho este que é a substância mesma do processo de acumulação. Assim é que a elevação do "preço do trabalho" não elimina a exploração, podendo, no entanto, reduzir seu grau ao aumentar a parcela de trabalho pago apropriado pelo trabalhador.[29] Porém, o que determina os

---

29. "O fato de que o trabalho suba de preço em virtude da acumulação do capital só quer dizer que o volume e o peso das cadeias de ouro, que o trabalhador assalariado forjou para si mesmo, permitem apenas que fique menos rigidamente acorrentado. K. Marx. *El Capital. Crítica de la Economía Política*, op. cit., t. I, cap. XXIII, p. 521-2.

movimentos de alta e baixa dos salários é o ritmo da acumulação.[30] Em alguns momentos, o crescimento do capital pode tornar a força de trabalho explorável insuficiente, fazendo com que o aumento da demanda de trabalho eleve os salários. Entretanto, tão logo isto aconteça desaparece a desproporção entre capital e força de trabalho. Assim é que o próprio processo de produção capitalista faz com que o "preço do trabalho" ou, mais precisamente, da força de trabalho retorne ao nível que corresponde às necessidades do capital. No entanto, a própria lei que rege a acumulação exclui toda elevação do preço do trabalho que possa colocar seriamente em perigo a reprodução do próprio regime de capital, já que, aí, o trabalhador existe para reproduzir a riqueza e não esta para atender às necessidades daqueles que a criam.

Como o trabalho excedente ou mais-valia é a própria substância da acumulação, é evidente que qualquer elevação de salário acima das necessidades médias do capital interfere no montante de trabalho não pago a ser apropriado pela classe capitalista. Ou, em outros termos, a redução do piso salarial é um dos principais mecanismos tradicionalmente utilizados pelos capitalistas para ampliar sua lucratividade e que tem, como contrapartida, o aumento da taxa de exploração da classe trabalhadora e a consequente redução de seu nível de vida. Por outro lado, ocupa um lugar de destaque na história da classe trabalhadora na sociedade moderna a luta, através de seus organismos sindicais, pelo "justo preço do trabalho", o que só é arrancado da classe capitalista através do peso da pressão organizada.

Diante do crescente processo de expropriação a que estão submetidos os trabalhadores no movimento de expansão do capital, sua pauperização tende a aumentar em relação ao crescimento acelerado do capital. Diante dessa lei da acumulação, o Estado, em seu "papel de árbitro das relações de classe", assume tarefas cada vez mais ativas no sentido de zelar pela reprodução da força de trabalho, não só por meio de legislação específica

---

30. "(...) Para dizer em termos matemáticos: a magnitude da acumulação é a variável independente; a magnitude do salário, a variável dependente e não vice-versa". K. Marx. *El Capital. Crítica de la Economía Política*, op. cit., p. 523.

— expressão muitas vezes de ganhos efetivos da classe operária — como pela prestação de serviços básicos de organismos estatais, paraestatais ou privados, regulados por intermédio de políticas sociais.

Se a política salarial é o elemento determinante do nível de vida da classe trabalhadora na sociedade capitalista, é, portanto, o elemento mais fundamental de qualquer política social. Porém, no discurso do capital e do Estado, a política salarial é abstraída e segmentada do conteúdo das chamadas políticas sociais. O que se encontra subjacente a essa fragmentação é a preservação do "direito natural" dos detentores dos meios de produção de garantirem suas taxas de lucratividade e de exploração do trabalho, seja diretamente, seja por intermédio de seus porta-vozes ao nível de Estado, fixando eles próprios os níveis salariais e regulando as relações de trabalho. Assim, as políticas sociais e os serviços delas derivados são relegados a dimensões particulares e particularizadas da situação da vida dos trabalhadores: saúde, habitação, educação, alimentação etc., subordinadas às estratégias político-econômicas que sustentam o processo de reprodução ampliada do capital.

Do ponto de vista do capital, essas medidas colaboram no sentido de *socializar parcela dos custos de reprodução da força de trabalho*, partilhando-os com toda a população, que os assume indiretamente via impostos e taxas recolhidos pelo poder público. Tais serviços, ainda quando mantidos por empresas privadas e fornecidos a baixo custo ou em pagamentos facilitados aos empregados, são vantajosos para o capital, porque seu custo é partilhado pelos próprios beneficiários. Na linguagem do poder, os benefícios sociais são algumas vezes denominados "salário indireto", já que são encarados como uma "complementação salarial", preferível à elevação dos salários reais, à proporção que podem ser descontados total ou parcialmente dos beneficiários ou de impostos governamentais. Os serviços sociais tornam-se, portanto, um meio de reduzir os custos de reprodução da força de trabalho.

Em segundo lugar, poder-se-ia ressaltar que a rede de serviços sociais viabiliza ao capital uma *ampliação de seu campo de investimentos*, subordinando a satisfação das necessidades humanas à necessidade da reprodução ampliada do capital. As respostas às exigências básicas da reprodução da vida da classe trabalhadora, social e historicamente definidas, são transformadas, pela lógica que preside o processo de valorização, num meio de diversificação dos ramos de aplicação produtiva do capital. Assim, a qualidade dos serviços prestados subordina-se ao imperativo da rentabilidade das empresas. Na perspectiva da classe capitalista, a filantropia é redefinida: a "ajuda" passa a ser concebida como investimento, que é o princípio que preside a organização dos serviços sociais.

Dentro da ótica do capital, os serviços sociais tornam-se, ainda, *um reforço para a garantia dos elevados níveis de produtividade do trabalho* exigidos pela elevação da composição orgânica do capital. Contribuem para manter um equilíbrio psicofísico do trabalhador, canalizando e antecipando a emergência de focos de tensão, que afetem a paz social necessária à potencialização do processo de exploração do trabalho. Alguns tipos desses serviços — ensino profissionalizante, por exemplo — estão voltados, ainda, para propiciar uma qualificação da força de trabalho, exigida de parcela da classe trabalhadora, para fazer frente ao crescente processo de especialização da produção.

Uma outra contribuição efetiva propiciada à classe capitalista pela infraestrutura de serviços sociais, mantidos pelo Estado, é *a colaboração prestada na manutenção de condições subsidiárias à sobrevivência do exército industrial de reserva*. A existência da superpopulação relativa é uma das condições do regime capitalista de produção, gerada pela própria força expansiva do capital, que tende a realizar-se alterando a composição orgânica média do capital. Se esta é a característica que se observa nos ramos mais avançados da produção, ou seja, naqueles em que há maior emprego de capital em meios de produção (máquinas, matérias-primas e instrumentos de trabalho aperfeiçoados) em proporção à força de trabalho viva, não se pode esquecer de que, em outros ramos, o desenvolvimento da produção tem ainda por base prioritariamente uma ampla absorção de mão de obra.

O que importa destacar é que o exército industrial de reserva, à medida que estabelece uma maior competição entre os próprios trabalhadores, contribui para a redução dos salários, ao fazer a oferta de mão de obra crescer em relação à demanda. Assim, as medidas assistenciais voltadas para auxiliar a reprodução dessa parcela da classe trabalhadora, alijada do mercado de trabalho, vem responder a interesses substanciais da classe capitalista, no sentido de garantir uma oferta abundante e permanente de força de trabalho a baixo custo. Não se pode esquecer que a força de trabalho em ação é a fonte de valor e propriedade do capitalista e, portanto, fonte de valor para os representantes do capital. Deve-se destacar, ainda, que a pauperização acentuada determina um ambiente fértil à emergência de utopias, de inconformismos que são, potencialmente, ameaçadores à ordem vigente. Controlar e prever as ameaças tem sido uma estratégia política do poder.

Assim como os serviços sociais têm para *os capitalistas um caráter complementar* à reprodução da força de trabalho a menor custo, para *os trabalhadores assalariados tais serviços são também complementares na sua reprodução física, intelectual e espiritual e de sua família*, já que a base de sua sobrevivência depende da venda de sua força de trabalho. Ainda que complementares, não significa que sejam absolutamente secundários, especialmente face à política de contenção salarial que mantém o salário real aquém do necessário à satisfação das necessidades básicas de reprodução da família trabalhadora, como alternativa para a elevação da taxa de lucro. Tal tendência é acentuada nos períodos cíclicos de crise econômica em que as condições de vida da classe trabalhadora atingem dimensões críticas.

Para a parcela do exército industrial de reserva, qualificada por Marx como o "pauperismo oficial" — aquele segmento da classe trabalhadora que perdeu a base da obtenção de seus meios de vida, isto é, a venda de sua força de trabalho — tais serviços deixam de ser apenas complementares, tornando-se vitais, embora não suficientes, diante da inexistência de outros meios de sobrevivência. Refere-se, aqui, às "vítimas da grande indústria": mutilados, doentes, velhos, viúvas etc., cuja sobrevivência está em certa proporção na dependência dos benefícios obtidos através da previdência social ou em outras formas de assistência pública ou privada.

Portanto, do ponto de vista dos *representantes do trabalho* pode-se afirmar, preliminarmente, que os serviços sociais respondem a necessidades legítimas, à medida que são, muitas vezes, temas de lutas político-reivindicatórias da classe trabalhadora, no empenho de terem seus direitos sociais reconhecidos, como estratégia de defesa de sua própria sobrevivência.

Como esses serviços sociais, na implementação dos quais atua o Assistente Social, ingressam no processo de reprodução da força de trabalho e, mais amplamente, das relações sociais?

Os referidos serviços ingressam no consumo da classe trabalhadora, que, sob certo ponto de vista, é um *consumo produtivo*. Para o trabalhador esse consumo não é mais que meio de sobrevivência de sua pessoa e de sua família. Já para o Estado e para os capitalistas é um consumo produtivo, no sentido de que contribui para reproduzir o trabalhador como um trabalhador assalariado, divorciado das condições de trabalho, sempre disposto a vender parte de si mesmo para subsistir. Reproduz, assim, a força viva de trabalho como fonte de riqueza para aqueles que a adquirem e não para aqueles que a desgastam. Embora em caráter subsidiário, tais serviços contribuem para a produção e reprodução do meio de produção indispensável ao processo produtivo: o próprio trabalhador.

Caberia indagar, finalmente, sobre a "eficiência" dos serviços sócio-assistenciais para a atenuação dos efeitos do processo expropriativo a que se encontra submetida a grande parcela da população.

Assim como esses serviços têm sua justificativa histórica na desigualdade estrutural que permeia a sociedade de classes, têm, também, seus limites dados pelo próprio regime de produção, que, devido à sua natureza, permite, no máximo, a redução da exploração e não sua eliminação. A política social que orienta o aparato burocrático-legal que implementa os serviços sociais é estabelecida e controlada pelo poder do Estado, existindo, prioritariamente, para assegurar as condições básicas indispensáveis ao domínio do capital no conjunto da sociedade. Ora, é no nível do Estado que se situam as estratégias políticas que orientam a reprodução das relações sociais. Assim, as políticas "assistenciais", de "promoção social" ou de "bem-estar social", como se queira rotular, embora dirigidas à classe trabalhadora, interpretam os interesses dessa classe segundo a visão dos grupos que controlam o Estado. Orientam-se no sentido de *integrar à sociedade a população trabalhadora "assistida"*, o que, em outros termos, *significa integrá-la à ordem estabelecida pelo capital: é a integração ao sistema de dominação na sua condição de dominada*. Um dos resultados que se obtêm, através de muitos desses serviços, é *a institucionalização, pelo Estado, da pobreza*, transformando o que era "um problema social" em uma questão sob controle.[31]

Os limites das políticas de "bem-estar social" são dados ainda pelas crises periódicas que acompanham inevitavelmente a realização do capitalismo mundial, durante as quais os problemas sociais se agudizam.

A análise da profissão de Serviço Social na ótica de sua inserção na sociedade capitalista tem sido pouco explorada na literatura profissional. Alguns trabalhos pioneiros[32] tendem a acentuar as relações entre o Serviço Social e a reprodução da força de trabalho, embora os autores assinalem de passagem que os assistentes sociais "atuam, também, como agentes ideológicos da burguesia, rompendo a luta reivindicativa dos trabalhadores". Mas esse aspecto não é desenvolvido nos trabalhos referidos. É esta dimensão político-ideológica que pretendemos recuperar e desenvolver a seguir.

4.2 Serviço Social e Reprodução do Controle e da Ideologia Dominante

Essa dimensão privilegiada na análise da inserção do Serviço Social no processo de reprodução das relações sociais deve ser apreendida den-

---

31. "No caso da assistência à pobreza, o resultado final a que se assiste não é a eliminação do fenômeno, mas é antes a institucionalização da pobreza. Aquilo que inicialmente era um problema social, na medida em que venha a ser institucionalizado, passa a ser uma questão sob controle. Só o Estado vê os seus objetivos atendidos, em outros termos, a integração, pelo menos formalmente, está atingida." A. Rizzoli. "Assistencialismo e marginalidade: o Serviço de colocação familiar em São Carlos." Dissertação de Mestrado. Piracicaba: ESALQ/USP, 1978. p. 13.

32. Poder-se-ia citar, por exemplo, os trabalhos de A. L. Maguiña e de J. Parodi, que têm o mérito de ter levantado a questão da análise do Serviço Social no óptica da reprodução do capital. No entanto, importa acentuar que os artigos supracitados desenvolvem a análise a partir da profissão do Serviço Social, sem dar maior peso aos aparatos institucionais a que se encontra vinculada. Tal orientação analítica, embora acentue diretamente o significado da profissão na sociedade capitalista, corre o perigo de atribuir à profissão um poder que não decorre dela mesma exclusivamente, mas sim dos aparatos de poder a que se encontra vinculada. Ver, a respeito, A. L. Maguiña. "Trabajo Social: Servicio o actividad productiva?" *Acción Crítica*. n. 3. Lima: CELATS/ALAETS, 1977. p. 17-26; J. Parodi. "El Significado del Trabajo Social en el Capitalismo y la Reconceptualización." *Acción Crítica*. n. 4. Lima: CELATS/ALAETS, 1978. p. 33-43.

tro dos reais limites em que se encontra circunscrita a prática profissional. Não se trata de superestimar a importância ou a força dessa profissão como um dos mecanismos mobilizados por aqueles setores sociais que a legitimam e a demandam, dentro de uma estratégia de reforço do controle social e da difusão da ideologia dominante. O Serviço Social é considerado, portanto, como um instrumento *auxiliar* e *subsidiário*, ao lado de outros de maior eficácia política e mais ampla abrangência, na concretização desses requisitos básicos para a continuidade da organização social vigente. Isso, no entanto, não minimiza o esforço de inserir a reflexão sobre a profissão na direção apontada, procurando apreender as implicações históricas desse tipo de intervenção na realidade, inscrita dentro de um projeto de classe. Para o desenvolvimento da análise, nessa perspectiva, é oportuno retomar e ampliar algumas considerações anteriormente expressas sobre as relações de apropriação e dominação na sociedade capitalista, situando a partir das mesmas o Serviço Social diante da reprodução do controle social e de ideologia.

Conforme já foi acentuado, a produção e reprodução da riqueza é um processo eminentemente social, visto que se realiza através de relações sociais que são engendradas e recriadas no interior do amplo processo da produção social. O capital, demiurgo da economia moderna, é antes de tudo uma relação social que supõe, como parte de si mesmo e como seu antagônico, o trabalho assalariado. E a acumulação do capital, apreendida em seu constante renovar-se, é um processo de reprodução ampliada não só do valor, mas das relações de classes em que se situam os agentes sociais fundamentais desse processo: o capitalista e o trabalhador assalariado, apreendidos não apenas individualmente, mas enquanto personificam categorias econômicas que determinam sua posição no processo produtivo.

À medida que o capital só se nutre de mais-valia — isto é, de trabalho excedente não pago, apropriado do trabalhador desprovido dos meios de produção e de vida — o confronto entre os agentes sociais é permeado por uma luta infinda na defesa de seus interesses antagônicos: o que é substância e condição do crescimento do capital é parte do próprio processo vital do trabalhador. Este se desgasta e se empobrece como meio de subsistir e, no mesmo ato, enriquece o capitalista e recrudesce as condições que reproduzem sua própria situação de classe.[33]

O desenvolvimento das forças produtivas num contexto de aprofundamento do capitalismo abrange, cada vez mais, ramos diversificados da produção, que vão sendo subsumidos de modo real ao capital.[34] A expansão do capital supõe, portanto, o desenvolvimento extensivo do proletariado, a intensificação do processo de trabalho e, consequentemente, da exploração. Essa maneira de se efetivar o desenvolvimento econômico faz com que se desenvolvam, concomitantemente à ampliação das relações de dominação e exploração, as condições objetivas que viabilizam a maturação política dos trabalhadores e o desenvolvimento de sua consciência de classe. Porém, se, de um lado, são dadas as condições objetivas que viabilizam o avanço da luta de classes, por outro lado, é preciso acentuar que o modo como se organiza a produção determina aparências ratificadoras de seu funcionamento, que tendem a encobrir as relações desiguais em que se sustentam. Se é na própria organização social que se incrusta a fonte do poder e da exploração de classe, o processo social não revela a natureza das relações sociais de modo imediato, porque estas não são relações diretas, "transparentes", mas mediatizadas pela mercadoria e pelo dinheiro. O trabalho alienado, que estabelece a relação invertida de sujeição do homem às coisas, é obscurecido pelas mistificações que se formam no movimento do capital, que fazem ressaltar as relações entre coisas, entre produtos, em detrimento das relações sociais entre os homens, que se expressam através de produtos-mercadorias.

---

33. A noção de situação de classe é assim explicitada por Florestan Fernandes: "De acordo com a conceituação de Marx, a *situação* de uma classe social é definida pela posição ocupada, *em conjunto, pelos seus membros no processo de produção econômica*. Colocando grupos de indivíduos em condições econômicas fundamentalmente semelhantes, a situação de classe favorece o desenvolvimento de um paralelismo de *interesses* e dá origem a ações convergentes ou análogas, que podem inclusive assumir a forma de atuação consciente (organização parcial ou total das atividades da classe)". Florestan Fernandes. "A Análise Sociológica das Classes Sociais." In: *Ensaios de Sociologia geral e aplicada*. 3. ed. cap. 2. São Paulo: Pioneira, 1976. p. 73.

34. Sobre a noção de subsunção formal e real do trabalho ao capital ver especialmente K. Marx. *El Capital. Libro I. Capítulo VI (Inédito)*, op. cit., p. 54-77.

O modo capitalista de produzir supõe, pois, um "modo capitalista de pensar",[35] que expressa a ideologia dominante, na sua força e nas suas ambiguidades. Esse modo de pensar, necessário à "reelaboração das bases de sustentação — ideológicas e sociais — do capitalismo", é retriado a partir do modo de produzir a riqueza material, da reprodução do modo de vida instituído pelo capital.

A economia capitalista, quando comparada a períodos históricos anteriores, prescinde de laços extraeconômicos de dependência pessoal, já que a própria lei da oferta e procura estabelece uma dinâmica "natural" às relações econômico-sociais. Porém, não prescinde de *novas formas de controle social que garantam e fortaleçam o "consensus" social*. É indispensável um mínimo de unidade na aceitação da ordem do capital pelos membros da sociedade, para que ela sobreviva e se renove. Uma vez que não existe sociedade baseada na pura violência, é necessário recorrer à mobilização de outros mecanismos normativos e adaptadores que facilitem a integração social dos cidadãos e a redução do nível de tensão que permeia as relações antagônicas. A burguesia tem no Estado, enquanto órgão de dominação de classe por excelência, o aparato privilegiado no exercício do controle social,[36] embora aí não se esgote, abarcando as instituições da sociedade civil.

---

35. "*Entendo* que o modo capitalista de produção, na sua acepção clássica, é também um modo capitalista de *pensar* e deste não se separa (...) Enquanto modo de produção de ideias, marca tanto o senso comum quanto o conhecimento científico. Define a produção de diferentes modalidades de ideias necessárias à produção de mercadorias em condições de exploração capitalista, da coisificação das relações sociais e de desumanização do homem. Não se refere estritamente ao modo como pensa o capitalista, mas ao modo de pensar necessário à reprodução do capitalismo, à reelaboração de suas bases de sustentação ideológicas e sociais. O modo capitalista de pensar está determinado, não obstante, pelas contradições do capitalismo, fato que se reflete nas suas ambiguidades e dilemas. É o que leva para o conhecimento do senso comum e para o conhecimento científico as tensões do capitalismo expressas nas diferenciações ideológicas e de tendências dentro da mesma formação social. É o que leva, enfim, o capitalismo para o pensamento de outras classes, como a pequena burguesia, o proletariado, os proprietários de terra (...)" J. S. Martins. *Sobre o modo capitalista de pensar*. São Paulo: Hucitec, Coleção Ciências Sociais, Série Linha de Frente, 1978. p. XI e XII.

36. Nos termos do estudo clássico de Lênin, o Estado é assim caracterizado: "Segundo Marx, o Estado é um organismo de dominação de classe, um organismo de opressão de uma classe por outra, é a criação de uma 'ordem' que legaliza e fortalece esta opressão, diminuindo o conflito de classes (...). O Estado é o

Porém, o controle social[37] não se reduz ao controle governamental e institucional. É exercido, também, através de relações diretas, expressando o poder de influência de determinados agentes sociais sobre o cotidiano de vida dos indivíduos, reforçando a internalização de normas e comportamentos legitimados socialmente. Entre esses agentes institucionais encontra-se o profissional do Serviço Social.

O controle social e a difusão da ideologia dominante constituem recursos essenciais, complementando outras maneiras de pressão social com base na violência, para a obtenção de consenso social. Importa ressaltar que a ideologia dominante é um meio de obtenção do consentimento dos dominados e oprimidos socialmente, adaptando-os à ordem vigente.[38] Em outros termos: a difusão e reprodução da ideologia é uma das formas de exercício do controle social. Mas trata-se do uso que fazem da ideologia os grupos e classes que dispõem do poder, na legitimação da

---

produto e a manifestação de que as contradições de classe são inconciliáveis. O Estado surge no momento e na medida em que, objetivamente, as contradições de classe não podem conciliar-se. E inversamente: a existência do Estado prova que as contradições de classe são inconciliáveis (...) Como o Estado nasceu da necessidade de refrear as oposições de classe, mas como nasceu, ao mesmo tempo, em meio ao conflito dessas classes, ele é, via de regra, o Estado da classe mais poderosa, daquela que domina do ponto de vista econômico e que graças a ele se torna também classe politicamente dominante e adquire assim novos meios para explorar a classe oprimida." V. I. Lênin. O Estado..., op. cit., p. 25 e 31.

37. O controle social, do ponto de vista sociológico, refere-se ao estudo dos modos como é exercida a pressão social, aqui apreendida como imposição e/ou persuasão orientada para a conformação dos agentes sociais à organização vigente da sociedade e ao poder de classe. Trata-se "do conjunto de métodos pelos quais a sociedade influencia o comportamento humano, tendo em vista manter determinada ordem." K. Mannheim. *Sociologia sistemática. (Uma Introdução ao Estudo de Sociologia.)* 2. ed. São Paulo: Pioneira, 1971. p. 178.

38. "À medida que não existe sociedade baseada na violência pura é a ideologia que obtém o consentimento dos oprimidos, dos explorados. A ideologia os representa de maneira tal, que lhes extorque, além da riqueza material, a aceitação e mesmo a adesão espiritual. As ideologias de classe elaboram três imagens de classe que lutam pela dominação: uma imagem por e para ela mesma, que a exalta; uma imagem dela mesma para os outros grupos e classes, que a engrandece; uma imagem das outras classes e grupos, que os deprecia diante de todos, as desvaloriza a seus próprios olhos, abate-os e faz deles vencidos antes do combate ou sem combate... Desta forma a burguesia elabora sua representação de si, para seu próprio uso: portadora da razão humana, logo da boa vontade e distinção, enfim da capacidade de bem organizar. Ela se apresenta às outras classes a sua maneira: o bom e o mau operário, o 'chefe' e o semeador da rebelião. Enfim, representa-se a si mesma para o uso de outras classes: o dinheiro empregado para o bem geral, para a felicidade humana, para a fecundidade e o progresso." H. Lefebvre. "Sociologia do conhecimento e ideologia." In: *Sociologia de Marx, op. cit.*, p. 55.

estrutura social, já que as *ideias abstratas, em si sós, são destituídas de qualquer força de poder*.[39]

Porém, várias ideologias ou concepções de mundo convivem em confronto e se reproduzem desde que exista o confronto objetivo das classes sociais que são seus portadores, uma vez que as representações nada mais são que a vida real tornada consciente.[40] A produção da consciência tem seu fundamento na prática da vida social tal como ela se configura, historicamente. Expressa a maneira como a dinâmica social vem sendo apreendida pelos diversos agentes sociais, em dados momentos históricos. Não se trata, pois, de uma representação única e homogênea para todas as personagens sociais, enquanto portadoras de diversos interesses de classe.

Entretanto, não se reduz ao extremo oposto de representações meramente individuais.[41] *A ideologia vincula-se a classes sociais em luta pela*

---

39. As observações sobre ideologia retomam as considerações tecidas no primeiro capítulo sobre a mistificação do capital e se alicerçam ainda, principalmente, em K. Marx e F. Engels. *A Ideologia...*, *op. cit.*, e em H. Lefebvre. "Sociologia...", *op. cit.*

40. "A produção de ideias, de representações, da consciência, está de início diretamente entrelaçada com a atividade material e com o intercâmbio material dos homens, como a linguagem da vida real. O representar, o pensar, o intercâmbio espiritual dos homens, aparecem aqui como emanação direta de seu comportamento material. O mesmo ocorre com a produção espiritual, tal como aparece na linguagem da política, das leis, da moral, da religião, da metafísica etc., de um povo. Os homens são os produtores de suas representações, de suas ideias etc., mas os homens reais e ativos, tal como se acham condicionados por um determinado desenvolvimento de suas forças produtivas e pelo intercâmbio a que ele corresponde até chegar às suas formações mais amplas. *A consciência jamais pode ser outra coisa que o ser consciente e o ser dos homens é o seu processo de vida real.*" K. Marx e F. Engels. *A Ideologia...*, *op. cit.*, p. 36 e 37. Os grifos são nossos.

41. Lefebvre esclarece a diferença entre a concepção da ideologia para os ideólogos franceses e para Marx-Engels. "Para os ideólogos franceses a ideologia se limitava à explicação, através de uma psicologia causal, das representações individuais. Para Marx e Engels o objeto estudado torna-se o conjunto das representações características de uma época ou de uma sociedade. Por exemplo, a ideologia alemã" (p. 42 e 43). O autor destaca, ainda, que não se deve confundir a ideologia com a representação coletiva de Durkheim. Enquanto este faz da sociedade um ser abstrato, para Marx ela nasce da prática de indivíduos e grupos. A ideologia não pertence ao social em geral, mas a grupos (classes e castas) em lutas para se afirmarem; não é exterior aos indivíduos, não dispondo, portanto, do poder de pressionar de fora sobre as consciências individuais. As ideologias têm suas exigências em relação às vidas individuais, porém são *consentidas* pelos indivíduos. "As ideologias fornecem a língua da vida real e, por consequência, não exercem pressão do social sobre o indivíduo no sentido da sociologia durkheimiana... as ideologias como tais envolvem o indivíduo, conferem-lhe um sentido (uma significação e uma orientação). De fora a ideologia aparece como

hegemonia sobre o conjunto da sociedade. E aqueles que monopolizam a riqueza e o Estado são, também, dominantes na configuração do modo de pensar necessário à reprodução da sociedade. O modo capitalista de reproduzir e o de pensar são inseparáveis, e ambos se expressam no cotidiano da vida social.

Assim como a sociedade encontra-se em permanente movimento, fazendo-se e transformando-se, a consciência também nunca é acabada, não se confundindo com um sistema petrificado de ideias. Encontra-se em permanente processo de constituição e renovação, processo esse que não está isento das contradições existentes na base material da sociedade, as quais se expressam com maior ou menor intensidade na consciência dos grupos e classes sociais. Não existe a consciência "pura", na perspectiva de um "tipo ideal". Ora, se as representações são o "ser consciente dos homens, isto é, o seu processo de vida real", a consciência social, fundando-se na prática histórica de uma sociedade, só a refletiria, fielmente, quando as relações entre as pessoas fossem diretas e transparentes, o que não se verifica na formação social vigente. À medida que, no capitalismo, o modo de viver e de produzir é permeado pela forma mercadoria, esta torna-se a mediadora, por excelência, das relações sociais, transformando-se na aparência de relações entre coisas. É, portanto, historicamente impossível que as representações reflitam de modo límpido e cristalino a vida social, já que a própria consciência é permeada pela mercadoria e seu fetiche. Assim é que as representações tornam-se a expressão de um apreender parcial e mutilado da realidade, embora não totalmente falso ou ilusório.[42] A própria consciência das classes trabalhadoras não é imune às mistificações do capital e do capitalismo; caso contrário, a sociedade não se reproduziria. Esse apreender parcial, mas nem por isso falso da realidade, é a forma *necessária* da consciência se constituir e se expressar, porque é gerada no mesmo movimento em que

---

um sistema fechado, coerente. De dentro, ela se entrega à fé, à convicção, à adesão. O indivíduo consagra-se à ideologia e crê realizar-se nela. Em vez de realizar-se, ele se perde, aliena-se (p. 54).''

42. Segundo Lefebvre, a teoria das ideologias recolhe da filosofia uma conquista fundamental: que a verdade sempre surge mesclada à ilusão e ao erro. Recorre a Hegel para afirmar: "O erro e a ilusão são momentos do conhecimento de onde se resgata a verdade". H. Lefebvre, "Sociologia...". *op. cit.*, p. 61.

se opera a produção e reprodução do capital, conforme já acentuamos anteriormente. Sua superação só pode se efetivar pela prática política das classes sociais em confronto.

Ao ressaltar a força da ideologia na obtenção do consentimento dos oprimidos ao processo de exploração, à proporção que o encobre e o legitima, não se pode esquecer que a eficácia da ideologia é limitada: se encobre as contradições na e para a consciência, não as elimina. Assim é que, apesar da função legitimadora das relações sociais exercida pela ideologia, as contradições inerentes a essas mesmas relações se reproduzem, sendo criadas e recriadas no decorrer mesmo do processo social.

Tendo por base estes parâmetros gerais, cabe a indagação: por que o privilegiamento da dimensão político-ideológica do Serviço Social em sua inserção no processo de reprodução do Capital?

Os elementos substanciais que justificam tal posição adotada já foram explicitados, mas agora reunidos contribuem para uma maior clareza da exposição.

O exercício profissional do Assistente Social, conforme o já apontado, não se insere, de modo imediato, no processo de produção de produtos e de valor, isto é, no processo de valorização do capital. A profissão se institucionaliza dentro da divisão capitalista do trabalho, como partícipe da implementação de políticas sociais específicas levadas a efeito por organismos públicos e privados, inscritos no esforço de legitimação do poder de grupos e frações das classes dominantes que controlam ou têm acesso ao aparato estatal. Na operacionalização de medidas instrumentais de controle social, o emprego de técnicas e tecnologias sociais é largamente utilizado, enquanto meios de influenciar a conduta humana, adequando-a aos padrões legitimados de vida social, manipulando racionalmente os problemas sociais, prevenindo e canalizando a eclosão de tensões para os canais institucionalizados estabelecidos oficialmente. Entre essas tecnologias encontra-se o Serviço Social.

A institucionalização das atividades assistenciais ao nível do Estado e a própria demanda de profissionais especializados para atuação nesse campo expressa, de um lado, a ampliação e intensificação das tensões sociais que acompanham o desenvolvimento social e a necessidade de mobilizar recursos no sentido de atenuá-las ou preveni-las, controlando-as segundo parâmetros de racionalidade e eficiência. De outro lado, expressa, também, o reconhecimento oficial das diferenças sociais crescentes e da situação de pobreza de parcelas expressivas da população. Paradoxalmente, porém, as medidas mobilizadas pelo Estado não são suficientes para alterar substancialmente as situações diagnosticadas à proporção que lhe cabe preservar os pilares da organização vigente da sociedade. Porém, as medidas acionadas são eficazes para um outro objetivo: o contorno político dos "problemas sociais", abafando, momentaneamente, as tensões e estabelecendo ou fortalecendo vínculos de dependência da população carente para com o Estado através das instituições de cunho assistencial ou previdenciário. Na busca de contornar a desigualdade econômica, reforçando a "sensação" de uma participação mais efetiva do cidadão no poder e nos "benefícios" sociais, o que se obtém como resultado é a reprodução da desigualdade social e do poder segmentado de uma base legitimamente popular. Em suma, apesar de todas as medidas de controle, se acumulam e se reproduzem as expressões de antagonismo social; apenas suas eclosões se retardam ou se manifestam com uma roupagem, aparentemente, menos violenta.

As medidas de política social fornecem ao poder um argumento básico, na sua convivência política com os diversos grupos e classes sociais: seu "interesse" e a sensibilidade para com os problemas sociais, em busca de um projeto humanizado de sociedade. Este discurso ideológico é estratégico para o reforço das bases políticas do poder junto àqueles que não dispõem de canais efetivos de acesso a ele. Mas o discurso é rebatido pelo cotidiano do trabalhador, no qual o caráter desumano da organização social, mais além das propagandas político-ideológicas, se expressa na miséria de seu dia a dia e no trabalho alienado que só o escraviza, mortifica, parecendo-lhe algo estranho, que só lhe pertence enquanto sofrimento e desgaste pessoal.

Finalmente, importa ressaltar alguns traços característicos da prática institucional do Serviço Social, que tornam viável sua utilização pelo empresariado e pelo Estado, dentro de uma estratégia de dominação.

O Assistente Social, no exercício de suas atividades vinculado a organismos institucionais estatais, paraestatais ou privados, dedica-se ao planejamento, operacionalização e viabilização de serviços sociais por eles programados para a população. Exerce funções tanto de suporte à racionalização do funcionamento dessas entidades, como funções técnicas propriamente ditas.[43] O Assistente Social é chamado a constituir-se no agente institucional de "linha de frente" nas relações entre a instituição e a população, entre os serviços prestados e a solicitação dos interessados por esses mesmos serviços. Dispõe de um poder, atribuído institucionalmente, de selecionar aqueles que têm ou não direito de participar dos programas propostos, discriminando, entre os elegíveis, os mais necessitados, devido à incapacidade da rede de equipamentos sociais existentes de atender todo o público que, teoricamente, tem acesso a eles. Nesse sentido, o profissional é solicitado a intervir como "fiscalizador da pobreza", comprovando-a com dados objetivos e *in loco*, quando necessário, evitando assim que a instituição caia nas "armadilhas da conduta popular de encenação da miséria", ao mesmo tempo em que procura garantir, dessa forma, o emprego "racional" dos recursos disponíveis. A demanda está orientada, também, no sentido de contribuir para potenciar e agilizar os atendimentos, garantindo a produtividade do trabalho, quantitativamente avaliada, de modo a favorecer a rotatividade da população nos programas estabelecidos. Devido à proximidade com o usuário, o Assistente Social é tido como agente institucional que centraliza e circula informações sobre a situação social dos clientes para os demais técnicos e para a entidade, e as informações sobre o funcionamento desta para a

---

43. No exercício de suas funções, o Assistente Social realiza atividades como: seleção socioeconômica para fins de "elegibilidade" do usuário, de acordo com as normas que regulam os serviços prestados, preparações dos "clientes" para seu "desligamento" da instituição ao término dos programas efetuados; interpretação das normas de funcionamento da entidade à população, explicitando seus direitos e deveres, cuja aceitação é pré-condição para o acesso à programação da entidade; encaminhamento dos solicitantes à rede de equipamentos sociais existentes, articulando uma retaguarda de recursos para a instituição; atendimentos individuais e grupais para orientação dos usuários em face da necessidade por eles apresentada e/ou derivada de exigências do trabalho do próprio órgão; trabalhos comunitários; visitas domiciliares, treinamentos, organização de cursos, campanhas sócio-educativas, orientação e concessão de "benefícios" sociais previstos na legislação previdenciária/trabalhista etc.; distribuição de auxílios materiais. Esta listagem de atividades, não pretendendo ser exaustiva, permite dar uma ideia do tipo de tarefas mais comumente desempenhadas pelo profissional.

população. A estas atividades é acrescida outra característica da demanda: a ação de persuadir, mobilizando o mínimo de coerção explícita para o máximo de adesão. Inclui-se, aí, a necessidade do usuário ser levado a aceitar as exigências normativas e regulamentares de funcionamento da entidade como as prioridades dos programas estabelecidos pelo órgão; a esta se soma a ação "educativa" que incide sobre valores, comportamentos e atitudes da população, segundo padrões sócio-institucionais dominantes. Importa que as diretrizes institucionais sejam transmitidas como necessárias e válidas tanto para o "cliente", como para a garantia de eficiência dos serviços, transformando o caráter impositivo da normatização em algo internalizado e aceito voluntariamente por aqueles a quem se dirige e aos quais não foi dada a oportunidade de opinar. Por outro lado, a estratégia de individualização dos atendimentos possibilita aliviar tensões e insatisfações, efetivas ou potencialmente existentes, canalizando-as para sua neutralização dentro de medidas oficialmente estabelecidas, isto é, submetendo-as ao controle institucional.

Se estas são algumas características dessa prática profissional, para atender a demanda que lhe é efetuada, elas não esgotam o trabalho técnico, devendo ser ressaltados outros elementos deste. O Serviço Social, como uma das formas institucionalizadas de atuação nas relações entre os homens no cotidiano da vida social, tem, como instrumento privilegiado de ação, *a linguagem*.[44] É este o meio privilegiado, através do qual se efetiva a peculiar ação persuasiva ou de controle por este profissional. Embora os serviços sociais sejam o suporte material e as entidades a base organizacional que condicionam e viabilizam a atuação técnica do Assistente Social, esta dispõe de características peculiares. Trata-se de uma ação global de cunho sócio-educativo ou socializadora, voltada para mudanças na maneira de ser, de sentir, de ver e agir dos indivíduos, que busca a adesão dos sujeitos.[45] Incide tanto sobre questões imediatas, como sobre

---

44. "A linguagem é tão antiga quanto a consciência — a linguagem é a consciência real, prática, que existe para os outros homens e também para mim mesmo; e a linguagem nasce, como a consciência, da carência, da necessidade de intercâmbio com outros homens." K. Marx e F. Engels. *A Ideologia...*, *op. cit.*, p. 43.

45. Essa característica é ressaltada por J. Verdès-Leroux. *Le Travail...*, *op. cit.*, que situa o trabalho do Assistente Social no "campo da manipulação simbólica".

a visão global de mundo dos "clientes". Não sendo, no interior da categoria profissional, uniforme e unívoco o direcionamento dessa ação, ele tem sido orientado, predominantemente, por uma perspectiva de *integração à sociedade*. Isso não significa desconsiderar a existência de rumos alternativos, que recusam a incorporação da educação do opressor, perspectiva que é minoritária no conjunto do meio profissional, mas profundamente significativa, diante de seu caráter inovador dentro da tradição conservadora da instituição Serviço Social.

O Assistente Social atua no campo social a partir de aspectos particulares da situação de vida da classe trabalhadora, relativos a saúde, moradia, educação, relações familiares, infraestrutura urbana etc. É a partir dessas expressões concretas das relações sociais no cotidiano da vida dos indivíduos e grupos que o profissional efetiva sua intervenção. Estando sua atividade referida ao *cotidiano*, enquanto *produto histórico* e enquanto *vivência pelos sujeitos*, ele é aqui aprendido como manifestação da própria história, na qual os agentes a produzem e reproduzem, fazendo-se e refazendo-se nesse processo social. A compreensão do cotidiano não se reduz aos aspectos mais aparentes, triviais e rotineiros; se eles são parte da vida em sociedade, não a esgotam. O cotidiano é a expressão de um *modo de vida*, historicamente circunscrito, onde se verifica não só a reprodução de suas bases, mas onde são, também, gestados os fundamentos de uma prática inovadora. Assim, o "cotidiano não está apenas mergulhado no falso, mas referido ao possível. A descoberta do cotidiano é a descoberta das possibilidades da transformação da realidade. Por isso, a reflexão sobre o cotidiano acaba sendo crítica e comprometida com o possível".[46] A crítica da vida cotidiana implica ultrapassar as aparências que a escamoteiam, para redescobri-la em toda a densidade do seu conteúdo histórico, a partir do desvendamento das formas pelas quais se expressa. O cotidiano é o "solo" da produção e reprodução das relações sociais.[47] O Assistente Social, através da prática direta junto aos setores

---

46. J. S. Martins. Pronunciamento efetuado durante o curso de Sociologia da Vida Cotidiana para os alunos de graduação em Ciências Sociais da Universidade de São Paulo, em 11-03-75. (Anotação de aula).

47. H. Lefebvre. "A Estrutura social: A Produção e reprodução das relações sociais." In: *Sociologia..., op. cit*. Sobre a vida cotidiana ver as seguintes obras do autor: *La Critique de la vie quotidienne*. (2 vols.), Paris:

populares, dispõe de condições potencialmente privilegiadas de apreender a variedade das expressões da vida cotidiana, por meio de um contato estreito e permanente com a população. Sendo esta proximidade aliada a uma bagagem científica, que possibilite ao profissional superar o caráter pragmático e empirista que não raras vezes caracteriza sua intervenção, poderá obter uma visão totalizadora da realidade desse cotidiano e da maneira como é vivenciada pelos agentes sociais.

O profissional, em sua prática de campo, interfere, em graus diversos de intensidade, na vida das pessoas com quem trabalha, invadindo de certa forma sua privacidade. Explicita-se, aí, a importância do compromisso social do Assistente Social, orientado no sentido de solidarizar-se com o projeto de vida do trabalhador ou de usar esse acesso à sua vida particular para objetivos que lhe são estranhos. Esta atuação é marcada pelo *caráter pessoal* da relação, na qual os sujeitos são tratados pelo Assistente Social como seres particulares. Sendo esta uma característica do exercício profissional, embora não lhe seja exclusiva, é, muitas vezes, exacerbada na representação do agente técnico, fazendo com que a preocupação em apreender a singularidade dos indivíduos e a de sua situação de vida se faça segmentando-a de suas bases sociais. Os elementos mais gerais e comuns à situação de classe do trabalhador tendem a ser obscurecidos pela individualização e pulverização dos casos, prevalecendo o "dito" de que cada caso é um caso.

Face às relações sociais vigentes, em que as pessoas são tratadas como peças anônimas da engrenagem de produção, a personificação de seu oposto — isto é, do pessoal e do humanitário — é, também, capitalizada pelo poder, assumindo um papel de relativa importância na consolidação de sua legitimidade. Sendo o Assistente Social um técnico em relações humanas por excelência, essas características apontadas na prática profissional são recuperadas pelos representantes do poder no sentido de interferência e controle de aspectos da vida cotidiana da classe trabalha-

---

Arche, 1958; *La Vida cotidiana en el mundo moderno*. Madri: Aliança, 1972. A incorporação da dimensão da vida cotidiana na reflexão do Serviço Social é apresentada, na literatura brasileira, pelo trabalho de S. A. Barbosa Lima. *Participação social no cotidiano*. São Paulo: Cortez & Moraes, 1979.

dora, utilizando-se da mediação desse intelectual. Busca-se canalizar aspirações desses setores para sua satisfação através de canais institucionais, geridos pelos representantes do poder e detectar as tensões sociais a tempo de propor medidas preventivas para seu enquadramento. Essa ação controladora, no entanto, é esvanecida pelo discurso humanista e humanizador acoplado a esse tipo de intervenção, discurso esse mobilizado e incorporado pela própria burguesia e, ao mesmo tempo, sabotado na prática pela subordinação da atividade profissional a um projeto de classe. Aquela representação contribui para inverter a prioridade dos elementos do projeto das classes dominantes para a sociedade, ou seja, a lógica da acumulação passa a ser vista ao reverso: a produção voltada, não para os imperativos de reprodução do capital, mas para a satisfação das necessidades humanas e sociais. Assim, o trabalho profissional passa a ser utilizado no sentido de propiciar uma face humana e pessoal às relações contratuais, desfigurando-as, ao nível do discurso, de seu caráter de classe. Ao reduzi-las a relações individualizadas e naturais, passa o profissional a operar a partir de um corpo conceitual que busca harmonizar as contradições presentes na realidade, despojando a dinâmica social de sua historicidade. A teoria passa a equivaler à realidade idealizada, que, se adequada à racionalidade do capital, é insuficiente para orientar cientificamente a ação profissional no jogo das forças sociais, correndo o Assistente Social o perigo de tornar-se vítima da visão mistificadora que incorpora. Subjacente a esse suporte simbólico, encontra-se o aval à "normalidade" da sociedade do capital, acentuando-se apenas a necessidade de romper certas arestas que dificultam sua realização problemática. A partir dessa perspectiva, as situações conflitivas e as desigualdades passam a ser vistas como "desvios" a serem contornados e controlados institucionalmente, segundo parâmetros técnicos. Os conflitos sociais não são negados, mas, o que é expressão da luta de classes, transformam-se em "problema social", matéria-prima da assistência. Segundo essa visão, os fatores tidos como problemáticos são deslocados da estrutura social para os próprios indivíduos e grupos considerados como responsáveis pela sua ocorrência. Consequentemente, o que deve ser mudado são os hábitos, atitudes e comportamentos dos indivíduos, tendo em vista seu ajustamento social, contribuindo, assim, para remover "obstáculos" ao "crescimento econômico". Daí deriva uma visão estereotipada da classe trabalhadora, que inclui elementos como: população negligente, carente de iniciativa, com baixo nível de consciência, ignorante, que necessita incorporar hábitos civilizados, que precisa ser orientada etc.[48] Assim, a visão do cliente passa a ser incorporada segundo a imagem difundida pela burguesia para a classe trabalhadora, alicerçada em um *suporte simbólico que inclui elementos humanitários e a mística da modernização*. Nesse sentido, poder-se-ia afirmar que o Assistente Social é chamado a constituir-se no "moderno filantropo da era do capital".[49] Essa imagem do Assistente Social não é alheia ao Estado. Se ela tem suas raízes na origem confessional da profissão em suas íntimas relações com a necessidade de racionalização das atividades filantrópicas, pode ser encarada, também, como uma extensão da imagem com que o Estado tende a se apresentar para o conjunto da sociedade. O Estado aparece como o benfeitor, voltado precipuamente para o bem-estar dos cidadãos, guardião da justiça e da paz social, detentor de uma ética e de uma vontade supraclasses, representante dos interesses gerais da sociedade; o Estado tecnicamente armado para administrar os conflitos e problemas sociais, a serviço do povo. O Serviço Social, ao ser incorporado no aparato de Estado, tende a reproduzir, em sua prática institucional, não só o paterna-

---

48. Análise semelhante, referente à extensão rural e ao processo da modernização da agricultura, vem sendo efetuada por O. Queda. Ver, por exemplo, O. Queda e J. C. Duarte. "Agricultura e acumulação." *Debate e Crítica*. São Paulo: Hucitec, n. 2, jan.-jun. 1974. p. 90-7; O. Queda et al. *Evolução recente das culturas de arroz e feijão no Brasil*. Brasília: Binagri, 1979. Ver, também, J. S. Martins. *Capitalismo e tradicionalismo, op. cit.*

49. "*A escola humanitária* é a que lastima o lado mau das relações de produção atuais. Para tranquilidade de sua consciência esforça-se para coonestar o mais possível os contrastes reais; deplora sinceramente as penalidades do proletariado e a desenfreada concorrência entre os burgueses; aconselha aos operários que sejam sóbrios, trabalhem bem e tenham poucos filhos; recomenda aos burgueses que moderem seu ardor na esfera da produção... *A escola filantrópica* é a escola humanitária aperfeiçoada. Nega a necessidade de antagonismo; quer converter todos os homens em burgueses; quer realizar a teoria enquanto se distinga da prática e não contenha antagonismo. É evidente que na teoria é fácil fazer abstrações das contradições que se encontram a cada momento na realidade. Essa teoria equivaleria, então, à realidade idealizada. Por conseguinte, os filantropos querem conservar as categorias que expressam as relações burguesas, porém sem o antagonismo que constitui a essência dessas categorias e que é inseparável delas; os filantropos acreditam que combatem a sério a prática burguesa, mas são mais burgueses do que ninguém." K. Marx. *La Miseria...*, *op. cit.*, p. 109.

lismo autoritário estatal ante a classe trabalhadora, mas também o discurso do Estado, expressão da ideologia dos governantes. Assim, a defasagem entre a representação humanitária e modernizadora do Serviço Social e os efeitos sociais objetivos da prática profissional acompanha a aparente ambiguidade entre a figura do Estado do Bem-estar Social e os fundamentos históricos da necessidade do Estado.

Este suporte simbólico e a agilização dos mecanismos de controle do trabalhador têm como pano de fundo a própria organização da produção, típica da grande indústria capitalista. Os novos métodos de organização da produção e do trabalho são indissociáveis de um modo de viver, de pensar e sentir a vida, sendo que a obtenção de resultados efetivos, em um campo, está intimamente associada ao êxito no outro. A automatização do trabalho, a subordinação da atividade humana à máquina, enquanto capital fixo; a perda de controle do trabalhador sobre seu processo de trabalho, coordenado e gerido pelos representantes do capital; a incorporação dos avanços científicos à produção, como meio de potenciar o trabalho, ampliando o tempo de trabalho não pago do trabalhador, apropriado pela classe capitalista; a desqualificação progressiva do trabalho, reduzindo o trabalhador a mero vigilante de um conjunto de máquinas etc. — todos esses fatores implicam mecanismos eficientes disciplinantes e de vigilância dos agentes de produção.

Mas a organização da produção não supõe apenas um controle do trabalhador no interior da fábrica. *Implica um novo tipo de socialização do trabalhador e de sua família, que afeta todo o seu cotidiano, de modo a adaptá-lo ao novo modo de vida e aos métodos do trabalho industrial.* O capital busca estabelecer *meios de tutela e normatização da vida do trabalhador fora da fábrica, invadindo sua vida privada.* Procura não apenas conservar um certo equilíbrio psicofísico do trabalhador, visto que não devem ser avariadas em demasia as peças de uma máquina coletiva de trabalho, mas ampliar a interferência moral e política por parte do capital sobre o conjunto da sua vida particular. Nesse sentido tem à sua disposição o aparato de Estado, além das próprias iniciativas benemerentes levadas a efeito pela classe patronal. *Aí, a coerção social deve ser habilmente articulada com a persuasão e o consenso, que dão a forma exterior ao uso intrínseco da força.* Trata-se de canalizar esforços no sentido de que a classe trabalhadora interiorize as normas do novo modo de vida imposto pelo capital, minando suas iniciativas autônomas de organização enquanto classe. Busca-se fazer com que a vigilância exterior possa ser acoplada à interiorização dos padrões dominantes, transformando, assim, o controle externo em um tipo de normatização de vida incorporada e proposta pelo próprio trabalhador.[50] No entanto, por mais eficientes que sejam as medidas nessa direção, elas são rebatidas pela realidade objetiva das condições de vida do proletariado, em que a vivência coletiva do processo de exploração aponta para o questionamento dos mecanismos controladores e para a desmistificação do discurso dominante sobre o trabalhador. É dentro desse panorama que pode ser compreendida a institucionalização e a demanda do Serviço Social pela classe capitalista, como uma das tecnologias colocadas a serviço da reprodução da força de trabalho, do controle social e da difusão da ideologia dominante para a classe trabalhadora.

Porém, sendo esta a direção predominante da intervenção profissional, não é exclusiva. Expressa a expectativa em face da profissão daque-

---

50. Gramsci, analisando o fenômeno da racionalização do trabalho nos Estados Unidos, mostra que "os inquéritos dos industriais sobre a vida íntima dos operários, os serviços de inspeção criados por algumas empresas para controlar a 'moralidade' dos operários, são necessidades dos novos métodos de trabalho. Rir-se dessas iniciativas (se bem que tenham falido) e ver nelas apenas manifestação do 'puritanismo' é negar qualquer possibilidade de compreender a importância, o significado e o alcance objetivo do fenômeno norte-americano, que é, também, o maior esforço coletivo até hoje verificado para criar, com inaudita rapidez e com uma consciência de fim nunca vistos na história, um novo tipo de trabalhador e de homem". Ao analisar as iniciativas "puritanas" dos industriais tipo Ford, acentua que: "é certo que eles não se preocupavam com a 'humanidade', com a 'espiritualidade' do trabalhador, que é imediatamente arruinada. Essa 'humanidade' e essa 'espiritualidade' não podem senão realizar-se no mundo da produção e do trabalho, na criação produtiva; era máxima no artesão e no demiurgo, quando a personalidade do trabalhador se refletia toda no objeto criado, quando era muito forte a ligação entre arte e trabalho. Mas, precisamente, contra este 'humanismo' luta o novo industrialismo. As iniciativas 'puritanas' têm apenas o fim de conservar, fora do trabalho, um certo equilíbrio psicofísico, que impeça o colapso psicológico do trabalhador, esmagado pelo novo método de produção. Este equilíbrio não pode ser senão exterior, mas poderá tornar-se interior se e proposto pelo próprio trabalhador, e não imposto de fora, por uma forma da sociedade e por meios apropriados e originais..." E o autor vai além, afirmando que: "as tentativas feitas por Ford de intervir, com um corpo de inspetores, na vida privada de seus dependentes e controlar como gastavam seu salário e como viviam, é indício dessas tendências ainda 'privadas' ou latentes, *que podem se tornar, a certa altura, ideologia estatal...*" A. Gramsci. "Americanismo e fordismo." In: *Obras escolhidas*, v. II. Lisboa: Estampa, 1974. p. 166, 168, 169, respectivamente.

les setores sociais que representam a demanda da atividade técnica. Entretanto, é preciso considerar que os organismos institucionais *dependem da adesão, pelo menos passiva, de seus agentes*, para a consecução das metas e estratégias de classe que implementam. Se o Assistente Social, na condição de trabalhador assalariado, deve responder às exigências básicas da entidade que contrata seus serviços, ele dispõe de relativa autonomia no exercício de suas funções institucionais, sendo corresponsável pelo rumo imprimido às suas atividades e pelas formas de conduzi-las. Conforme já foi ressaltado, a imprecisão vigente quanto à delimitação das atribuições desse profissional pode ser um fator de ampliação da margem de possibilidades de redefinição de suas estratégias de trabalho. Nesse sentido, a concepção teórico-prática da profissão e do papel desse profissional na sociedade, incorporada e expressa pela categoria de Assistentes Sociais em suas atividades cotidianas, é um fator a considerar no tipo de respostas que oferece às exigências institucionais. Pode o profissional limitar-se a responder às demandas do empregador, confirmando-lhe sua adesão, ou lançar-se no esforço coletivo junto à categoria, aliada aos demais profissionais e aos setores populares, de propor e efetivar uma direção alternativa àquela proposta pelos setores dominantes para a intervenção técnica. Trata-se de, a partir do jogo de forças sociais presentes nas circunstâncias de seu trabalho, reorientar a prática profissional a serviço dos interesses e necessidades dos segmentos majoritários da população, consolidando junto a eles novas fontes de legitimidade para o Serviço Social.

Esse posicionamento — que passa a ser assumido nos últimos anos por uma parcela minoritária, embora crescente, de Assistentes Sociais — emerge nao apenas de iniciativas individuais, mas como resposta às exigências apresentadas pela realidade histórica. Torna-se possível à medida que o contingente profissional se expande, passando a ser recrutado fundamentalmente nas "camadas médias" da sociedade, que sofre os embates de uma política econômica amplamente desfavorável aos setores populares. É numa conjuntura político-econômica, em que já não se pode desconhecer as manifestações populares, diante do revigoramento dos movimentos sociais e do processo organizativo das diversas categorias profissionais, que a prática do Assistente Social passa a ser analisada a partir das implicações políticas do papel desse intelectual vinculado a um projeto de classe. Verifica-se, aí, uma ruptura de parte do meio profissional com o papel tradicionalmente assumido, na procura de somar-se às forças propulsoras de um novo projeto de sociedade. A isso se alia a busca de fundamentos científicos mais sólidos que orientem a atuação, ultrapassando a mera atividade técnica. Questiona-se, inclusive, que tipo de orientação teórico-metodológica deve informar a prática e como esta pode ser repensada a serviço da produção de conhecimentos voltados para os interesses dos setores populares e de sua organização autônoma. Essa nova qualidade de preocupação com a prática profissional está dirigida ainda a resgatar, sistematizar e fortalecer o potencial inovador contido na vivência cotidiana dos trabalhadores, na criação de alternativas concretas de resistência ao processo de dominação.

Nessa perspectiva, o componente missionário e utópico presente na tradição conservadora do Serviço Social tende a ser redimensionado. Esse elemento, típico do engajamento político e religioso, é revitalizado para que esse intelectual se coloque a serviço de um outro projeto de classe. Traduz-se na confiança, que move uma prática, na possibilidade histórica de criação de novas bases da vida em sociedade, antecipada como projeto, a partir da recusa do presente, assumido e subvertido em direção a um novo tempo.

Parte II

ASPECTOS DA HISTÓRIA DO SERVIÇO SOCIAL NO BRASIL (1930-1960)

Capítulo I

A Questão Social nas décadas de 1920 e 1930 e as Bases para a Implantação do Serviço Social

1. A Questão Social na Primeira República

A "questão social", seu aparecimento, diz respeito diretamente à generalização do trabalho livre numa sociedade em que a escravidão marca profundamente seu passado recente. Trabalho livre que se generaliza em circunstâncias históricas nas quais a separação entre homens e meios de produção se dá em grande medida fora dos limites da formação econômico-social brasileira. Sem que se tenha realizado em seu interior a acumulação (primitiva) que lhe dá origem,[1] característica que marcará profundamente seus desdobramentos.

Para os objetivos deste item se saltará o longo processo de transição por intermédio do qual se forma um mercado de trabalho em moldes capitalistas. Nosso interesse se centra num momento em que a constituição desse mercado está em pleno amadurecimento nos principais centros urbanos. Nesse momento, o capital já "se liberou" do custo de reprodução da força de trabalho. Limita-se a procurar no mercado, segundo suas

---

1. Ver análise mais aprofundada desse processo em José de Souza Martins. "As Relações de classe e a produção ideológica da noção de trabalho." *Revista Contexto*, n. 5, São Paulo, mar. 1978.

necessidades, a força de trabalho tornada mercadoria. A manutenção e reprodução, por meio do salário, está a cargo do próprio operário e de sua família. Este tem diante de si, como *proprietário*, não um senhor em particular, mas uma classe de capitalistas, à qual vende sua força de trabalho. Sua sobrevivência se vincula ao mercado de trabalho dominado pelo capital e, apesar do caráter aparentemente individual dessa vinculação, é aqui que aparece ainda mais claramente seu conteúdo social. Como vendedor livre de sua força de trabalho — a certo estágio de desenvolvimento da produção capitalista — sucumbe inexoravelmente à exploração desmedida do capital. Sua existência e reprodução só se tornam possíveis enquanto elemento de uma classe social, através da "verdadeira guerra civil" que trava com a classe capitalista para garantir e ampliar suas condições de existência.

A exploração abusiva a que é submetido — afetando sua capacidade vital — e a luta defensiva que o operariado desenvolve aparecerão, em determinado momento, para o restante da sociedade burguesa, como uma ameaça a seus mais sagrados valores, "a moral, a religião e a ordem pública". Impõe-se, a partir daí, a necessidade do controle social da exploração da força de trabalho. A compra e venda dessa mercadoria especial sai da pura esfera mercantil pela imposição de uma regulamentação jurídica do mercado de trabalho através do Estado.

As Leis Sociais, que representam a parte mais importante dessa regulamentação, se colocam na ordem do dia a partir do momento em que as terríveis condições de existência do proletariado ficam definitivamente retratadas para a sociedade brasileira por meio dos grandes movimentos sociais desencadeados para a conquista de uma cidadania social. Em torno da "questão social" são obrigadas a posicionar-se as diversas classes e frações de classe dominantes, subordinadas ou aliadas, o Estado e a Igreja. Aqueles movimentos refletem e são elemento dinâmico das profundas transformações que alteram o perfil da sociedade a partir da progressiva consolidação de um polo industrial, englobando-se no conjunto de problemas que se colocam para a sociedade naquela altura, exigindo profundas modificações na composição de forças dentro do Estado e no relacionamento deste com as classes sociais. O desdobramento da questão social é também a questão da formação da classe operária e de sua entrada no cenário político, da necessidade de seu reconhecimento pelo Estado e, portanto, da implementação de políticas que de alguma forma levem em consideração seus interesses.

As Leis Sociais surgem em conjunturas históricas determinadas, que, a partir do aprofundamento do capitalismo na formação econômico-social, marcam o deslocamento da "questão social" de um segundo plano da história social para, progressivamente, colocá-la no centro das contradições que atravessam a sociedade. Ao mesmo tempo, a "questão social" deixa de ser apenas contradição entre abençoados e desabençoados pela fortuna, pobres e ricos, ou entre dominantes e dominados, para constituir-se, essencialmente, na contradição antagônica entre burguesia e proletariado, independentemente do pleno amadurecimento das condições necessárias à sua superação. A nova qualidade que assume a questão social nos grandes centros urbano-industriais deriva, assim, do crescimento numérico do proletariado, da solidificação dos laços de solidariedade política e ideológica que perpassam seu conjunto, base para a construção e para a *possibilidade* objetiva e subjetiva de um projeto alternativo à dominação burguesa.

A implantação do Serviço Social se dá no decorrer desse processo histórico. Não se baseará, no entanto, em medidas coercitivas emanadas do Estado. Surge da iniciativa particular de grupos e frações de classe, que se manifestam, principalmente, por intermédio da Igreja Católica. Possui em seu início uma base social bem delimitada e fontes de recrutamento e formação de agentes sociais informados por uma ideologia igualmente determinada. A especificidade maior que reveste o Serviço Social desde sua implantação não está, no entanto, no âmbito das características que mais evidentemente o marcam. Historicamente, se localiza na demanda social que legitima o empreendimento. Se as Leis Sociais são, em última instância, resultantes da pressão do proletariado pelo reconhecimento de sua cidadania social, o Serviço Social se origina de uma demanda diametralmente oposta. Sua legitimação diz respeito apenas a grupos e frações restritos das classes dominantes em sua origem e, logo em seguida, ao conjunto das classes dominantes. Sua especificidade maior está, pois, na ausência quase total de uma demanda a partir das classes e grupos a que se destina prioritariamente. Caracterizar-se-á, assim, como uma imposição.[2]

Para apreender o sentido histórico do Serviço Social, torna-se necessário analisar, ante o "problema social" e seu aguçamento, o posicionamento e ações assumidos e desenvolvidos pelos diferentes grupos e frações dominantes e pelas instituições que mediatizam seus interesses ante a sociedade; ações e posicionamentos determinados no quadro mais amplo das contradições geradas pelas formas específicas através das quais se aprofunda internamente o capitalismo e a vinculação da economia ao mercado mundial. A crise do comércio internacional em 1929 e o movimento de outubro de 1930 representam um marco importante na trajetória da sociedade brasileira. Aparecem como momentos centrais de um processo[3] que leva a uma reorganização das esferas estatal e econômica, *apressando* o deslocamento do centro motor da acumulação capitalista das atividades de agro-exportação para outras de realização interna. Todos os segmentos da sociedade são profundamente afetados por essas transformações, induzidos a alterar em profundidade seus posicionamentos e práticas anteriores. Nesse sentido, o objetivo desse item é o de procurar esboçar — em traços largos — a evolução dessas posições no decorrer das décadas de 1920 e 1930, especialmente no que se referir à "questão social", no bojo da qual se dá a implantação do Serviço Social. A pressão exercida pelo proletariado — presente mesmo nas conjunturas específicas em que sua luta não se faça imediata e claramente presente enquanto manifestações abertas — permanece constantemente como pano de fundo a partir do qual diferentes atores sociais mobilizam políticas diferenciadas. Essas políticas demarcarão os limites dentro dos quais irá surgir e atuar o Ser-

---

2. Não se pretende, a partir dessa diferenciação, afirmar que as Leis Sociais e grandes entidades assistenciais institucionalizadas pelo Estado, pela forma, conteúdo e interesses que trazem em seu bojo, não representem também uma imposição — como se procurará demonstrar mais adiante — mas marcar a ausência de legitimidade do Serviço Social junto àqueles que formarão sua *clientela*.

3. O movimento de 1930 é visto aqui, não como um "divisor de águas" de duas etapas da história, mas como momento extremamente importante de um "processo revolucionário" que já se faz notar na segunda metade da década de vinte e que apresenta desdobramentos em 1932, 1935 e 1937.

viço Social — a caridade e a repressão — limites em relação aos quais deve se constituir numa alternativa.

O histórico das condições de existência e de trabalho do proletariado industrial — principalmente a partir do início do século, quando começam a aglutinar-se nos centros maiores as empresas industriais dispersas, período para o qual existe uma documentação mais abundante — mostra a extrema voracidade do capital por trabalho excedente. A população operária se constitui em uma minoria — composta majoritariamente por imigrantes — marginalizada social e ecologicamente dentro das cidades, algumas já bastante desenvolvidas. Historiadores e sociólogos[4] que estudaram a situação do proletariado nesse período são concordes em que essa parcela da população urbana vivia em condições angustiantes. Amontoam-se em bairros insalubres junto às aglomerações industriais, em casas infectas, sendo muito frequente a carência — ou mesmo falta absoluta — de água, esgoto e luz. Grande parte das empresas funciona em prédios adaptados, onde são mínimas as condições de higiene e segurança, e muito frequentes os acidentes. O poder aquisitivo dos salários é de tal forma ínfimo que para uma família média, mesmo com o trabalho extenuante da maioria de seus membros, a renda obtida fica em nível insuficiente para a subsistência. O preço da força de trabalho será constantemente pressionado para baixo daquele nível pela progressiva constituição de um relativamente amplo exército industrial de reserva. A pressão salarial força a entrada no mercado de trabalho das mulheres e das crianças de ambos os sexos em idade extremamente prematura, o que funciona também como mecanismo de reforço ao rebaixamento salarial. É comum a observação sobre a existência de crianças operárias de até cinco anos e dos castigos corporais infligidos a aprendizes. Warren Dean[5] calcula, já para 1920, que da força de trabalho industrial de São Paulo uma

---
4. Aziz Simão, *Sindicato e Estado no Brasil*. São Paulo: Dominus Editora, 1966. José Albertino Rodrigues, *Sindicato e desenvolvimento no Brasil*. São Paulo: Difel, 1968. Warren Dean, *A Industrialização de São Paulo*. São Paulo: Editora da Universidade de São Paulo 1977. Boris Fausto, *Trabalho urbano e conflito social*. São Paulo: Difel, 1977. Edgard Carone, *A República Velha* (t. I). São Paulo: Difel, 1975; *O Movimento operário no Brasil*. São Paulo: Difel, 1979. Paula Beiguelman, *Os Companheiros de São Paulo*. São Paulo: Símbolo, 1977.

5. *A Industrialização...*, op. cit.

terça parte é constituída de mulheres, metade aproximadamente são operários e operárias menores de 18 anos. A jornada normal de trabalho — apesar de diferir por ramos industriais — é, no início do século, de 14 horas. Em 1911 será em média de 11 horas e, por volta de 1920, de 10 horas. Até o início da década de 1920, no entanto, dependerá na maioria das vezes das necessidades das empresas. Mulheres e crianças estarão sujeitas à mesma jornada e ritmo de trabalho, inclusive noturno, com salários bastante inferiores. O operário contará para sobreviver apenas com a venda diária da força de trabalho, sua e de sua mulher e filhos. Não terá direito a férias, descanso semanal remunerado, licença para tratamento de saúde ou qualquer espécie de seguro regulado por lei. Dentro da fábrica estará sujeito à autoridade absoluta — muitas vezes paternalista — de patrões e mestres. Não possuirá também garantia empregatícia ou contrato coletivo, pois as relações no mercado de trabalho permanecem estritamente no campo privado, constituindo contrato particular entre patrão e empregado, regido pelo Código Civil. As frequentes crises do setor industrial, ainda emergente, são marcadas por dispensas maciças e rebaixamentos salariais, que tornam mais sombria a vida do proletariado industrial atirado ao pauperismo. Para suas necessidades de ensino e cultura ficarão, basicamente, na dependência de iniciativas próprias ou da caridade e filantropia. Numa sociedade civil marcada pelo patrimonialismo, onde apenas contam fortuna e linhagem, serão considerados — quando muito — cidadãos de segunda linha, com direito apenas à resignação.

    Essas condições de trabalho e existência tornam necessária a organização do proletariado para sua defesa. Defesa que se centrará na luta contra a dilapidação, pelo trabalho excessivo e mutilador, de seu único patrimônio, cuja venda diária permite sua sobrevivência e reprodução. Procurará tomar em suas mãos as decisões que restrinjam o dispêndio exaustivo de sua força de trabalho. Sua organização representará, também, a única via possível de uma participação ativa na sociedade.[6] Essa organização assume, no decorrer do período, formas bastante diferenciadas

---

6. José Albertino Rodrigues. Sindicato..., op. cit.

em diversos estágios de seu desenvolvimento. Desde o início aparecem agrupamentos inteiramente desvinculados dos antigos grêmios corporativos, como a Associação de Socorro Mútuo e Caixas Beneficentes, que desenvolvem atividade principalmente com fins assistenciais e cooperativos. Já na primeira década do século se difundem outras formas em que o componente assistencial aparece menos ou é inteiramente excluído. Destacam-se aí as Ligas Operárias, que procuram aglutinar operários de diversos ofícios, tendo por objetivo a luta pela defesa de seus interesses comuns. Essas formas de agremiação marcadas pela precariedade de sua existência e alcance, darão origem às Sociedades de Resistência e Sindicatos, que se definirão, em sua organização e formas de atuação, diretamente com referência às relações de produção.[7] Constituir-se-ão na forma típica de resistência operária organizada, reunindo a parcela mais avançada do movimento operário. No desenvolver das lutas operárias, surgirão formas superiores de organização, como Congressos Operários, Confederações Operárias, englobando diversos ofícios e cidades, e uma imprensa operária, que se destacará pela combatividade. No plano cultural e social serão desenvolvidas diversas iniciativas baseadas numa forma de ser proletária, constituindo-se numa crítica aos valores burgueses e afirmação de um novo tipo de sociedade. A legitimidade dessas organizações marcadas pela autenticidade estará, no entanto, restrita ao meio operário. Serão quando muito toleradas e, no crescer dos movimentos reivindicatórios, serão duramente reprimidas, com o fechamento de suas sedes e a perseguição de seus líderes, constantemente presos ou deportados.

    A luta reivindicatória estará centrada na defesa do poder aquisitivo dos salários — num período de constantes surtos inflacionários — na duração da jornada normal de trabalho, na proibição do trabalho infantil e regulamentação do trabalho de mulheres e menores, no direito a férias, seguro contra acidente e doença, contrato coletivo de trabalho e reconhecimento de suas entidades, que aparecerão com maior ou menor ênfase de acordo com a conjuntura e características dos movimentos e de suas

---

7. Ver, a esse respeito, Aziz Simão. *Sindicato...*, *op. cit.*

lideranças. As duas primeiras décadas — e com muito menor intensidade a década de 1920 — serão marcadas pela ocorrência intermitente de greves e manifestações operárias, as quais tomarão grande amplitude nas conjunturas pré e pós-Primeira Guerra Mundial. No período que se estende de 1917 a 1920, a densidade e combatividade das manifestações de inconformismo marcarão para a sociedade burguesa a presença ameaçadora de um proletariado à beira do pauperismo.

O "liberalismo excludente" do Estado e elite republicana da Primeira República, dominados pelos setores burgueses ligados à agro-exportação, será incapaz de medidas integrativas de maior relevo ou eficácia relativamente ao proletariado. Em 1891, 1911 e 1917 alguns tímidos decretos — de alçada federal e estadual — procuram regulamentar questões relativas à situação sanitária das empresas industriais, assim como o trabalho de menores e mulheres, que são, no entanto, limitados e carentes de fiscalização. Apenas em 1919 — numa conjuntura marcada pelo fortalecimento do movimento operário — é implantada a primeira medida ampla de legislação social, responsabilizando as empresas industriais pelos acidentes de trabalho. Não representará, no entanto, mudança substantiva na situação dos trabalhadores, que, com algum sucesso, já vinham obrigando os industriais a arcarem com esse custo. Para estes, a nova legislação obrigará a uma racionalização da cobertura, que se fará por intermédio de seguro coletivo. Suas entidades representativas não se importarão em questionar seriamente a nova legislação, procurando apenas as fórmulas de minimizar seu ônus. Ainda nesse ano, o governo brasileiro participa oficialmente na Organização Internacional do Trabalho e é signatário de seus convênios,[8] que se transformam em leis a partir da segunda metade da década de 1920 — apesar dos debates que, durante anos, se travam infrutiferamente na Comissão de Legislação Social da Câmara — e devem ainda esperar de dez a quinze anos para a efetiva e

---

8. À diferença do Tratado de Versalhes, de que o Brasil também é signatário, as Convenções da OIT não ficam apenas no nível das recomendações. Estatui uma legislação social bastante ampla — adaptada ao avanço capitalista na Europa e América do Norte — estabelecendo inclusive sanções aos países aderentes que não respeitem seus termos.

generalizada aplicação de seus principais itens pela ação impositiva do Estado Novo.

As medidas tendentes à integração do proletariado durante esse período e especialmente na década de 1920 não podem ser, no entanto, inteiramente subestimadas. Em 1925 é criado o Conselho Nacional do Trabalho e, em 1926, a ortodoxia liberal da primeira Constituição republicana é parcialmente rompida. Por meio de Emenda Constitucional a legislação do trabalho passa à alçada do Congresso Nacional, abrindo-se o caminho à intervenção do Estado na regulamentação do mercado de trabalho. Nesse ano e no seguinte são aprovadas leis que cobrem uma parcela importante da chamada "proteção ao trabalho", como a lei de férias, acidente de trabalho, código de menores, trabalho feminino, seguro-doença etc. A precária aplicação dessa legislação se limitará, nos dois principais centros urbanos, a alguns setores, principalmente não industriais, como ferroviários, marítimos e portuários, de grande participação estatal. São também setores vitais à agro-exportação, o que torna aparente a diferenciação da ação integrativa a partir do Estado sob hegemonia dos setores voltados para aquelas atividades. No essencial, no entanto, o Estado se negará a reconhecer a existência da "questão social".

A dominação burguesa implica a organização do proletariado, ao mesmo tempo em que implica sua desorganização enquanto classe. A tentativa de controle da organização do proletariado implica que este seja reconhecido pelo Estado enquanto classe, e enquanto classe social espoliada. Implica leis de exceção que rompam a ortodoxia liberal, intervindo abertamente no mercado de trabalho. A hegemonia burguesa não pode basear-se apenas na coerção, necessitando estabelecer mecanismos de integração e controle.

A República Velha, sob hegemonia dos setores burgueses ligados à agro-exportação, não assumirá de forma abrangente o controle e a reprodução da força de trabalho urbana, na medida também em que esse problema não se constitui em elemento essencial de sua dominação, e na medida em que o movimento operário por si só não fora capaz até aquele momento — pelas limitações objetivas de seu peso no todo social e por suas características intrínsecas — de forçar a ampliação de seu reconhecimento. As medidas parciais que procura implantar — e que são violentamente combatidas pelo empresariado — visam mais à ampliação de sua base de apoio e à atenuação do conflito social, sem implicarem um projeto mais amplo de canalização das reivindicação operárias, de controle de sua organização e de potencialização da acumulação.

Aos movimentos desencadeados pelo proletariado a resposta principal e mais evidente do Estado na Primeira República, diante da sua incapacidade de propor e implementar políticas sociais eficazes, será a repressão policial. A violência do Estado se fará constantemente presente à trajetória das lutas do movimento operário como o mais eficiente instrumento de manutenção da paz social necessária à acumulação capitalista. A boa sociedade da época, cujo elemento nativo principal se compõe dos setores burgueses ligados à agro-exportação e de seus prolongamentos nos setores médios mais abastados, essencialmente desconhecerá a existência da questão operária. Seu posicionamento natural variará entre a hostilidade e o apoio explícito à repressão policial e ações caridosas e assistencialistas, especialmente após o sufocamento dos movimentos reivindicatórios e nas crises econômicas que lançam grandes massas em situação de extremo pauperismo. Nos momentos de agudização das contradições intra-oligárquicas, como durante as campanhas eleitorais, essas boas intenções não deixam de se fazer presentes no nível da retórica e de algumas medidas assistenciais que objetivam ampliar a margem de legitimidade das diferentes facções e granjear apoio político. Será em seguida aos movimentos que marcam a conjuntura dos anos de 1917 a 1920, como será visto mais adiante, que a ação assistencialista dessa elite terá um grande desenvolvimento, constituindo-se na principal base para o surgimento do Serviço Social.

Se, por um lado, para o Estado e setores dominantes ligados à agro-exportação as relações de produção são um problema da empresa — devendo a questão operária confinar-se a seu interior — por outro, o movimento operário também não conseguirá estabelecer laços politicamente válidos com outros segmentos da sociedade, especialmente os trabalhadores do campo, que nesse momento constituem a imensa maioria da população. Restará a ele a dúbia simpatia e comiseração para com sua sorte por parte de setores médios intelectualizados, simpatia que prontamente tende a tornar-se em hostilidade ao radicalizarem-se as lutas reivindicatórias. A posição dos chamados setores médios aparece mais claramente nas dissidências de coloração principalmente militar que ocorrem na primeira metade da década de 1920. São movimentos cujas bandeiras pouco ou nada têm a ver com os interesses do proletariado e que pouco se preocuparam em procurar junto a este uma adesão ativa ou aliança política clara. Pelo contrário, pedirão apenas à "massa indiferenciada" um apoio passivo, temendo que seus objetivos sejam confundidos ou desvirtuados.

Nesse contexto a classe operária — apesar de seu progressivo adensamento[9] — permanece sendo, mesmo nas cidades mais industrializadas, uma minoria fortemente marcada pela origem europeia, social e politicamente isolada, inclusive das outras classes dominadas. O movimento que desenvolve pela conquista de uma cidadania social, apesar de politizado, raramente ganhará explicitamente a *esfera política*, permanecendo centrado no terreno das relações de produção, no embate direto e solitário com o patronato e a repressão estatal. Sua luta, marcada pela resistência nos prolongados momentos de apatia e conformismo sob o esmagamento econômico, e pela intermitência das greves e das explosões de inconformismo, terá um saldo de vitórias bastante reduzido. Vitórias que são arrancadas palmo a palmo e fruto exclusivo de seu esforço. As ligeiras melhoras alcançadas em sua existência cotidiana — isto é, condições de vida e trabalho menos insuportáveis — não escondem, no entanto, o extraordinário crescimento de sua miséria relativa, tributo pago a um capitalismo que apenas poderia expandir sua acumulação com base na superexploração da força de trabalho.

Assim, no decorrer da Primeira República, o saldo acumulativo das conquistas do movimento operário é bastante estreito. Da mesma forma o balanço de medidas estatais e particulares visando à integração, ou

---

9. Os dados do recenseamento geral de 1920 apontam uma população operária de 293 073 pessoas, pouco inferior a 10% da população total. Na década de 1920, o crescimento do operariado se dá em ritmo inferior ao da população total, tendência que se inverte na década de 1930 e, com maior intensidade, a partir da seguinte.

simples repressão do movimento operário, tendem largamente para esta última.[10]

Quanto ao empresariado, será importante assinalar que sua preocupação com o *social*, seu *novo espírito social*, é um fenômeno recente que aparece apenas a partir da desagregação do Estado Novo e término da Segunda Guerra Mundial. Representa uma adaptação à nova fase de aprofundamento do capitalismo sob uma conjuntura política diferenciada e sua adesão às novas formas de dominação e controle do movimento operário, cuja especificidade será dada pelo populismo e desenvolvimentismo, onde a procura do consenso se sobrepõe à simples coerção. O patronato, a burguesia industrial que solidifica sua organização enquanto classe no período em foco, estará firmemente ancorada nos princípios do liberalismo do mercado de trabalho e privatismo da relação de compra e venda da força de trabalho, como pressuposto essencial de sua taxa de lucro e acumulação. Toda a sua ação política — principalmente nos momentos em que cresce a pressão pela regulamentação social da exploração da força de trabalho — estará voltada para a manutenção desse estatuto. Nesse sentido, se em relação a outros aspectos da vida social, como na formulação de um programa de política econômica para o país, a burguesia industrial poderá ter desenvolvido uma ideologia naquele momento progressista, em relação à questão social seu comportamento será essencialmente imobilista. Buscará por todos os meios e formas de pressão impedir, retardar ou boicotar a regulamentação externa do mercado de trabalho e tudo que interfira no controle direto e manipulação de seus empregados. Estará em luta permanente contra qualquer movimento interno ou externo às relações de produção que possa considerar uma ameaça a seu sagrado direito de arrancar o máximo de trabalho excedente. Manterá, assim, um confronto constante com os sindicatos — cuja legitimidade reconhecerá apenas no quadro colaboracionista do sindicalismo oficial, já dentro da ditadura varguista — ao mesmo tempo em que busca impedir que a arbitragem do conflito saia da esfera policial. Importa reter, dentre os diversos aspectos da prática social do empresariado

---

10. Ver, a esse respeito, Boris Fausto. *Trabalho...*, op. cit.

durante esse período, dois elementos que se relacionam diretamente com a implantação e desenvolvimento do Serviço Social. O primeiro refere-se à crítica do empresariado à inexistência de mecanismo de socialização do proletariado, isto é, de instituições que tenham por objetivo produzir trabalhadores integrados física e psiquicamente ao trabalho fabril. Nos debates que as instituições representativas dos industriais travam com o governo acerca da legislação social que é decretada entre 1925 e 1927 (Lei de Férias, Código de Menores etc.) essas reclamações aparecem com frequência.[11] As necessidades da indústria se chocariam com a pura ani-

---

11. "O empregado de escritório é um intelectual, que trabalha com o cérebro. O operário é um trabalhador braçal cujo cérebro não dispende energias (...) as pessoas submetidas a trabalho manual intensíssimo, mas cujo cérebro está habitualmente em repouso, conhecem o esgotamento só ao cabo de excessos que a máquina humana não pode suportar, porque ela é frágil e não pode ir além de um máximo de rendimento. É que a energia muscular vem do cérebro e integra este, isto é, esgotadas suas misteriosas energias, não se esgotarão os membros que ele aciona à distância (...) É ilógico que o cerebral seja equiparado, na lei, ao não cerebral — aquele que nada ou quase nada pede ao cérebro — a não ser os atos habituais e puramente animais da vida vegetativa (...) O empregado de escritório, durante a vigência das férias, não modifica fundamentalmente o seu viver de todos os dias, pelo menos do lado moral (...) Repousará em ambiente propício a seu descanso, pois seu lar é acolhedor e amável (...) Mas o mesmo não ocorreria com o proletariado, isto é, com o homem do povo, cujas faculdades morais e intelectuais não foram afinadas pela educação e pelo meio, e cuja vida física, puramente animal, supera em muito a vida psíquica (...) que fará um trabalhador braçal durante quinze dias do ano (...) tendo tomado férias compelido por uma Lei (...) Ele não tem o culto do lar (...) e procurará matar suas longas horas de inanição na rua (...) A rua provoca com frequência o desabrochar de vícios latentes e não vamos insistir nos perigos que ela representa para o trabalhador inativo, inculto e presa fácil dos instintos subalternos que sempre dormem na alma humana mas que o trabalho jamais desperta. Não nos alongaremos sobre a influência da rua na alma das crianças que mourejam na indústria e nos limitaremos a dizer que as férias operárias virão quebrar o equilíbrio moral de toda uma classe social da nação, mercê de uma floração de vícios, e talvez, de crimes que esta mesma classe não conhece no presente." (Centro das Indústrias de Fiação e Tecelagem de São Paulo. *Um Ensaio de socialismo de Estado no Brasil e as indústrias nacionais*. São Paulo, 1927. Citado por Marisa Saens Leme. *Ideologia dos industriais brasileiros, 1914-45*. Petrópolis: Vozes, 1978.)

"O código (Código de Menores) não garante (...) nem a segurança geral da sociedade, nem a segurança individual do operário. Nocivo aos mesmos, fere além disso à liberdade de trabalho, não em benefício da sociedade ou de qualquer de suas classes, mas para favorecer a calaçaria da adolescência e a multiplicação das prostitutas e dos criminosos. Isto não é declaração do capitalismo; é lição da experiência. Ora, se, na frase dos peritos, o trabalho que às operárias menores se reserva na fábrica da *RÉ* deve ser executado contemporaneamente com o das operárias adultas (...) é manifesto que o Código de Menores, impedindo essa conjugação de atividade, tira à produção da *RÉ* o rendimento eficiente, isto é, coloca a *RÉ* na situação ou de fechar a fábrica ou de encarecer a sua produção de maneira tal que não poderá vencer no mercado a concorrência estrangeira (...) Numa terra onde tudo está por fazer, onde a desorganização, ou a insuficiência de quase todos os serviços públicos é a regra geral, onde nem escolas há em número suficiente para desbravar o analfabetismo da população, onde é notável a escassez de institutos profissionais e a penúria

malidade da força de trabalho disponível, do *homem comum do povo* recrutado para o trabalho industrial. Na medida em que se trata de uma ou duas gerações recém-integradas ao trabalho fabril, para as quais as formas de existência a que a industrialização capitalista sujeita o proletariado ainda não foram interiorizadas como *naturais e imanentes*, torna-se necessária uma ação externa que complemente a coerção existente no nível das relações de produção e dos mecanismos extraeconômicos que se estabelecem no interior da empresa a partir desse âmbito. Essa animalidade do homem operário só encontra como barreira a disciplina do trabalho, e ao desligar-se deste fica perigosamente exposto aos vícios e aos baixos instintos, porque não foi *refinada* pela educação, pelo meio social. É preciso eliminar o desnível entre a disciplina da fábrica e a liberalidade existente no meio operário entregue à sua própria sorte; é preciso que a sociedade atue como uma extensão da fábrica. A imposição pela Lei de férias remuneradas e a limitação da jornada de trabalho dos operários menores, além do problema econômico que originam, ao desorganizar a produção e aumentar seu custo, representariam também um perigo para a sociedade e para a própria classe operária. O empresariado adverte ao governo, que, ao permitir o aumento do tempo livre do operário, estará atentando contra a base de sua própria dominação. Adverte que essas medidas de legislação social, para não representarem um desafio à dominação, exigem como complemento um disciplinamento do tempo conquistado pelo proletariado contra o capital. E não se trata apenas de equipamentos de lazer e educação formal. É preciso que o operário possa *cultuar seu lar* e, portanto, intervir e ensiná-lo a bem organizá-lo, com seus recursos etc. Isto é, elevar o proletariado a um padrão *ético-moral*,[12] a uma racionalidade de comportamento ajustada à interiorização da ordem capitalista industrial.

---

de centros populares de recreio (...) Aplicada (a lei) sem cautela, na expressão de sua letra fatalmente lançarão ao regaço da sociedade uma nova legião de candidatos à vagabundagem, ao vício e ao delito. O menor dos seus males será a multiplicação de rufiões e meretrizes." (Livro de Circulares da FIESP, 1930 Arquivo da FIESP. Citado por Luiz Werneck Vianna. *Liberalismo e sindicato no Brasil*. Rio de Janeiro: Paz e Terra, 1976.)

12. A esse respeito, ver Antonio Gramsci. "Americanismo e fordismo." In: *Obras escolhidas*. Lisboa: Editorial Estampa, 1974.

O segundo aspecto a ser retido refere-se ao conteúdo substancialmente diverso da política assistencialista desenvolvida pelo empresariado no âmbito da empresa. No embate cotidiano contra a resistência surda do proletariado aparecem duas faces do comportamento do empresariado. A negativa constante no reconhecimento das organizações sindicais, a não aceitação do operariado como capaz de participar das decisões que lhe dizem respeito, a intransigência para com as reivindicações e sua aceitação apenas em última instância, a burla costumeira dos acordos no refluxo dos movimentos, seu relacionamento privilegiado com a polícia etc., enfim, a prática normal de usar a repressão como forma mais eficaz de apoio aos mecanismos econômicos de esmagamento e dominação, aparecem como a face mais evidente de seu comportamento durante a Primeira República. No reverso se verifica a existência de uma política assistencialista que se acelera "febrilmente" a partir dos grandes movimentos sociais do primeiro pós-guerra. Se, como *personificação do capital*, interessa ao capitalista extrair o maior proveito possível do valor de uso da mercadoria força de trabalho para garantir a valorização do capital (não se importando com os efeitos na força de trabalho — enfraquecimento das características vitais do proletariado — que espera recaiam sobre a cabeça da próxima geração), essa perspectiva não se contradiz com a implantação de mecanismos assistenciais internos às empresas. Nesse sentido, apesar de as obras de benemerência ou donativos e legados importantes a obras de caridade serem uma atividade pouco comum entre os empresários, a maioria das empresas de maior porte propiciava a seus empregados — de forma mais ou menos ampla — uma série de serviços assistenciais. Pesquisa realizada pelo Departamento Estadual do Trabalho — SP,[13] entre 1911 e 1919, mostra que a maioria das empresas presta assistência médica, a qual no entanto é paga por seus usuários, geralmente a preço módico. Da mesma forma são muito comuns as caixas de auxílio e assistência mútua estimuladas pelo empresariado e Igreja, cuja contribuição é frequentemente compulsória, acrescentando-se a essa receita a "contribuição do empresário", consistindo no valor das multas

---

13. Citado por Warren Dean. *A Industrialização...*, op. cit.

aplicadas, por motivos diversos, aos operários. Os mecanismos assistenciais do empresariado aparecem de forma mais elaborada apenas nas grandes empresas. Nestas, são muito comuns as *vilas operárias*, ambulatórios, creches, escolas etc., aliadas a certas atitudes pouco comuns na época, como não descontar o tempo das operárias que amamentam seus filhos etc. O uso desses equipamentos, em geral gratuito ou a preço muito reduzido — à exceção do aluguel das casas — tem uma contrapartida constante no rebaixamento salarial ante a empresas do mesmo ramo que não os possuam, e a sujeição ao controle da sua vida cotidiana, política e reivindicatória. Os *benefícios* são condicionados ao bom comportamento diante das greves e a uma vida pessoal regrada. Os mecanismos assistenciais aplicados individualmente pelos empresários se constituem em atividade que, mesmo no plano estritamente contábil, tem um custo adicional reduzido ou mesmo nenhum. Nesse sentido, apesar de sempre aparecerem sob uma aura paternalista e benemerente, constituem-se numa atividade extremamente racionalizada, que busca aliar o controle social ao incremento da produtividade[14] e aumentar a taxa de exploração.

Esse tipo de assistencialismo apresenta uma diferença essencial com relação ao comportamento tradicional da elite da Primeira República. Se para esta as atitudes assistencialistas a benemerência pode representar a *salvação* "pela porta estreita da caridade", é antes de tudo um *custo* derivado de sua posição social. Um mecanismo de formar *obrigações*, de constituir súditos, atividade necessária à manutenção de seu sistema de dominação política e social. Sistema que implica um custo real — que deverá ser tanto maior quanto menor for o desenvolvimento da base econômica de sua dominação — que implica alguma forma de redistribuição do trabalho excedente expropriado. Para o empresariado se tratará de "construir e não de distribuir". Sua benemerência está subordinada

---

14. "Os signatários da presente não são infensos a leis sociais que tenham por escopo maior soma de bem-estar — físico, moral e intelectual — do seu operariado, pois não ignoram a regra industrial — de máximo de eficiência da mão de obra decorrendo do máximo de bem-estar do trabalhador — e não são animados de sentimentos desumanos ou de egoísmo tão feroz, que, na sua alma, não haja lugar para o mais largo sentimento de solidariedade humana." (Centro das Indústrias de Fiação e Tecelagem de São Paulo. *Um Ensaio de socialismo de Estado no Brasil e as indústrias nacionais*." São Paulo, 1927. Citado por Marisa Saens Leme. *Ideologia.... op. cit.*

a uma racionalidade empresarial em que não entra nenhum sentido de redistribuição. A semelhança entre essas duas formas estará principalmente na aparência benemerente, em procurar aliviar as tensões sociais e em melhorar as condições em que a acumulação se desenvolve.

2. A Reação Católica

Após os grandes movimentos sociais do primeiro pós-guerra, tendo por protagonista o proletariado, a "questão social" fica definitivamente colocada para a sociedade. Datam dessa época o que se poderia considerar como sendo as *protoformas* do Serviço Social no Brasil. No entanto, para o aparecimento do Serviço Social, enquanto conjunto de atividades legitimamente reconhecidas dentro da divisão social do trabalho, se deverá percorrer um itinerário de mais de duas décadas.

Esse processo, que durante a década de 1920 se desenvolve apenas moderadamente, se acelerará no início da década seguinte, com a mobilização, pela Igreja, do movimento católico leigo. Surgirá o Serviço Social como um departamento especializado da Ação Social, embasado em sua doutrina social.

O relato desse processo está contido, pois, dentro de um quadro mais amplo, que envolve a Igreja como Instituição Social de caráter religioso — portadora de uma doutrina universalizante e formulada por intermédio de um centro internacional; contudo, a análise de suas múltiplas atividades não pode ser feita apenas a partir de sua mensagem e ideologia própria. Tal análise está também intimamente relacionada à natureza do engajamento da Igreja na dinâmica dos antagonismos de classe da sociedade na qual está inserida. Nesse sentido, para compreender a estratégia desenvolvida pela hierarquia durante a chamada "reação católica", deve-se também incorporar à análise a evolução da Igreja em seu centro nervoso, cujo desenrolar e experiência servirão de modelo de ação. Este aspecto é tão mais real, quando se observa a estreita ligação da hierarquia com o Vaticano, e a orientação deste, durante o entre-guerra, no sentido de influenciar as diversas Igrejas católicas nacionais, para aproximar-se da linha política desenvolvida na Itália e França.

A análise clássica de Gramsci[15] aponta para o fato de que, após a Contrarreforma, os Estados nacionais europeus são forçados a conceder aos movimentos políticos e ideológicos burgueses uma parcela substancial do anterior monopólio ideológico mantido pela Igreja. A religião católica perde sua ampla hegemonia enquanto concepção de mundo das classes dominantes — que se reflete, entre outras, no decréscimo de sua importância na filosofia, no movimento intelectual em geral, no controle dos movimentos sociais — e na Sociedade Civil, vendo evadir-se ou sendo expulsa de uma série de setores até então sob seu domínio quase absoluto. De concepção global do mundo, reduz-se progressivamente à ideologia de setores subalternos, tornando-se uma casta de intelectuais tradicionais. Ante a desagregação da Sociedade Civil tradicional e ao declínio de sua influência — ante a "ultrapassagem da concepção religiosa do mundo" — a Igreja Católica deverá reagir, reagrupando suas forças, visando à reconquista de suas antigas prerrogativas e privilégios, tanto práticos como ideológicos. Essa reação terá por base, por meio de métodos organizativos e disciplinares, a constituição de poderosas organizações de massa — "verdadeiro partido da Igreja" — visando ao controle e enquadramento da população católica. A partir da aglutinação de suas forças, da concentração de suas fileiras, pretende a hierarquia resistir ao assalto da reforma protestante e laica e, pelo cerco ao Estado Liberal, restabelecer, por meio da estratégia do domínio indireto, sua antiga hegemonia.

2.1 Primeira Fase da Reação Católica

O processo de reformulação da atividade política religiosa comandado pela hierarquia inicia-se, cronologicamente, a partir da segunda metade da República Velha e terá por bandeira, justamente, recuperar os privilégios e prerrogativas perdidos com o fim do império.[16] Esse movi-

---

15. Antonio Gramsci. *Maquiavel, a Política e o Estado Moderno*, Rio de Janeiro: Civilização Brasileira, 1968.

16. A primeira Constituição republicana (1891), de fachada ardorosamente liberal, estabelecerá a laicização do Estado, separando-o da Igreja. Esta, desde 1872, quando do "episódio dos bispos", vinha recla-

mento condensa-se nos primeiros anos da década de 1920, simultaneamente a outras manifestações — como a fundação do Partido Comunista do Brasil, a realização da Semana de Arte Moderna, o início do ciclo das revoltas "tenentistas" — indicadoras da aceleração do processo de crise do polo dominante da economia — o complexo cafeeiro — e das transformações sociais decorrentes do aprofundamento do modo de produção capitalista em termos nacional e mundial.

Manifestação precursora dessa tomada de posição fora, no início do século, a intensa campanha de pregação desenvolvida pelo padre Júlio Maria. Tomando por base as diretrizes de Leão XIII, exige a utilização das liberdades constitucionais garantidas pela república para a *recatolização da nação*, que a Igreja *assuma a questão social*; ataca a acomodação do clero subserviente à aristocracia etc. Sua pregação, no entanto, não chega a sensibilizar a própria hierarquia. O universo industrial urbano e o discurso mais próprio à situação da luta de classe na Europa do fim do século, que dava base à sua pregação, era naquele momento no Brasil uma ilha extremamente reduzida no oceano rural em que o trabalho escravo muito recentemente fora abolido.

Maior repercussão obteve a pastoral de dom Sebastião Leme, ao assumir em 1916 a diocese de Olinda. Dessa vez a reação católica era pregada por um dos príncipes da Igreja, intensamente ligado à Santa Sé. "Que maioria católica é esta tão insensível quando leis, governo, literatura, escola, imprensa, indústria, comércio e todas as demais funções da vida nacional se revelam contrárias ou alheias aos princípios e práticas do catolicismo? É evidente, pois, que, apesar de sermos uma maioria absoluta no Brasil, não temos e não vivemos vida católica. Somos uma

---

mando sua independência, para liberar-se da tutela exercida pelo regime de padroado (redução do clero ao papel e situação de um funcionalismo civil). O projeto de Constituição sob influência positivista, dado a público em junho de 1890, estabelecia o casamento civil obrigatório, a laicização do ensino público, a proibição de subvenção a qualquer culto religioso, a secularização dos cemitérios, a proibição de se abrirem novas comunidades religiosas e a inelegibilidade para o Congresso de membros do clero. A hierarquia respondeu violentamente ao que considerou "cláusulas ofensivas à liberdade da Igreja Católica", sucedendo-se um processo acomodatício em que certas medidas foram reinterpretadas — como subvenções indiretas sob a rubrica de ajuda a obras de beneficência — e outras suavizadas, permanecendo no entanto o casamento civil, o ensino leigo, a secularização dos cemitérios e a inelegibilidade para o clero ligado por voto de obediência.

maioria que não cumpre seus deveres sociais (...) Somos uma maioria ineficiente (...) Somos uma maioria asfixiada (...) O Brasil que aparece (...) é o da minoria. (...) Que propaganda fazemos? Que programa desdobramos? Que resistência opomos? (...) Em vez de coro plangente, formemos uma legião que combata; quem sabe falar, que fale, quem sabe escrever, que escreva."[17]

Nesse documento são lançadas as bases do que seria o programa de reivindicações a serem atingidas através da mobilização da opinião católica. Restabelecendo as bases da noção de *Nação Católica*, exige que através da Igreja seja respeitada a vontade dessa maioria: a legitimação jurídica do acesso da Igreja ao ensino público, a obras e entidades de caráter de interesse público — e, através destes, aos cofres públicos — a superioridade da Igreja sobre o Estado. Expõe também os mecanismos a serem ativados para obrigar o regime republicano a ceder à Igreja parte de sua soberania: universidade católica, jornais católicos, eleitorado católico organizado, ação social católica etc.

A aplicação concreta desse plano só se iniciará no princípio da década de 1920, após a grande intensificação da luta de classes, que marca profundamente o primeiro pós-guerra. Esse mesmo chefe da Igreja, transferido pela Santa Sé para a capital da república, será seu principal articulador.

A partir desse momento também ganham velocidade dois outros processos que irão alterar substancialmente a estrutura e a imagem da Igreja. A limitação da autonomia das burocracias regionais da hierarquia, com sua centralização por meio de uma forte liderança crescentemente exercida através de aparatos que se vão criar, sediados na capital, e a "romanização" do catolicismo brasileiro, que atinge tanto o clero como o movimento leigo. Este último se define como de adaptação da Igreja aos padrões de atuação universais de base europeia.

Ressalta, como aspecto que mais de perto interessa, relativamente à implantação do Serviço Social no Brasil, que a mobilização do laicato,

---

17. Carta Pastoral de dom Sebastião Leme da Silveira Cintra, 1916 citada por Antonio Carlos Villaça. *O Pensamento católico no Brasil*. Rio de Janeiro: Zahar, 1975.

que se fará a partir desse momento, terá por modelo — de conteúdo e forma — as organizações que se formaram na Europa, especialmente na Itália e França.

Durante a República Velha, a posição da Igreja em relação ao Estado, apesar das questões pendentes, como o laicismo da educação, foi de absoluta colaboração — colaboração mútua, convém frisar — e apoio à autoridade constituída. Ao iniciar-se a década de 1920, com a agitação social que a caracteriza, mais ainda se reforça seu apelo à ordem e à hierarquia, seu apoio incondicional à autoridade.

Até esse momento, no entanto, a Igreja restringirá sua participação aos prelados. A hierarquia ainda não tentara, de forma metódica e ampla, vincular a condição de católico com a participação individual ou coletiva na vida pública. Os primeiros passos que a hierarquia irá dar nesse sentido se orientarão pela preocupação em aglutinar, preliminarmente, uma intelectualidade católica a ela subordinada.

A revista *A Ordem*, criada em 1921, e a partir desta o Centro Dom Vital, em 1922, que se transformará no principal aparato de mobilização do laicato, procuram recrutar uma "aristocracia intelectual" capaz de combater, no plano político e ideológico, as manifestações que naquele momento a Igreja considera como mais perigosas para seu domínio: o anticlericalismo, o positivismo e o laicismo das instituições republicanas. Deverá também servir de elemento de ligação entre a hierarquia e a opinião pública católica, no sentido de mobilizá-la enquanto movimento de opinião.

A aparente apatia do movimento operário[18] — em refluxo depois dos grandes movimentos de 1917 a 1921, e a intensa luta interna que desenvolvem suas lideranças, divididas entre as tendências marxista e anarquista — que se reflete na diminuição das greves e na emergência ao primeiro

---

18. Cabe considerar — como visto no item anterior — que, apesar da amplitude alcançada pelos movimentos operários do pós-guerra, estes não atingem os centros vitais de poder da fração burguesa dominante e, portanto, da sustentação de seu domínio, restringindo-se mais a um confronto com a fração burguesa industrial, que em seu início contou inclusive com a neutralidade ou simpatia tática de grande parcela da burguesia ligada ao complexo cafeeiro.

plano dos movimentos de contestação de base ideológica pequeno-burguesa e de origem militar, justificam talvez a pequena importância atribuída, naquele momento, à questão social e ao combate ao comunismo. Este último era considerado um problema europeu. A mobilização do laicato tinha um caráter altamente elitista e visava ampliar, principalmente, sua área de influência entre as frações de classes componentes do bloco dirigente e nas frações subordinadas que a ela se aliavam.

Ao Centro Dom Vital soma-se, ainda em 1922, a Confederação Católica — com a finalidade de coordenar e centralizar politicamente o apostolado leigo, que começa a desenvolver-se por intermédio de pequenas organizações — formando-se assim o aparato sobre o qual, nesse primeiro período, pensa a hierarquia reconquistar o terreno que considera ter perdido, e dar outra dimensão à sua influência social.

Figura central durante essa fase será Jackson de Figueiredo, fundador da revista *A Ordem* e presidente eterno do Centro Dom Vital. Através de um profícuo trabalho de agitação doutrinária e política, reunirá em torno de si e da hierarquia um numeroso — para a época — grupo de intelectuais,[19] que passam a interpretar a realidade brasileira, definindo posições. A tônica será essencialmente política. Sua inspiração é encontrada na ultradireita europeia, na Action Française de Charles Maurras, Danoso Cortés, Lamennais, Louis Veuillot; sua fundamentação ideológica em Joseph de Maistre, De Bonald, na doutrina da ordem sobrenatural. Seu nacionalismo assumirá o caráter de lusofobia e de condenação do capitalismo internacional, identificado aos judeus e maçons.

As soluções formuladas para a realidade brasileira são ortodoxamente antiliberais e antidemocráticas. As instituições republicanas são consideradas falidas política e socialmente; defendem a necessidade de um regime forte, atribuindo ao Estado autoridade absoluta, desde que sob a influência da Igreja. Ordem e hierarquia são as condições indispensáveis para a superação da situação de crise. Sua principal palavra de ordem será a de "combater toda forma de rebelião", coerente com o crescendo

---

19. Destacam-se entre esses Alceu de Amoroso Lima, Hamilton Nogueira, Augusto Frederico Schmidt, Perilo Gomes, Afranio Peixoto e outros.

de autoritarismo e arbítrio instalado pelos últimos governos da República Velha.

A rebelião tenentista de 1924 é considerada como "infâmia" e será justamente o movimento católico o mais feroz a exigir uma repressão implacável. As contínuas e prolongadas implantações do estado de sítio e outras medidas arbitrárias serão constantemente sustentadas e aplaudidas. Todas as manifestações culturais modernistas ou progressistas serão consideradas atentado à moral e aos costumes, exigindo-se censura e punições.

A questão social fica, assim, relegada a um obscuro segundo plano. "A questão social não atraiu a atenção das lideranças católicas, que dela não se ocuparam concretamente. Sobre questões sociais foram raros os artigos na revista A Ordem, nos anos 20 a 30; na Pastoral de 1922 foi muito pequena a referência que lhe foi feita."[20] As análises, pouco frequentes, sobre a situação do proletariado, assumem apenas o caráter de constatação das penosas condições de trabalho a que eram submetidas mulheres e crianças, e de crítica moralista à promiscuidade entre sexos nas oficinas e à desagregação da família.

A reação transmontana ao liberalismo, o "contrário da revolução" como o definiu o próprio Jackson de Figueiredo (repetindo a de Maistre), e o combate a qualquer tentativa de mudança será a tônica do posicionamento do movimento católico laico até 1930. Ao manter-se afastado e antagonizado aos movimentos sociais e classes subalternas, numa rígida posição de apoio ao governo sob hegemonia da burguesia cafeeira, sua repercussão foi bastante limitada, gerando dividendos apenas no nível do bloco dominante, que naquele momento periclitava, e na melhor organização e coesão de seus quadros laicos. Do ponto de vista de sua burocracia e estrutura interna, no entanto, aparecia uma Igreja relativamente renovada e fortalecida. Se, quando de sua separação do Estado e do regime de padroado, constituía-se numa única província eclesiástica — uma arquidiocese e 11 dioceses — em 1930 constava de 16 arquidioce-

---

20. Berenice Cavalcante Brandão. O Movimento Católico Leigo no Brasil (As Relações entre Igreja e Estado — 1930/1937). Tese de Mestrado junto ao Departamento de Ciências Humanas da Universidade Federal Fluminense, 1975.

ses, 50 dioceses e 20 prelazias. Há, paralelamente, um aumento considerável no clero, que naquele momento já conta com pelo menos um terço de estrangeiros.[21]

Ao findar-se a República Velha, era cada vez maior a identidade entre Igreja e Estado, ampliando aquela sua área de influência com o respaldo a um governo dia a dia mais instável e repressivo, sem no entanto ter logrado a perseguida legitimação jurídica de suas áreas de influência na sociedade civil. A Igreja, por sua solidariedade e alinhamento estreito à política da burguesia cafeeira, também se negará a reconhecer a questão social.

Com o movimento de 30 inicia-se um novo período de mobilização do movimento católico laico. A crise de poder originada da indefinição de um novo bloco hegemônico, a bipolarização dos setores mais dinâmicos da pequena-burguesia e a reemergência do proletariado através da retomada, com maior intensidade, dos movimentos reivindicatórios e de uma nova estratégia política, criam as condições para que a Igreja seja chamada a intervir na dinâmica social de forma muito mais ampla. A hierarquia, explorando a fundo a nova situação conjuntural, quando no período 1931-1935 a mobilização do laicado atingirá seu ponto mais alto, alcançará consolidar e recuperar seus privilégios, definir e legitimar suas posições na sociedade civil dentro de uma composição com o novo bloco dominante que emerge.

Sob a liderança de Alceu Amoroso Lima, que sucede a Jackson de Figueiredo na direção do Centro Dom Vital, como figura exponencial da intelectualidade e do movimento laico católico, o passadismo e o reacionarismo cederão lugar a uma fase mais identificada com o espírito das Encíclicas Sociais. O sentido do "Aggiornamento" com o mundo burguês se traduzirá, na expressão de Amoroso Lima, em "deixar de confundir liberalismo com capitalismo".[22]

---

21. Ver Ralph Della Cava. "Igreja e Estado no Brasil do Século XX." *Estudos Cebrap*, n. 12, São Paulo: Editora Brasileira de Ciências, 1975.

22. Ver, a esse respeito, Otto Maria Carpeaux. *Alceu Amoroso Lima, por Otto Maria Carpeaux*. Rio de Janeiro: Graal, 1978. João Alfredo Montenegro, *Evolução do catolicismo no Brasil*. Petrópolis: Vozes, 1972. D. Odilão Moura O. S. B. *Ideias católicas no Brasil*. São Paulo: Convívio, 1978. Antonio Carlos Villaça. *O Pen-*

2.2 O Movimento Político-Militar de 1930 e a Implantação do Corporativismo

O desenvolvimento capitalista, tendo por núcleo central da acumulação a economia cafeeira, traz contraditoriamente, em seu interior, o aprofundamento da industrialização, a urbanização acelerada, com a diferenciação social e diversificação ocupacional resultantes da emergência do proletariado e da consolidação dos estratos urbanos médios.

A dependência do núcleo central da economia ao mercado mundial, as políticas destinadas a assegurar sua reprodução ampliada, viabilizam o aprofundamento da industrialização e ao mesmo tempo lhe impõem limites.[23] A continuação da política de valorização do café inaugurada em 1906 — marcando o predomínio do capital externo no financiamento e comercialização desse produto — torna-se indispensável para assegurar a acumulação. As políticas cambial e fiscal, orientadas para manter o equilíbrio financeiro indispensável, tornam-se — em função do fraco desenvolvimento capitalista ao nível da produção — em determinante da rentabilidade dos investimentos internos.[24]

Se a primeira operação valorizadora marca de certa forma um apogeu, assegurando por período relativamente amplo uma alta rentabilidade para os capitais investidos no café — especialmente para o capital comercial — as operações subsequentes terão efeitos menos duradouros e consequências sociais mais graves. A terceira operação valorizadora, realizada já sob o influxo da crise internacional de 1921, terá por consequên-

---

samento católico no Brasil. Rio de Janeiro: Zahar, 1975. Paulo José Krischke. A Igreja e as crises políticas no Brasil. Petrópolis: Vozes, 1979. Thomas Bruneau. O Catolicismo brasileiro em época de transição. São Paulo: Loyola, 1974.

23. "Cabe lembrar que, desde o início da primeira década do século já existe na região cafeeira uma indústria constituída, cuja contribuição para o equilíbrio e funcionamento da economia como um todo é de importância crescente. No período 1907-1919, o produto físico da indústria de transformação quadruplicou, apresentando uma taxa de crescimento semelhante à da agricultura nesse mesmo período." Annibal Villela e Wilson Suzigan. Política do Governo e crescimento da economia brasileira, 1889-1945. Rio de Janeiro, IPEA, Série Monográfica, Monografia n. 10, 1973; citado por Francisco de Oliveira. "A Emergência do modo de produção de mercadorias: Uma Interpretação teórica da economia da República Velha no Brasil." In: História Geral da Civilização Brasileira. t. III — O Brasil Republicano. t. I. Estrutura de Poder e Economia (1889-1930).

24. Francisco de Oliveira. "A Emergência...", op. cit.

cia um maior acúmulo de estoques invendáveis e uma ainda maior perspectiva de superprodução. As emissões maciças que se realizam no período agravam o surto inflacionário e o aumento do custo de vida. Assiste-se ao acirramento das contradições intraoligárquicas e a crescente insatisfação dos setores médios urbanos.[25]

A política de defesa permanente do café permitirá, ainda no primeiro quinquênio dessa década, um período de aparente prosperidade e retomada dos negócios, sinal da continuidade do desenvolvimento capitalista. A burguesia ligada ao complexo cafeeiro, que mantém a hegemonia da direção do aparelho de Estado, se vê, no entanto, constantemente acossada, tanto pelas outras parcelas das classes dominantes, como pela tensão das classes dominadas. As primeiras procuram redefinir em proveito de sua própria expansão as diretrizes e benesses da política econômica, acirrando-se os antagonismos quando a crise do café reduz a margem de redistribuição dos benefícios e aumenta aquela de socialização das perdas, atuando diretamente sobre o grau de acumulação das economias regionais dominadas por essas oligarquias. As classes médias urbanas reclamam o alargamento da base social do regime a partir do qual pudessem assegurar uma área de influência para a defesa de seus interesses econômicos. A luta do proletariado pela sua cidadania social abrirá mais uma área de contradição entre o setor industrial e a fração hegemônica, na medida em que esta timidamente ensaia algumas medidas de legislação social, procurando aliviar um foco de pressão e ampliar sua área de apoio às custas da outra fração dominante, sem possuir condições de oferecer a esta a contrapartida de um conjunto de medidas que transformassem a legislação social em trampolim para acelerar sua acumulação.

O fim da década de 1920 é, portanto, marcado pela decadência da economia cafeeira — cuja crise, afora certos intervalos, se prolongará ainda por mais de uma década — e pelo amadurecimento das contradições econômicas e complexidade social geradas pelo desenvolvimento capitalista realizado sob a égide da expansão do café.

---

25. Ver, a esse respeito, Boris Fausto. *A Revolução de 30*. São Paulo: Brasiliense, 1970.

O valor gerado pela agro-exportação passa a destinar-se crescentemente a cobrir os custos de intermediação financeira e comercial sob predomínio do capital externo, operando-se uma redistribuição da mais-valia entre lucros internos e juros externos completamente desfavorável ao primeiro.[26] A manutenção exclusiva do domínio da política econômica e financeira é cada vez mais uma questão essencial para a burguesia cafeeira manter sua posição hegemônica e resguardar sua taxa de lucro e acumulação. Nessas condições, torna-se inviável uma ampliação da participação política que atendesse aos reclamos dos demais segmentos descontentes sem pôr em questão a sobrevivência de todo o sistema.

A crise mundial de 1929 atuará como um catalisador dessas contradições, acelerando o surgimento das condições objetivas e subjetivas que possibilitaram o fim da supremacia da burguesia ligada ao complexo cafeeiro. Ao manterem uma rígida política de equilíbrio financeiro, e para tanto sendo obrigados a abandonar a política de defesa de preços e de subsídios aos produtores (compra de estoques e cancelamento de dívidas etc.), produz-se um desencontro entre a classe e seus representantes políticos.[27] A situação de crise possibilita a aglutinação de oligarquias regionais não vinculadas à economia cafeeira, de setores do aparelho de Estado — especialmente de seu prolongamento militar — e de fração majoritária das classes médias urbanas. Forma-se, assim, uma coalizão extremamente heterogênea sob a bandeira da diversificação do aparato produtivo e da reforma política, que desencadeia o movimento político-militar que põe fim à República Velha.

Não se tratará, no entanto, nem da substituição imediata do acesso ao poder de uma classe por outra, nem da constituição de um novo bloco hegemônico qualitativamente diverso do anterior. Nenhuma classe ou fração de classe tem naquele momento condições de legitimar-se no domínio exclusivo do aparelho de Estado ou de traçar um projeto com o qual pudesse integrar ou articular em torno de seus interesses os demais setores sociais através de uma obrigação política consensual. Abre-se

---

26. Ver Francisco de Oliveira. "A Emergência...", *op. cit.*
27. Boris Fausto. *A Revolução...*, *op. cit.*

uma crise de hegemonia, estabelecendo-se o chamado "Estado de Compromisso",[28] que numa situação de depressão econômica deverá tomar iniciativas tendentes a garantir a reprodução do capital e as taxas de acumulação das diversas frações burguesas, integrar os setores de classe média urbana, ampliando as bases de sua participação política e econômica, e estabelecer mecanismos de controle e desorganização do movimento popular em crescimento.

A política econômica é orientada para — além de preservar a economia cafeeira, que ainda é o eixo principal da acumulação — favorecer o sistema produtivo voltado para o mercado interno e para diversificar a pauta de exportações. No entanto, esse "Estado de Compromisso", que pressupõe uma relativa autonomização do aparelho de Estado, o qual canaliza para seu interior as contradições econômicas e sociais do desenvolvimento capitalista, assumindo posição arbitral, não pode ser desligado dos interesses mais globais que resultam no fortalecimento de um novo polo hegemônico e de uma redefinição da inserção na economia mundial. Estará, portanto, vinculado — e de forma contraditória — a aplainar o caminho às formas de produção e acumulação que têm por centro a realização interna, especialmente o setor industrial.

Nesse sentido é importante frisar que, se a divisão internacional do trabalho impunha limites à industrialização, pelo fato de tornar inviável a consolidação de um setor de bens de produção, nem por isso se constituía em entrave à sua acumulação. A importação de equipamentos modernos para a agro-indústria e principalmente para a indústria de transformação permitirá uma rápida expansão e acumulação acelerada para diversos ramos e setores.[29]

A necessária redefinição da política econômica, através de uma série de medidas destinadas a garantir a acumulação, coincide com uma conjuntura de acirramento das contradições entre as oligarquias regionais, a

---

28. Ver, a respeito desse conceito, Francisco C. Weffort. *Classes populares e política*. São Paulo, Faculdade de Filosofia, Ciências e Letras da USP, 1968; e *O Populismo na política brasileira*. Rio de Janeiro: Paz e Terra, 1978.

29. Ver, a esse respeito, Sérgio Silva. *Expansão cafeeira e origens da indústria no Brasil*. São Paulo: Alfa-Ômega, 1976.

mobilização dos setores urbanos médios e o ascenso da organização política e sindical do proletariado. Assim, apesar de todas as correntes que participam do movimento político-militar reclamarem a bandeira da reforma política e do retorno ao estatuto liberal, aparecerá progressivamente a incompatibilidade dessa reordenação econômica com a existência de um sistema aberto a essas tensões.

O Estado assume paulatinamente uma organização corporativa, canalizando para sua órbita os interesses divergentes que emergem das contradições entre as diferentes frações dominantes e as reivindicações dos setores populares, para, em nome da harmonia social e desenvolvimento, da colaboração entre as classes, repolitizá-las e disciplina-las, no sentido de se transformar num poderoso instrumento de expansão e acumulação capitalista.[30] A política social formulada pelo novo regime — que tomará forma através de legislação sindical e trabalhista — será sem dúvida um elemento central do processo.

As características principais da ditadura implantada a partir do Estado Novo, no sentido da articulação do Estado com as classes sociais, já estarão presentes desde 1935, quando o proletariado — única classe que ainda não se havia submetido e aderido de fato ao novo sistema de ordem — é duramente reprimido, desmantelando-se sua organização política e sindical autônomas.[31] A partir desse momento o corporativismo, enquanto sistema de dominação política, não sofrerá mais nenhuma resistência significativa, aplainando-se o caminho para a efetiva vigência da nova política social.

O elemento novo em que se constituirá a política social desenvolvida a partir do Estado pós-30 não estará apenas em sua intensidade e generalização, mas também em sua vinculação a uma estrutura corporativista. Ainda nos primeiros anos do Governo Provisório, a legislação social anterior é revista e ampliada — jornada de 8 horas, menores, mulheres, férias,

---

30. Ver, a esse respeito, Luis Werneck Vianna. *Liberalismo...*, op. cit.

31. Agitando o espantalho da mobilização popular e com medidas repressivas, Vargas amedrontará e fará calarem-se os últimos representantes políticos das frações burguesas que ainda se opunham ao novo sistema, assim como obterá a definitiva adesão da Igreja. Ver, a esse respeito, Edgard Carone. *A República Nova (1930-1937)*. São Paulo: Difel, 1976.

juntas de conciliação e julgamento, contrato coletivo de trabalho etc. — projetando-se sua aplicação generalizada nos meios urbanos. Paralelamente e, inclusive, antecedendo o cumprimento efetivo das medidas de "proteção ao trabalho", é baixada uma legislação sindical tendente a vincular estreitamente ao controle estatal a organização da classe operária.[32]

O reconhecimento, ou melhor, a ampliação e generalização do reconhecimento da cidadania do proletariado se dá dentro de uma redefinição das relações do Estado com as diferentes classes sociais e se faz acompanhar de mecanismos destinados a integrar os interesses do proletariado através de canais dependentes e controlados.[33]

A presteza com que as medidas de legislação social e sindical são projetadas e sua amplitude não podem ser vistas desligadamente da crise de poder que caracteriza aquela conjuntura e do longo processo de organização e luta do movimento operário, e de sua presença naquele momento. Por outro lado, se as medidas de regulamentação da exploração da força de trabalho atendem — ao menos ao nível da retórica — a uma demanda efetiva do proletariado, o enquadramento sindical será combatido.

Com exceção parcial dos anos 1934 e 1935 — função da conjuntura política existente — a repressão à mobilização do proletariado e à sua organização autônoma será uma constante, aparecendo com maior intensidade do que na ordem anterior. Terá, no entanto, a acompanhá-la e complementá-la um projeto de integração baseado em ampla campanha ideológica. Repressão à organização autônoma e vinculação dos "direitos do trabalho" — verdadeiros ou fictícios[34] — à aceitação do sindicalismo

---

32. Maria Silvia Hadler. "A Política de controle da classe operária no governo Vargas". *Cara a Cara* n. 2, 1979, São Paulo.

33. A organização corporativa e estatizante do movimento operário sofrerá a oposição das oligarquias de base agrária e da Igreja em nome da propositura liberal. Para as primeiras se tratará mais de buscar impedir o previsível fortalecimento ainda maior do governo central através do controle do movimento operário. Para a Igreja a estatização do movimento sindical colide com seu projeto de influência e controle da sociedade civil, elemento essencial de sua estratégia de cerco ao Estado laico.

34. Durante o período de transição — 1930-1937 — a legislação social alcança uma aplicação bastante relativa. Se, por um lado, o empresariado progressivamente abandonará sua posição de princípio contrária à regulamentação jurídica do mercado de trabalho pelo Estado, aceitando-a como uma contingência

controlado, serão as duas faces do mesmo projeto de integração e desorganização do movimento operário, que não podem ser separadas.

No discurso dos representantes políticos da nova ordem aparecerá explicitamente esse projeto político. Proteção ao trabalhador para a obtenção da harmonia social. Justiça social e incentivo ao trabalho; ordem social e aumento da produção. Isto é, controle e subordinação do movimento operário e expansão da acumulação pela intensificação da exploração da força de trabalho.

A ofensiva ideológica contra a organização autônoma do proletariado será uma constante durante todo o período. Buscará isolar a classe de sua vanguarda organizada e afirmar o mito do Estado *benetactor*, da outorga da legislação protetora do trabalho, o mito do Estado acima das classes e representativo dos interesses gerais da sociedade e da harmonia social.

O Ministério do Trabalho, organizado a partir de um dos primeiros decretos do Governo Provisório, será apresentado como o "Ministério da Revolução", da modernização e justiça social. Logo após, entre outras medidas, será decretada a "Lei dos Dois Terços", que estatui a obrigatoriedade de cada empresa contar ao menos com aquela proporção de empregados brasileiros. Tal medida tende a recuperar, por um lado, a velha campanha contra a liderança anarquista do movimento operário — identificando sua mobilização com tumulto provocado por estrangeiros. A ação desenvolvida por estes nada teria a ver com a índole do brasileiro. E, por outro lado, procura acelerar a renovação da força de trabalho a partir do aproveitamento da inversão do fluxo migratório. Desde a década de 1920 o desenvolvimento capitalista da agricultura faz com que este setor passe a "liberar" crescentes fluxos de trabalhadores "livres",

---

necessária, se negará a arcar com qualquer ônus de sua implantação. Apenas no fim desse período se verificará uma adesão de fato desse setor, na medida em que se fará o reconhecimento explícito de que a perda de poder político decorrente da publicização das relações de trabalho será mais que compensada em termos econômicos.

Quanto à aplicação efetiva da legislação trabalhista, Werneck Vianna (*Liberalismo...*, *op. cit.*) chama a atenção para o fato de que, na plataforma da Aliança Nacional Libertadora (1935), consta a reivindicação da maioria das medidas já projetadas no primeiro ano do Governo Provisório.

que se dirigem para os maiores centros urbanos, engrossando enormemente o exército industrial de reserva.

Esta medida, além de seus efeitos evidentes no sentido do aviltamento do preço da força de trabalho, torna aparente uma das principais características do projeto de subordinação do movimento operário. A ação do Estado se orientará para a integração dos elementos mais recentes do operariado, chegados há pouco do campo e mais suscetíveis à retórica paternalista e assistencial.

A noção ideológica do "Estado acima das classes" é acompanhada da intensa reiteração da noção ideológica do trabalho e da harmonia social. Como visto, esta noção está fortemente presente na própria origem e constituição do mercado de trabalho. O trabalho será apresentado como virtude universal do homem, como atividade que cria riquezas, que propicia o desenvolvimento da sociedade. O capital é legitimado enquanto fruto do trabalho passado do capitalista, e cada trabalhador é um patrão em potencial. As pessoas que trabalham estarão naturalmente unidas entre si, solidariamente, porque trabalham. Reiteram-se os pontos comuns e obscurece-se a clivagem de classes. Para o capitalista o trabalho é meio e fim; para o operário, preso a essa noção ideológica, o trabalho é meio de libertar-se e não apenas meio de exploração.[35]

Ainda quanto à legislação social, é notável que sua implantação se dê de forma ampla. Se, por um lado, a fase de transição (1930-1937) é presidida por um Estado fortemente ligado às oligarquias de base agrária, o que garantirá a intocabilidade da estrutura fundiária — das relações sociais de produção vigentes, que só serão alteradas pela capitalização progressiva da grande lavoura — por outro, a intervenção estatal na regulamentação do mercado de trabalho urbano terá caráter generalizante. No modelo clássico (Inglaterra), a legislação se origina nos ramos industriais que mais cedo assumem o caráter fabril, para posteriormente generalizar-se. No Brasil, ela inicia-se nos setores vitais para a agro-exportação

---

35. Ver, a esse respeito, José de Souza Martins. "O Café e a gênese da industrialização em São Paulo". *Contexto*, n. 3, jul. 1977; e "As Relações de classe e a produção ideológica da noção de trabalho". *Contexto*, n. 5, mar. 1978.

(não fabris), para, quando se tornar ampla, abranger a maior parte das atividades assalariadas urbanas.

Dessa forma, o projeto de controle e integração do movimento operário estará englobado dentro de uma visão mais ampla, que procura atingir também a pequena-burguesia assalariada. Procurará, portanto, coibir a mobilização das classes exploradas urbanas como um todo, integrando suas reivindicações à estrutura corporativa do Estado.

2.3 Relações Igreja-Estado

A partir da queda da República Velha, inicia-se o que os historiadores do período consideram como o segundo ciclo de mobilização do movimento católico laico. A conjuntura política e social presente naquele momento — a crise de hegemonia entre as frações burguesas e a movimentação das classes subalternas — abrirá à Igreja um enorme campo de intervenção na vida social.[36] Ela será chamada a desempenhar um importante papel nos momentos mais críticos para a estabilidade do novo regime e com ele disputará arduamente a delimitação das áreas e competências de controle social e ideológico. Passada a primeira fase de reconhecimento da nova situação, a Igreja abandonará a posição contemplativa e se lançará a uma mobilização sem precedentes em sua história social. Seu objetivo será a conquista de sólidas posições na sociedade civil, através das quais procurará implementar projeto de restauração de sua ação normativa sobre a sociedade.

---

36. É importante recuperar no entendimento do movimento de 30 que, se a crise econômica e os conflitos intraoligárquicos estão no centro daqueles acontecimentos, não se deve subestimar o papel das classes dominadas. Tanto as grandes mobilizações do proletariado quanto a movimentação de setores médios urbanos exercem uma pressão democratizante de grande importância para o amadurecimento das condições que levam à dissolução do antigo regime. Observa-se, por outro lado, que, se a organização e a mobilização das classes sociais que podem pôr em questão a dominação burguesa, são ainda incipientes, a crise de hegemonia no bloco dominante faz com que suas diferentes frações se tornem extremamente sensíveis aos movimentos sociais. Essas frações, a partir de diferentes esferas e projetos, se veem obrigadas a lançar mão de todas as suas armas para a contenção do movimento popular.

A posição imediata da Igreja em relação ao novo grupo no poder será de expectativa em relação ao seu verdadeiro significado. A componente "tenentista" da coalizão vitoriosa, que durante a década anterior fora violentamente combatida, dará margem ao temor de uma ação radical e da colocação em questão de seus privilégios. A íntima ligação com setores depostos do poder, a fidelidade ao antigo regime e a própria extração de classe da hierarquia farão com que esta, no plano político, tenda a solidarizar-se com as dissidências que cedo se fazem sentir pondo em perigo a estabilidade do regime. O Governo Provisório, por sua vez, desde o início tomará a atitude de procurar atrair a solidariedade e o apoio da "valiosa força disciplinadora da Igreja" e de resguardar seus campos privilegiados de intervenção, delimitando áreas de influência. As primeiras medidas que envolvem seu relacionamento com a Igreja dirão respeito, respectivamente, a tornar facultativo o ensino religioso nas escolas públicas — há longo tempo reivindicado pela hierarquia — e a proibir a propaganda religiosa nos novos sindicatos. Esse período corresponderá, assim, a uma situação de ambiguidade, em que Igreja e Estado, unidos pela preocupação comum de resguardar e consolidar a ordem e a disciplina social, se mobilizarão para, a partir de distintos projetos corporativos, estabelecer mecanismos de influência e controle a partir das posições da Sociedade Civil que o regime anterior não fora capaz de preencher.[37] A Igreja se lançará à mobilização da opinião pública católica e à reorganização em escala ampliada do movimento católico leigo. Será também nesse período que a intelectualidade católica formulará um projeto de cristianização da ordem burguesa, para "reorganizá-la sob o imperativo ético do comunitarismo cristão", exorcizando seu conteúdo liberal.

O passo inicial da estratégia desenvolvida pela Igreja se dirigirá para a reconquista de seus privilégios e a legitimação jurídica de suas áreas de influência dentro do Estado.

A hierarquia organiza, em 1931, duas grandes demonstrações de força na capital da República, através das quais irá mostrar ao novo regi-

---

37. A hierarquia aceitará todas as medidas tendentes a restabelecer seus privilégios, mas evitará comprometer-se com o regime, constantemente ameaçado em sua sobrevivência. O projeto de corporativismo estatal que começa a desenhar-se será outra fonte de contradição.

me sua indispensabilidade e estipular o preço de seu apoio. A primeira se dará em maio, a pretexto da entronização de N. S. Aparecida — proclamada pelo papa como padroeira do Brasil. Diante de uma imensa multidão, a hierarquia, na pessoa de dom Leme, reafirmará a noção de *Nação Católica* e o seu direito ao exercício da influência como *intérprete e guia* da imensa maioria católica da população brasileira. Em outubro, na inauguração do Cristo Redentor, com a presença de quase toda a hierarquia e dos principais representantes do Estado, dom Leme explicita ameaçadoramente a posição da Igreja: "(...) ou o Estado (...) reconhece o Deus do povo ou o povo não reconhecerá o Estado".[38]

Realizando-se num momento crítico em que o regime se vê ameaçado por diversas dissidências e pela pressão do componente mais radical da antiga coalizão que lhe deu origem, as demonstrações de força promovidas pela Igreja se constituem em fator de fortalecimento do polo mais conservador. O governo multiplicará suas demonstrações de receptividade e boas intenções para com a Igreja, acenando-lhe com a volta dos antigos privilégios e o acréscimo de outros tantos.

Segundo Della Cava,[39] depois dessas manifestações o reconhecimento da Igreja "seria apenas uma questão de tempo". No entanto, coloca-se aí o problema crucial do choque entre dois projetos de hegemonia, tendo por base uma estruturação organicista da sociedade. Sob que forma e quanto de sua soberania o Estado estará disposto a ceder para contar com os serviços e o apoio da Igreja?[40]

Nesse sentido, a Igreja optará — contraditoriamente, tendo em vista sua rígida posição organicista — pelo apoio às forças políticas que pleiteiam a volta ao regime liberal. Este regime permitiria uma ampla margem de manobra para a reafirmação e expansão de sua influência social através de sua organização em "partido político" por intermédio do movi-

---

38. Discurso de dom Sebastião Leme na inauguração do Cristo Redentor, citado por Ralph Della Cava. *Igreja...*, *op. cit.*

39. Ralph Della Cava, *Igreja...*, *op. cit.*

40. Ver, a esse respeito, L. Werneck Vianna. *Liberalismo...*, *op. cit.*, e Thomas Bruneau. *O Catolicismo...*, *op. cit.*

mento católico laico. O levante "constitucionalista" de São Paulo, em 1932, contará com a colaboração da Igreja e movimento laico local, e o apoio velado da alta hierarquia. Esta, apesar de se recusar a assumir uma posição explícita, não esconderá suas simpatias. A convocação de eleições para a Assembleia Constituinte em 1933 — que surge como fruto das pressões das diferentes frações políticas e da frustrada "revolução constitucionalista" — permitirá à hierarquia uma ação política abrangente no sentido de se fazer valer enquanto intérprete da *maioria católica*.

A partir de 1932 ocorre uma grande diversificação e ampliação do aparato do movimento católico laico. Tendo por base as instituições criadas e desenvolvidas metodicamente na década anterior, especialmente o Centro Dom Vital e a Confederação Católica, surgirão a Ação Universitária Católica, o Instituto de Estudos Superiores, a Associação de Bibliotecas Católicas, os Círculos Operários e, posteriormente, a Confederação Nacional de Operários Católicos, e a Liga Eleitoral Católica, além de uma série de instituições centralizadoras do apostolado social, que se firmarão através da Ação Católica Brasileira, criada em 1935. Será também a fase de maior atividade e influência do Centro Dom Vital. A intelectualidade católica procurará a adaptação à realidade nacional do espírito das Encíclicas Sociais *Rerum Novarum* e *Quadragesimo Anno*, munindo a hierarquia e o movimento laico de um arsenal de posições, programas e respostas aos problemas sociais, ao formular uma via cristã corporativa para a harmonia e progresso da sociedade: Deus é a fonte de toda justiça, e apenas uma sociedade baseada nos princípios da cristandade pode realizar a justiça social.

A sociedade é vista pela Igreja como um todo unificado através das conexões orgânicas existentes entre seus elementos, que se sedimentam através das tradições, dogmas e princípios morais de que ela é depositária. Família, corporação, nação etc., os *grupos sociais naturais*, são organismos autônomos e não apenas mera soma dos indivíduos que os constituem, pois possuem uma unidade independente. Indivíduos e fenômenos sociais coexistem, em coesão orgânica com a sociedade em sua totalidade.

Entre o Estado e o indivíduo há, portanto, uma série de grupos naturais que limitam a ação dominadora do primeiro, pois o poder político deve ser compatível com a legítima existência dos grupos sociais. O governo tem uma esfera de ação organicamente delimitada, pois, ao lado de sua soberania, os costumes, leis, tradições e a normatividade transcendente da Igreja lhe servem de freio e orientam sua ação.

Nesse sentido, a intervenção do Estado na "questão social" é legitimada, pois em função mesmo de suas características deve servir ao bem comum. O trabalho deve ser amparado por uma legislação que imponha limites à sua exploração e, especialmente, preserve os bens da alma. Mas sobre a livre determinação do preço do trabalho deve prevalecer uma lei de justiça natural. A questão social não é monopólio do Estado. Se a este cabe, em nome do bem comum, regular a propriedade privada e tutelar os direitos de cada um, em especial daqueles que necessitam de amparo, não poderá ignorar os direitos naturais dos grupos sociais. Não poderá negar a existência e independência da sociedade civil. O Estado laico deverá limitar-se à sua ação reguladora e manter-se afastado das corporações e grupos sociais básicos.

À Igreja Católica, através do apostolado de seu movimento laico, caberá a tarefa de reunificação e recristinização da sociedade burguesa por intermédio da ação sobre as corporações e demais grupos básicos, concluindo pelo alinhamento doutrinário do Estado laico ao direito natural orientado por suas normas transcendentes.

Deverá, portanto, abandonar sua passividade por uma atividade de cruzado para recuperar o proletariado, livrando-o das lideranças perturbadoras. Ordenar as relações de produção a partir da restauração dos costumes cristãos, "que comprimem o desejo excessivo de riqueza e a sede de prazeres, esses dois flagelos que muitas vezes lançam a anarquia e o desgosto no seio mesmo da opulência".[41] A questão não estará, pois, apenas na formulação de uma política compreensiva para as classes exploradas. Será necessário harmonizar as classes em conflito e estabelecer entre elas relações de verdadeira amizade. Acima da regulamentação jurídica do Estado laico deverá prevalecer o comunitarismo cristão.

---

41. *Rerum Novarum.*

Paralelamente à formulação dessa estratégia, pela qual deixa de se antagonizar ao capitalismo para concebê-lo através de uma terceira via — em que o liberalismo é substituído pelo comunitarismo ético cristão passa a localizar na vanguarda socialista do movimento operário seu principal inimigo. Radicaliza-se a postura anticomunista da hierarquia e do movimento laico. O eixo principal de sua atividade de propaganda e proselitismo será, crescentemente, uma intensa campanha ideológica em que se procura vincular o comunismo às ideias de miséria e barbárie. Ver-se-á no laicismo e liberalismo os germes do socialismo totalitário.

A mobilização do movimento laico obedecerá, pois, aos objetivos de definir as relações entre Igreja e Estado a partir de um modelo que seja favorável à primeira. Isto é, que lhe garanta e amplie os antigos privilégios e prerrogativas, e assegure, dentro do aparelho de Estado, as posições indispensáveis para a consolidação de sua influência social. A ação política será conduzida por dois eixos principais: a mobilização do eleitorado católico e o apostolado social.

Enquanto a ação social voltada para a penetração nas diversas instâncias da sociedade civil e para a "reconquista do proletariado" se desenvolve molecularmente, a Liga Eleitoral Católica renderá desde logo altos dividendos. Partindo de um programa mínimo, que englobava algumas das principais reivindicações da Igreja — indissolubilidade do casamento, ensino religioso facultativo nas escolas públicas e assistência religiosa facultativa às classes armadas, hospitais e prisões — o movimento laico será lançado a uma intensa campanha de mobilização do eleitorado católico. Guardando semelhança com suas congêneres europeias mais antigas, serão apoiados os candidatos que, independentemente de sua filiação partidária, se comprometerem com aquele programa.

A Assembleia Constituinte que se reúne em novembro de 1933 apresenta uma extensa bancada católica. Do corpo "híbrido" da Constituição promulgada em 1934, constarão as medidas reclamadas pela Igreja, e que equivaliam ao reconhecimento de fato da Igreja, a uma *concordata* que lhe era amplamente favorável. O sindicalismo corporativo estatal será rejeitado, estatuindo-se o princípio da pluralidade e autonomia sindical.

Apesar de manter a separação formal entre Igreja e Estado, a Constituição de 1934 será um indicador seguro do estreitamento de seus laços. Além do reconhecimento explícito do catolicismo como religião oficial,[42] da indissolubilidade da família, com o reconhecimento do casamento religioso pela lei civil e a proibição do divórcio, garantirá o acesso da Igreja à educação pública e a todas as instituições de "interesse coletivo".[43] Garantirá, assim, a institucionalização de alguns de seus princípios ideológicos fundamentais, e as posições dentro do aparelho de Estado essenciais à sua função de controle social e político. No campo da autonomia da sociedade civil, especialmente no que se refere à organização do proletariado, a vitória do princípio da pluralidade e autonomia sindical[44] representará a possibilidade da organização do sindicalismo católico.

Se, por um lado, a Igreja reconquistara seus antigos privilégios — e ainda acrescentara novos — o ascenso do movimento popular e a radicalização da luta de classes farão com que ela seja obrigada a abrir mão de seu utópico projeto de hegemonia na sociedade civil. A conjuntura dos anos 1934-1935 será marcada pela recessão econômica, por um auge dos movimentos reivindicatórios do proletariado e pela radicalização política.

A abertura do espaço político — e o abrandamento temporário da repressão — em função da conjuntura eleitoral e dos aspectos liberais consagrados na nova Constituição, será aproveitada pelo movimento operário e popular. O sindicalismo autônomo fortalecido liderará movimentos reivindicatórios de envergadura, enquanto no plano político surgirá a Aliança Nacional Libertadora (ANL), como organização política de âmbito nacional das forças populares. No polo oposto, o movimento católico leigo e a Ação Integralista surgirão como catalisadores da opinião e mobilização da direita. O governo responderá à mobilização

---

42. O preâmbulo da nova Constituição se iniciará pela frase "depositando nossa confiança em Deus", substituindo a postura liberal anterior, que começa por reconhecer o povo como fonte de todo poder.

43. A esse respeito ver Ralph Della Cava. *Igreja...*, op. cit.

44. A vitória da tese da pluralidade e autonomia sindical representou, temporariamente, a derrota do sindicalismo corporativo de base estatal e a negação da posição defendida pela vanguarda do movimento operário centrada na unicidade e autonomia. Imediatamente após a promulgação da Constituição, o governo, por meio de decreto, reafirmará o corporativismo sindical.

popular com a decretação da Lei de Segurança Nacional e o aumento da repressão. A campanha antipopular e anticomunista que se desencadeia estreitará ainda mais intimamente os laços entre Igreja e Estado, o que se tornará mais evidente logo em seguida.

Reagindo às provocações do governo, a ANL tentará um levante a cujo rápido esmagamento se seguirá uma repressão sem precedentes ao movimento popular e ao sindicalismo autônomo. Tornar-se-á claro, por outro lado, às diversas facções burguesas, a necessidade de um projeto comum de dominação e controle do movimento das classes subalternas. Será dentro desse quadro que, no período 1935-1937, se transitará para a implantação do Estado Novo.

Paralelamente à aplicação efetiva de certos aspectos da legislação trabalhista, a ação sindical do movimento católico terá grande crescimento, contando para isso com total apoio do Estado. A Igreja abdicará do sindicalismo católico, para concentrar seu ativismo no meio operário com os *Círculos Operários*, que, desde 1932, vinham se desenvolvendo, especialmente no Rio Grande do Sul. Esse movimento ganhará estrutura nacional e, contando com apoio financeiro e incentivo do Estado e do empresariado, alcançará relativa amplitude. Sua imbricação com o Estado Novo é tão intensa, que praticamente não sobreviverá à sua queda em 1945. A Liga Eleitoral Católica, uma vez alcançados seus objetivos programáticos, e em vista do pouco dinamismo eleitoral do período que se segue, vegetará sofrivelmente. Será extinta duas décadas mais tarde, não sem antes passar por várias experiências de reanimação, com resultados medíocres.

O apostolado social centralizado pela Ação Católica Brasileira será, dentre as iniciativas daquele período, a que vai alcançar maior amplitude social. Por refletir, com muito maior intensidade que a hierarquia, os conflitos que dilaceram a sociedade brasileira, apresentará diversos desdobramentos. De sua tendência inicial, direitista e reacionária, se desprenderão na década de 1960 frutos inteiramente inesperados para seus criadores.[45]

---

45. Ver, a esse respeito, P. José Krischke. *A Igreja...*, op. cit.

Será, no entanto, durante o período que estudamos, essencialmente, um movimento reacionário. Alceu Amoroso Lima, presidente da Junta Nacional da Ação Católica até 1945, reconhecerá mais tarde que: "(...) fui tomado de convicção de que o Catolicismo era uma posição de Direita. Essa crença ficou em mim durante muitos anos. Quando terminou a Guerra da Espanha, festejei a vitória de Franco, que para mim representava a vitória da Igreja".[46]

Dois outros aspectos contribuem para essa caracterização política e ideológica do movimento católico. As instituições através das quais é mobilizado o laicato reproduzem aproximadamente os modelos europeus do início do século. Sua natureza será autoritária, elitista e rigidamente corporativista, e inteiramente submetida ao controle da hierarquia.[47] Os dirigentes serão designados e se institui a figura do assistente eclesiástico com direito à última palavra. O segundo aspecto diz respeito à íntima ligação do movimento laico com a Ação Integralista Brasileira (AIB), conhecida como fascismo nacional. Ainda quanto a esse aspecto dirá Alceu Amoroso Lima: "(...) Havia entre as posições da LEC coincidências (com o integralismo) de pontos de vista no tocante a reivindicações sociais e espirituais. Muitas de suas teses pareciam coincidir com as teses do catolicismo social, então objeto particular de minhas preocupações e estudos. Daí a simpatia que despertou nos meios católicos, inclusive em mim".[48]

Tudo indica, no entanto, que previamente ao surgimento da AIB setores consideráveis da Ação Católica e do clero já nutriam fortes simpatias pelo fascismo europeu. Essa predisposição só poderia contribuir para a aproximação entre os dois movimentos.[49] A trilogia integralista — Deus, Pátria e Família — seu visceral anticomunismo e a defesa intransigente da "família e da propriedade" se identificaram plenamente com o espírito do movimento católico.

---

46. Alceu Amoroso Lima. *Memórias improvisadas*. Petrópolis: Vozes, 1973.

47. Berenice Cavalcante Brandão, em sua monografia "O Movimento católico leigo no Brasil", demonstra através da análise dos Círculos Operários a rígida e hierarquizada estrutura das instituições laicas católicas, e o tratamento autoritário e paternalista que reserva para seus aderentes de extração proletária.

48. Alceu Amoroso Lima. *Memórias...*, op. cit.

49. Ralph Della Cava, *Igreja...*, op. cit.

O relacionamento entre os dois movimentos passará por diferentes fases, chegando quase à fusão quando importantes setores do movimento laico fazem campanha para a filiação dos católicos na AIB e grande parte de seus quadros já integram suas bases. A proximidade entre a Igreja e o fascismo nacional só será interrompida pelo desbaratamento da AIB após o fracasso de uma ridícula tentativa de "putsch".

O momento em que a Ação Católica passa a desenvolver com maior intensidade sua atividade de apostolado social coincide com o ascenso do movimento popular e a radicalização política. Atuará aí como polarizador, juntamente com a AIB, da opinião de direita. Seu desdobramento se fará no quadro da "concordata" entre Igreja e Estado no processo de constituição de um "pacto" implícito entre as diferentes facções burguesas, visando a um projeto comum sob a égide do corporativismo estatal, de integração e controle do movimento operário. E se expandirá sobre o terreno aplainado da repressão sistemática aos movimentos autônomos do proletariado.

Sintetiza Lelio Basso, de forma extremamente clara, o espírito da nova integração entre Igreja e Estado. "O novo capitalismo apresenta dois aspectos que lhe permitem encontrar mais facilmente um terreno de concórdia com o mundo católico. Em primeiro lugar, seu aspecto mais social e mais favorável às obras de assistência, distinto das fórmulas simplistas e brutais da 'luta pela vida', mais preocupado em criar, mesmo no interior das classes oprimidas, uma adesão ao sistema. Daí sua aproximação com o espírito comunitário e caritativo do catolicismo. Em segundo lugar, seu aspecto mais organizado, hierarquizado, exigente no plano da disciplina e também mais capaz de violar o fundo das consciências para assegurar o consentimento e a obediência. Disso decorre sua contiguidade com o espírito autoritário e dogmático da Igreja em que — como no capitalismo moderno — esses dois aspectos sempre foram indissolúveis".[50]

O Serviço Social, que surge nesse período, como desdobramento da Ação Social e da Ação Católica, não estará isento dessas marcas.

---

50. Citado por H. Portelli. *Gramsci et la question religieuse*. Paris: Anthropos, 1974.

CAPÍTULO II

Protoformas do Serviço Social

1. Grupos Pioneiros e as Primeiras Escolas de Serviço Social

As obras caridosas mantidas pelo clero (e leigos) possuem uma longa tradição, remontando aos primórdios do período colonial. A parca e precária infraestrutura hospitalar e assistencial existente até fase bastante avançada do Império se deve quase exclusivamente à ação das ordens religiosas europeias que se implantam e disseminam pelo país.

A tentativa de intervenção na organização e controle do proletariado também não é recente. Os Carlistas, ou Scalabrinianos, por exemplo, se implantam no Brasil logo em seguida às grandes ondas imigratórias que têm origem na Itália, para atuar junto aos seus compatriotas. Estes se constituíram no principal contingente da *Força de Trabalho* que veio a substituir o *escravo* nas grandes plantações e, posteriormente, constituir o mercado de trabalho urbano.

A participação do clero no controle direto do operariado industrial remonta, por sua vez, ao surgimento das primeiras grandes unidades industriais, em fins do século passado. É viva a presença de religiosos no próprio interior dessas unidades, que muitas vezes possuíam capelas próprias, onde diariamente os trabalhadores eram obrigados a assistir à missa e a outras liturgias. Nas *Vilas Operárias* sua presença é constante. No plano sindical, com o apoio patronal, desenvolvem iniciativas assistenciais (mútuas etc.) e organizacionais visando contrapor-se ao sindicalismo autônomo de inspiração anarco-sindicalista. Na imprensa operária independente são frequentes as críticas à posição patronal e divisionista desses movimentos, cujos aderentes e mentores são ironicamente qualificados de *amarelos* e urubus.[1]

No entanto, o que se poderia considerar como *protoformas* do Serviço Social, como hoje é entendido, tem sua base nas obras e instituições que começam a "brotar" após o fim da Primeira Guerra Mundial.

Caracteriza esse momento, no plano externo, o surgimento da primeira nação socialista e a efervescência do movimento popular operário em toda a Europa. O Tratado de Versailles procura estatuir internacionalmente uma nova política social mais *compreensiva* relativamente à classe operária. É também o momento em que surgem e se multiplicam na Europa as escolas de Serviço Social. No plano interno, como foi visto, os grandes movimentos operários de 1917 a 1921 tornaram patente para a sociedade a existência da "questão social" e da necessidade de *procurar soluções para resolvê-la, senão minorá-la*.

As instituições assistenciais que surgem nesse momento, como a Associação das Senhoras Brasileiras (1920), no Rio de Janeiro, e a Liga das Senhoras Católicas (1923), em São Paulo, possuem já — não apenas no nível da retórica — uma diferenciação em face das atividades tradicionais de caridade. Desde o início são obras que envolvem de forma mais direta e ampla os nomes das famílias que integram a grande burguesia paulista e carioca e, às vezes, a própria militância de seus elementos femininos. Possuem um aporte de recursos e potencial de contatos em termos de Estado[2] que lhes possibilita o planejamento de obras assistenciais de maior envergadura e eficiência técnica.

O surgimento dessas instituições se dá dentro da primeira fase do movimento de "reação católica", da divulgação do *pensamento social* da

---

1. O sindicalismo católico assistencial tem expressão limitada em São Paulo e Rio de Janeiro. Desenvolve-se mais no interior e nos Estados mais atrasados, sendo expressivo em Pernambuco, onde desde cedo assume uma forma de Ação Social.

2. São raras as instituições cujas sedes e obras não se assentam em terrenos doados pelo Estado, sendo que diversas recebem subvenções governamentais praticamente desde a sua fundação.

Igreja e da formação das bases organizacionais e doutrinárias do apostolado laico. Têm em vista não o socorro aos indigentes, mas, já dentro de uma perspectiva embrionária de *assistência preventiva*, de *apostolado social*, *atender* e *atenuar* determinadas sequelas do desenvolvimento capitalista, principalmente no que se refere a menores e mulheres. É nesse período, também, que a incorporação da mulher à Força de Trabalho urbana deixa de ser "privilégio" das famílias operárias, passando a atingir também a parcelas da pequena burguesia.

A fundação, em 1922, da Confederação Católica — precursora da Ação Católica — tem em vista centralizar politicamente e dinamizar esses primeiros embriões de apostolado laico.

A importância dessas instituições e obras, e de sua centralização, a partir da cúpula da hierarquia, não pode ser subestimada na análise da gênese do Serviço Social no Brasil. Se sua ação concreta é extremamente limitada, se seu conteúdo é assistencial e paternalista, será a partir de seu lento desenvolvimento[3] que se criarão as bases materiais e organizacionais, e principalmente humanas, que a partir da década seguinte permitirão a expansão da Ação Social e o surgimento das primeiras escolas de Serviço Social. A Sra. Estella de Faro, por exemplo, considerada como a grande pioneira do Serviço Social no Rio de Janeiro e figura preeminente da Ação Social na década de 1930, é, em 1922 — na qualidade de elemento de confiança de dom Sebastião Leme — a primeira coordenadora do ramo feminino da Confederação Católica.

Será, no entanto, a partir do desenvolvimento do Movimento Laico que essas iniciativas embrionárias se multiplicarão, compreendidas dentro da Ação Social Católica. Tomarão aí sua forma característica de apostolado social. Dentre elas se destacarão as instituições destinadas a organizar a juventude católica para a ação social junto à classe operária — Juventude Operária Católica (JOC) — e sua extensão a outros setores, através da Juventude Estudantil Católica, Juventude Independente Católica, Juventude Universitária Católica e Juventude Feminina Católica.

---

3. Cabe mencionar, como momento importante, a realização em 1928 da Primeira Semana Social em comemoração ao quinto aniversário da iniciação das atividades da Confederação Católica, reunindo representantes das obras e entidades de diversos Estados.

O elemento humano e a base organizacional que viabilizarão o surgimento do Serviço Social se constituirão a partir da mescla entre as antigas *Obras Sociais*[4] — que se diferenciavam criticamente da *caridade tradicional* — e os novos movimentos de *apostolado social*, especialmente aqueles destinados a intervir junto ao proletariado, ambos englobados dentro da estrutura do Movimento Laico, impulsionado e controlado pela hierarquia.

1.1 O Centro de Estudos e Ação Social de São Paulo e a Necessidade de uma Formação Técnica Especializada para a Prestação de Assistência

O Centro de Estudos e Ação Social de São Paulo (CEAS), considerado como manifestação original do Serviço Social no Brasil, surge em 1932 com o incentivo e sob o controle da hierarquia. Aparece como condensação da necessidade sentida por setores da Ação Social e Ação Católica — especialmente da primeira — de tornar mais efetiva e dar maior rendimento às iniciativas e obras promovidas pela filantropia das classes dominantes paulistas sob patrocínio da Igreja e de dinamizar a mobilização do laicado.

Seu início oficial será a partir do "Curso Intensivo de Formação Social para Moças" promovido pelas Cônegas de Santo Agostinho, para o qual fora convidada Mlle. Adèle Loneaux da Escola Católica de Serviço Social de Bruxelas. Ao encerrar-se o curso, será feito um apelo para a organização de uma ação social visando atender o bem-estar da sociedade. As participantes do curso, que na expressão do *1º Relatório* do CEAS para ali haviam acorrido desejosas de "se orientar, de esclarecer ideias, de formar

---

4. A Sra. de Faro, em intervenção na Primeira Semana de Ação Social do Rio de Janeiro (1936), fará a diferenciação dessas "obras de real valor" em relação às tradicionais, classificando-as de Obra Social que, "inspirada pelas necessidades de *certas categorias de pessoas*, é essencialmente preventiva e nisso se distingue da obra de caridade, sobretudo curativa. Leva esta o remédio ao indivíduo atingido pelo mal, ao passo que a obra social *vai procurar-lhe as causas para combater em sua fonte*" (grifo nosso). Primeira Semana da Ação Social do Rio de Janeiro. *Relatório* apresentando as conclusões votadas. Rio de Janeiro: Tip. do "Jornal do Commercio". Rodrigues & Cia., 1938.

um julgamento acertado sobre os problemas sociais da atualidade",[5] constituíam-se de jovens formadas nos estabelecimentos religiosos de ensino, representativa expressão feminina das famílias que compõem as diversas frações das classes dominantes e setores abastados aliados.[6]

O objetivo central do CEAS será o de "promover a formação de seus membros pelo estudo da doutrina social da Igreja e fundamentar sua ação nessa formação doutrinária e no conhecimento aprofundado dos problemas sociais",[7] visando "tornar mais eficiente a atuação das trabalhadoras sociais" e "adotar uma orientação definida em relação aos problemas a resolver, favorecendo a coordenação de esforços dispersos nas diferentes atividades e obras de caráter social".[8]

A documentação existente sobre esse empreendimento demonstra que seu núcleo articulador partia da consciência de vivenciar um período de profundas transformações políticas e sociais e da necessidade de intervir nesse processo a partir de uma perspectiva ideológica e de uma prática homogênea:

> "As reuniões dessa comissão — de moças católicas que frequentaram o curso ministrado por Mlle. de Loneaux — foram o início das atividades do CEAS. Tinham se realizado as primeiras durante os meses de maio a junho quando, a 9 de julho rebentou em São Paulo o movimento pela reconstitucionalização do país, que absorveu todas as energias e iniciativas, dirigindo-se para o único fim da vitória de nossa causa."[9]

---

5. *1º Relatório* do CEAS. São Paulo: Arquivo da Escola de Serviço Social da PUC.

6. "A ideia de sua criação (do CEAS) surgiu em 1932, quando as cônegas regulares de Santo Agostinho convidaram Mlle. Adèle de Loneaux, da École Catholique de Service Social de Bruxelas, para dar um pequeno curso de formação social em São Paulo. Esta iniciativa encontrou grande aceitação por parte de senhoras e moças da sociedade paulista, principalmente das que já se ocupavam de obras de beneficência". Maria Kielh. Entrevista para o jornal *A Manhã* do Rio de Janeiro, 1942. Enviada a Senhora Maria Isabel Ferreira, Redatora. São Paulo: Arquivo da Escola de Serviço Social da PUC.

7. Eugenia da Gama Cerqueira. "O Centro de Estudos e Ação Social de São Paulo". *Revista Serviço Social*, n. 33, 1944.

8. Estatuto do CEAS. São Paulo: Arquivo da Escola de Serviço Social da PUC.

9. Relatório do CEAS (1932-1934). "O Centro de Estudos e Ação Social constitui-se em setembro de 1932, em plena revolução paulista, quando mais se evidenciava em nosso país o choque das doutrinas sociais e dos pontos de vista contraditórios sobre os nossos problemas". Relatório do CEAS, 1936.

"Certamente, não foi hoje que a Paulista aprendeu a se interessar pelos destinos políticos de sua terra (...) Se largos anos de paz e prosperidade haviam adormecido o interesse feminino pela política do país, ele despertou nas horas de sofrimento de São Paulo. E foi em 1932 que a mulher resolveu retomar parte ativa e direta na luta que se está travando pelos destinos de nosso Estado e do Brasil. À causa que abraçou ela deu, na guerra, tudo o que podia dar: os seus entes mais caros, toda a sua dedicação e atividade, o seu ouro e as suas joias. Na paz, ela aceitou o voto feminino, compreendeu o seu alcance e exerce-o a bem de seu ideal.

A mulher paulista de hoje conhece o seu dever cívico e sabe cumpri-lo 'para o bem de São Paulo'.

E no campo da ação social? Também desse lado, largos e novos horizontes se abriram, em 1932, para a atividade feminina."[10]

Aparece, de maneira explícita, que o surgimento desse movimento não pode ser desvinculado da conjuntura específica de São Paulo, especialmente quando ocorre no momento em que as classes dominantes desse Estado se lançam ao movimento insurrecional de 1932, procurando reaver o poder local e nacional dos quais haviam sido alijados dois anos antes. E, nesse sentido, se engloba dentro dos movimentos políticos e ideológicos do início da década de 1930, que têm por pano de fundo as tentativas de reunificação e reação a que se lançam os antigos grupos dirigentes.[11]

Há também uma clareza quanto ao sentido novo dessa ação social; se tratará de intervir diretamente junto ao proletariado para afastá-lo de influências *subversivas*.

"Por que, então, não datar de 1932 uma nova era na atividade social feminina?

---

10. Tese apresentada no Congresso do Centro Dom Vital pelo CEAS na sessão que se realizou no dia 13 de maio de 1933. São Paulo: Arquivo da Escola de Serviço Social da PUC.

11. "Assim como as cisões políticas surgidas no interior da oligarquia haviam alterado drasticamente as modalidades de colaboração dos intelectuais com o poder mesmo antes de 1930, não há dúvida de que as tentativas feitas pela oligarquia no início dos anos trinta com vistas a recuperar o poder central estão na raiz de uma série de empreendimentos culturais em âmbito regional e do surto de organizações 'radicais' de direita a que se filiaram diversos jovens políticos e intelectuais desejosos de escapar por essa via ao destino de seus antigos patrões da oligarquia". Sergio Miceli. *Intelectuais e classe dirigente no Brasil (1920-1945)*. São Paulo: Difel, 1979.

É que se até então a generosidade e o espírito cristão das Paulistas as impeliram a fundar obras de socorro e assistência para acudir um sem-número de males, foi somente em 1932 que as moças de São Paulo se interessaram pelo estudo metódico da questão social, pela ação nos meios operários nela abrangendo o problema do trabalho."[12]

"Logo no mês seguinte mons. Gastão Liberal Pinto, vigário-geral da arquidiocese, que se achava a par de nossos projetos, aconselhou-nos a continuar nossos trabalhos, e a 29 de agosto realizávamos a reunião preliminar de fundação do Centro pela leitura do projeto dos estatutos. Nessa reunião resolvemos não nos limitar preliminarmente aos estudos, como era nosso propósito, mas começar ao mesmo tempo nossa ação, aproveitando a oportunidade que nos ofereciam os serviços de assistência da retaguarda em que estávamos quase todas empenhadas, para entrar em contato com os meios operários, nesse momento anormal muito trabalhado por elementos subversivos. (...)

Até dezembro de 1932 o CEAS fundou 4 Centros operários onde suas propagandistas, por meio de aulas de tricô e trabalhos manuais, conferências, conselhos sobre higiene etc., procuraram interessar e atrair as operárias e entrar assim em contato com as classes trabalhadoras, estudar-lhes o ambiente e necessidades."[13]

Esses Centros ofereceriam uma tríplice vantagem e seriam ponto de partida para um desenvolvimento mais amplo:

"1º — São campos de observação e de prática para a trabalhadora social, que aí completa e aplica os seus estudos teóricos.

2º — São Centros de educação familiar, onde se procura estimular nas jovens operárias o amor ao lar e prepará-las para o cumprimento de seus deveres nessa missão.

3º — São núcleos de formação de elites que irão depois agir na massa operária. Com esse intuito não somente cuidamos de estimular nessas jovens uma fé viva e esclarecida, o sentimento do exato cumprimento do dever,

---

12. Tese apresentada no Congresso do Centro Dom Vital pelo CEAS na sessão que se realizou no dia 13 de maio de 1933. São Paulo, Arquivo da Escola de Serviço Social da PUC.

13. Relatório do CEAS (1932-1934).

como também despertar-lhes o espírito de apostolado da classe pela classe, com a noção das responsabilidades que lhes incumbem nesse terreno."[14]

Os Centros Operários são idealizados como uma etapa intermediária, "organismos transitórios" que deveriam ceder seu lugar a associações de classe que "nossas elites operárias irão formar e dirigir logo que para isso estejam aptas".[15]

Aceitando a idealização de sua classe sobre a vocação natural da mulher para as tarefas educativas e caridosas,[16] essa intervenção assumia, aos olhos dessas ativistas, a *consciência do posto que cabe à mulher na preservação da ordem moral e social* e o dever de *tornarem-se aptas para agir de acordo com suas convicções e suas responsabilidades.* Incapazes de romper com essas representações, o apostolado social permite àquelas mulheres,

---

14. Tese apresentada no Congresso do Centro Dom Vital pelo CEAS na sessão que se realizou no dia 13 de maio de 1933. São Paulo: Arquivo da Escola de Serviço Social da PUC.

15. Tese apresentada no Congresso do Centro Dom Vital pelo CEAS na sessão que se realizou no dia 13 de maio de 1933. São Paulo: Arquivo da Escola de Serviço Social da PUC.

16. "Intelectualmente o homem é empreendedor, combativo, tende para a dominação. Seu temperamento prepara-o para a vida exterior, para a organização e para a concorrência. A mulher é feita para compreender e ajudar. Dotada de grande paciência, ocupa-se eficazmente de seres fracos, das crianças, dos doentes. A sensibilidade torna-a amável e compassiva. É, por isso, particularmente indicada a servir de intermediária, a estabelecer e manter relações". Maria Kiehl. Trabalho da Mulher Fora do Lar. Tese apresentada na 4ª Semana de Ação Social. São Paulo, 1940.

"(...) Nesse contexto, porém, um aspecto bom veio juntar-se: a mulher aprendeu a tomar uma atitude mais definida em face da vida. Uma corrente, procurando igualar o papel social feminino ao masculino, definiu-se de um modo falso e errôneo. Ao seu lado, porém, outra mentalidade surgiu: a de formar a personalidade feminina, dando-lhe pleno desenvolvimento, tornando-a apta a cumprir de modo eficaz o seu papel no lar e fora dele.

Contra o feminismo do primeiro sentido, e contra o tipo do século 19, de 'moça enfeite' ou 'objeto de prazer', o nosso respondeu com críticas severas, que, todavia, ainda assustam muita gente. (...) É deste aspecto que falo em segundo lugar. Se são muitas hoje as carreiras que se nos oferecem, não me parece feminino tomá-las indistintamente.

De acordo com sua natureza a mulher só poderá ser profissional numa carreira em que suas qualidades se desenvolvam, em que sua capacidade de dedicação, de devotamento seja exercida.

A mulher, e isto apesar de velho é descoberta recente, tem de ser... mulher.

Como educadora é conhecida a sua missão. Abre-se-nos agora também com o movimento atual, mais um aspecto de atividade: o serviço social, que apresenta alguns setores especiais de atividade feminina. Formadas pela Escola de Serviço Social iniciam a carreira de assistente social." Lucy Pestana da Silva. Discurso como oradora da primeira turma que se forma na Escola de Serviço Social de São Paulo, 1938. São Paulo: Arquivo da Escola de Serviço Social da PUC.

a partir da reificação daquelas qualidades, uma participação ativa no empreendimento político e ideológico de sua classe, e da defesa de seus interesses. Paralelamente, sua posição de classe lhes faculta um sentimento de superioridade e tutela em relação ao proletariado, que legitima a intervenção:

> "Não somente é justificável a ação feminina social como ainda é indispensável (...) Não tem a mulher, na sociedade a missão de educar? Imaginem a restauração da família sem a cooperação da mulher: a remodelação da mentalidade, de hábitos e de costumes que irão depois influir na economia e nas leis do país, tem de ser, toda ela, trabalho da mulher, em qualquer classe de sociedade."[17]

Mas por que *uma associação que reúne moças da sociedade* se ocuparia de problemas da classe operária?

> "Essa iniciativa é também legítima e é explicável: ela se baseia num sentimento profundo de justiça social e de caridade cristã, que leva aquelas que dispõem de facilidades de tempo e de meios a auxiliar as classes sociais mais fracas a formar as suas elites, para que estas também possam cumprir eficientemente seu dever. Elas mostram a essas elites como deverão se organizar para defender a Família e a Classe Operária contra os ambiciosos e os agitadores que exploram seu trabalho ou a sua ignorância".[18]

As atividades do CEAS se orientarão para a *formação técnica especializada*[19] de quadros para a ação social e a difusão da *doutrina social* da

---

17. Tese apresentada no Congresso do Centro Dom Vital pelo CEAS na sessão que se realizou no dia 13 de maio de 1933. São Paulo: Arquivo da Escola de Serviço Social da PUC.

18. Idem.

19. Ainda em 1932 duas de suas fundadoras viajam para a Europa para estudar a organização e ensino do Serviço Social.

"Pareceu-nos, entretanto, insuficiente nosso preparo para garantir a boa organização de uma escola de serviço social, pois se as escolas dessa natureza têm por principal finalidade sanar os inconvenientes da improvisação de dirigentes de obras sociais, é claro que a primeira condição de eficiência das escolas de serviço social é não serem elas próprias uma improvisação. À vista disto, duas sócias do Centro, Albertina Ferreira Ramos e eu, seguimos para a Europa a fim de fazer estudos completos na Escola de Serviço Social de Bruxelas". Entrevista de Maria Kiehl. O Ensino do Serviço Social no Brasil, 1942. São Paulo: Arquivo da Escola de Serviço Social da PUC.

Igreja. Ao assumir essa orientação, passa a atuar como dinamizador do apostolado laico através da organização de associações para moças católicas e para a intervenção direta junto ao proletariado. Esta última globalizará teoricamente as demais na medida em que se destinam ao mesmo fim. São promovidos diversos cursos de filosofia, moral, legislação do trabalho, doutrina social, enfermagem de emergência etc. O ano de 1933 marca uma intensificação dessas atividades: participação na Liga Eleitoral Católica através de campanhas de alistamento de eleitores e proselitismo,[20] realização da Primeira Semana de Ação Católica, início da formação de quadros da Juventude Feminina Católica constituída a partir dos Centros Operários e Círculos de Formação para Moças, delegação pela hierarquia da representação da Juventude Feminina Católica etc. Em 1936, a partir dos esforços desenvolvidos por esse grupo e o apoio da hierarquia, é fundada a Escola de Serviço Social de São Paulo, a primeira desse gênero a existir no Brasil.[21]

A partir desse momento nota-se que, paralelamente à demanda inicial por quadros habilitados por essa *formação técnica especializada*, originada da própria ação social católica, começa a aparecer outro tipo de demanda, partindo de determinadas instituições estatais. Elas serão vistas pelos integrantes desse movimento como conquistas significativas: "com a apresentação de um memorial ao Governo do Estado, obteve (o CEAS) a criação de cargos de fiscais femininos para o trabalho de mulheres e menores, no Departamento Estadual do Trabalho".[22] Em 1937, o CEAS atua no Serviço de Proteção aos Migrantes, "funcionando dois anos junto à Diretoria de Terras, Colonização e Imigração"; em 1939, assina contrato com o Departamento de Serviço Social do Estado (SP) para a organização de três Centros Familiares em bairros populares.

---

20. "Em janeiro de 1933 prestou o Centro sua colaboração à Liga Eleitoral Católica, fazendo parte da comissão feminina de propaganda. Apesar de seu caráter absolutamente apolítico, não podia permanecer indiferente à escolha dos representantes de São Paulo à Constituinte, onde deveriam defender o programa da Chapa Crônica, que incluía entre os seus postulados alguns dos princípios básicos da ordem social cristã." Relatório do CEAS (1932-34).

21. Ver Maria Carmelita Yazbek. Estudo da Evolução Histórica da Escola de Serviço Social de São Paulo no Período de 1936 a 1945 (mimeografado), que apresenta uma análise detalhada e ricamente documentada a esse respeito e em relação aos primeiros anos de funcionamento da Escola.

22. Eugenia da Gama Cerqueira. "O Centro de Estudos..", *op. cit.*

Já em 1935 fora criado — Lei n. 2.497, de 24.12.1935 — o Departamento de Assistência Social do Estado, primeira iniciativa desse gênero no Brasil. A ele competiria: *a*) superintender todo o serviço de assistência e proteção social; *b*) celebrar, para realizar seu programa, acordos com as instituições particulares de caridade, assistência e ensino profissional; *c*) harmonizar a ação social do Estado, articulando-a com a dos particulares; *d*) distribuir subvenções e matricular as instituições particulares realizando seu cadastramento.[23] A esse Departamento — subordinado à Secretaria de Justiça e Negócios Interiores — caberia, além dos itens relacionados acima, a estruturação dos Serviços Sociais de Menores, Desvalidos, Trabalhadores e Egressos de reformatórios, penitenciárias e hospitais e da Consultoria Jurídica do Serviço Social. A maior parte dos artigos da lei é, no entanto, dedicada à *assistência* ao menor — sua organização científica em relação aos aspectos social, médico e pedagógico — e à fiscalização das instituições públicas e particulares que a ela se dedicam. Apenas um *artigo* se refere ao *Serviço de Proteção ao Trabalhador*, para remetê-lo ao Departamento Estadual do Trabalho.[24]

Em 1938, será organizada a Seção de Assistência Social, que, tendo por finalidade "realizar o conjunto de trabalhos necessários ao reajustamento de certos indivíduos ou grupos às condições normais de vida", organiza para tal: o Serviço Social dos Casos Individuais, a Orientação Técnica das Obras Sociais, o Setor de Investigação e Estatística e o Fichário Central de Obras e Necessitados. O método central a ser aplicado é definido como sendo o Serviço Social de Casos Individuais, devendo-se "estimular o necessitado, fazendo-o participar ativamente de todos os projetos que se relacionam com seu tratamento (...) utilizar todos os elementos do meio social que possam influenciá-lo no sentido desejado,

---

23. Entre essas atribuições estaria também a de "orientar e desenvolver a investigação e o tratamento das causas e efeitos dos problemas individuais e sociais que necessitam de assistência, organizando para tal, quando oportuna, a Escola de Serviços Sociais".

24. Cabe referir, para melhor compreensão desse item, que a Legislação Trabalhista — de âmbito federal — era aplicada e fiscalizada, excepcionalmente em São Paulo, pelo Departamento Estadual do Trabalho. Tal medida denota a conciliação entre o governo federal e os grandes industriais paulistas no tocante à protelação da aplicação efetiva da legislação, pois sua fiscalização era deixada a um órgão sujeito à sua direta influência. A assistência social não deveria se intrometer numa questão ainda considerada litigiosa.

facilitando sua readaptação" e propiciar um *auxílio material* reduzido ao mínimo indispensável, "para não prejudicar o tratamento".

Ainda nesse mesmo ano o Departamento sofre uma mudança de siglas, passando a denominar-se Departamento de Serviço Social.

O Estado (nesse caso o governo do Estado de São Paulo) ultrapassa o marco de sua primeira área de intervenção — a regulamentação do mercado de trabalho e da exploração da Força de Trabalho — para superintender a gestão da *assistência social*. Dessa forma procurará racionalizar a *assistência*, reforçando e centralizando sua participação própria e regulando as iniciativas particulares. Estas tenderão a se tornar cada vez mais dependentes — documentação burocrática, subvenções etc. — e voltadas para demanda de serviços por parte do Estado, através de convênios etc. Paralelamente, figuras de destaque saídas das instituições particulares serão cooptadas para constituir os *quadros técnicos* e *Conselhos Consultivos* das instituições estatais de coordenação e execução.

O governo procurará, portanto, subordinar a seu programa de ação as iniciativas particulares — dividindo áreas de atuação e subvencionando as instituições coordenadas pela Igreja — ao mesmo tempo em que adota as *técnicas* e a *formação técnica especializada* desenvolvidas a partir daquelas instituições particulares. Assim, a demanda por essa *formação técnica especializada* crescentemente terá no Estado seu setor mais dinâmico, ao mesmo tempo em que passará a regulamentá-la e incentivá-la, institucionalizando sua progressiva transformação em profissão legitimada dentro da divisão social-técnica do trabalho.

Nesse sentido, quando em 1936 é fundada pelo CEAS a primeira Escola de Serviço Social, esta não pode ser considerada como fruto de uma iniciativa exclusiva do Movimento Católico Laico, pois já existe presente uma demanda — real ou potencial — a partir do Estado, que assimilará a formação *doutrinária* própria do *apostolado social*.

A íntima ligação dessa Escola e do CEAS com o movimento católico laico, como o comprova amplamente Arlette Alves de Lima,[25] não deve

---

25. "O CEAS constitui-se de dois grupos: o da Ação Católica e o da Ação Social. Desses dois grupos saíram jovens para o curso de Serviço Social, que iam em busca de conhecimentos e técnicas, na tentativa

obscurecer o fato de que desde aquele momento existe uma demanda a partir do Estado, o que inclusive é explicitado de forma clara pelos Assistentes Sociais, apesar das representações que muitas vezes fazem desse fato:

> "Sem que tivéssemos feito propaganda, pois receávamos que a publicidade trouxesse prejuízos à seriedade do nosso trabalho, as alunas que compunham a primeira turma foram convidadas a trabalhar no Departamento de Serviço Social como pesquisadoras sociais ou como comissárias de menores a partir do segundo ano de funcionamento da Escola. A eficiência do trabalho por elas realizado fez com que se estabelecesse a praxe de se pedir à Escola de Serviço Social a indicação de nomes para o preenchimento de determinados cargos, e hoje já temos alguns dispositivos legais que dão preferência às pessoas que tiverem curso completo em escola de serviço social para o desempenho de funções nos serviços sociais públicos".[26]

Propagandeando as *possibilidades de carreira para os alunos da Escola de Serviço Social*, um programa dessa escola, datado de 1944, dirá:

> "A concepção moderna de Estado cria a cada passo iniciativas oficiais no terreno social, e daí a ampliação do campo de ação da Assistente Social junto aos poderes públicos. Também as instituições particulares já estão recorrendo aos métodos modernos de ação. Se no início a Escola de Serviço Social atraiu principalmente a atenção dos órgãos públicos, hoje está tomando posição de destaque perante as instituições particulares. Inúmeros são os pedidos de Assistentes, mas não tem sido possível corresponder a todos, por falta de número suficiente de habilitados nas diversas funções.

---

de uma ação mais eficaz diante dos problemas sociais a serem enfrentados. A ajuda assistencial e moral que se vinha dando aos problemas do operário, tais como salário, habitação e saúde, era insuficiente. Como lutar por uma justiça social, ignorando-se as legislações trabalhistas? Como combater o comunismo e o socialismo sem o conhecimento de seus princípios e técnicas de ação? Como foi dito acima, as duas primeiras Escolas de Serviço Social em São Paulo e no Rio originaram-se de movimentos de Ação Social da Igreja. Entretanto, esses movimentos tinham uma estreita ligação com a Ação Católica. Muitos dirigentes da Juventude Feminina Católica ou da JOC vieram procurar uma formação social nas Escolas de Serviço Social, a fim de melhor atuarem na Ação Católica." Arlette Alves Lima. A Fundação das Duas Primeiras Escolas de Serviço Social no Brasil. Dissertação de Mestrado, Rio de Janeiro, 1977.

26. Eugenia da Gama Cerqueira. "O Centro de Estudos..", *op. cit.*

Sobejam motivos para afirmar que a carreira de Assistente Social tomará, também no Brasil, o desenvolvimento que tem tido em outros países".[27]

A adaptação dessa *formação técnica especializada* à demanda pode ser observada, também, através das mudanças de orientação pelas quais passam as escolas especializadas.

A Escola de Serviço Social passará por rápidos processos de adequação. O primeiro se dá a partir do convênio firmado entre o CEAS e o Departamento de Serviço Social do Estado, em 1939, para a organização de Centros Familiares. Essa demanda terá por reflexo a introdução no currículo da Escola de um Curso Intensivo de Formação Familiar: pedagogia do ensino popular e trabalhos domésticos. O segundo se dará, logo em seguida, para atender à demanda das prefeituras do interior do Estado.

O Instituto de Serviço Social (SP), que surge em 1940 como desmembramento da Escola de Serviço Social tendo o patrocínio da JUC, destinava-se à formação de *trabalhadores sociais especializados* para o Serviço Social do Trabalho. No entanto:

"(...) um fato de interesse superior veio imprimir novo rumo ao nosso ensino: a instituição de bolsas de estudo, pelas administrações municipais do interior, concedidas a moços que quisessem matricular-se no ISS, assumindo o compromisso de irem prestar seus serviços profissionais junto às respectivas prefeituras de origem. Renunciando à intenção de encarecer o trabalho, nada fez o Instituto do que procurar amoldar-se aos imperativos do meio, pois uma escola de serviço social, mais do que qualquer outra agência social, deve esforçar-se por atender ao que é mais urgente, a fim de proporcionar ao meio ambiente os recursos técnicos indispensáveis aos empreendimentos mais insistentemente reclamados".[28]

Ainda quanto à questão da demanda, caberia considerar dois aspectos: a importância quantitativa de alunos bolsistas e dos "cursos intensivos de formação de auxiliares sociais"; quanto ao primeiro, os Relatórios

---

27. Programa da Escola de Serviço Social (SP), 1944. São Paulo, Arquivo da Escola de Serviço Social da PUC.

28. Francisco de Paula Ferreira. "Problemas didáticos e pedagógicos no Instituto de Serviço Social". *Revista Serviço Social*, n. 34, 1944.

Anuais da Escola de Serviço Social (SP) demonstram que, a partir de 1941 e durante um largo período, o percentual de bolsistas raramente é inferior a 30%, chegando, momentaneamente, a se constituir em maioria.[29] Os principais patrocinadores dessas *bolsas* serão o Estado e as grandes instituições estatais ou paraestatais como as prefeituras municipais, o Departamento Nacional da Previdência (e os diversos Institutos e Caixas), a Legião Brasileira de Assistência, o Serviço Social da Indústria, o Serviço Nacional de Aprendizagem Industrial etc. No campo particular sobressaem as Escolas de Serviço Social, que começam a surgir nos demais Estados, e reduzido número de obras particulares e estabelecimentos comerciais e industriais. Quanto à formação de *auxiliares sociais*, constitui-se em importante atividade das escolas desde o surgimento das grandes instituições,[30] realizando-se seja na sede das mesmas, seja nos Estados onde não existam escolas especializadas.

Ao assinalar o problema da *demanda*, não se pretende subestimar, por exemplo, a importância do trabalho que desenvolvem as pioneiras do Serviço Social na divulgação e institucionalização da profissão, atuando no sentido de incentivar e concretizar a demanda por seus serviços. É importante situar, no entanto, que ocorre um processo de "mercantilização" dos portadores daquela *formação técnica especializada*, que se traduz em sua transformação em força de trabalho que pode ser comprada. Essa mercantilização se dá concomitantemente a uma *"purificação"* do portador da qualificação, desempenhando as escolas um papel essencial para a viabilidade desse processo. O portador dessa qualificação não mais ne-

---

29. Os dados incompletos que possuímos, demonstram o quadro seguinte:

Ano	% de bolsistas	Ano	% de bolsistas
1945	50	1949	37
1946	37	1950	32
1947	30	1951	29
1948	28	1952	46
		1953	66

Dos 192 diplomados até 1949, 107 se formaram com auxílio de *bolsas* cobrindo taxas e manutenção. Relatórios da Escola de Serviço Social (PUC-SP).

30. Especialmente LBA, SESI e IAPs (ver Quadro I, a seguir).

cessariamente será *uma moça da sociedade* devotada ao *apostolado social*. Progressivamente se transformará num componente de Força de Trabalho, possuindo uma determinada qualificação, englobada na divisão social-técnica do trabalho.

Esse mesmo processo não implica, no entanto, necessariamente, a eliminação do conteúdo *doutrinário* da formação escolar do Assistente Social. Esse conteúdo não se constitui em *entrave* à sua assimilação pelo Estado e empresas. Pelo contrário, essa formação é *funcional* às suas necessidades. Isso só é real, no entanto, a partir de uma visão histórica dos tipos de instituições que vão surgindo e do momento em que optam por incorporar o Serviço Social, e das transformações paulatinas que a *formação técnica especializada* apresenta nesse mesmo período, como se procurará situar mais adiante.

1.2 O Serviço Social no Rio de Janeiro e a Sistematização da Atividade Social

A *formação técnica especializada* para a prática da assistência surge, no Rio de Janeiro, a partir de uma forma mais variada de iniciativas. Nesse sentido, é importante ressaltar algumas condições cuja contribuição parece ter sido decisiva para que, num período relativamente curto, surgissem escolas especializadas para a formação de Assistentes Sociais.

Nesse momento, a cidade do Rio de Janeiro, além de ser o mais antigo polo industrial da região Sudeste — tendo perdido há pouco para São Paulo a condição de principal conglomerado industrial — é grande centro de serviços (transportes, portos etc.), contando com numeroso proletariado. É ainda, a maior cidade do país, capital federal onde se concentra a administração federal e os principais aparatos da Igreja Católica, os grandes bancos etc. Nela se concentram, portanto, os centros nervosos da direção política e econômica. Por essas condições é a cidade onde mais se desenvolveu a infra-estrutura de serviços básicos, inclusive serviços assistenciais, com forte participação do Estado.

No entanto, apesar da diversidade, aquelas iniciativas possuem um referencial comum, que são as obras e instituições assistenciais. A dife-

Quadro 1
Bolsistas mantidos por instituições particulares, autárquicas e estatais
na escola de Serviço Social de São Paulo — 1946-1953

Ano	Total de Alunos Matriculados	Alunos Bolsistas	Instituições Mantenedoras dos Bolsistas
1946	74	27	Institutos e Caixas (9), SENAI (4), LBA (4), Prefeituras Municipais (4) Empresas (3), Obras particulares (1), Particulares (2);
1947	98	31	Institutos e Caixas (17), SESI (8), LBA e Escolas de Serviço Social (5), Empresas (1);
1948	109	31	Institutos e Caixas (13), SESI (9), Escolas de Serviço Social (8), Outros (1);
1949	108	39	(—)
1950	121	39	Institutos e Caixas (16), SESI (12), LBA (2), CMTC (1), Escolas de Serviço Social (5), Outros (3);
1951	131	38	Institutos e Caixas (15), Prefeituras Municipais (12), SESI (7), CMTC (2), Outros (2);
1952	170	78	Institutos e Caixas (16), Prefeituras Municipais (18), Serviço Social de Menores (9), Prefeitura Municipal-SP (7), Prefeitura Municipal — Org. do Serviço Social Escolar (7), SESI (7), Escolas de Serviço Social (7), Serviço Social de Menores — funcionários (7);
1953	167	110	Institutos e Caixas (20), SESI (27), Prefeitura Municipal — funcionários (16), Serviço Social de Menores — Postos de Orientação e Professores Comissionados (12), Prefeitura Municipal (10), Prefeitura Municipal — Org. do Serviço Social Escolar (7), Escolas de Serviço Social (7), Serviço Social do Estado (6) SENAI (2), CMTC (1), Jockey Club (1), Prefeitura de Bauru (1).

(–) Informação não disponível.
Fonte: Relatório da Escola de Serviço Social de São Paulo, 1946-1953.

rença de São Paulo, verifica-se uma participação mais intensa das instituições públicas — seja através do Juízo de Menores, seja de personalidades ligadas aos órgãos públicos de assistência médica, sanitária, e social, e o apoio ainda mais explícito da alta administração federal e da cúpula hierárquica da Igreja e movimento católico laico. Surgem, cronologicamente, em 1937 o Instituto de Educação Familiar e Social — composto das Escolas de Serviço Social (Instituto Social) e Educação Familiar — por iniciativa do Grupo de Ação Social (GAS), em 1938 a Escola Técnica de Serviço Social, por iniciativa do Juízo de Menores e, em 1940, é introduzido o curso de Preparação em Trabalho Social na Escola de Enfermagem Ana Nery (escola federal). Em 1944, a Escola de Serviço Social, como desdobramento masculino do Instituto Social.[31]

A Primeira Semana de Ação Social do Rio de Janeiro (1936) é considerada como marco para a introdução do Serviço Social na capital da república. Em sua origem a formação, por iniciativa da hierarquia e cúpula do movimento laico, do Grupo de Ação Social (GAS), orientado pelo padre belga Valère Fallon, S. J. — sociólogo e economista catedrático da Faculdade de Filosofia de Louvain trazido ao Brasil por iniciativa de dom Leme com o objetivo de dinamizar a Ação Social e o *apostolado laico*. Estarão aí reunidos os ativistas dos movimentos e grupos de ação social (JOC, Círculos Operários etc.), os representantes das instituições e obras de caridade e assistência, representantes da intelectualidade católica, enfim, os setores mais ativos do movimento católico laico. Do temário constará o balanço da *ação social* desenvolvida até aquele momento, a discussão do problema do recrutamento e formação de quadros, os problemas da habitação popular e a legislação social.

A Ação Social no Rio de Janeiro apresenta, já nesse momento, um caráter de semioficialidade que aparece explicitamente no relato desse Encontro. De sua "Comissão de Honra" — sob o patrocínio da Sra. Darcy Vargas, "Primeira Dama da Nação" — constarão os nomes dos mais ilustres representantes dos poderes executivo, legislativo e judiciário, do exército, de diretores de departamentos, juntamente com o de senhoras da alta sociedade. Aparece claramente o entendimento — não isento de contradições — de uma política comum em relação ao proletariado.

---

31. Em 1950 surgirá o Instituto de Serviço Social da Prefeitura do Distrito Federal.

A Igreja recomenda a tutela estatal para a classe operária,[32] ao mesmo tempo em que reclama liberdade de ação para o desenvolvimento de sua *ação social* e o subsídio do Estado para ela:

"Recorrendo, quando necessário, à intervenção dos poderes públicos, a Ação Social Católica apela antes de tudo para as iniciativas particulares; o que ela quer são:

a) Instituições de caráter particular, completamente livres;

b) instituições, livres ainda, mas regulamentadas ou fiscalizadas pela lei, no estritamente necessário;

c) instituições de caráter semipúblico.

Quando a Ação Católica apela para a intervenção do Estado, quer que esta intervenção se limite ao necessário, e proceda por disposições legais, deixando, assim, ainda vasto campo às atividades particulares".[33]

O governo, representado pelo titular do "Ministério da Revolução", reafirmará o princípio da cooperação, teorizada em torno de uma *sistematização da atividade social*, onde sua intervenção é complementada pela da Igreja, atuando ambos solidariamente dentro do espírito da "concordata".

"O Brasil, pela constituição de 1891, era um Estado pagão. A Revolução de 1930 mudou-lhe a estrutura e a orientação. Um dos primeiros atos do Governo Provisório foi permitir o ensino religioso nas escolas, decretando, logo após, a legislação social de que ora nos orgulhamos, toda ela informada nos princípios da moral cristã. E, se o sindicato foi criado com fins exclusivamente econômicos, o Governo, na sua atitude e na adaptação e prática da lei, tem procurado ajustá-lo ao sentimento católico do trabalhador nacional.

Na Constituição de 1934, as grandes correntes nacionais do pensamento católico se representaram, consagrando a Constituição de 16 de

---

32. "Porque a classe dos ricos se defende por seus próprios meios e necessita menos de tutela pública; mas o pobre povo, falto de riqueza que o assegurem, está peculiarmente confiado à defesa do Estado (...) Portanto, o Estado deve abraçar, com cuidado e prudência a ele peculiares, os assalariados que formam a classe pobre em geral". Discurso de inauguração da Semana, Dr. Hannibal Porto, Presidente do GAS. 1ª Semana de Ação Social do Rio de Janeiro, 1936.

33. Idem.

julho não só a liberdade de ensino religioso, como o princípio salutar da cooperação da Igreja com o Estado. Esse princípio de cooperação é que tem orientado o Ministério do Trabalho, coordenando os sindicatos e estimulando os círculos operários católicos, num esforço de sistematização da atividade social, que não poderá subsistir sem os motivos espirituais de nossa formação que é cristã e brasileira".[34]

Esse mesmo espírito — manifestado mais explicitamente para a *organização do trabalho* — vai presidir as *obras sociais de maior alcance*: a solidariedade e unificação de esforços entre particulares (Igreja e classes altas, inclusive industriais) e Estado, para o *reerguimento das classes trabalhadoras*. As duas principais realizações dessa *Semana*, a Associação Lar Proletário e o Instituto de Educação Familiar e Social, se enquadrarão dentro desses princípios.

A primeira, destinada à construção de *habitações populares*, terá em sua presidência, secundada por uma plêiade de figuras da sociedade, a Sra. Darcy Vargas, e contará com sólido apoio do sistema financeiro oficial. O Instituto de Educação Familiar e Social, mesmo permanecendo no campo das iniciativas mais restritas à própria Ação Católica, nem por isso deixará de contar com apoio institucional do governo.[35]

A necessidade de *formação técnica especializada* estará no centro dos debates que se travam durante essa reunião. Será reconhecido que as "atividades precederam a formação", e que as obras até aquele momento mantidas se ressentem de "certa falta de informação doutrinária e técni-

---

34. Trecho do discurso do Sr. Agamenon Magalhães, Ministro do Trabalho Indústria e Comércio, no Encerramento da 1ª Semana de Ação Social do Rio de Janeiro.

A aceitação pela hierarquia do sindicalismo oficial será um elemento essencial para o estreitamento dessa solidariedade baseada nos valores ideológicos mais caros à Igreja e ao Estado burguês:

"Não só se canta o nosso hino por todo o Brasil; não só se adota o nosso distintivo nos vários Estados; não só se desfralda a nossa bandeira à frente das sedes: as nossas escolas dão instrução aos associados, os nossos ambulatórios tratam de suas enfermidades; os nossos desejos de paz e a nossa doutrina evitam a luta de classes, as nossas vilas operárias vão construindo casas, as nossas assistentes jurídicas vão dando assistência aos operários explorados, os nossos associados se agrupam em sindicatos segundo a legislação oficial". Trecho do discurso do Sr. Antonio Jesus Quiroga, Presidente da Confederação Nacional de Operários Católicos, na 2ª Semana de Ação Social do Rio de Janeiro, 1937.

35. Fato significativo desse apoio é a presença de Gustavo Capanema, Ministro da Educação e Saúde, na entrega dos diplomas à primeira turma, formada em 1940.

ca", que a *intuição* e o *senso das necessidades* não foi capaz de acudir. Apesar das loas à *beleza* das obras de caridade e à sua indispensabilidade, critica-se sua pouca *eficiência* social, o fato de sustentarem a indigência, girando "dentro de um verdadeiro círculo vicioso". Por outro lado se vê que "crescem diariamente as necessidades do meio social católico", cujo desenvolvimento estará intimamente relacionado à existência de colaboradores eficazes, propagandistas, dirigentes especializados. Da mesma forma "surgem diariamente instituições e obras oficiais e semioficiais, obras patronais que têm e terão cada vez maior necessidade de pessoal permanente". Urge, portanto, suscitar devotamentos e assegurar às obras recrutamento incessante de quadros capazes e eficientes.[36]

A necessidade de *formação técnica especializada* para a prática da *assistência* é vista não apenas como uma necessidade particular ao movimento católico. Tem-se presente essa necessidade, enquanto necessidade social que não apenas envolve o aparato religioso, mas também o Estado e o empresariado. A visão da possibilidade de profissionalização do *apostolado social*[37] é dado de forma sutil, na medida em que se encarece a necessidade de *colaboradores* para as obras particulares e se prevê a demanda de *pessoal permanente* para as instituições oficiais e patronais, reconhecendo nessas duas instâncias as únicas socialmente habilitadas a possibilitar esse empreendimento.

A segunda vertente de iniciativas tendentes à formação de pessoas especializadas na *assistência* parte de um setor específico da Assistência Pública, o Juízo de Menores, com apoio institucional, a nível federal, do Ministério da Justiça. Tem origem nas necessidades próprias dessa instituição e de outras, ligadas à assistência *ao menor*. Por ação de um grupo que se constitui a partir dessa Instituição — e onde se destacam o Juiz de Menores Dr. Burlé de Figueiredo e a Deputada D. Carlota Pereira de

---

36. "A tarefa de reerguer que se impõe, exige mais do que boa vontade, supõe uma competência teórica adquirida por meio de uma formação doutrinária, haurida às fontes dos Mestres do Catolicismo Social, isto é, na própria doutrina social da Igreja, bem como uma técnica que não se improvisa (...)". Stella de Faro, 1ª Semana de Ação Social do Rio de Janeiro, 1936. "Recrutamento e formação de quadros".

37. "Já se começa a fazer sentir entre nós a necessidade dessa carreira feminina em que ninguém disputará à mulher esses postos, que mesmo sendo postos de comando, são sobretudo postos de serviço".

Queiroz — é fundado em 1936 o Laboratório de Patologia Infantil, em torno do qual se reúne um numeroso grupo de intelectuais e 'especialistas' católicos e leigos. A partir daí se planeja a estruturação de uma Fundação,[38] que conteria um centro de estudos e um curso de formação técnica de assistentes sociais, com objetivo de auxiliar os serviços sociais do Juízo de Menores, centralizando suas obras.

Ainda no ano de 1936 é realizado o primeiro curso "intensivo de serviço social", com a duração de 3 meses, constando de uma série de palestras sobre temas sociais, legais, educacionais e médicos, com ênfase para o problema da "infância abandonada". Paralelamente, realizou-se um *curso prático* de serviço social, para cuja realização foram requisitadas as duas primeiras Assistentes Sociais paulistas recém-formadas na Bélgica. Em 1938, começa a funcionar sob orientação leiga o curso regular da Escola Técnica de Serviço Social, que diploma sua primeira turma em 1941.

Na opinião da Sra. Carlota Pereira de Queiroz,[39] "o curso intensivo de serviço social", reunindo antigos funcionários do Juízo de Menores juntamente com colaboradores de obras assistenciais, técnicos de instituições de assistência pública, religiosas e "especialistas", foi incontestavelmente "o núcleo gerador dos estudos de serviço social entre nós" (Rio de Janeiro).

Finalmente, em 1940, é introduzido o curso de Preparação em Trabalho Social na Escola de Enfermagem Ana Nery.[40] Este curso, que dará origem à Escola de Serviço Social da Universidade do Brasil, será pouco significativo no período estudado, entre outros fatores, por sua interrupção durante o engajamento do país na Segunda Guerra Mundial. Constituirá,

---

38. Associação Brasileira de Assistência Social.

39. Carlota Pereira de Queiroz. "Contribuição à História do Serviço Social no Brasil". *Cadernos de Serviço Social* da Associação Brasileira de Assistentes Sociais, ano 1, n. 8, jun. 1950, Rio de Janeiro.

40. Este curso tem sua origem remota ligada à Emenda ao Projeto n. 595 de 1936, encaminhada em 1937 pela deputada Carlota P. de Queiroz. Segundo sua *Justificação*, consistiria em aproveitar a base comum do ensino de enfermagem e de serviço social para no terceiro (e último) ano do curso criar as especializações de Assistente Social Investigadora, Assistente Social Educadora, Assistente Social da Indústria e Assistente Social da Infância. O andamento dessa Emenda foi truncado pelo golpe de Estado que dá origem ao Estado Novo e, posteriormente, reativado pelo poder executivo.

no entanto, a primeira iniciativa direta do governo federal para a formação de Assistentes Sociais.

No decorrer da década de 1940 surgem diversas escolas de serviço social nas capitais dos Estados, sendo que quatorze enviam representação ao I Congresso Brasileiro de Serviço Social, realizado em 1947. A maioria se formará sob a influência das duas primeiras, de origem católica,[41] tendo em sua direção ex-alunas dessas escolas formadas sob o regime de bolsas de estudo. A implantação das mesmas obedecerá a processo semelhante ao de suas antecessoras de São Paulo e do Rio de Janeiro, contando — como componente novo — com o apoio financeiro da Legião Brasileira de Assistência.[42]

No entanto, até 1947, os dados disponíveis mostram que essas escolas ainda estão em estado embrionário, sendo que apenas a de Pernambuco havia alcançado a formação de sua primeira turma, com apenas uma diplomada.

A existência de Assistentes Sociais diplomados se limitará por um longo período quase apenas ao Rio de Janeiro e São Paulo, sendo que

---

41. Segundo a intervenção de N. G. Kfouri no II Congresso Pan-americano de Serviço Social, em 1949, das 15 escolas de serviço social existentes no país naquele momento, 12 teriam sido constituídas sob os auspícios de organizações católicas e 3 por iniciativa do governo. Quatro são filiadas a universidades (Universidades Católicas), sendo que 13 são exclusivamente para assistentes do sexo feminino e 2 para homens.

42. Pernambuco — fundada em 1940 pelo Juízo de Menores, com apoio da Ação Social e do Instituto Social do Rio de Janeiro.

Paraná — fundada em 1944 pela ação da Juventude Universitária Católica e apoio do Instituto Social do Rio de Janeiro. Para mantê-la é organizada a Ação Social do Paraná.

Rio Grande do Sul — fundada em 1945 a partir da V Semana de Ação Social, sob os auspícios dos Irmãos Maristas.

Rio Grande do Norte — fundada em 1945 pela Juventude Feminina Católica e Legião Brasileira de Assistência.

Nesse período serão ainda fundadas as Escolas da Bahia, Estado do Rio de Janeiro, Minas Gerais e Amazonas.

A Escola de Serviço Social do Rio Grande do Norte, que se constituirá na primeira escola de nível superior nesse Estado, tem por pano de fundo de seu surgimento os problemas criados a partir da base aérea norte-americana instalada na região. Ver, a respeito, Maria das Dores Costa. "Serviço Social, vinte e cinco anos". *Debates Sociais* n. 12, ano VII, mai. 1971.

Em 1959 o número de escolas será de 28, quatro localizadas no Distrito Federal, duas em São Paulo, uma na capital de cada Estado (salvo Mato Grosso e Piauí) e ainda uma nas cidades de Campinas (SP), Lins (SP), Campina Grande (PB) e Juiz de Fora (MG).

mesmo aí seu número é pouco significativo. Até 1947, as escolas católicas de Serviço Social do Rio de Janeiro (masculina e feminina) haviam diplomado 40 Assistentes Sociais. As duas de São Paulo, 196, e o Curso de Trabalho Social da Escola de Enfermagem Ana Nery, 9, até 1949, não se possuindo o número exato dos formados pela Escola Técnica de Serviço Social, presumivelmente bastante reduzido.

Até o fim da década, o número de Assistentes Sociais diplomados será pouco superior a 300, concentrando-se em São Paulo (cidade de São Paulo) e no Distrito Federal, com esmagadora maioria de mulheres.

2. Campos de Ação e Prática dos Primeiros Assistentes Sociais

Como foi visto anteriormente, a demanda por Assistentes Sociais diplomados — durante o período estudado — constantemente excedeu o número de profissionais disponíveis. Os mecanismos de cursos intensivos para auxiliares sociais e as bolsas de estudos mantidas pelas grandes instituições que começam a surgir a partir de 1942 foram a forma encontrada para acelerar a formação de Assistentes Sociais. Permitiram, ao mesmo tempo, uma "purificação" da *formação técnica especializada* enquanto profissão, na medida em que grande parcela dos alunos das escolas de Serviço Social passaram a se constituir de funcionários de grandes instituições. Não se pode concluir, daí, uma "democratização" da profissão, mas sim um alargamento da base de recrutamento, que deixa de ser um privilégio das classes dominantes e "classe média alta", para abarcar crescentemente parcelas da pequena burguesia urbana.

Segundo relatório da Escola de Serviço Social de São Paulo para o ano de 1947, por exemplo, das 38 terceiranistas, 26 estavam realizando o estágio final, ocupando cargo de Assistentes Sociais.[43] Das 12 restantes, 8 eram funcionárias de Institutos e Caixas de Pensões e Aposentadorias, ocupadas no campo do Serviço Social dessas instituições. Já nesse momento, para os Assistentes Sociais não se coloca um problema de merca-

---

43. Arquivo da Escola de Serviço Social da PUC-SP.

do de trabalho — estando inclusive diversas das pioneiras em cargos de direção e organização, ou de docência — mas de luta pelo reconhecimento da profissão e pela exclusividade, para diplomados, das inúmeras vagas que se foram abrindo no serviço público ou instituições paraestatais e autarquias, no campo dos serviços sociais.[44]

A limitada *irradiação* da profissão que ocorre no período — até a implantação e desenvolvimento das grandes instituições — se dá de forma lenta e paulatina. No período inicial a demanda — entendida enquanto demanda profissional remunerada — apresenta um campo bem delimitado, aparecendo como importantes as iniciativas que partem das próprias escolas e organizações mantenedoras para abertura de campo profissional. A demanda do setor público se centralizará em São Paulo no Departamento de Serviço Social do Estado (que em 1940, por exemplo, absorve 17 das 27 Assistentes Sociais em exercício) e em algumas funções especializadas como Inspetores de Trabalho de mulheres e menores (Departamento Estadual do Trabalho) e Juízo de Menores.[45] No campo particular, em algumas obras assistenciais de maior amplitude e solidez e em iniciativas do próprio CEAS, como os Centros Familiares organizados a partir de convênio com o Departamento de Serviço Social do Estado.

"Particulares e Governo vão aos poucos reconhecendo o valor de técnicos especializados para o trabalho social. Poucas obras é verdade,

---

44. Hospital das Clínicas da Faculdade de Medicina da USP, Dispensário de Tuberculose da Secretaria de Educação, Serviço Social da Indústria, Fábricas, Departamento de Serviço Social do Estado etc.

45. A partir de 1938, alguns itens da legislação estadual (SP) passam a conferir reconhecimento explícito às Assistentes Sociais diplomadas em seu corpo de funcionários:

Decreto Estadual n. 9.744, de 19.11.38, que reorganiza o Serviço Social de Menores: os cargos de subdiretor de vigilância, de comissários de menores e de monitores de educação passam a ser privativos de Assistentes Sociais.

Ato n. 57, de 25.1.40, do Diretor Geral do Departamento de Serviço Social: os cargos de Assistentes Técnicos e Auxiliares, elaborador de estatística e pesquisador do Departamento de Serviço Social serão preenchidos preferencialmente por Assistentes Sociais.

Decreto-lei Estadual n. 9.970, de 2.2.39, que dispõe sobre ensino especializado de serviço social no Estado: a matrícula e frequência aos cursos ou escolas de Serviço Social deverão ser, nos casos devidos, facilitadas a quem tiver cargo ou função no Departamento de Serviço Social do Estado.

Em 1942, dos 39 Assistentes Sociais em exercício no Estado de São Paulo, 22 atuavam através do Departamento de Serviço Social, 6 no Departamento Estadual do Trabalho e outros órgãos públicos ou paraestatais, e 11 em obras particulares.

mas de tipo diverso, já têm a seu serviço a competência de uma Assistente Social".[46]

No Rio de Janeiro, devido ao número limitado de Assistentes Sociais diplomados, inicialmente, não se observam pontos de maior concentração por instituição. O Juízo de Menores e o Serviço de Assistência ao Menor da Prefeitura são os primeiros — no setor público — a introduzir Assistentes Sociais.[47] No setor particular, da mesma forma que em São Paulo, serão as instituições mais sólidas (as protoformas do Serviço Social) que primeiro empregarão Assistentes Sociais, se bem que de forma ainda bastante limitada (ver Quadros a seguir).

As atividades desenvolvidas pelos Assistentes Sociais serão bastante restritas, em função tanto do raio limitado de atuação dos órgãos públicos de Serviço Social, como da incapacidade das instituições particulares de assistência em se constituírem em base que tornasse viável a política de *encaminhamentos*, elemento essencial do Serviço Social de casos individuais naquele momento.

Os relatos existentes sobre as tarefas desenvolvidas pelos primeiros Assistentes Sociais demonstram uma atuação doutrinária e eminentemente assistencial.

Os Centros Familiares organizados pelo CEAS a partir de convênio com o Departamento de Serviço Social do Estado, que funcionam a partir

---

46. Francisco de Paula Ferreira. "O Serviço Social em São Paulo". *Revista Serviço Social*, n. 29/30, 1941, São Paulo.

Cronologicamente, as seguintes são tidas como as primeiras áreas de atuação dos Assistentes Sociais:

1932 — Centros Operários e Círculos de Formação para Moças, fundados pelo CEAS.
1934 — Departamento Estadual do Trabalho — Inspetores do Trabalho de Menores e Mulheres.
1935 — Departamento de Assistência Social do Estado.
1937 — Juízo de Menores. Prefeitura de São Paulo (Submonitoria de *playground*).
1938 — Serviço de Proteção aos Imigrantes.
1940 — Centros Familiares (CEAS — Departamento de Serviço Social). Indústrias e estabelecimentos comerciais. Instituto de Pensões e Aposentadorias dos Industriários. Obras Particulares.
1942 — Hospital das Clínicas da Faculdade de Medicina da Universidade do São Paulo. Serviço Nacional de Aprendizagem Industrial.

47. Já desde 1939 o Instituto Social fora declarado oficialmente apto pelo Ministério do Trabalho para a formação de "inspetores do trabalho" para fiscalização do trabalho de mulheres e menores.

de 1940 em bairros operários e que se deveriam constituir em modelo de prática de Serviço Social, não fugiram a essa caracterização. Sua finalidade seria a de "separar as famílias das classes proletárias, prevenindo sua desorganização e decadência e procurando elevar seu nível econômico e cultural por meio de serviços de assistência e educação".[48] Nesses Centros manterão serviços diversos, como plantão para atendimento de interessados, visitas domiciliares, bibliotecas infantis, reuniões educativas para adultos, curso primário "para proteger as crianças cujas mães são obrigadas a trabalhar fora", cursos de formação familiar (*moral e formação doméstica para o lar*), restaurante para operários etc. O *tratamento* dos *casos* será basicamente feito através de encaminhamentos, colocação em empregos, abrigo provisório para necessitados, regularização da situação legal da família (casamento) etc., e fichário dos assistidos.

Na Associação Lar Proletário — primeira grande obra particular no Rio de Janeiro a implantar Serviço Social (1939) — as Assistentes desenvolverão atividades semelhantes (em creches, *casas de crianças*, maternidades, escolas primárias e de *formação moral para o lar*), além das atividades relativas ao conjunto residencial (230 casas) construído pela instituição: *seleção* das famílias *após apurada pesquisa, orientação da distribuição dessas famílias pelo Vila, seguir de perto a ocupação de cada uma das casas*, "conquistando a simpatia dos assistidos".

---

48. Eugenia da Gama Cerqueira. "O Centro de Estudos... ", *op. cit*. Nesse mesmo artigo apresenta o *balanço* de 3 anos de funcionamento desses Centros:

"Alimentação:

    38.500 refeições servidas a crianças;

    2.956 almoços servidos a operários.

Cursos:

    5.250 horas/aula às crianças dos cursos pré-primários;

    3.124 horas/aula de cursos de Formação Familiar.

Secretariado:

    868 casos atendidos, entre os quais: 500 visitas domiciliares e 19 pessoas abrigadas provisoriamente nos Centros.

Serviço Médico:

    658 casos atendidos: 429 consultas e 229 tratamentos aplicados: imunizações, reações de Piquet e Mantoux, exames de laboratório etc.".

Na Imprensa Nacional (estatal), atuarão junto aos empregados através de *cursos de formação profissional, organização de lazeres educativos*, serviço médico e *serviço de casos individuais*. Ainda no Rio de Janeiro, através da Juventude Católica da União Social Feminina e da Associação das Senhoras Brasileiras, atuação junto às *comerciárias*, através de *restaurantes populares, cursos de formação moral doméstica* etc., e procurando formar associações de classe de tendência religiosa.

No Departamento de Serviço Social do Estado de São Paulo, a mais ampla instituição de Serviço Social existente nesse momento, os Assistentes Sociais atuarão como comissários de menores no Serviço Social de menores — menores abandonados, menores *delinquentes*, menores sob tutela da Vara de Menores, exercendo atividades no Instituto Disciplinar e no Serviço de Abrigo e Triagem; junto à Procuradoria de Serviço Social (do Departamento de Serviço Social) no campo da "Assistência Judiciária a fim de reajustar indivíduos ou famílias cuja causa de desadaptação social se prenda a uma questão de justiça civil" e, enquanto pesquisadoras sociais (o maior contingente de Assistentes Sociais) e nos serviços de plantão. Além dos *serviços técnicos*, de orientação técnica das Obras Sociais, estatística e Fichário Central de Assistidos.

No período 1937-1940, as estatísticas apontam o atendimento de 9.130 interessados nos diversos serviços prestados com base no Serviço Social dos Casos Individuais. A tese[49] de conclusão de curso de uma terceiranista da Escola de Serviço Social sobre seu trabalho no Departamento de Serviço Social fornece uma interessante amostra desses casos:

Público — famílias de operários, pequenos artesãos, pequenos funcionários, viúvas e aposentados (da amostra, entre homens e mulheres, com exceção das últimas que declararam trabalhar em casa, e dos aposentados, pouco mais de 25% compõem-se de desempregados ou desocupados).

---

49. Ana Maria Ferraz Wey. Estudo de 50 casos de assistidos pelo Departamento de Serviço Social residentes na Paróquia da Lapa. Tese de conclusão de curso apresentada à Escola de Serviço Social de São Paulo, nov. 1940.

Condições de habitação das famílias

habitação individual	42%
quarto	12%
cortiço	12%
vila	10%
outras e não declarado	24%

Número de cômodos da habitação

1 cômodo	46%
2 cômodos	18%
mais de dois cômodos ou não especificado	36%

Tipo de assistência pedida

assistência judiciária	42%
assistência monetária	18%
internação	18%
hospitalização	12%
assistência geral (auxílio)	6%
asilamento	2%
trabalho	2%

Assistência prestada

encaminhamento à procuradoria de Serviço Social	38%
auxílios em dinheiro (assistência monetária)	12%
encaminhamentos a instituições médicas	25%
encaminhamento a obras de assistência públicas e particulares	8%
outros auxílios e encaminhamentos	17%

A transcrição do relato de um desses casos é particularmente ilustrativo:

"Para cada caso de assistência pedida foram prestados auxílios sob as formas mais diversas, de acordo com o que ficou estabelecido pelo

diagnóstico traçado, após o estudo do caso. Assim, em um só caso notamos as seguintes medidas aplicadas:
1. Encaminhado (o interessado) à Assistência Vicentina para a obtenção de auxílio em 'Vales'.
2. Tendo 4 filhos menores, foram encaminhados ao Parque Infantil.
3. Foi prestada assistência médica no domicílio, em virtude de se encontrar o interessado muito doente.
4. Após algum tempo, não podendo o chefe da família trabalhar por se achar doente, houve concessão de auxílio monetário, num total de 600$000.
5. Continuando o interessado enfermo, foram-lhe concedidos, e a outras pessoas da família, passes de Estrada de Ferro a fim de se dirigirem a uma cidade do interior. Não tendo havido melhora, depois de algum tempo voltaram novamente a esta capital (novos passes concedidos).
6. Concedeu-se internação dos filhos menores (4 e 2 anos) em instituições adequadas.
7. Solicitou-se a legalização da situação da esposa do interessado, que é estrangeira, à Procuradoria de Serviço Social.
8. Orientação moral: família desorganizada, o interessado era casado e, tendo abandonado a esposa, passou a viver com a atual companheira que, pelo seu lado, também era casada, abandonada pelo marido".

Enquanto pesquisadores sociais, se dedicarão através de inquéritos familiares a diversos levantamentos nos bairros operários, pesquisando as condições de moradia, situação sanitária, econômica e moral (situação civil, promiscuidade, alcoolismo, desocupação etc.) do proletariado.

O relato da primeira experiência em Serviço Social de empresa[50] não diferirá muito das outras poucas experiências desse tipo no período, em

---

50. Yolanda Maciel (Assistente Social Fiscal Sindical do Departamento Estadual do Trabalho). "Uma Experiência de Serviço Social na indústria." Apresentado no I Congresso de Direito Social, 1941. Arquivo da Escola de Serviço Social da PUC-SP.

grandes empresas que, em geral, possuíam já infraestrutura de serviços próprios. A etapa inicial consistiu na intervenção nos serviços exteriores à unidade de produção e junto às atividades ligadas à legislação do trabalho, atuando principalmente junto às mulheres e crianças: direção da creche, articulação dos serviços anexos, *ação educacional* (educação popular — formação moral, higiene etc.), visitas domiciliares, articulação e "encaminhamentos para os serviços da comunidade e contatos com os movimentos de aperfeiçoamento moral e profissional" (Juventude Operária Católica, Círculos Operários etc.). Quanto à legislação trabalhista, o Assistente Social passa a se associar à *concessão* de seus *benefícios*, como licença-maternidade, acidentes de trabalho, aposentadoria, seguro de vida etc. A segunda etapa, articulados os serviços anexos e "conquistada a simpatia" de uma parcela dos operários, consistirá na atuação voltada para o controle do "fator humano da produção": seleção profissional, prevenção de acidentes, "vigilância sobre saúde dos operários", vigilância sanitária e assistência às gestantes e nutrizes etc.

Trata-se da Companhia Nacional de Estamparia com três fábricas dedicadas à fiação, tecelagem e estamparia na cidade de Sorocaba (SP), empregando naquele momento 4.200 operários, sendo mais de 3/4 do sexo feminino. Contava esse conjunto industrial uma creche anexa à unidade maior, duas vilas operárias com igreja, grupo escolar, creche, escola maternal, congregação mariana e instalações esportivas.

Desse relatório, bastante longo e minucioso, resumimos a seguir as principais medidas encaminhadas pela Assistente Social em questão e sua própria avaliação sobre os efeitos alcançados, especialmente no que toca aos serviços anexos.

1. Direção da Creche:

    a) Posição assumida quanto às operárias que continuavam amamentando seus filhos durante o horário de trabalho, ultrapassado o número de dias regulamentar definido para esse mister pela legislação trabalhista;

    - encaminhamento ao serviço médico para a obtenção de dietas alimentares para as crianças;

- encaminhamento à gerência dos nomes das operárias recalcitrantes na *infração*, e a consequente ordem aos contramestres para impedir a saída das mesmas durante o horário de trabalho.

Avaliação:
- defesa da saúde das operárias e dos interesses legítimos da empresa, que perdia muitas horas de trabalho.

b) *Melhoria* dos serviços da creche: encaminhamento das operárias que aleitavam para controle de saúde pelo serviço médico, e serviço de "lanche" (banana ou laranja) para essas operárias.

Avaliação:
- maior integração das operárias à empresa e aumento da produtividade;
- queda do absenteísmo e maior estabilidade;
- considera que o "lanche" serviria como incentivo a uma política "demográfica".

c) Racionalização da assistência médica com integração do serviço de pediatria à creche; alistamento das crianças para acompanhamento por esse serviço.

Avaliação:
- melhoria do nível de saúde e diminuição do número de faltas para levar crianças ao médico.

d) Aproveitamento das horas de aleitamento para aplicação de *técnicas de educação popular* (círculos de estudo e palestras sobre assuntos de ordem econômica, moral e higiênica).

Avaliação:
- melhoria na higiene e formação moral: regularização de casamentos, abertura de cadernetas de poupança e apreensão de métodos bons e econômicos de tratamento das crianças.

2. Visitas domiciliares: objetivo de conhecimento dos problemas do meio.

    Avaliação:
    - auxílio na resolução de inúmeros problemas familiares; observação do estado de conservação das casas e padrões de higiene, trabalho doutrinário com as famílias católicas.

3. Articulação dos serviços anexos da empresa com os da comunidade, sindicato e movimentos de aperfeiçoamento moral.

    Avaliação:
    - articulação *inteligente* dos serviços existentes — "obter o máximo rendimento possível com o mínimo dispêndio de tempo e material", e "melhoria do ambiente".

4. Atuação a partir da campanha de erradicação da malária: mobilização das crianças para: educação sanitária da criança e da família através da criança e desenvolvimento do "senso social" das crianças.
    - manutenção da limpeza dos quintais e colaboração na vigilância dos campos e ruas da localidade para impedir a instalação de focos de mosquitos;
    - organização de clube infantil e organização de equipes;
    - campanha para o plantio de hortas nos quintais.

Nas primeiras experiências em Serviço Social de empresa, os Assistentes Sociais atuarão, em geral, na racionalização dos serviços assistenciais ou na sua implantação, assim como em atividades de cooperativismo, ajuda mútua e organização de *lazeres educativos*. Paralelamente, interferirão crescentemente nos encaminhamentos necessários à obtenção dos *benefícios* da legislação social junto aos órgãos de Previdência. Os estágios praticados em estabelecimentos industriais serão, inclusive, no mais das vezes classificados pelas escolas como Serviço Social da Família, ou como Serviço Social da Família e Serviço Social na Indústria.

No campo do Serviço Social médico, as iniciativas são ainda extremamente embrionárias. Estarão ligadas inicialmente à puericultura e à profilaxia de doenças transmissíveis e hereditárias. As funções exercidas se referirão à triagem (o que o cliente ou família pode pagar), elaboração de fichas informativas sobre o cliente ("dados importantes que o médico muito atarefado teria gasto muito tempo para obter"), distribuição de auxílios financeiros para possibilitar a ida do cliente à instituição médica, *conciliação* do tratamento com os deveres profissionais do cliente (entendimentos com o empregador), o cuidado quanto aos fatores "psicológicos e emocionais do tratamento", e a adequação do cliente à instituição através da "obtenção de sua confiança".

A atuação prática desenvolvida pelos primeiros Assistentes Sociais estará, assim, voltada essencialmente para a *organização da assistência*, para a *educação popular*, e para a *pesquisa social*. Seu público preferencial — e quase exclusivo — se constituirá de famílias operárias, especialmente as mulheres e crianças. As visitas domiciliares, os encaminhamentos — de muito pequeno efeito prático, devido à carência de obras que sustentassem semelhante *técnica*[51] — a distribuição de *auxílios materiais* e a *formação moral e doméstica* através de círculos e cursos, serão as atividades mais frequentemente desenvolvidas pelos primeiros assistentes sociais.

3. Elementos do Discurso do Serviço Social

Durante essa fase a produção específica sobre a matéria do Serviço Social, como hoje é correntemente entendida, é bastante limitada. Uma única publicação regular, editada em São Paulo,[52] reproduz o pensamento,

---

51. Hayda Pereira. "Aspectos do Serviço Social no Rio de Janeiro." *Revista Serviço Social*, n. 31, 1943, São Paulo.
"A Assistente Social penetra nos meios populares e encontra dificuldades em dar-lhes satisfação."

52. *Revista Serviço Social*. Apesar de esta revista ser anterior a 1940, apenas a partir desse ano passa a ser publicada regularmente. Alguns de seus principais responsáveis, como Luís Carlos Mancini (diretor), Nadir Gouveia Kfouri (editor-chefe) e Ernani de Paula Ferreira (secretário), formaram-se nas primeiras turmas da Escola de Serviço Social de São Paulo. Os dois primeiros nomes citados estão intimamente relacionados às principais fases de implantação e desenvolvimento do Serviço Social e ao seu ensino.

Quadro 2
Cronologia dos campos de trabalho dos Assistentes Sociais formados — Entidades
Rio de Janeiro, 1939-1947

Ano	Estado — paraestatal autarquias	Particular
1939	Juízo de Menores Serviço Social da Prefeitura do Distrito Federal	Associação Lar Proletário
1940	Escola de Serviço Social (Ana Nery) Serviço Social da Policlínica de Botafogo	Associação das Senhoras Brasileiras
1941	Ministério do Trabalho (Fiscalização) Serviço Social da Imprensa Nacional	Serviço Social do Patronato da Gávea Serviço Social da Escola Gonzaga Júnior
1942	Serviço de Assistência ao Menor Serviço Social do Hospital Artur Bernardes IAPC Legião Brasileira de Assistência	Serviço Social da Casa da Empregada Paróquia Santa Teresinha Serviço Social da Casa do Pobre Escolas de Serviço Social
1943	Serviço Nacional de Aprendizagem t Industrial (SENAI)	Confederação dos Círculos Operários Cia. de Seguros Sul-América
1944	Serviço Social do Instituto de Cardiologia Ministério da Aeronáutica IAPIA Serviço Social do IAPM — IAPTC — CAPSPDP CAPLR — IPASE — CAPFCB	Casa do Comércio "A Exposição" Ação Social Aquidiocesana Serviço Social da Cia. Petropolitana de Fiação e Tecelagem Cia. Carioca Industrial Campanha de Redenção da Criança
1945	Serviço Social dos Servidores da Prefeitura	Cia. Cerâmica Brasileira Fazenda S. José (Serviço Social Rural)
1946	SESC Fundação Leão XII	AGIR (Empresa editorial) Fábrica Bonsucesso 1947
1947	SESI	

Observação: As instituições que empregavam Assistentes Sociais não necessariamente permaneceram contando com o serviço de profissionais.
Fonte: 10° Aniversário do Instituto Social — Trabalho das Assistentes Sociais. Rio de Janeiro, 1947.

Quadro 3
Campo de atuação dos Assistentes Sociais formados pela
Escola de Serviço Social de São Paulo, 1947-1949

	1947		1949	
	Abs.	%	Abs.	%
1. Serviço Social Médico Hospital das Clínicas Dispensário de Tuberculose — Departamento de Saúde do Estado Departamento Estadual da Criança Hospitais e Clínicas Particulares	23	23,0	23	24,0
2. Indústria SESI SENAI Empresas Particulares	19	19,0	28	21,0
3. Escolas de Serviço Social (Diretores, Monitores e Professores)	11	11,0	16	12
4. Assistência à Família Legião Brasileira de Assistência)	11	11	12	9,0
5. Educação Popular Parques Infantis Centros de Educação Popular Casas de Empregadas Domésticas	9	9	2	2,0
6. Menores Juízo de Menores Serviço Social de Menores do Departamento de Serviço Social da Secretaria de Justiça Obras Particulares	8	8,0	21	16,0
7. Coordenação de Obras sociais (Departamento de Serviço Social da Secretaria de Justiça)	8	8,0	5	4,0
8. Previdência IAPI (industriários) IAPC (comerciários)	5	5,0	5	4,0
9. Comércio SENAC Empresas particulares	3	3,0	—	—
10. Procuradoria de Serviço Social (Departamento de Serviço Social da Secretaria de Justiça)	3	3,0	2	2,0
11. Intercâmbio internacional	—	—	1	1,0
12. Serviço Social junto a trabalhadores rurais	—	—	4	3,0
Total	100	100,0	131	100,0

Fonte: Relatórios da Escola de Serviço Social de São Paulo.

Quadro 4
Campo de Atuação das Assistentes Sociais Diplomadas pelas Escolas
Femininas Católicas de Serviço Social — Rio de Janeiro e São Paulo, 1946*

Setor	Instituições	Número de Assistentes Sociais	%
Público	a) Departamento de Serviço Social do Estado de São Paulo b) Hospital das Clínicas da Faculdade de Medicina da Universidade de São Paulo c) Serviço de Tuberculose (SP) d) Policlínica de Botafogo (RJ) e) Serviço Social do Hospital Artur Bernardes (RJ) f) Departamento da Criança (SP) g) Prefeituras (SP) h) Escolas de Serviço Social i) Delegacia do Ministério do Trabalho (SP)		
Grandes Instituições (Autarquias e Paraestatais)	a) Serviço Nacional de Aprendizagem Industrial (SENAI) b) Institutos e Caixas de Pensões e Aposentadorias c) Legião Brasileira de Assistência (LBA) d) Serviço Social do Comércio (SESC) e) Fundação Leão XIII	11 2 17 18 3 1	35,0
Obras Particulares	Para menores Para família Educação Popular Escolas de Serviço Social (em diversos Estados)	26 7 1 9 9	22,0
Indústria e Comércio (empresas) Organismos Internacionais (UNRRA)		12 3	10,0
Total		116	100,0

* Dados recolhidos de Relatórios das Escolas de Serviço Social de São Paulo e Instituto Social do Rio de Janeiro. Os dados foram contabilizados de forma aproximada, existindo em alguns casos dupla contagem e classificações arbitrárias.

as preocupações e o desenvolvimento desse movimento. Refletindo, no entanto, a fase embrionária em que o serviço social se encontra — um prolongamento da Ação Social — constitui-se no essencial em veículo de doutrinação e propaganda do pensamento social da Igreja, propondo-se à mobilização da opinião católica para o apostolado social.

É principalmente nos encontros e conferências promovidos pelo movimento católico — Semanas de Ação Social, Congresso de Direito Social etc. — que são expostas as primeiras tentativas de sistematização da prática e ensino do serviço social, assim como a visão do mundo que dá suporte a essas formulações.

Não seria correto, entretanto, caracterizar tais trabalhos como fruto de uma elaboração própria dos Assistentes Sociais. Compõe-se este núcleo de número reduzido de pessoas, que desenvolvem uma atuação prática limitada a pequeno número de frentes de pouco alcance social. Tampouco existe uma tentativa sistemática de adaptação crítica à realidade local dos postulados doutrinários, teóricos e técnicos absorvidos através da influência europeia e norte-americana. Neste item, a partir de artigos publicados na *Revista Serviço Social*, de teses e intervenções apresentadas por Assistentes Sociais — tanto dos núcleos iniciais no Rio de Janeiro e São Paulo, como dos formandos das primeiras turmas das escolas que são organizadas nestas duas cidades — se procura recortar alguns elementos básicos do *discurso* por eles produzido.[53]

A caridade passa a utilizar os recursos que a ciência e a técnica lhe oferecem; mobiliza, além dos sentimentos, a inteligência e a vontade para o serviço da pessoa humana. O Serviço Social representa uma evolução dos antigos métodos, favorecida pelas descobertas científicas, pelo desenvolvimento dos estudos sociológicos e, principalmente, pela intensidade e complexidade dos problemas sociais presentes. Isso o distingue das antigas formas de assistência.

Uma visão retrospectiva da patologia social e de seu tratamento mostra não ser o Serviço Social uma destas aquisições da ciência moderna, sensacional e rápida. Nada revolucionou; mas é simplesmente huma-

---

53. Os aspectos relativos à *formação para o Serviço Social* são analisados no item 4.2.1.

no e a descoberta quase mágica de seu nome nada mais é que a conclusão de métodos aperfeiçoados pela experiência em suavizar a miséria e a doença, que transformaram, sem exigir saltos, em uma organização quase científica, a concepção de caridade velha como o mundo.

Abrigados os órfãos, hospitalizados os enfermos, surgem os sem-trabalho, os viciados, as mulheres abandonadas, os menores delinquentes. Os próprios quadros sociais, constituídos por elementos imperfeitos, têm as suas falhas: a família desorganiza-se, os salários não bastam para a manutenção... Urge, pois, que se restabeleça a ordem social, baseada na justiça e na caridade.

Trabalho de adaptação do indivíduo ao meio e do meio ao indivíduo, pesquisa das causas profundas dos males sociais — procura das causas dos desajustamentos sociais e ação direta sobre eles de maneira científica — a fim de não só remediar, mas ainda de curar e prevenir seu reaparecimento, eis a forma que tomou atualmente a atividade orientada ao saneamento das deficiências individuais e coletivas.

Para conseguir tal objetivo, é necessário um conhecimento real quer do homem, quer de seu meio, sob todos os aspectos: material, econômico e moral, o que dificilmente pode ser adquirido fora de um aprendizado especial. Não seria possível preparar-se adequadamente alguns colaboradores para a grande obra da reconstituição da sociedade temporal, onde residem os futuros habitantes da cidade de Deus? Essa evolução nos métodos de assistência, passou a exigir também daqueles que a ele se dedicam um preparo adequado e metódico, e é o que justifica o aparecimento das escolas de Serviço Social.

A Ação Social tem por fim promover, a cada época e conforme suas necessidades, a adaptação e as transformações dos grupos existentes, e a criação dos que se tornarem necessários. Essa ação orgânica e vital cabe aos particulares, que estão vivendo a situação e nela empregando o melhor de sua energia. A Ação Social é exercida sobre a estrutura mesma da sociedade, visando adequar ou transformar os quadros existentes; é mais um movimento de ideias, pois todo trabalho de reforma, de adaptação e concretização difícil exige por parte de seus empreendedores uma ideia-força que os ilumine e os arraste, e a formação de uma mentalidade de massas que eles pretendem atingir.

Já o Serviço Social tem por objeto remediar as deficiências dos indivíduos e das coletividades; quando se dirige ao ajustamento de um determinado quadro, ele o faz para sanar deficiências acidentais, decorrentes de certas circunstâncias, e não de um defeito estrutural. O objeto será o mesmo materialmente, mas diferindo formalmente.

Embora a organização social seja satisfatória, haverá sempre indivíduos fracos e acidentes que não podem ser previstos. A própria educação social do indivíduo, tornando-o apto a bem se aproveitar dos organismos sociais, e a atender a um aperfeiçoamento, são casos em que só uma ação bem particularizada poderá resolver.

O Serviço Social junto da coletividade vem remediar certas deficiências generalizadas, que no entanto não afetam os grupos sociais em sua estrutura. Exemplo típico seria, através de cursos de economia doméstica, concorrer para a melhoria da situação de determinadas camadas, em que a falta dessa formação é um fator considerável de desequilíbrio no orçamento da família.

O campo para a ação do Serviço Social é, portanto, bem delimitado:
- a organização social é satisfatória, e as reformas e adaptações que se tornam necessárias com a evolução da sociedade, são campo da Ação Social;
- sempre haverá indivíduos fracos; e este é o campo principal do Serviço Social, ajustando-os ao quadro normal da vida, através de uma ação personalizada;
- a ação junto às coletividades não deve atingir os grupos sociais em sua estrutura.

No que toca a um entendimento mais amplo da sociedade, o discurso é essencialmente doutrinário e apologético. Tendo por base o pensamento católico europeu — em sua vertente mais direitista — e, principalmente, as encíclicas papais, esse discurso se antepõe ao comunismo totalitário e à ordenação social do liberalismo, incapaz de resolver o problema das classes subalternas. Existiria uma crise ainda mais profunda, cuja origem está na secularização dos valores socialmente aceitos.

As leis que conformam o Estado liberal apenas institucionalizam o conflito e os antagonismos sociais, atenuam suas consequências para os mais fracos, mas não os suprimem. O conflito fica instalado na própria estrutura da sociedade. Os católicos devem pugnar pela recristianização da sociedade — desmascarando a mistificação liberal — e reorganizá-la sob a ótica do corporativismo cristão. O nível de desenvolvimento das forças produtivas, as contradições particulares do capitalismo no Brasil, assim como a intensidade e as formas que assume o antagonismo entre as classes não são considerados enquanto elementos determinantes para a análise da sociedade.

Para os assistentes sociais que procuram observar essa sociedade, especialmente as condições de vida do proletariado urbano, há uma situação de crise, de "anomia", um "estado de pobreza verdadeiramente calamitoso".

A melhor forma de enfrentar o problema "seria começar por melhor compreendê-lo". Apesar de já existir dentro das ciências sociais um debate amplo e uma literatura apreciável a respeito, negam — metodologicamente — a validade de qualquer formulação teórica anterior à observação e experimentação empírica. A realidade é circunscrita aos contornos imediatos em que se situam os problemas, devendo-se partir, para o seu conhecimento, não de "ideias preconcebidas", mas da descrição morfológica, pois seria "hipócrita pretender reformar a vida da sociedade a partir de teorias".

A legislação social é vista com desconfiança. Criticam, os Assistentes Sociais, a transposição de legislações formuladas no exterior — "em nações mais ricas e desenvolvidas" — sem a necessária adaptação à realidade local. Consequentemente à visão metodológica da negação dos postulados liberais, consideram arbitrária a transferência de instituições políticas e sociais entre nações de "cultura e temperamento" diversos. Também não a veem como fruto da luta do proletariado, mas como uma outorga paternalista e demagógica do Estado.

As leis sociais — algumas necessárias — deveriam ser fruto de um profundo trabalho de pesquisa sobre as verdadeiras necessidades do meio, e sua implantação precedida de um amplo trabalho educativo, para que não fossem rechaçadas pelo proletariado nem deturpadas em seu espírito. E estas duas tarefas não encontrariam ninguém mais apto a desenvolvê-las do que o Assistente Social de empresa. O acúmulo de encargos pesando sobre o patronato faz com que este — a quem também não se tentou esclarecer — procure fugir à aplicação das leis. A fiscalização a cargo do Ministério do Trabalho é criticada por seu caráter de repressão e burocratismo, que leva à desarmonia e propicia a corrupção. Também deveria caber ao Serviço Social esta tarefa, por seu caráter eminentemente educativo e pedagógico.

Bandeiras tradicionais representativas dos interesses das frações burguesas de base agrária são incorporadas ao discurso de uma parcela dos porta-vozes do pensamento dos Assistentes Sociais. O governo seguiria uma política industrialista artificial — senão criminosa — contrariando a vocação agrária da nação. Daí a crise que arruína a economia agrícola, que despovoa o campo, tendo como consequência para as cidades o espetáculo de miséria provocado pelo desajustamento da massa de migrantes. As indústrias, por seu artificialismo, são incapazes de incorporar essas correntes e possibilitar-lhes um mínimo de bem-estar material.

No discurso em análise há também uma idealização romântica da Idade Média, de uma ordem integrada e harmônica, de um mundo moral onde predomina a razão geral, norteadora da constituição e dinâmica dos organismos sociais. No entanto, se em um momento historicamente determinado para determinadas classes ou frações de classe, semelhante modelo de civilização é ideal na medida em que não possui paralelo na história, mas real como expressão ideológica, sua assimilação para a realidade brasileira parece como inteiramente artificial.[54] Privado da corporação, "suprema expressão da pessoa na sociedade terrestre", e sustentado por um "sindicalismo vazio e incompetente", "esmagado pela máquina", o operário "será forçosamente um diminuído, um despersonalizado, um isolado moral que poderá vir a ser, conforme suas reações mais íntimas, uma sombra do homem ou o próprio homem rebelado contra a espécie".

---

54. Ver J. de Souza Martins. *Sobre o modo capitalista de pensar*. São Paulo: Hucitec, Col. Ciências Sociais, 1978.

Se por um lado se reconhece nesse pensamento a existência de "um excesso de diferenciação social" — diferenciação que em si é natural, pois os homens são desiguais em capacidade, e a vida social requer um organismo muito variado de funções — fruto da ordem liberal que estimula a apetitividade excessiva e o egoísmo, o proletariado também é responsabilizado pela situação "anormal" ou "patológica" de sua condição de vida. O proletariado, visto como portador de uma "ignorância natural", fruto de um "baixo nível cultural e fraca formação moral", a que se soma uma "insuficiência de recursos econômicos", é presa fácil da "fanfarra subversiva" e, por suas deficiências individuais, é incapaz de alcançar um nível de vida "normal" e compatível com sua posição na "hierarquia social". Passando por cima da análise das relações sociais de produção e da própria produção dos bens materiais, causas e efeitos são invertidos e reinvertidos.

À medida que aprofundam a experimentação empírica dos "problemas sociais", por meio das diversas frentes em que se decompõe sua atuação, com maior precisão os Assistentes Sociais veem a necessidade de intervir na crise de "formação moral, intelectual e social" da família. É necessário reajustá-la através de uma ação educativa de longo alcance, para que obtenha um padrão de vida que lhe possibilite um "mínimo de bem-estar material", a partir do qual se poderá começar sua reeducação moral. Procuram, portanto, segundo uma perspectiva muito próxima à filantropia tradicional — que tanto criticam — minorar de forma autoritária e paternalista esses problemas de ordem material.

As condições de moradia do proletariado são analisadas através de diversos inquéritos. A promiscuidade e a precariedade de condições sanitárias com as quais convive a família operária são registradas estatisticamente, assim como suas consequências morais são levantadas: "A má habitação colabora para a existência de muitos problemas, como a delinquência, a corrupção dos costumes etc.". Inquérito realizado pelo Departamento de Assistência Social de São Paulo em cortiços de bairros operários chega à conclusão sobre a existência de problemas de desajustamento de ordem moral em 1 para cada 2,7 de seus habitantes.

As campanhas em prol da "casa operária", de cunho paternalista, desenvolvem-se com frequência, seja através de fundações que se propõem a atuar diretamente sobre o problema, seja através de campanhas que objetivam sensibilizar o Estado e setores empresariais para a aplicação da copiosa legislação específica existente a respeito. Criticam a carência de habitações populares e aluguéis elevados, comparando-os à usura; alguns Assistentes Sociais ligados a organismos públicos clamam por seu enquadramento legal.

No entanto, a consecução de semelhantes projetos seria apenas um início: "Não basta dar às famílias a habitação aconselhável. É necessário educar para usá-las". "É mais difícil mudar os hábitos do povo do que construir-lhe casas." A visão que têm do proletariado, em função de sua própria visão do mundo, é apresentada cruamente: as péssimas condições de habitação se devem ao "desapego ao lar", denotam a "falta de formação doméstica da mulher"; quanto ao desejo de morar próximo ao centro, explicam que o proletariado prefere a maior possibilidade de "distração, em detrimento do conforto e da higiene". O povo "logo se acostuma ao ambiente decaído".

Logo, será necessário "começar pela reforma do homem", despertando-lhe o gosto pela casa; mostrar a necessidade de habitação sadia. Há a necessidade de uma intensa campanha educativa e o aumento da fiscalização sanitária.

A ignorância e a pobreza são também "as duas causas principais da subnutrição no Brasil". Esta gera a baixa produtividade do trabalhador, que se constitui num dos principais fatores responsáveis por sua remuneração insuficiente. É necessária a disseminação dos restaurantes populares, a repressão severa da especulação de gêneros de primeira necessidade. No entanto, a "racionalização da alimentação não acarreta despesas muito maiores do que a despendida hoje, desorientada e prejudicialmente".

É "necessário educar o povo", "instruir a família" — isso teria mais eficácia do que a "ereção de complicados Institutos da Alimentação", que geralmente não saem do terreno das especulações e das "fórmulas que ninguém entende".

A mercantilização da Força de Trabalho feminina e infantil é considerada uma questão complexa. Sua origem está na situação de "anormalidade social", na desorganização e abandono da família. A mortalidade infantil e abandono do menor, a desagregação moral da família, têm como uma de suas causas principais o "abandono do lar" pela mulher. Mas, se o "chefe da família", em função de suas deficiências individuais, é incapaz de suprir as necessidades mínimas do lar, não restará à mulher e aos filhos mais velhos outra alternativa. Mas, desse problema objetivo, deriva outro que traduz uma deformação moral: "é o da mulher não necessitada, que trabalha, aspirando gozar da decantada independência moderna."

Como para a maioria das profissões "há incompatibilidade entre os deveres de esposa e mãe e os profissionais, e como o casamento e a maternidade constituem a vocação feminina mais normal", o Serviço Social deverá procurar fazer com que o trabalhador tenha um ordenado suficiente para a manutenção da família.

As creches são, também, sinônimo de desajustamento, "um mal necessário", "um paliativo". O papel do Assistente Social nas creches e instituições semelhantes será de, através de um trabalho de longo alcance, atingir a família dessas crianças, "reeducar os pais, adaptando os indivíduos ao meio".

Só essa obra de assistência — pessoal, familiar, social — "obra de educação, de orientação, de formação integral da sociedade, de saneamento do meio", poderá atuar eficazmente sobre os flagelos sociais, como o alcoolismo, a saúde arruinada — a cura efetiva dos doentes e a reabilitação e reajustamento dos incapacitados — as crianças abandonadas, a juventude decaída etc.

Falta às leis sociais — "uma panaceia de que se beneficia apenas uma parcela da população" — seu componente essencial: o abono familiar, "retribuição devida ao chefe da família pelo serviço que presta à sociedade com o fato de ter de educar seus filhos". Em suma, é preciso reeducar a família — e a religião será o esteio moral de sua estabilidade — e leis que garantam o direito da família e dos filhos na sociedade, abono familiar, e salários que permitam um mínimo de bem-estar, exonerando a mulher da necessidade de trabalhar fora do lar.

Em outro setor em que os Assistentes Sociais também iniciam suas primeiras experimentações, a explicitação de suas representações face ao proletariado e de seu papel em face do mesmo aparecem de forma ainda mais claras.

Nos poucos trabalhos existentes sobre Serviço Social na indústria, os Assistentes Sociais reconhecem as condições infra-humanas de trabalho — duração da jornada necessária à subsistência, insalubridade, acidentes etc. — esmagamento a que é submetido o operário: "A atividade humana passou a ser considerada como simples mercadoria despojando-a de toda signidade."

Reconhecem que, nestas condições, o trabalho não faz parte da vida do operário, que este vende a um terceiro sua atividade vital — seu modo peculiar de manifestar a vida — como meio de poder existir. Que o produto de sua atividade não é mais objetivo de sua atividade, que o operário "se liga à empresa com a passividade do animal ou como o escravo que se sujeita ao dono".

A conclusão que abstraem dessa constatação é a de que "toda a riqueza extraordinária de que foi dotada a criatura ao lhe ser comunicada a alma, e que é também a alma da empresa, perde-se no rebaixamento do operário". Trata-se para o Serviço Social de "explorar esse manancial" e fazê-lo confluir, através da "integração total e consciente" do operário à empresa, e o quanto ganha esta com a "colaboração honesta, viva e profícua do trabalhador". A finalidade básica do Serviço Social será a de restabelecer na empresa "uma verdadeira sociedade", cujos membros tenham em vista o mesmo fim.

As máquinas foram aprimoradas, os lucros aumentados extraordinariamente, mas nada se fez em benefício do fator humano. Disto "resultou o atual desequilíbrio social, que manifesta de muitas formas a falta de harmonia entre o capital e o trabalho".

O Assistente Social, ao mesmo tempo em que deverá atuar no sentido de garantir ao trabalhador e sua família um nível de vida moral, físico e econômico normal, e a correta aplicação das leis trabalhistas, deverá combater o absenteísmo, o relaxamento no trabalho, velar pela moralidade, promover a conciliação nos dissídios trabalhistas e adaptar o trabalhador a sua função na empresa. Será "o agente de ligação entre patrão e operário. Atendendo a um e outro — atuando de forma autônoma e independente

— ele é o autêntico agente da justiça social", o "agente de coordenação dos elementos humanos da produção e da aproximação das classes".

A assistência ao trabalhador não deverá ser paternalista, pois este se torna arredio. Os operários devem participar da administração de tais instituições — o que enche de horror certos capitães da indústria de mentalidade atrasada — sob a atenta supervisão do Assistente Social, que velará pela correta administração de seus serviços. Este atuará através de um tratamento individual, que dá ao operário "a consciência do seu valor perante a empresa", de sua "solidariedade"; deverá garantir a "impermeabilização do operariado à propaganda subversiva, prevenindo a luta de classes".

A tônica do discurso é também educativa. A ignorância e falta de preparação da classe operária justifica a tutela que o Assistente Social deverá exercer sobre sua consciência, despertando-lhe "o senso de responsabilidade individual e social, para que compreenda a correlação entre seus direitos e deveres".

As soluções propostas para a melhoria das condições de existência do proletariado apresentam o sentido ambíguo assinalado anteriormente. A produtividade intermitente — em função da precariedade de sua saúde — e a falta de qualificação profissional dificultam a obtenção de uma remuneração mais justa. É necessário, portanto, remediar a situação através de uma infraestrutura hospitalar e de cursos de formação profissional. Reeducá-lo, dando-lhe uma formação social através da recuperação do espírito de comunidade, donde sobressairiam as iniciativas de tipo corporativo.

Dessora de todo esse discurso um conservantismo arraigado — que torna retórico o apelo à melhoria da produtividade e de remuneração, na medida em que não admite mudanças estruturais — e uma infantilização do proletariado, que legitima a ação tutelar. E, principalmente, a mistificação da exploração capitalista, transformada em problema de ordem educacional, moral ou assistencial.

As sequelas da brutal exploração do proletariado, com seu séquito de horrores e sofrimentos, contrapõem a educação da mulher para a produção doméstica de valores de uso, maior racionalidade na dieta alimentar, quando sua força de trabalho é requerida pela produção; harmonia e maior produtividade e especialização para aumentar a renda do operário, formação moral e abono para prevenir o abandono das crianças e a desagregação familiar; o revigoramento do corporativismo espontâneo (e não estatal) e do sentido comunitário como mecanismos naturais de autodefesa e autoajuda; a repressão aos aluguéis extorsivos e à especulação com gêneros alimentícios de primeira necessidade; a existência de uma vasta rede de obras assistenciais para a recuperação e reintegração ao mercado de trabalho dos desajustados de todo tipo.

No plano da metodologia e técnicas também não se observa, por parte dos Assistentes Sociais, um trabalho de teorização e adaptação à realidade brasileira. Seu esforço maior se orienta para a divulgação com o objetivo de sensibilizar as instituições particulares e o Estado para a adoção das novas técnicas de assistência. Apesar de reconhecerem "que só a custas de inenarráveis dificuldades será possível fazer Serviço Social de casos individuais entre nós", pois este "supõe necessariamente a existência de um conjunto de obras sociais capazes de coadjuvar o assistente em vez de centralizar-lhe a tarefa, e nós não as possuímos ou as encontramos em número irrisório ou com organização insuficiente"; nos setores onde principiam a desenvolver sua prática — seja nas frentes criadas por suas próprias instituições, seja nas obras particulares e setores da administração pública que os incorporam — a tônica será a do Serviço Social de casos individuais. Só muito mais tarde se começará a pensar na organização e desenvolvimento de comunidade, e isto também a partir da influência externa.

Criticam a assistência pública por seu caráter burocrático e despersonalizado, por sua frieza e despreocupação com a prática de maior alcance, e as obras particulares por seu caráter filantrópico e paternalista, por aceitarem a passividade do assistido, por apenas remediarem situações que se perpetuam.

Duas serão suas reivindicações principais: a coordenação e a tecnificação das obras assistenciais. Tomando por modelo instituições norte-americanas, pleiteiam a criação de organismos de coordenação e centralização das obras sociais e a instituição de fichários de obras e assistidos, elementos indispensáveis à viabilidade do Serviço Social de casos individuais.

A "tecnificação" da assistência, por sua vez, envolve a introdução de um universo conceitual mais amplo em diversos sentidos. A assistência não deverá mais ser apenas curativa; deverá atuar, e principalmente, na prevenção dos "problemas sociais". Portanto, deverá ir ao encontro destes, isto é, ir ao proletariado e não esperar que este venha procurar auxílio. A pesquisa deverá possibilitar o conhecimento do meio, permitindo ao Assistente Social a identificação dos problemas a serem atacados. O objetivo não poderá mais ser o de, através de paliativos, minorar as situações de desajustamento. Identificada a existência de problemas, estes deverão ser tratados de forma personalizada, até a reintegração do indivíduo a uma situação normal. O inquérito individual, esmiuçando a vida do assistido — através de entrevistas com o próprio, junto aos familiares, vizinhos, patrão etc. — será o instrumento utilizado para "diagnóstico". E, para que o tratamento seja eficaz e seus efeitos duradouros, isto é, para o "reajustamento" do assistido, é indispensável sua adesão. Este deve estar "imbuído da necessidade" de curar-se, deve "aceitar e aderir ao tratamento".

Reformulação ainda mais ampla sofrerá o conceito de problema social. A série de sequelas, tradicionalmente objeto da filantropia, se adicionarão as *enfermidades* decorrentes da carência de "formação moral e social". Abre-se, assim, um enorme campo de intervenção ideologicamente orientada para a consciência coletiva e individual do proletariado, ao seu senso comum, a seu modo de existência. A nova metodologia científica, superando a assistência paliativa, deverá possibilitar a ida ao encontro do proletariado no seu locus de vida e de trabalho, a pesquisa e a catalogação de seu modo de vida e de pensar o mundo, e a intervenção nos aspectos desviantes de seu comportamento, arrancando para isso o seu consentimento.

Revendo em sua totalidade o discurso que produzem os Assistentes Sociais e seus porta-vozes durante essa fase de implantação, verifica-se a existência de um projeto teórico de intervenção nos diversos aspectos da vida do proletariado, tendo em vista a reordenação do conjunto da vida social.

O aprofundamento do capitalismo gera uma série de necessidades, que exigem profundas transformações na vida social, ocasionando uma cadeia de sequelas. A exigência de que o proletariado habite nas proximidades do local de trabalho reorganiza a localização dos aglomerados humanos, concorrendo fortemente para a especulação imobiliária e degradação das condições de moradia. Deterioram-se também as condições sanitárias, que se transformam em foco de enfermidades antigas e do surgimento de novas. A vida familiar é revolucionada, incorporando-se à produção as mulheres e crianças. Torna-se necessário criar substitutivos para uma série de tarefas domésticas, exercidas pela mulher, desde o cuidado e educação das crianças à produção de valores do uso. A incorporação da Força de Trabalho feminina e infantil, as migrações ocasionadas pela transformação da agricultura, as transformações técnicas da produção industrial, têm por consequência a existência de um imenso exército industrial de reserva — vivendo em condições sub-humanas — e permitindo que o preço da Força de Trabalho possa ser empurrado para baixo de seu valor. Neste quadro, a reprodução da Força de Trabalho ativa — da mesma forma que a daqueles total ou parcialmente desocupados, componentes do exército industrial de reserva — só pode realizar-se parcialmente sob a forma valor. Torna-se necessária a complementação de sua subsistência.

O projeto teórico — e as práticas incipientes desenvolvidas — dos Assistentes Sociais orienta-se para a intervenção na reprodução material do proletariado e para sua reprodução enquanto classe. O centro de suas preocupações é a família, base da reprodução material e ideológica da Força de Trabalho.

Como foi visto, visando às sequelas materiais da exploração capitalista, esse projeto de atuação assume o caráter assistencial de procurar a complementação da parte da subsistência da família operária não coberta pela renda obtida com a venda de sua Força de Trabalho (através de seus próprios meios ou de auxílios); de medidas médico-sanitárias de caráter profilático e de encaminhamentos à infraestrutura de serviços médicos e obras sociais etc.; da reintegração ao mercado de trabalho ou a qualquer outra atividade que proporcione alguma renda — dos temporariamente incapacitados; da reintegração à família dos improdutivos, menores abandonados, velhos e doentes etc.; de forma a que *deixem de se constituir em um peso* e fator de desajustamento.

Atuando a partir dessas sequelas sobre a reprodução material do proletariado, os Assistentes Sociais agem ou projetam agir com sua visão do mundo, própria de sua posição de classe. A representação que fazem do proletariado e dos problemas sociais e que legitima para si mesmos sua intervenção são aquelas produzidas pelas classes e frações de classe dominantes, necessárias à reprodução das relações sociais de produção capitalistas.

Dessa forma, ao atuarem sobre a reprodução material do proletariado — a partir dessas representações — atuam também na sua reprodução enquanto classe, transmitindo e buscando a adesão para sua visão de mundo e, consequentemente, negando qualquer perspectiva desviante de comportamento.

O componente da formação religiosa dos Assistentes Sociais e de sua vocação mística de um apostolado social — tão marcante nessa fase — constitui, por sua vez, elemento essencial da legitimação de seu projeto. Recristianizar a sociedade ameaçada pela crise, recuperar o Homem, significam mais concretamente recristianizar e recuperar o proletariado.

Enquadrando-se na proposição da hierarquia católica de recuperar e reafirmar sua presença na sociedade civil enquanto principal agência de controle ideológico da sociedade burguesa, capaz de incluir o proletariado num sistema consensual, o Serviço Social adquire, de forma ainda mais explícita, suas conotações ideológicas. Permite-lhe ampliar o universo conceitual de assistência, projetando intervir na formação moral e social do proletariado, ou seja, em sua consciência, a partir do cotidiano de sua existência.

4. Modernos Agentes da Justiça e da Caridade

A implantação do Serviço Social não é, como se procurou observar nos itens anteriores, um processo isolado. Relaciona-se diretamente às profundas transformações econômicas e sociais pelas quais a sociedade brasileira é atravessada, e à ação dos grupos, classes e instituições que interagem com essas transformações. Seu surgimento se dá no seio do *bloco católico*, que manterá por um período relativamente longo um quase monopólio da formação dos agentes sociais especializados, tanto a partir de sua própria base social, como de sua doutrina e ideologia. O Serviço Social não só se origina do interior do bloco católico, como se desenvolve no momento em que a Igreja se mobiliza para a recuperação e defesa de seus interesses e privilégios corporativos, e para a reafirmação de sua influência normativa na sociedade. Momento em que a Igreja passa por uma reordenação interna profunda e procura mobilizar, reorganizar e rearmar o bloco católico, lançando-o numa militância ativa.

4.1 O Serviço Social e o Bloco Católico

Esse processo de reorganização se inicia com a aglutinação de uma intelectualidade católica, para mobilizar e realinhar a opinião pública. E, se no plano subjetivo esse movimento eminentemente intelectual assume um sentido de espiritualidade, *da busca de Deus* e *de um sentido para a vida*, sua ação será essencialmente política e expressão de uma posição extremamente conservadora. Com o movimento de 30, as profundas alterações na composição do Estado e a mobilização e radicalização dos setores subalternos determinarão uma mudança radical na forma de atuação do movimento católico. A partir da mobilização e organização de setores determinados da opinião pública católica — da vinculação da condição de católico à exigência de um tipo determinado de militância — este movimento procurará uma atuação abrangente sobre a sociedade civil e a reafirmação de sua posição enquanto agência de controle das classes subalternas. A reorganização do bloco católico, que se faz com base na experiência e modelos já testados na Itália e França, terá por objetivo definido o enquadramento político e ideológico daqueles setores da população, a partir da ação das organizações do movimento católico leigo.

O Serviço Social começa a surgir como um "departamento" especializado da Ação Social e da Ação Católica, num momento extremamente importante para a definição do papel da Igreja dentro das novas características que progressivamente vai assumindo a sociedade brasileira. Estará assim, profundamente relacionado a esse processo e à ação política e social da Igreja. No plano ideológico, estará embebido de uma doutrina social totalitária; de um projeto de desenvolvimento harmônico para a sociedade; de uma *terceira via*, em que o capitalismo é exorcizado de seu conteúdo liberal; em que este capitalismo transfigurado e recristianizado aparece como concorrente do socialismo, na luta pela conquista e enquadramento das classes subalternas. O fulcro de sua atuação ainda embrionária será a ação doutrinária. Reconquistar as massas, ir ao povo, liberá-lo da influência nefasta do socialismo, aconchegá-lo no comunitarismo ético cristão. O apostolado social que se desenvolve a partir de reorganização do bloco católico será a tentativa de penetrar nos meios populares, de enquadrá-los, visando a sua transformação em instrumento de pressão para a reconquista dos privilégios e prerrogativas materiais e ideológicos da Igreja e a defesa de seus interesses políticos. Num segundo momento, já dentro do quadro da "concordata", com a normalização das áreas de influência da Igreja, esses interesses mais claramente se confundirão com os de seus *novos* aliados.

O Serviço Social não pode, assim, ser visto apenas a partir do desenvolvimento do prisma assistencial e caridoso da ideologia e prática católicas. Se os procedimentos materiais desenvolvidos durante muitos anos pelo Serviço Social pouco se diferenciaram daqueles pejorativamente denominados "caridade tradicional", ganham, no plano político, um sentido explícito, e maior eficiência. O componente "modernizador" em que se constitui o apostolado social dará um conteúdo novo à devoção e caridade cristã. O missionarismo doutrinário, que começa a atuar através e tendo por base o equipamento assistencial desenvolvido pela Igreja e pela filantropia, não se caracterizará apenas como uma forma nova de caridade. Mas, principalmente, como uma forma de intervenção ideológica, que se baseia no assistencialismo como suporte de uma atuação cujos efeitos são essencialmente políticos: o enquadramento das populações pobres e carentes, o que engloba o conjunto das classes exploradas. Não pode também ser desligado do contexto mais amplo em que se situa a posição política assumida e desenvolvida pelo conjunto do bloco católico: a estreita aliança com o "fascismo nacional", o constituir-se num polarizador da opinião de direita através da defesa de um programa profundamente conservador, a luta constante e encarniçada contra o socialismo, a defesa intransigente das relações sociais vigentes.

Frequentemente se tem atribuído à influência europeia determinadas características assumidas pelos pioneiros da implantação do Serviço Social entre nós. O autoritarismo, o paternalismo, o doutrinarismo e a ausência de base técnica, que marcariam a atuação dos primeiros núcleos que se formam em São Paulo e no Rio de Janeiro, seriam típicos do Serviço Social europeu. E, a partir de sua transposição, seriam responsáveis pela orientação das práticas iniciais desenvolvidas por aqueles grupos. Se a importância e conteúdo da influência europeia aparecem claramente — e não apenas para o Serviço Social, mas para o conjunto das formas de organização e atuação do movimento católico — sua assimilação não pode ser atribuída a um simples fenômeno de transposição. Aquelas características refletem uma ideologia e uma posição de classes determinadas. O Serviço Social, tanto na Europa como no Brasil, surge como parte, ramificação de movimentos sociais complexos. Movimentos que possuem uma base social de classe a partir da qual o autoritarismo e o paternalismo, em relação ao meio social sobre o qual intervêm, têm uma explicação histórica e social. Nesse sentido será importante acentuar que, se a reorganização do bloco católico, que cria as bases para o surgimento do Serviço Social, está profundamente influenciada pelo modelo europeu — autoritário, doutrinário etc. — esse fenômeno não pode ser debitado apenas ao caráter transnacional da Igreja Católica, que é um dos aspectos da questão. A transposição e reelaboração desses modelos deverá estar caucionada, condicionada à existência de uma base social que possa assimilá-los, isto é, que tenha uma ideologia e interesses de classe semelhantes.

Os núcleos pioneiros do Serviço Social, surgindo como ramificações da Ação Católica e da Ação Social, têm sua base social definida pela composição do bloco católico. O que não impede, no entanto, que possua especificidades bem definidas: tratar-se fundamentalmente de um núcleo feminino, originado majoritariamente do sistema de ensino mantido pela

Igreja e das *modernas obras sociais;* constituir-se a partir de *moças e senhoras da sociedade,* isto é, pertencentes aos setores abastados da sociedade; ter como um ponto comum alguma forma de militância nos meios católicos. O Serviço Social se caracteriza, assim, por ser um movimento ao qual se dedicam mulheres de famílias abastadas, reunidas a partir de seu relacionamento e militância no meio católico. A partir dessa base social, da origem de classe dos núcleos pioneiros do Serviço Social se pode deduzir que seu modo de ver o mundo e de agir em relação às populações clientes não tem a ver apenas com a influência europeia. Esse comportamento faz parte da própria ideologia das classes dominantes, pela origem, fortuna familiar ou capital cultural, que lhes confere uma *superioridade natural* em relação às populações pobres e *legitima* a forma paternalista e autoritária de sua intervenção. O discurso dessas pioneiras demonstra a certeza de estarem investidas de uma missão de apostolado, decorrente não só da adesão aos princípios católicos, como de sua origem de classe. Elementos que legitimam sua autoridade num empreendimento de levantamento moral de uma população que vegeta no pauperismo e no rebaixamento moral.

Nesse mesmo sentido, o posicionamento político do movimento católico laico, seu conservadorismo, sua proximidade à Ação Integralista Brasileira, também não podem ser debitados exclusivamente à aliança entre o Vaticano e o fascismo italiano e à orientação da hierarquia. Retrata o comportamento de um setor da sociedade brasileira num momento de grande radicalização e acirramento das tensões políticas e sociais. O laicado, o apostolado social, ao servir à Igreja participando de seus movimentos, ao pretender servir aos pobres retirando-os da situação de anomia e atenuar os antagonismos de classe, está objetivamente servindo à manutenção e reforço do domínio de sua própria classe e/ou das classes a que se alia. Os laços estreitos que ligam a mobilização para o apostolado social de um determinado segmento da população feminina ao movimento mais amplo do posicionamento político das classes e grupos de que se originam, podem ser melhor apreciados a partir do núcleo pioneiro de São Paulo. Sua organização coincidirá — e não estará alheia — com a mobilização política e militar dos grupos e frações dominantes locais, para o desencadeamento do movimento constitucionalista de 1932. Acrescenta-se, aí, uma característica particularmente interessante. O primeiro núcleo de Serviço Social surgirá justamente a partir da ação do segmento feminino de grupos e frações de classe recentemente despojados do poder político, e que se mobilizam para reavê-lo ou renegociar suas posições e influência.[55] A partir dessa observação se pode destacar uma das características do bloco católico e do apostolado social na forma em que este se desenvolve em São Paulo. Aglutinando setores sociais deslocados do poder — por eles anteriormente mantido ou ao qual se aliavam — a ação social, o apostolado social representa uma forma particular de atuação política, realizada através do movimento católico, que é uma forma de intervenção no controle social e político das classes subalternas. Atuação e intervenção políticas à qual se dedicam prioritariamente segmentos femininos desses setores.

A partir desse ponto pode-se analisar outro aspecto relacionado à base social inicial do Serviço Social e sua influência sobre as formas de intervenção nos meios populares: o fato de constituir-se num movimento quase exclusivamente feminino. Observa-se, aqui, que a forma de intervenção junto à população cliente guarda relação ao tipo de educação familiar e religiosa a que estão sujeitas essas *moças da sociedade*: o recalque dos elementos materiais em função de valores espirituais, a vigilância e repressão em relação aos instintos, a infantilização etc. Esses elementos

---

55. "Ao invés de se darem conta da emergência de demandas sociais que haviam sido represadas por falta de canais de expressão e participação, os dirigentes da oligarquia paulista atribuem as derrotas sofridas em 1930 e 1932 à carência de quadros especializados para o trabalho político e cultural e, escorados nesse diagnóstico, passam a condicionar suas pretensões de mando no plano federal à criação de novos instrumentos de luta: a Escola de Sociologia e Política, a Faculdade de Filosofia, Ciências e Letras no contexto da nova Universidade de São Paulo, o Departamento Municipal de Cultura, são iniciativas que se inscrevem nesse projeto." Sergio Miceli. *Intelectuais*.... Op. cit.

Dentro desta mesma perspectiva se pode entender o surgimento do Departamento de Assistência Social do Estado, em 1935. Esse *clima* também irá contribuir para o surgimento da Escola de Serviço Social de São Paulo. No entanto, este último caso se relaciona mais diretamente à *grande batalha* que a Igreja Católica trava tendo em vista a preservação de sua influência no ensino secundário (onde estão alocadas parcelas consideráveis de seus investimentos materiais e simbólicos) e ao esforço que desenvolve para a implantação do ensino superior católico. Vincula-se, assim, estreitamente à preocupação da hierarquia em manter e ampliar a participação da Igreja enquanto instância de preparação e formação das camadas dirigentes.

de autoritarismo e castração de sua educação se reproduzem no trato com a população, que passa a ser objeto de sua assistência: autoritarismo, infantilização, intransigência com o que consideram irracional ou imoral no seu modo de vida.[56]

4.2 Humanismo Cristão e Vocação

Ao afirmar o conteúdo de classe e a intencionalidade política que presidem tanto a partir da Igreja como dos grupos e frações de classes que ela mobiliza, as práticas e relações sociais englobadas no apostolado laico, passou-se por cima de uma série de mediações. Mediações sem as quais será impossível entender tanto o surgimento como o desenvolvimento do Serviço Social enquanto profissão.

Se é correto afirmar que a *prática institucional* do Serviço Social deixa aos agentes encarregados de sua concretização uma margem relativamente ampla de autonomia e arbítrio no desempenho de suas tarefas — margem em relação à qual são requeridos graus determinados de adesão daqueles agentes, como condição para a obtenção dos resultados esperados pelo mandatário institucional — será necessário procurar, também, na especificidade desses agentes sociais e em sua formação, os elementos que expliquem os esquemas de percepção e apreensão que informam e justificam aquela adesão.

A origem no seio do bloco católico e na ação benévola e caridosa de senhoras e moças da sociedade; o embricamento da teoria e metodologia do Serviço Social com a doutrina social da Igreja e com o apostolado social, parecem constituir-se — especialmente nesta fase inicial, mas deixando marcas profundas que ainda se fazem sentir — em elementos centrais, responsáveis não apenas por uma série de esquemas de percepção, como também por formas de comportamento e desempenho profissional.[57]

Passada a primeira fase de grandes mobilizações do movimento laico, quando a Igreja já reconquistou e institucionalizou suas prerroga-

---

56. Ver, a esse respeito, Jeannine Verdès-Leroux. *Le Travail social*. Paris: Minuit, 1978.
57. Ver, a respeito, Jeannine Verdès-Leroux. *Le Travail...*, op. cit.

tivas e quando a movimentação das classes subalternas é aplastrada, as organizações que formam o bloco católico perdem seu dinamismo inicial.[58] As escolas de Serviço Social que começam a se organizar nesse período rapidamente devem se adaptar a um novo tipo de demanda. Perdem a anterior homogeneidade, que progressivamente vai sendo quebrada a partir de uma base de recrutamento mais ampla, em que parcelas importantes dos alunos serão funcionários de grandes instituições sociais ou pessoas que aspiram a uma carreira remunerada.

Ao "democratizar-se" a base social de recrutamento de seus alunos, as escolas de Serviço Social, que permanecem em sua grande maioria dentro do bloco católico, passam a assumir (fato que não importa em grande mudança na qualidade e forma de seu ensino) uma função bastante diferenciada dos primeiros núcleos de formação e organização do apostolado social. De instâncias de preparação de moças da sociedade, com determinado capital cultural e formação familiar — em relação às quais assumiam a função de preparo para intervir num meio geralmente indiferente ou hostil, e extremamente diferenciado de seu padrão de vida,[59]

---

58. "O sucesso inicial da mobilização leiga foi anulado na metade da década de trinta, e duas são as razões do fracasso: o movimento era de d. Leme, e sua razão de ser foi alcançada muito cedo. d. Leme criou o movimento e o dirigia sob Jackson e Amoroso Lima. A seleção da liderança era feita por d. Leme, que se servia dela como instrumento nas várias estratégias políticas. Mesmo assim o movimento poderia ter prosperado se seus objetivos não tivessem sido alcançados tão cedo. Nos primeiros tempos, o movimento era muito dinâmico, pois tinha inimigos, entre os quais se incluíam não apenas os comunistas, mas também o Estado ímpio dirigido por um grupo de infiéis. O movimento viveu momentos de maior vigor quando tinha todas as suas energias dirigidas para a LEC, como um grupo de pressão difuso, com objetivos bem específicos. Mas, uma vez vitoriosos, já não havia mais nada para fazer. Não havia mais necessidade de um corpo leigo mobilizado, pois Vargas cuidava dos comunistas e também cuidava da Igreja. Por que ter um laicato mobilizado e organizado que viria se por no caminho da autoridade dos bispos? O movimento simplesmente definhou porque não havia mais nada para fazer." Thomas Bruneau. *O Catolicismo brasileiro em época de transição*. São Paulo: Loyola, 1974.

59. "Logo que iniciamos os nossos trabalhos escolares, houve quem se admirasse da organização do nosso programa. Causou estranheza às pessoas pouco informadas nos assuntos sociais que alunas de um curso superior fossem obrigadas a aprender a cozinhar, a fazer a limpeza da casa, a lavar e a passar roupa, e que moças da melhor sociedade tivessem de entrar em cortiços para atender a pessoas que muitas vezes não são as mais virtuosas, a fazer pesquisas em bairros operários etc. Hoje ninguém duvida que não será possível a quem nunca fez serviços domésticos ensinar a mãe pobre a ter sua casa em ordem, a preparar refeições substanciosas e econômicas, a aproveitar roupas usadas, a utilizar enfim os inúmeros processos que multiplicam os poucos recursos da família proletária. Já se compreende também que os problemas

e a função de legitimar essa intervenção através de uma chancela doutrinária e técnica — as escolas passam a instâncias de seleção e formação de quadros subalternos. Possuindo naquele momento uma base *técnica* diminuta, restará ao ensino especializado de Serviço Social a reificação de um modo de *ser* e de ver o mundo próprios de uma classe, embebidos na doutrina social católica. As formas e métodos de intervenção e enquadramento dos setores populares, teorizados pelos divulgadores europeus e experimentados pelos primeiros Assistentes Sociais brasileiros, transformaram-se em matéria de formação escolar. Em matéria de formação profissional de setores subordinados que serão preparados para reproduzir aquele padrão de avaliação e de intervenção.[60]

Na parcimoniosa produção teórica sobre o Serviço Social que legaram a nossos dias as pioneiras desse movimento, através de teses e artigos ou intervenções em Encontros e Congressos, sobressai uma preocupação: a formação profissional. Em torno desse tema se fará maior número de elaborações e debates, e será também um dos aspectos onde mais de perto se sente a influência franco-belga.

Como foi visto, por se constituir originariamente a partir de núcleos de mulheres dos setores abastados, a prática do apostolado social passava pela reificação de uma série de *qualidades naturais* do comportamento feminino existente nas representações daqueles setores e classes. Características estas que irão refletir-se naquela produção teórica, envoltas em humanismo cristão, como qualidades necessárias aos pretendentes à carreira de Serviço Social.

O Assistente Social deveria, assim: ser uma pessoa da mais íntegra formação moral, que a um sólido preparo técnico alie o desinteresse pessoal, uma grande capacidade de devotamento e sentimento de amor ao próximo; deve ser realmente solicitado pela situação penosa de seus irmãos, pelas injustiças sociais, pela ignorância, pela miséria, e a esta soli-

---

sociais não podem ser estudados entre as quatro paredes de uma sala de aula e que os habitantes dos bairros pobres sabem tratar com respeito e consideração as moças que lhes vão levar socorros e amparo moral." Maria Kiehl. Entrevista citada, 1942.

60. Ver, a esse respeito, Jeannine Verdès-Leroux. *Le Travail...*, *op. cit.*; e Pierre Bourdieu. *A Economia das trocas simbólicas*. São Paulo: Perspectiva, 1974.

citação devem corresponder as qualidades pessoais de inteligência e vontade. Deve ser dotado de outras tantas qualidades inatas, cuja enumeração é bastante longa: devotamento, critério, senso prático, desprendimento, modéstia, simplicidade, comunicatividade, bom humor, calma, sociabilidade, trato fácil e espontâneo, saber conquistar a simpatia, saber influenciar e convencer etc.

Será, portanto, indispensável para o recrutamento dos futuros assistentes critérios bem definidos. Desde sua fundação, a Escola de Serviço Social de São Paulo apresenta como exigência funcional para matrícula:[61]

- ter 18 anos completos e menos de 40;
- comprovação de conclusão do curso secundário;[62]
- apresentação de referências de 3 pessoas idôneas;
- submeter-se a exame médico.

Estabelecia ainda aquela escola a incompatibilidade com a frequência a outras escolas ou com o trabalho profissional, aconselhando apenas cursos de línguas (francês e inglês), datilografia, e outros de cultura geral.

Aparece também a valorização de uma série de critérios mais marcadamente ideológicos: à boa saúde acrescenta-se a ausência de defeitos físicos; as condições do meio familiar e social deverão ser investigadas, pois serão reveladoras das qualidades morais do pretendente. O relacionamento com personalidades de destaque — necessário à vida profissional — requereria o conhecimento de uma certa prática de relações sociais e convívio em sociedade, sendo as possibilidades de beneficiar a profissão e seus assistidos bem maiores nesses meios do que se deles vivesse afastado o profissional. Da mesma forma, a origem social é valorizada para o trato com os clientes. Estes se deixariam sensivelmente impressionar ao ver aqueles cujas condições sociais são bem diversas das suas, e que no

---

61. Essas condições — em seu aspecto geral — foram institucionalizadas pelo Decreto n. 9.970, de 2-2-1939, do governo do Estado de São Paulo, que dispõe sobre o ensino de Serviço Social, e também incorporadas, em seu espírito, pelas escolas que foram paulatinamente surgindo em outros Estados.

62. Correspondente ao antigo ginásio (atualmente Ensino Fundamental II).

entanto até eles se inclinam, procurando compreender-lhes os problemas e dificuldades, no desejo sincero de ajudá-los.

Até mesmo a forma autoritária e paternalista de que se reveste o comportamento das pioneiras reaparece, traduzida e suavizada, em qualidades: seria necessário também uma vontade firme, perseverante, que sabe ser condescendente sem transigir com o que é essencial, que sabe esperar mas não desistir, que sabe suportar sem se abater; que é capaz de impor sem impor.[63] Teoriza-se assim no sentido da seleção e preparação de uma pequena elite virtuosa, escolhida em meio à boa sociedade, e que vê por missão redimir os elementos decaídos do quadro social.[64]

---

63. Ver, a esse respeito:
Baby Ramos. "A Formação do Assistente Social". In: Semana de Ação Social de São Paulo, 4, 1940.
Francisco de Paula Ferreira. "Serviço Social em São Paulo". *Revista Serviço Social*, São Paulo, n. 29-30, 1941.
_____. Problemas didáticos e pedagógicos do Instituto de Serviço Social. Tese apresentada na Semana de Estudos de Serviço Social, 1944.
Helena Iracy Junqueira. "Considerações sobre a organização do programa para a Escola de Serviço Social". *Revista Serviço Social*, n. 31, 1943.
Albertina Ferreira Ramos. Tese apresentada na 4ª Semana de Ação Social de São Paulo, 1940.
Aylda Faria da Silva. "Escola de Serviço Social". *Revista Serviço Social*, São Paulo, n. 33, 1944.
_____. "O assistente e a liberdade do assistido". *Revista Serviço Social*, São Paulo, n. 23, 1940.
Odila Cintra Ferreira. Discurso como Paraninfa da Turma de 1940 da Escola de Serviço Social de São Paulo.

64. As conclusões da Semana de Estudos de Serviço Social de 1944 — que reúne as diversas escolas de Serviço Social existentes — demonstra claramente essa preocupação, ao procurar munir aquelas escolas de instrumentos que possibilitassem garantir a homogeneidade de seu corpo discente:

"Recrutamento de Alunos
1ª Conclusão:
O recrutamento e a seleção dos alunos para as Escolas de SS deverão ter como principal objetivo as *qualidades intelectuais e morais*, exigidas para a carreira de Assistente Social. Dentro desse critério, tenha-se numa justa solicitude a quantidade.
2ª Conclusão:
As escolas de SS terão a faculdade de aplicar o seu critério de seleção, sem se limitarem ao aproveitamento intelectual demonstrado pelos alunos durante o curso" (grifos nossos).

O problema do recrutamento de alunos levará, na prática, à reformulação dessa visão utópica de seleção, o que no entanto não alterará o teor do discurso sobre as qualidades do Assistente Social. Apenas em momento posterior — ainda nesse primeiro período — e este será um tema polêmico, será lançada a tese da preparação de elementos do próprio meio de origem da população cliente, como forma mais eficaz

Ainda segundo aquela produção teórica, a formação do Assistente Social se dividiria, geralmente, em quatro aspectos principais: científica, técnica, moral e doutrinária. A primeira, a partir de noções muito variadas, se compunha de conhecimento sobre o Homem na sua vida física, psicológica, econômica, moral, social e jurídica, estado normal e perturbações a que está sujeito. O que seria complementado pela formação do raciocínio, consistindo em criar o hábito da lógica, da objetividade em face das realidades, e em noções básicas de filosofia. A preparação técnica ensinaria *como* combater os males sociais e a imprimir ao trabalho do Assistente Social um caráter inteiramente diverso do desenvolvido pelas demais formas de assistência. Na ausência de uma sistematização satisfatória,[65] a prática seria o elemento essencial dessa formação técnica e onde se formaria a mentalidade profissional.

A formação moral seria o coroamento do trabalho de preparação do Assistente Social, pois, na falta de uma formação moral solidamente edificada sobre uma base de princípios cristãos, a ação seria falha, devido à ausência dos elementos que garantem uma ação educativa, que é a visada pelo Serviço Social. Deveria dar uma visão de conjunto das verdadeiras normas do agir humano individual ou em sociedade, focalizando de modo especial a posição do Assistente Social na tarefa que lhe incumbe. Por fim, e tendo em vista que o Serviço Social supõe uma filosofia de vida e, consequentemente, a impossibilidade de ser neutro ou eclético, a formação doutrinária. Esta seria a base, o elemento vivificador de todos os outros aspectos da formação do Assistente Social. Uma posição em face da vida que ofereceria a garantia da unidade e execução do programa de formação. Deveria impregnar a personalidade do Assistente Social, o qual deve estar convicto dos princípios que deve defender.

---

para a obtenção dos fins a que se propõe o Serviço Social. A escola de Serviço Social de São Paulo fará essa tentativa através da formação de quadros da Juventude Operária Católica e da Juventude Feminina Católica, às quais estava intimamente ligada.

65. "Parece-nos, no entanto, de grande utilidade uma sistematização que coloque o Serviço Social na história e na classificação dos conhecimentos e atividades do Homem; que, precisando o seu conceito, nos dê sua razão de ser que o classifique nas suas diversas formas e que apresente a sua metodologia. Tal estudo nos prevenirá contra o empirismo a que estamos sujeitos, quando nos esquecemos da filosofa, do método e das técnicas." Helena Iracy Junqueira. "Considerações...", op. *cit.*

A observação dos programas escolares (Escola de Serviço Social de São Paulo e Instituto Social do Rio de Janeiro) apresenta, tanto no aspecto científico como no técnico, uma extrema carência de objetividade e coerência. Abarcam (especialmente no aspecto científico) uma infinidade de assuntos — através de noções gerais — díspares entre si. As próprias escolas reconhecem a inexistência de uma sistematização que justifique o Serviço Social enquanto ramo do conhecimento e a ausência de uma metodologia específica. As próprias técnicas não possuem uma teorização que as possa sustentar. A formação técnica remete essencialmente à prática.

Se a consciência mais ou menos explícita desses *problemas* pode incomodar e inquietar as pioneiras no ensino do Serviço Social, não se constituirá em entrave para a prática do mesmo. Não será em grandes embates acadêmicos que o Serviço Social mostrará sua utilidade e eficiência. Estas aparecerão no embate cotidiano e individualizado com as populações carentes, com seus assistidos.

Para esse embate, o essencial será a formação moral e doutrinária dos futuros Assistentes Sociais. Estes, para o desenvolvimento de sua missão de tirar — através de uma ação personalizada — os decaídos de sua situação de anormalidade, deverão estar convictos e impregnados de uma determinada visão do mundo. Devem ser capazes de enfrentar com objetividade lógica a realidade social. Deverão estar imunizados das angústias e apreensões que a situação de miséria e, eventualmente, a hostilidade do proletariado lhe causariam.

Deverão estar aptos para agir com firmeza e perseverança na tarefa de reeducar as classes baixas. E, principalmente, devem ter certeza da noção de legitimidade de sua intervenção no modo de vida e consciência de seus assistidos. Os futuros Assistentes Sociais deverão, assim, estar imbuídos de esquemas de percepção e apreensão, e de intervenção junto à população cliente, através dos quais possam reproduzir as formas de exercício de controle social e de legitimação da estrutura social, objeto da ação das pioneiras.

As escolas de Serviço Social — poucas e de fundação recente — não estão, assim, capacitadas para produzir um discurso que se diferencie sensivelmente daquela da Ação Social. A maioria do corpo docente compõe-se de religiosos, bacharéis, educadores e outros profissionais liberais — médicos, sanitaristas etc. — que têm a uni-los, principalmente, sua adesão ao movimento católico. Ao ingressarem nesse magistério, são convidados a realçar os aspectos sociais de suas respectivas matérias, embasando-as de conteúdo doutrinário.[66] A observação do corpo docente das duas primeiras escolas (em 1947) — no que toca aos professores formados em Serviço Social, que em geral monopolizavam as cadeiras específicas dessa matéria — mostra, por sua vez, um elevado percentual de profissionais com cursos no exterior: dos 13 Assistentes Sociais em cargos de docência, 2 são de nacionalidade francesa e se formaram em seu país natal, 1 se formou na Bélgica e 10 se formaram no Brasil, possuindo a metade dos mesmos Cursos nos Estados Unidos. Estes dados ilustram o processo a partir do qual progressivamente ocorre uma mu-

---

66. "Pode-se medir o valor duma escola pelo nível de seu corpo docente.

Desde o início esse ponto mereceu do Instituto Social o maior carinho e a sua preferência visou não só à competência quanto ao valor moral dos professores escolhidos.

Uma dificuldade logo surgiu na falta de docentes especializados em certas matérias; supriu-a, porém, esse grande poder de compreensão e adaptação encontrado nos nossos bons mestres. A homogeneidade do ensino formou-se ventilando-se as questões sociais em comum entre os professores." Décimo Aniversário do Instituto Social. Rio de Janeiro, 1947.

O currículo do corpo docente da Escola de Serviço Social (SP) e do Instituto Social (RJ) apresenta em 1947 os seguintes tipos de formação profissional:

Escola de Serviço Social de São Paulo (20 professores): 3 religiosos, 5 bacharéis (3 em Direito e 2 em Ciências Sociais e Políticas), 3 médicos, 6 assistentes sociais e 3 professores (1 formado em faculdade de filosofia e 2 em escola normal).

Instituto Social do Rio de Janeiro (41 professores): 3 religiosos, 6 bacharéis (5 em Direito e 1 em Ciências Sociais), 8 médicos, 2 engenheiros, 1 bibliotecônomo, 1 enfermeiro, 1 farmacêutico, 1 orientador educacional, 1 especializado em Jardim de Infância, 5 orientadores familiares e 7 assistentes sociais. (Fonte: Décimo Aniversário do Instituto Social e Relatório da Escola de Serviço Social. Rio de Janeiro, 1947).

Característica marcante do corpo docente dessas duas escolas é sua vinculação, em diferentes níveis, ao aparelho de Estado: Instituições médicas, burocracia do Ministério do Trabalho, Educação e Saúde, Previdência Social, Universidades Federais e Estaduais etc.; Instituições Assistenciais ligadas à Igreja: Centro Dom Vital, Instituto de Direito Social; e Instituições Assistenciais ligadas à indústria e ao comércio, aspecto que será retomado mais adiante.

O Instituto Social apresenta, entre seus docentes, alguns *nomes ilustres*: Alceu Amoroso Lima (Presidente da Ação Católica); José Ferreira de Souza (Senador); Saul Gurmão (Desembargador do Tribunal de Justiça do Distrito Federal); Moacyr V. Cardoso Oliveira (Diretor Geral do Departamento Nacional da Previdência Social); A. Piquet Carneiro, entre outros.

dança substancial no currículo adotado pelas instâncias de formação de agentes para o Serviço Social.

Dentre os diversos autores que têm procurado definir marcos cronológicos na história do Serviço Social no Brasil, aparece quase como uma constante a segmentação entre as fases das influências europeia e norte-americana, às quais se seguiriam outras, que se caracterizariam pelo desenvolvimentismo, tecnificação, reconceitualização etc., e teriam entre seus aspectos centrais a tentativa de elaboração de caminhos próprios e mais sintonizados com a realidade nacional. Se esse enfoque aparece como insuficiente para definir marcos cronológicos do Serviço Social a partir do movimento mais amplo que lhe dá origem, constitui-se, sem dúvida, num elemento ponderável para a análise do ensino a partir das escolas de Serviço Social.

Como foi visto anteriormente, a fase caracterizada como de *influência europeia ou Serviço Social antigo*[67] (presente no período 1930-1945 ou 1930-1941), engloba-se no processo da chamada Reação Católica e de seus desdobramentos e, assim, no conjunto de instrumentos que são criados para rearmar o *Bloco Católico*. Além do embricamento das escolas de Serviço Social com o apostolado leigo, seu corpo docente, modelo de organização, currículo, materiais didáticos etc., estão na dependência das grandes escolas europeias.[68] Posteriormente essa influência será canaliza-

---

67. Caracterizada por Maria das Dores Castro ("Serviço Social — Vinte e cinco anos." *Debates Sociais*, n. 12, ano VII, mai. 1971) como "idealista e confessional, rico em princípios filosóficos e pobre em habilidades técnicas (...) tutelar em sua forma, porém carente de conteúdo promocional, preocupado mais com a racionalização de assistência social (...) Inseguro no ensino, pela má adequação à realidade brasileira pois é ainda uma transmissão de conhecimentos importados (...) Surgido para a instauração de uma ordem social, mas à margem de atuação e participação nas reformas sociais que se processavam no país (...) e que teria difundido no Brasil um entendimento distorcido do Serviço Social: assistencial, caritativo, missionário, beneficente etc."

68. O CEAS envia duas de suas associadas para se formarem na Europa e desenvolve esforços para trazer professores franceses ou belgas. O Instituto Social (RJ) começa a funcionar com a chegada das religiosas Fanny du Restu e Germaine Marsaud e de Anne Cursel (chegada que se constitui em grande acontecimento, sendo recebidas no porto do Rio de Janeiro pelo Presidente da República e outras altas autoridades civis e religiosas). O modelo de organização tomará por base o ensino ministrado nas instituições escolares europeias — especialmente L'École Catholique de Service Social (Bruxelas), L'École Normale Sociale (de Paris) e L'Institut Social Familial Ménager (de Paris), escolas católicas fundamentadas na filosofia tomista (ver, a respeito, Maria Carmelita Yazbeck e Arlette A. de Lima, obras citadas).

da através da UCISS, à qual rapidamente se filiam as escolas organizadas no Brasil.

Como marco da influência norte-americana no ensino especializado no Brasil, situa-se o Congresso Interamericano de Serviço Social realizado em 1941 em Atlantic City (USA). A partir desse evento se amarram os laços que irão relacionar estreitamente as principais escolas de Serviço Social brasileiras com as grandes instituições e escolas norte-americanas[69]

Arlette A. de Lima, ao analisar as duas primeiras escolas de Serviço Social, detecta que a organização e o ensino do Instituto Social (RJ) denotam uma influência mais marcadamente francesa. Apesar de ambas as escolas terem por preocupação central a formação *moral* de seu Corpo Discente, o Instituto Social estaria voltado para o *trabalho junto* a *família, prevenção* e *saúde*, enquanto a Escola de Serviço Social (SP) se voltaria mais para o *operariado, família* e *preparação da mulher para o trabalho feminino*. A ausência de professores estrangeiros parece ter contribuído para uma maior adequação do currículo dessa escola às necessidades do movimento católico leigo local, especialmente de seus setores que pretendem dedicar-se ao trabalho de organização do movimento operário confessional.

Nesse mesmo trabalho de Arlette A. Lima, um depoimento de Nadir G. Kfouri a respeito do ensino ministrado nos primeiros anos da Escola de Serviço Social de São Paulo é, em sua clareza e despojamento, esclarecedor: "(...) Se transmitia aquilo que os professores aprenderam na Bélgica: menores, trabalhadores (...)".

Exemplo interessante desses elementos (em geral material didático trazido da Bélgica e França, ou sistematizações de cursos aí realizados e traduções) evidencia o *julgamento moral* dos *setores decaídos* que os caracteriza:

- caracterização do pauperismo: "Le pauperisme est l'état de gens qui préfèrent n'avoir à manger plutôt que de travailler. A ceux-là il faut leur donner un peu trop peu pour qu'ils aient à manger, augmenter leurs besoins pour les engager à travailler et puis à pouvoir les satisfaire".
- caracterização das causas da miséria: "La maladie serait une des premières causes de la misère, mais elle ne l'est effectivement que pour les gens qui ont la fierté de ne pas se laisser soigner aux frais de l'assistance publique. (...) L'imprévoyance: devrait passer avant la maladie puisqu'on peut s'assurer contre celle-ci. L'imprévoyance est presque générale et souvent on l'encourage indirectement. Tous les secours sont presque accordés à des gens qui auraient pu prévoir — pour le chômage c'est le même (...).

Il reste l'ivrognerie, l'inconduite, la paresse, le manque d'hommes de métier, manque de femmes ménagères et économes. Ce sont surtout ces causes qui provoquent la vraie misère à relèvement presque impossible et dont les victimes irresponsables doivent être aidées."

(Material didático apostilado. Arquivo da Escola de Serviço Social de São Paulo, PUC-SP.)

69. O tema central do Congresso de Atlantic City será o da cooperação entre as escolas de Serviço Social das Américas, sendo convidados os diretores das escolas de Serviço Social. Compareçem a esse conclave representantes das quatro escolas existentes no Brasil naquele momento: Helena Iracy Junqueira (Escola de Serviço Social de São Paulo), Therezita M. P. da Silveira (Escola Técnica de Serviço Social — RJ), Stela de Faro (Instituto Social — RJ) e Ruth Barcelos (Ana Nery). A partir desse Congresso serão destinadas

e os programas continentais de bem-estar social. No que se refere às modificações curriculares, se observa o estabelecimento de um processo que reaparece seguidamente: volta de um bolsista que realiza curso nos Estados Unidos, introdução de uma nova matéria no currículo (ou re-

---

17 bolsas para países latino-americanos, cabendo 4 ao Brasil (3 para escolas do Rio de Janeiro e 1 para São Paulo), estabelecendo-se a prática de intercâmbio e continuação da promoção das bolsas de estudo. Uma relação incompleta dessas bolsas apresenta a sequência seguinte: *Instituto Social*: 1941 — Maria J. R. Albano; 1942 — Marilia Diniz Carneiro (Casos Individuais, Organização de Comunidade e Serviço Social de Grupo); 1942 — Balbina O. Vieira (Organização de Comunidade e Administração de Serviços Sociais); 1944 — Maria Helena Correa de Araujo etc. *Escola de Serviço Social*: 1942 — 1 bolsista; 1943 — 2 bolsistas; 1944 — 1 bolsista; etc., de forma que, em 1949, 7 de suas diplomadas já haviam realizado cursos nos Estados Unidos. A influência desse sistema de bolsas no currículo das escolas também aparece claramente nos exemplos seguintes: as cadeiras de *Organização Social de Comunidade* (Helena Iracy Junqueira, 1945), *Administração de Obras* (1945) e *Serviço Social dos Casos Individuais* (Nadir G. Kfouri) são introduzidas no currículo da Escola de Serviço Social de São Paulo, com a volta de bolsistas. A cadeira de *Supervisão* é introduzido no currículo do Instituto Social (RJ) com a volta, em 1948, de Maria Josephina Albano.

A difusão das novas matérias e técnicas se dá não apenas ao nível das escolas — e aí é importante situar o efeito multiplicador exercido através da influência das duas primeiras escolas nas demais — como também através das publicações especializadas, como a *Revista Serviço Social* e os *Cadernos de Serviço Social* (publicação da ABAS — Associação Brasileira de Assistentes Sociais — cuja edição é realizada com auxílio financeiro do *Ponto IV*) e de palestras e conferências.

Exemplo desse processo de divulgação é a Conferência realizada por Nadir G. Kfouri (na União Brasil-Estados Unidos, a 21 de maio de 1943 — Arquivo da Escola de Serviço Social, PUC-SP) onde transparece a atração dos Assistentes Sociais brasileiros pelo desenvolvimento da Assistência e do Serviço Social nos Estados Unidos, que é visto como um modelo de prática e de ensino. A conferencista aponta uma diferenciação básica entre as escolas europeias e norte-americanas: enquanto as primeiras se caracterizariam pelo ensino de matérias aplicadas à Assistência Social mais do que ensino específico do curso de Serviço Social, nos Estados Unidos o ensino teria atingido um grau elevado de sistematização. As matérias seriam ensinadas em função do Serviço Social, isto é, já aplicadas, e os cursos específicos de Serviço Social (individual, coletivo e Community Organization) têm importância determinante nos currículos. O atendimento individual, graças ao desenvolvimento do ensino, ao grande número de obras e a instrumentos como o Fichário Central, se teria transformado em técnica científica. Em artigo publicado em 1945 ("A técnica do Serviço Social dos Casos Individuais." *Revista Serviço Social*, n. 38) essa mesma Assistente Social apresenta uma síntese das técnicas aplicáveis nos *Casos Individuais*, procurando preencher a quase total ausência de material didático em língua portuguesa e familiarizar o corpo docente e meio profissional com expoentes do Serviço Social tecnificado, como H. Gordon e Porter Lee.

Observa-se, na produção teórica dos Assistentes Sociais que entraram em contato com o Serviço Social norte-americano e procuram divulgá-lo, uma mudança significativa no *tom* do discurso relativo à população cliente. O explícito julgamento moral é substituído por um julgamento moral que se insinua através de uma análise de cunho *psicológico*. Esse discurso não negará a base material dos casos sociais, mas esta aparecerá diluída, na procura das *verdadeiras demandas* da população cliente, dentro de uma análise que privilegia o histórico familiar e individual. Um artigo da assistente social Balbina O. Vieira

organização de alguma com a qual se assemelhava) da escola à qual está ligado, introdução no currículo mínimo recomendado pela ABESS (Associação Brasileira de Escolas de Serviço Social — 1946), institucionalização pelo currículo mínimo exigido pelos órgãos competentes do governo. Sendo que nesse processo a ABESS aparece como principal agência de difusão das modificações curriculares e de homogeneização do ensino no âmbito nacional.

No entanto, no período que estamos analisando, dois outros aspectos parecem constituir-se nos instrumentos mais eficientes para facilitar e viabilizar a dupla ação de inculcação (isto é, da escola para o futuro profissional e deste para a população cliente): a Doutrina Social da Igreja e a mística românica da *vocação de servir*.

O Serviço Social surge num momento em que o modo de produção capitalista define a sociedade em que a Igreja se insere. É também um

---

("A Concessão de Auxílios Financeiros no Tratamento Social dos Problemas Econômicos." *Revista Serviço Social*, n. 49, 1948), do qual transcrevemos alguns trechos, é bastante representativo dessa nova postura, que tem a complementá-la um arsenal de técnicas que vão da psicologia à estatística:

"Em resumo, podemos dizer que a base de tratamento dos problemas econômicos é a compreensão dos fatores que influem sobre a personalidade e se traduzem no uso do dinheiro. Para a eficiência desse tratamento é necessário a compreensão da integração completa dos fatores econômicos e psicológicos (...) A dependência é o resultado de uma infância ou de uma adolescência durante a qual tudo foi dado à criança, seja pelos pais, seja pela sociedade, sem que ela fizesse esforço algum, assim ela concluiu que tudo lhe era devido. O filho de pais abastados, como o do indigente, podem crescer e ser adultos dependentes; o primeiro, porque os pais tudo lhe deram, o segundo porque a sociedade sempre proveu a família com as necessidades essenciais, sem que esta procurasse fazer qualquer esforço para obtê-las (...) Outro fator que contribui para desenvolver a dependência no adulto, é a falta de atenção, do amor que experimentou em criança, traduz-se mais tarde em dependência para com terceiro, para com uma obra social e principalmente para com a Assistente Social. Não é, ali, o desejo de ser auxiliado que o faz procurar constantemente a Assistente Social como a criança procura sua mãe, mas o desejo de ser apreciado, amado, mimado, cuidado pela Assistente, como o deveria ter sido pelos pais quando criança (...) A dependência emocional ou econômica no adulto é portanto um sinal de falta de amadurecimento, um defeito gravíssimo de educação, infelizmente muito comum entre nós, não somente nas classes pobres como nas abastadas e mais frequente entre as mulheres do que entre os homens (...) Esta educação econômica se aplica não somente às famílias cuja renda é suficiente por si, mas mal distribuída, como para as famílias cujos recursos são completados por auxílios dados por um serviço de assistência à família. A ambas é necessário ensinar como gastar bem, aproveitar ao máximo a quantia disponível, a fim de cobrir todas as necessidades essenciais e o maior número de satisfações legítimas. Assim, a educação econômica encontra sua aplicação principalmente em Serviços Sociais junto a trabalhadores, nas agências de colocações familiares, mas também em obras de assistência à família."

momento em que a ideologia das classes dominantes não é mais a da Igreja. Não é mais ela quem cria e difunde a ideologia dominante. Esta passa a ser produzida e difundida por outras instâncias da Sociedade Civil e Política, que são monopolizadas e controladas pelos grupos e classes que mantêm o monopólio dos meios de produção. O tom do discurso das encíclicas sociais, que orientam a ação do apostolado laico, já é em si, claramente, pró-capitalistas e opõe-se radicalmente ao socialismo. A crítica ao capitalismo limita-se aos "excessos" e não se atém à essência do modo de produção e a seu caráter histórico. Esses excessos ou abusos se originariam do homem e podem, portanto, ser corrigidos através da correção do homem.

Situa-se aí um aspecto essencial da Doutrina Social da Igreja: o de substituir a análise da realidade e a prática social para o enfrentamento da questão social por *valores, exigências*, isto é, por uma apreensão moral dos fenômenos sociais, através de categorias abstratas como descristianização, liberalismo etc. As soluções propostas permanecerão dentro do mesmo enfoque ético e religioso, resultando em apelos à consciência. Nesse sentido, os programas econômicos e sociais da Igreja, assim como seus princípios e exigências, não têm caráter de obrigatoriedade para os católicos. São valores morais, isto é, muito mais retórica do que empenho efetivo em sua aplicação. Sua utilidade é essencialmente acadêmica, de proselitismo ideológico e político. E são programas sem *realidade política*,[70] que permanecem na órbita dos valores morais. Ao mesmo tempo, ao verem no capitalismo despido de seu conteúdo liberal uma ordem natural, considerarão como subversivos quaisquer ataques aos valores fundamentais da ordem burguesa.

Essa ausência de *realidade política* concreta não impede que a doutrina social da Igreja, a constelação de valores e critérios éticos e morais que lhe dão forma, sejam internalizados, especialmente por determinadas frações de classe. E, através de uma série de categorias abstratas, sirvam como respostas a problemas de ordem política, social ou pessoal e de

---

70. Ver, a esse respeito, Hugues Portelli, obra citada.

caminho para opções práticas e ideológicas, principalmente em uma época de crise e agitação social.[71]

A origem do Serviço Social no militantismo católico e seu embricamento com a doutrina social da Igreja marcam, como foi visto, profundamente seu conteúdo. A forma de internalização do catolicismo e de sua doutrina social é um segundo elemento a ser considerado. A mobilização do laicado de que se origina o Serviço Social não tem, nem explícita nem implicitamente, um sentido de transformação social. Pelo contrário, a experiência de salvação pessoal será o fundamento dessa internalização, e o apostolado, a extrapolação dessa experiência do plano pessoal para o social.[72] Essa internalização a partir de uma valorização seletiva daquela constelação de valores e critérios éticos e morais, e a generalização para o social de uma experiência particular e subjetiva estão na base de características essenciais do Serviço Social.

Em primeiro lugar, a predisposição à apreensão moralizante através de categorias abstratas e subjetivas dos problemas sociais, o capitalismo visto como ordem natural, as situações conflitivas e a luta de classes aparecerão como desvios. Desvios que têm seu fundamento na secularização da sociedade, na crise moral, no paganismo, no laicismo das instituições,

---

71. "Como todo processo de internalização religiosa, o movimento esteve ligado à mudança social. Desenvolveu-se, especificamente, na classe média urbana transplantada dos quadros patrimonialistas e paternalistas do Brasil tradicional. Floresceu especialmente entre os jovens com educação universitária, moradores nas cidades, mas sem possibilidades de engajamento em uma indústria incipiente e envolvidos na malha patrimonialista dos empregos e proteções políticas (...) O catolicismo surgiu, então, na consciência dessa geração, como uma das alternativas para a compreensão da própria estrutura social brasileira e como forma de superar as contradições em que ela se via envolvida." Cândido Procópio Ferreira Camargo, *Igreja e desenvolvimento*. São Paulo: Editora Brasileira de Ciências, 1971.

72. "A certeza da verdade encarnada nesse movimento de espiritualidade e garantida pela veracidade da revelação divina era o fundamento de sua segurança absoluta. Além do mais, a experiência subjetiva da salvação pessoal e da adequação do sistema para a resolução dos problemas pessoais se transferia e generalizava para a vida social." Cândido Procópio Ferreira Camargo. *Igreja...*, op. cit.

O autor citado distingue três tendências principais no processo de internalização do catolicismo brasileiro, ligadas a situações sociais e momentos históricos específicos: sentido de espiritualidade, sentido social e sentido da adaptação à vida moderna. O que caracterizaria o movimento estudado seria essencialmente seu sentido espiritualista, cujas principais características seriam: a Procura de Deus, a Busca de um sentido para a Vida, o Intelectualismo e a Contradição e Tensão com os valores da sociedade inclusiva.

no socialismo. A miséria, o pauperismo do proletariado urbano, aparecerão como situação patológica, como anomia, cuja origem é encontrada na crise de formação moral desse mesmo proletariado. Em sua incapacidade de ocupar o lugar e alcançar o *bem-estar* (não definido) a que tem direito e que a sociedade lhe reserva. Se bem que se reconheça um "excesso de diferenciação social" — que em princípio é justa e necessária — o julgamento moral do proletariado se sobrepõe às constatações sobre as causas da miséria e do pauperismo. Dessa forma, o julgamento moral tem por base o *esquecimento das bases materiais* das relações sociais.

Assim, as práticas sociais desenvolvidas pelos Assistentes Sociais se orientarão por uma lógica particular. Ao pretender atuar sobre a "questão social", negarão as transformações econômicas e sociais, isto é, a ação sobre as causas materiais da "questão social", para atuar sobre os efeitos. No entanto essa lógica será particular também no sentido inverso. Os efeitos não conduzem a agir sobre as causas, mas sobre as percepções. A ação *educativa*, de *levantamento moral* do proletariado, a que se propõe o Serviço Social, aparece claramente como uma ação ideológica de *ajustamento* às relações sociais vigentes. Negadas as bases materiais da situação social considerada patológica, restará ao Serviço Social procurar modificar as representações que o proletariado faz de sua própria situação, levá-lo a aderir à ordem social considerada essencialmente justa, malgrado alguns excessos. A formação religiosa do Assistente Social, a experiência pessoal subjetiva da *salvação* como resolução dos problemas existenciais aparecem como elemento dinâmico do apostolado doutrinário. A ação ideológica de ajustamento às relações sociais vigentes é encoberta e englobada num projeto de recristianização, de formação moral e religiosa da população cliente.

Um outro aspecto, ainda relacionado à origem frequente dos Assistentes Sociais a partir da militância em entidades confessionais, e de atividades caridosas de caráter benévolo,[73] se refere ao surgimento e co-

---

73. As entrevistas realizadas por Arlette Alves de Lima (obra citada) com formandos das primeiras turmas da Escola de Serviço Social (SP) e do Instituto Social (RJ) caracterizam de forma inequívoca este fato. As respostas ao quesito sobre *motivação* para entrar nas escolas de serviço Social evidenciam grande in-

optação das *vocações*. O caráter caridoso e altruísta, desinteressado, a ação informada por um humanismo cristão que desconhece as determinações materiais, típicos desses meios, são elementos propícios para a germinação e o aparecimento de vocações. Vocação de servir ao próximo e, atitude não despida de romantismo, de despojar-se de si mesmo para servir à humanidade, que podem ser confundidas com o sentido e conteúdo de classe do Serviço Social.[74] O controle da quase totalidade das Escolas de Serviço Social pela Igreja e a convivência no interior do bloco católico com aquelas entidades e movimentos confessionais facilitam a atração e cooptação dessas vocações. Nesse sentido aparece com destaque, e sob outro ângulo de observação, a mística que se procura criar em torno da profissão: os modernos agentes da caridade e da justiça social. Essa caracterização contribui para obscurecer e dar aparência de qualidades profissionais, neutras e caridosas, a um projeto de classe. A adesão dos agentes a esse projeto, à visão do mundo das classes dominantes, é naturalizada, espiritualizada, assume a representação de utilidade social, do servir ao próximo e à humanidade, da ação desinteressada. A tutela social que irão estabelecer em relação à população cliente será vista pelos Assistentes Sociais como um ato de humanismo, despido de cidadania histórica e social, como necessidade natural e cristã sem ligação com a correlação de forças sociais e o confronto de classes. Assim, dentre as características especiais que a profissão necessitará manter, a *vocação pessoal* tem um papel determinante.

Desses dois componentes da profissão, cuja origem se procurou observar, aflora uma série de esquemas de percepção e apreensão da realidade, que obscurecem o sentido e os efeitos políticos e econômicos das práticas de inculcação ideológica desenvolvidas pelos Assistentes Sociais. Obscurecem a realidade de que o sentido desses efeitos não é

---

fluência da Ação Católica: 80% dos entrevistados pertenciam ou entraram no movimento no decorrer do curso. Dentre os setores da Ação Católica, a maioria se filiava à JOC.

As respostas quanto ao quesito sobre o caráter de *apostolado* do Serviço Social em seus primeiros momentos são unânimes sobre o caráter mais apostolar do que profissional, sentido que também derivaria da influência da Ação Católica.

74. Ver, a esse respeito, Jeannine Verdès-Leroux. *Le Travail...*, op. cit.

dado pelo conteúdo teórico do discurso — aparentemente neutro e humanista — nem é direcionado pela vontade dos agentes sociais, mas por sua inserção objetiva na prática social e pela correlação de forças, que em geral se encarregará de orientá-los no sentido dos interesses dominantes.

CAPÍTULO III

Instituições Assistenciais e Serviço Social

1. O Estado Novo e o Desenvolvimento das Grandes Instituições Sociais

A historiografia oficial admite que a partir de 1937, com a implantação do Estado Novo — precedida pelo aplastamento do movimento operário autônomo e liquidação das dissidências oligárquicas — se encerra o período de transição iniciado com a Revolução de 30. A fase que se abre é marcada pelo aprofundamento do modelo corporativista, cuja tônica é dada pela nova Carta Constitucional outorgada logo em seguida ao golpe de Estado, e por uma nítida política industrialista. Diversos historiadores relacionam a implantação da ditadura aberta também à crise econômica que se avizinha naquele momento — e cujo ápice se dará em 1939 — com o esgotamento do surto industrial iniciado em 1933, e cujas políticas necessárias a seu enfrentamento dificilmente poderiam ser implementadas sem graves riscos de desestabilização nos marcos da Constituição de 1934.

Observa-se, a partir desse momento, uma política econômica que se coloca nitidamente a serviço da industrialização, procurando reverter para esse polo os mecanismos econômicos naturalmente voltados para a sustentação da agroexportação. O Estado busca de diversas formas incentivar as indústrias básicas — tornando-se em última instância produtor direto através de empresas estatais e de economia mista — que viabilizem a expansão do setor industrial, organizando o mercado de trabalho, assim como a partir das políticas financeira e cambial, apoiar a capitalização e acumulação desse setor. A participação direta da burguesia industrial — principal beneficiária dessa política — na gestão do Estado aparece no quadro corporativo através de suas entidades representativas, que indicam delegados para as principais agências que têm a seu cargo planejar e implementar as políticas estatais. Há, no entanto, uma peculiaridade dessa estrutura corporativa que não pode ser subestimada, vendo-se apenas a consolidação progressiva da supremacia da burguesia industrial baseada numa aliança com as forças políticas e econômicas ligadas à grande propriedade rural — aliança esta que se consubstancia na intocabilidade da propriedade e das relações de produção no campo — traduzindo o caráter não antagônico de suas contradições ao nível econômico e político, num projeto comum de expansão das atividades produtivas, isto é, da acumulação e de dominação.

Essa peculiaridade da estrutura corporativa, que aparecerá com maior intensidade a partir de 1945, mas cuja existência se faz notar — pelo menos enquanto projeto — desde 1930, se origina do crescimento do proletariado urbano que lança no quadro político amplo contingente de população. Como foi visto, a pressão desses setores emergentes sobre o Estado, cuja contribuição para a queda do antigo regime não pode ser esquecida, cria uma nova dimensão política, que se traduz na necessidade de absorver e controlar esses novos setores que crescem aceleradamente a partir de sucessivos surtos de industrialização e da consolidação progressiva do polo industrial como centro motor da acumulação capitalista. Verifica-se também uma diferenciação substancial na composição dos fluxos de população que irão engrossar o mercado de trabalho urbano em expansão. Enquanto até a década de 1920[1] esse mercado é abastecido por resíduos

---

1. Migrantes entrados no Estado de São Paulo:

Anos	Estrangeiros	Nacionais
1881-1920	1.746.321	67.801
1921-1930	486.249	221.378
1931-1946	183.445	659.762

Fonte: Migração rural-urbana. São Paulo, Secretaria de Agricultura de São Paulo, 1951.

do fluxo principal que da Europa é dirigido e subvencionado para sustentar a expansão da economia cafeeira, a partir da década seguinte receberá essencialmente uma força de trabalho liberada pela capitalização interna da agricultura. O afluxo continuado de populações não adaptadas à disciplina e condição de vida e trabalho industrial-urbano, ao alterar continuamente a composição política e social da cidade, contribuirá para pôr constantemente sob novas bases o problema da hegemonia.[2] A integração dessas novas camadas é um elemento dinâmico que a estrutura corporativista procurará canalizar para o fortalecimento de seu projeto, neutralizando seus componentes autônomos e revolucionários.

Sob outro ângulo de observação, a Legislação Social — que tem papel essencial nessa tentativa de integração — não pode ser desvinculada da crise de hegemonia que se abre com a Revolução de 30. O regime, que assume a gestão da crise e procura a dinamização da economia para superá-la, vai buscar fora do quadro tradicional, junto ao proletariado urbano, um elemento adicional de legitimação, contribuindo para sua relativa autonomização política diante dos interesses imediatos das diversas frações burguesas. Assim, a violência que caracteriza o Estado Novo, a tentativa de superação da luta de classes por meio da repressão e tortura, não podem esconder a outra face de sua postura, que se traduz na influência de sua política de massas. A estrutura corporativa do Estado Novo para validar essa fonte de legitimação, deve necessariamente incorporar de alguma forma reivindicações dos setores populares. O reconhecimento legal da cidadania social do proletariado, o reconhecimento pelo Estado de uma forma social de exploração da força de trabalho e, portanto, de *direitos* inerentes à condição de explorado — mesmo que a ideologia oficial os apresente como doados e mesmo que por um longo período esses *direitos* para a maioria dos trabalhadores não seja mais do que ficção — abrem a perspectiva legitimada de reivindicação de sua aplicação real e de sua ampliação.[3] Nesse sentido, a repressão da ditadu-

---

2. Ver Antonio Gramsci. "Americanismo e fordismo." In: *Obras escolhidas*. Lisboa: Editorial Estampa, 1974.

3. Ver M. S. Duarte Hadler. "A Política de controle da classe operária no governo Vargas." *Cara a Cara*, n. 2, São Paulo, 1978.

ra varguista não se abate indiscriminadamente sobre os movimentos reivindicatórios do proletariado, mas essencialmente sobre seu componente autônomo e potencialmente revolucionário, sobre tudo aquilo que ameace fugir aos canais institucionais criados para absorver e dissolver esses movimentos dentro da estrutura corporativa, cuja pretensão de atendimento a todos os setores da sociedade confunde a clivagem de classe que orienta sua ação. O prestígio de Vargas atesta que o poder integrador das medidas aplicadas dentro desse quadro não deixa de atingir uma ampla parcela do proletariado urbano, que absolutamente não se mostra insensível a seu apelo.

No entanto, mais que algum *pacto de classes*, trata-se no essencial de readaptar os mecanismos de exploração econômica e dominação política às necessidades do aprofundamento capitalista. A legislação social se constitui de dispositivos legais que coíbem os maiores excessos e formas "primitivas" de extração de trabalho excedente, mas, em última instância, representa a reafirmação da dominação do capital e nunca seu contrário. Incorpora objetivamente reivindicações históricas do proletariado, para torná-las um acelerador da acumulação através da regulamentação e disciplinamento do mercado de trabalho, o que traz o avanço da subordinação do trabalho ao capital. A noção fetichizada dos *direitos*, cerne da política de massas do varguismo e da ideologia da outorga, tem por efeito obscurecer para a classe operária, impedi-la de perceber a outra face da legislação social, o fato de que representa um elo a mais na cadeia que acorrenta o trabalho ao capital, legitimando sua dominação. A legislação social, assim como as instituições que a complementam, não podem ser vistas apenas sob o prisma das carências que o aprofundamento do modo de produção faz aflorar: condições de moradia, trabalho, acidentes, insuficiência alimentar, desagregação familiar, abandono e mortalidade infantil, doenças etc. O problema da integração de grandes novas massas urbanas, de novas forças sociais que se adensam juntamente com o crescimento das atividades produtivas urbanas, tem por centro o fato de que o prosseguimento da acumulação capitalista exige que esses setores sejam mantidos continuadamente em estado de carência — com a expansão da acumulação se dando na ordem direta do aumento da miséria relativa da população trabalhadora e do aprofundamento de sua subordinação ao capital.

Nesse sentido, a manutenção da eficiência da estrutura corporativa para o enquadramento dessas novas forças sociais — expressão política da crescente racionalização do sistema econômico centralizado a partir do planejamento estatal — torna necessário um jogo complexo de repressão e dinamização controlada de seus movimentos. Se em última instância o Estado não pode permitir a mobilização e organização autônomas da população — pois suas reivindicações rapidamente ameaçariam o ritmo da acumulação e invadiriam a esfera política — não pode também aceitar o esvaziamento dos canais institucionais criados para absorver e enquadrar esses movimentos. Permitiria, dessa maneira, a negação de uma fonte de legitimação política e de integração da população aos marcos do desenvolvimento capitalista, abrindo maior espaço para o fortalecimento de projetos alternativos de hegemonia. A pressão pela ampliação da cidadania social torna necessário algo como uma renegociação periódica de um Contrato Social,[4] através do qual o Estado procura a integração e mobilização controladas dos trabalhadores urbanos pela incorporação progressiva e falsificação burocrática de suas reivindicações e aspirações. A *paz social* do Estado corporativo pressupõe, assim, o surgimento constante de novas instituições — Seguro Social, Justiça do Trabalho, Salário Mínimo, Assistência Social etc. — que aparecem em conjunturas determinadas como respostas ao desenvolvimento real ou potencial das contradições geradas pelo aprofundamento do modo de produção que atinjam o equilíbrio das relações de força. O desenvolvimento da Legislação Sindical e as Instituições de Previdência e Assistência Social são ilustrativas desse processo.

Quanto à primeira, como foi observado anteriormente, os benefícios supostos ou reais da legislação que paulatinamente se vai adensando têm sua aplicação inicialmente subordinada à adesão ao sindicalismo oficial que, nesse momento, ainda deve coexistir com o autônomo. O usufruto de uma legislação minimamente protetora do trabalho estará, assim, teo-

---

4. Ver T. H. Marshall. *Cidadania, classe social e "status"*. Rio de Janeiro: Zahar, 1967.

ricamente condicionada ao atrelamento do movimento operário ao aparelho de Estado, isto é, à abdicação a um projeto político e social particular. Com a liquidação da Aliança Nacional Libertadora em 1935 e a desarticulação do restante do movimento operário com a repressão que se segue ao golpe de Estado de 37, os sindicatos são definitivamente transformados em agências de colaboração com o Poder Público, e sua capacidade de reivindicação é condicionada a uma complexa e imobilizante rede de normas burocráticas diretamente controladas pelo Ministério do Trabalho. A descaracterização das funções históricas dos sindicatos — a substituição das mobilizações e lutas, que são proibidas, por mecanismos burocráticos que consistem essencialmente em pleitear *favores* junto à burocracia do Estado — faz com que este deixe de interessar ao proletariado como instrumento de defesa de seus interesses comuns, assistindo-se a um acelerado esvaziamento dessas entidades. Se esse processo, por um lado, favorece o aumento da taxa de exploração, cria, por outro, um vazio político perigoso. A ação do Estado se voltará, então, para o preenchimento desse espaço através de uma ação normativa e assistencial, visando canalizar o potencial de mobilização dos trabalhadores urbanos, mantendo rebaixados seus níveis salariais. A Legislação Social passa a ter aplicação mais ampla e efetiva, e em 1939 são regulamentados dois mecanismos que já constavam da Carta de 1937, a Justiça do Trabalho e a nova Legislação Sindical. Em 1940 são decretados o Imposto Sindical,[5] o Salário Mínimo Legal,[6] criado o SAPS (Serviço de Alimentação de Previdência Social) — destinado a fornecer "alimentação adequada e barata aos operários" — e são ainda desenvolvidas diversas campanhas de sindicalização sob o patrocínio do Ministério do Trabalho.

A Legislação Sindical de 1939, assim como o Imposto Sindical, estão intimamente ligados à preocupação de impedir o esvaziamento comple-

---

5. Contribuição compulsória anual — equivalente ao valor de um dia de trabalho — exigida de todos os assalariados do setor privado, independentemente de sua filiação a qualquer sindicato, e recolhida pelas empresas e entidades previdenciárias.

6. A fixação de um Salário Mínimo já consta da Constituição de 1934. Será instituído por lei (Lei n. 185) em 1936 e regulamentado pelo Decreto-Lei n. 399, de 1938. Sua aplicação só se iniciará, no entanto, em 1940 (Decreto-Lei n. 2.162), quando da publicação de sua primeira Tabela.

to dos sindicatos e de recriar em seu interior condições de mobilização. Essas entidades são transformadas em centros assistenciais complementares à Previdência Social, o que passa a ser viabilizado através dos recursos arrancados à própria classe operária via Imposto Sindical.[7] Solidifica-se e institucionaliza-se a figura do *pelego*, líder sindicalista comprometido com a burocracia do Ministério do Trabalho, desvinculado da categoria profissional a que pertence e que se caracteriza pela docilidade ante o patronato e pela manipulação de recursos assistenciais.

Toma forma uma estrutura burocratizada e complexa vinculando as entidades sindicais ao Ministério do Trabalho e à Justiça do Trabalho. A ação direta da classe operária é coibida e reprimida, mas se lhe faculta entrar em dissídio coletivo, entrar em juízo e reivindicar. Seus sindicatos não podem organizar e liderar lutas, mas são crescentemente dotados de equipamentos assistenciais, dentre os quais sobressaem os Departamentos Jurídicos, que velam pelo respeito aos *direitos* de seus associados. Os movimentos autônomos são proibidos, mas se incentiva a sindicalização e as mobilizações organizadas para receber e agradecer novos *benefícios* outorgados pelo Estado. Em 1943 é criada a Comissão de Orientação Sindical destinada a atuar junto à massa não sindicalizada para esclarecer e aglutiná-la em torno de seus *direitos*.

As instituições assistenciais e previdenciárias — saúde pública, seguro social, menores etc. — começam a se desenvolver a partir da década de 1920 pela ação estatal, que amplia de forma notável sua interferência nesses domínios. Ainda dentro da República Velha, faz parte dos esboços reformadores implementados pelo Estado na tentativa de responder à pressão das novas forças sociais urbanas, que implicam a intensificação de sua ação coativa junto à Sociedade Civil. O desenvolvimento dessa

---

7. Esses recursos serão utilizados para sustentar toda a estrutura burocrática do sindicalismo oficial — sindicatos individuais, federações, confederações etc. Irão alimentar (com 20% do total arrecadado) o Fundo Sindical destinado a manter programas assistenciais amplos — como, por exemplo, o Serviço de Recreação Operária — e a montar serviços assistenciais geridos pelos próprios sindicatos individuais. Pela Regulamentação de 1942, esses serviços constariam de: agência de colocação, assistência à maternidade, assistência médico-dentária, assistência jurídica, cooperativa de crédito e consumo, colônias de férias e finalidades esportivas diversas.

política só tomará sua forma mais dinâmica na década de 1930 e principalmente a partir do Estado Novo. Aparecerá então claramente e de forma crescente, como resposta às necessidades do processo de industrialização e de enquadramento da população urbana nos marcos desse aprofundamento do modo de produção.

A característica principal dessas instituições — até o fim da década todas as principais categorias de trabalhadores assalariados urbanos estarão englobadas pelo sistema previdenciário estatal — será a de propiciar benefícios assistenciais indiretos ao exército ativo de trabalho, assim como manter uma parcela da Força de Trabalho exaurida ou mutilada no processo de trabalho: aposentados, acidentados, viúvas etc. Sua abrangência crescente — seguro, aposentadoria, pensões, atenção médica, ensino, lazer, alojamento etc. — permitirá uma atuação ampliada sobre as sequelas da exploração capitalista, mantendo intocadas as condições em que ela se realiza e a situação de carência do proletariado, que apenas é atenuada em seus aspectos mais gritantes. As condições de vida da população pouco serão alteradas; no entanto, conforme a quantidade de anos que o trabalhador conseguir permanecer no exército ativo de trabalho (urbano), poderá perceber uma pensão ou aposentadoria que em maior ou menor grau o livre de cair no pauperismo aberto. Se os salários continuam em nível inferior à subsistência ou se o ritmo do trabalho continua superior à capacidade de resistência do operário, as sequelas poderão ser tratadas medicamente, as epidemias combatidas, a tuberculose e o desequilíbrio emocional tratados. A assistência médica terá por base a noção de saúde como ausência relativa de doença — forma de eludir as condições gerais de vida e trabalho da população — compondo um projeto de medicalização das sequelas da exploração, que aparecerá de forma mais evidente nas conjunturas mais recentes.[8]

As reivindicações históricas do proletariado, ao serem incorporadas por intermédio de políticas assistenciais, sofrem um processo de falsificação e burocratização, passando a ter como elementos centrais ocultos

---

8. Ver Madel T. Luz. *As Instituições médicas no Brasil. Instituição e estratégia de hegemonia*. Rio de Janeiro: Graal, 1979.

os interesses de classe hegemônicos dentro do Estado: a acumulação e o enquadramento da Força de Trabalho. Como visto anteriormente, as reivindicações do movimento operário se centraram constantemente na melhoria de suas condições de vida e trabalho. As aspirações por condições dignas de vida, acesso à educação, saúde, habitação etc., têm por pressuposto o aumento da renda obtida através do assalariamento e o respeito às suas instituições e modo de ser. As políticas sociais, ao pretenderem atuar sobre as sequelas da exploração capitalista através de benefícios indiretos impostos e organizados burocraticamente através do Estado, atuam como deslocadoras das contradições que se dão no nível das relações de produção, reproduzindo e projetando essas contradições ao nível das instituições assistenciais e previdenciárias, isto é, do próprio aparelho de Estado. Representam um aprofundamento da publicização do privado, que se inicia com a regulamentação do mercado de trabalho. As instituições sociais e assistenciais — como se procurará ver mais adiante — convertem-se em instrumento de controle social e político dos setores dominados e de manutenção do sistema de produção, tanto por seus efeitos econômicos, como pela absorção dos conflitos sociais e disciplinamento das relações sociais vigentes. Através da fetichização dos *direitos* e *benefícios* — que representam uma parcela ínfima do valor produzido pela classe operária e apropriado pelo capital e pelo Estado — regulamentados pelas políticas sociais, o Estado corporativo conseguirá estabelecer mecanismos eficazes de enquadramento de parcelas das massas urbanas, principalmente dos segmentos recentemente incorporados ao trabalho industrial, para os quais a interiorização da ideologia da outorga teria o efeito de impedir o avanço de sua identificação enquanto classe e de fazê-los massa de manobra da ditadura, ampliando sua base social.

As instituições sociais mais antigas — dentre as quais os Institutos e Caixas de Pensões e Aposentadorias são as maiores expressões não serão, em geral, as que mais rapidamente incorporarão de forma abrangente o Serviço Social, entendido como atividade de profissionais formados em escolas especializadas e/ou departamentos organizados por esse tipo de trabalhador social. Por se constituírem em estruturas relativamente complexas quando do surgimento das Escolas de Serviço Social, estas instituições, em seu processo de formação, já haviam criado dentro de seus quadros de funcionários burocráticos funções cuja especialização se assemelha àquela que poderia ser desenvolvida por um Assistente Social. Uma pesada e hierarquizada estrutura burocrática, assim como o intenso jogo de interesses políticos e corporativos em seu interior, são outros fatores que retardam e emperram a incorporação de Assistentes Sociais de forma rápida e ampla. As grandes instituições sociais implantadas posteriormente à criação das primeiras Escolas de Serviço Social, e cujo surgimento se liga mais diretamente ao aprofundamento das contradições desencadeadas a partir da Segunda Guerra Mundial e à crise política e social que precede a desagregação do Estado Novo, aproveitarão de forma mais generalizada e imediata a existência desse tipo de trabalhador especializado. Nesse sentido, será útil situar alguns elementos daquelas conjunturas, buscando explicitar a que tipo de contradições e formas de expressão dessas contradições essas novas instituições vêm responder.

O período da história social que cobre essas conjunturas é marcado por transformações importantes no nível econômico, social e político. Assiste-se, após o período de crise cujo auge se dá em 1939, a uma intensa retomada do aprofundamento capitalista tanto no âmbito da expansão da produção industrial — estimulada pelo crescimento das encomendas externas e pela necessidade de substituição de bens anteriormente importados — quanto no de outras atividades produtivas de realização interna e da agro-exportação. A intensa aceleração da produção industrial tem como um de seus principais limites à escassa possibilidade de aquisição de bens de produção, cujos itens mais importantes são fornecidos pelo mercado internacional. Dessa forma esse aumento da produção se deverá realizar tendo por base principalmente o parque industrial já instalado. Preencherá, inicialmente, a capacidade ociosa, e logo em seguida os principais setores industriais estarão funcionando em ritmo extremamente acelerado, ocupando sua maquinaria 24 horas por dia.

Essa expansão da produção industrial se fará acompanhar de uma intensificação da taxa de exploração da Força de Trabalho. Será um período em que os lucros industriais atingem níveis extremamente elevados, garantidos pela ação coercitiva do Estado, que intensifica sua intervenção no mercado de trabalho. A forma em que se dá a expansão, não se fazendo acompanhar — ou acompanhada apenas em escala reduzida — do aumento da composição orgânica do capital e recorrendo inclusive a equipamentos industriais já obsoletos, redobra a pressão sobre o mercado de trabalho, acionando mecanismos naturais (desse mercado) que tendem a fazer subir o preço da Força de Trabalho, apesar da intensificação da migração rural-urbana[9] desencadeada por esse mesmo processo. A ação do Estado para facilitar e intensificar a acumulação procurará contrapor-se àqueles mecanismos naturais, impedindo o crescimento real dos salários, seja através de medidas coativas, seja através do processo inflacionário que marca todo o período. A partir da pressão da burguesia industrial,[10] a intensificação da intervenção do Estado no mercado de trabalho se desenvolve a partir de duas linhas fundamentais. A primeira visará bloquear a já reduzida capacidade de reivindicação dos sindicatos operários. Em 1942, as assembleias ou reuniões dos Conselhos de Representantes dessas entidades têm sua realização condicionada à autorização expressa do Ministério do Trabalho; em 1943, os dissídios coletivos só podem ser suscitados com autorização desse Ministério etc.; as tentativas de mobilização extra-sindical serão duramente reprimidas. A segunda linha tomará a forma de restringir a aplicação de aspectos importantes da legislação trabalhista e, paralelamente, da decretação de leis de exceção tendentes a impedir o livre jogo da oferta e procura no mercado de trabalho. Dessa maneira, a jornada normal de trabalho passará a ser de 10 horas, assim como serão levantados diversos impedimentos legais à ex-

---

9. "O êxodo rumo à capital paulista, que tem aumentado ininterruptamente nos últimos quinze anos, atingiu o auge em 1946. O período de maior ascensão entre 1940 e 1946 coincide com o incremento da produção industrial paulista no período da Segunda Grande Guerra Moderna e logo após o seu término, enquanto os outros países procediam à reconversão de suas indústrias." Almeida Vicente Unzer, e Otávio Teixeira Mendes Sobrinho. *Migração rural-urbana*. São Paulo: Diretoria de Publicidade Agrícola da Secretaria de Agricultura, 1951.

10. "Os industriais justificam suas propostas com o argumento de que só através da intensificação do trabalho, com a alteração dos dispositivos legais, é possível superar as deficiências da estrutura industrial, que não se encontra aparelhada para atender ao súbito aumento da demanda ocorrido com a guerra." Marisa Saens Leme. *Ideologia...*, op. cit.

ploração da Força de Trabalho feminina e infantil e, ainda, reduzidas as exigências quanto aos padrões sanitários. Nos ramos industriais considerados essenciais do ponto de vista militar — o que enquadra o ramo têxtil, o maior naquele momento — os operários serão legalmente impedidos de demitir-se, transferir-se para outro emprego e mesmo ausentar-se. Em 1944 é criada a Comissão Executiva Têxtil — composta de representantes dos empregadores e do Estado — com poderes para suspender a aplicação da Lei de Férias, o pagamento de horas extras e os entraves legais ao trabalho noturno de mulheres.

Dessa maneira, o Estado subsidia a aceleração da acumulação, contrapondo medidas legais aos mecanismos naturais do mercado de trabalho. Verifica-se o fato aparentemente paradoxal de, num período de grande expansão industrial em que o emprego urbano atinge nível extremamente elevado relativamente aos períodos anteriores, o salário real dos trabalhadores urbanos tenha acentuado declínio,[11] na mesma medida em que pioram suas condições de trabalho, aumentando o ritmo e a intensidade da exploração.

A essa realidade aflitiva para o proletariado e pequena-burguesia urbana, que corrói a base de sustentação da ditadura dentro dos setores populares, verifica-se uma resposta que procura obscurecê-la. O Estado lança uma campanha propagandística que busca ganhar o apoio da população para o "esforço de guerra", ao mesmo tempo em que procura mostrar que esse "esforço" é de toda a sociedade, não recaindo seu peso sobre nenhum segmento em particular. É nesse momento — a pretexto do engajamento do país na guerra — que surge a primeira campanha assistencialista de âmbito nacional, que tomará forma através da Legião Brasileira de Assistência (LBA), cujas características principais serão vistas mais adiante. O Serviço Nacional de Aprendizagem Industrial (SENAI) surge nesse mesmo ano — 1942 — respondendo, no entanto, à necessidade básica de qualificação da Força de Trabalho necessária à expansão industrial, expressão da outra face da mesma questão que se traduz na

---

11. O índice do salário mínimo real, entre 1940 e 1944, cai de 100 para 81, acentuando-se a queda para os trabalhadores que percebiam salários superiores ao mínimo legal.

pressão, sobre o mercado de trabalho industrial, de novos contingentes da população urbana.

Esse mesmo processo desencadeado inicialmente a partir dos efeitos e, posteriormente, da participação direta na Segunda Guerra Mundial, exacerba a impopularidade do governo, seja pelas medidas coercitivas, seja pelo recrudescimento da inflação e aumento do custo de vida. Ao mesmo tempo se fortalece a oposição ao regime e cresce a pressão liberalizante. O movimento operário reaparece no plano político através da luta antifascista, após a reorganização na clandestinidade de sua vanguarda quase totalmente desarticulada no período posterior à liquidação da Aliança Nacional Libertadora. As antigas "dissidências oligárquicas", assim como os setores médios urbanos, intensificam sua oposição ao regime, assistindo-se nos anos seguintes à lenta erosão na base social da ditadura, que culmina com a deposição de Vargas em 1945. Sem entrar em detalhes sobre o desenrolar desses acontecimentos, será importante ressaltar alguns elementos do processo.

Um primeiro elemento é o reaparecimento do movimento operário. De suas primeiras grandes manifestações, impulsionando a luta antifascista, passa em seguida à organização aberta de entidades representativas com maior conteúdo de autonomia. Sua expressão mais importante será o Movimento Unificado dos Trabalhadores (MUT), que surge em 1943. É importante situar, para melhor caracterizar esse momento, que a ditadura varguista, reagindo à erosão de sua base social e perseguindo uma estratégia continuísta,[12] procura adaptar-se à nova situação interna e internacional e busca atrair para sua órbita o movimento popular democrático e antifascista, no sentido de viabilizar um processo de transição que mantivesse no essencial o modelo de dominação. Dentro desse quadro é permitida a existência legal do MUT e há um relaxamento dos mecanismos de controle sindical e enquadramento dos demais aspectos ligados à

---

12. Segundo a Constituição outorgada em 1937, o mandato de Vargas se prolongaria até 1943 caso um plebiscito — estatuído por essa mesma Carta — aprovasse os termos da Constituição. Com a entrada do país na guerra e a decretação do Estado de Emergência, plebiscito e eleição presidencial são adiados indefinidamente para período posterior ao encerramento da guerra, o que ocasiona um recrudescimento das oposições, principalmente na área burguesa.

existência do operariado. Essa nova situação favorece o recrudescimento da luta reivindicatória, que passa a se manifestar com intensidade depois de quase uma década de achatamento salarial e ainda agravado pelo "esforço de guerra". Começa, assim, a consolidar-se no plano da organização do movimento operário uma vanguarda autônoma em relação aos mecanismos de enquadramento do Ministério do Trabalho. Ao mesmo tempo, diversos movimentos com forte conteúdo popular, como o movimento pela Constituinte, o *queremismo* etc., radicalizam o quadro político, marcando neste a presença e peso dos setores populares, o que se constituirá numa constante até 1947. Outro aspecto diz respeito aos mecanismos de enquadramento das classes e frações de classe dominadas, e a necessidade de sua reorganização dentro da nova estrutura de poder. Esta terá por característica uma organização democrática formal no plano político — eleições periódicas, independência dos poderes etc. — e a manutenção do essencial da estrutura corporativa e da legislação coercitiva para a classe operária, e contenção de seus movimentos. O voto universal e secreto,[13] conquista do processo iniciado na década de 1930 e cujos efeitos só aparecerão a partir da *democratização* pós-Estado Novo, e a existência de um Congresso com apreciável margem de atuação demarcada pela nova Constituição (1946) possibilitarão, no decorrer do chamado período populista (1946-1964), uma intensificação da vida política que abre espaço para a participação dos setores dominados. Espaço político que será no entanto delimitado, explicitando-se os limites do liberalismo da nova organização do poder de classe: já em 1946 o MUT será proibido e o movimento sindical arrochado com intervenções do Ministério do Trabalho nos sindicatos mais combativos; em 1947, com o início da Guerra Fria, o Partido Comunista será colocado na ilegalidade e seus membros e dirigentes perseguidos. Apesar da manutenção de aspectos essenciais da

---

13. Do qual serão privados, entre outros, marinheiros, soldados e analfabetos, constituindo-se estes últimos na maioria da população adulta naquela época. Mais exatamente, o voto universal e secreto é institucionalizado em seguida à "Revolução Constitucionalista de São Paulo" (1932), marcando a partir desse momento uma crescente preocupação das diversas frações e facções das classes dominantes — e da Igreja — em alcançar uma legitimidade eleitoral junto aos grandes novos eleitores urbanos, os setores médios e o proletariado.

estrutura corporativa para a organização sindical dos trabalhadores urbanos e dos limites impostos à participação política de sua vanguarda, a desmoralização e desmoronamento de uma série de mecanismos de controle, a atenuação da repressão e, principalmente, a necessidade de legitimação — via processo eleitoral — do poder junto às grandes massas da população urbana, fazem com que a *redemocratização* de 1945 represente um momento extremamente importante da redefinição das formas de dominação política que se inicia na década de 1930.

Dentro da concepção mais global que norteia o Plano Beveridge e a tentativa de sua implantação generalizada em seguida ao fim do conflito mundial nos países capitalistas centrais e periféricos, o papel das instituições sociais e assistenciais como instrumento de dominação e enquadramento político é reafirmado e tem importância crescente, marca do novo "espírito social" do capitalismo. Se essa concepção representa a linha diretriz que orienta as ações e práticas sociais desenvolvidas a partir dessas instituições em geral, a especificidade das conjunturas que presidem seu surgimento, dá realce aos aspectos políticos imediatos. Sob esse ângulo se pode discernir com mais clareza o recrudescimento das políticas assistencialistas que tem sua matriz numa estratégia internacional do capitalismo no pós-guerra, matizada internamente pela conjuntura específica da desagregação do Estado Novo, com a articulação de um novo modelo de dominação política. Modelo também de hegemonia que necessita de um projeto integrador como mecanismo de reprodução da dominação. A construção desse modelo dentro de uma conjuntura nacional e internacional dinâmica aponta constantemente pontos críticos que devem ser enfrentados, e onde uma das opções será o reforço do assistencialismo como instrumento político.

A desmoralização dos Círculos Operários e de outras formas de intervenção no movimento operário, assim como o crescimento da organização e combatividade desse movimento, são fatores que contribuem fortemente para o surgimento e orientação de instituições assistenciais atualmente de relevo, como, por exemplo, o SESI. Da mesma forma, as primeiras experiências de eleições democráticas (1945 e 1946), que dão ao Partido Comunista uma votação expressiva — aproximadamente 10%

do eleitorado em termos nacionais — concentrada nas grandes cidades, contribuirá para o aparecimento de outras instituições, como a Fundação Leão XIII, no Rio de Janeiro. Serão justamente estas entidades as que primeiro irão absorver, de forma contínua, os novos trabalhadores especializados no trato com as populações carentes e marginalizadas.

Nos itens a seguir, procura-se descrever aspectos do surgimento de algumas das mais importantes instituições assistenciais e do modelo de prática institucional do Serviço Social que as mesmas propõem. Nesse sentido, não se teve por objetivo uma análise exaustiva do nascimento e evolução dessas instituições ou historiar a integração do Serviço Social às mesmas. Pretendeu-se, relativamente a essas instituições, situá-las, primeiramente, em relação às profundas transformações na base da formação econômico-social, desencadeadas pelo aprofundamento capitalista, e sua interação com esse processo. Em segundo lugar, reter aspectos das conjunturas específicas que presidem o surgimento destas instituições e que marcam seu conteúdo mais profundo no sentido de verificar a correlação de forças presente nessas conjunturas, a qual se altera em função da dinâmica dos processos sociais. A importância dessa caracterização se origina no fato de que a implantação e desenvolvimento das grandes instituições sociais e assistenciais criarão as condições para a existência de um crescente mercado de trabalho para o campo das profissões de *cunho social*, permitindo um desenvolvimento rápido do ensino especializado de Serviço Social. Paralelamente, implicará um processo de legitimação e institucionalização da profissão e dos profissionais do Serviço Social.

2. O Conselho Nacional de Serviço Social e a LBA

Como foi visto anteriormente, a primeira referência explícita na legislação federal com respeito a Serviços Sociais consta na Carta Constitucional de 1934, onde o Estado fica obrigado a assegurar o amparo dos desvalidos e se fixa a destinação de 19 das rendas tributáveis à maternidade e infância.

A primeira medida legal nesse sentido no âmbito federal será dada apenas em 1938 (Decreto-lei n. 525, de 1.7.38) já sob a vigência do Estado Novo e instituída sob o regime de Decreto-lei. Estatui a organização nacional do Serviço Social,[14] enquanto modalidade de serviço público com o estabelecimento de organismos (no nível nacional, estadual e municipal) de direção, execução e cooperação, e cria junto ao Ministério da Educação e Saúde o Conselho Nacional de Serviço Social, com as funções de órgão consultivo do governo e das entidades privadas, e de estudar os problemas do Serviço Social.[15]

Os efeitos práticos desse decreto-lei foram, no entanto, muito restritos. O Conselho Nacional de Serviço Social — CNSS — tampouco chegou a ser um organismo atuante. Caracterizou-se mais pela manipulação de verbas e subvenções, como mecanismo de clientelismo político. Sua importância se revela apenas como marco da preocupação do Estado em relação à centralização e organização das obras assistenciais públicas e privadas.

A inexistência de uma atuação concreta no plano federal no sentido de centralizar e organizar as obras e instituições assistenciais — exceção feita àquelas dependentes da Previdência Social — é comprovada pela reafirmação do mesmo dispositivo legal, transcorridos cinco anos da criação do CNSS. Assim, o Decreto-lei n. 5.697, de 22.7.43, voltará a dispor "sobre as bases da organização do Serviço Social em todo o país", acrescentando poucas novidades ao anterior, entre elas a função de fiscalizar as obras públicas e particulares. Apesar de sua reorganização, o CNSS não chega a se constituir em mecanismo assistencial com influência real

---

14. As funções do Serviço Social serão definidas nesse decreto-lei como: "(...) Utilização das obras mantidas quer pelos poderes públicos, quer pelas entidades privadas, para o fim de diminuir ou suprir as deficiências ou sofrimentos causados pela pobreza e pela miséria ou oriundas de qualquer outra forma de desajustamento social e de reconduzir tanto o indivíduo como a família, na medida do possível, a um nível satisfatório de existência no meio em que habitam".

15. Serão funções específicas do CNSS:
- inquéritos e pesquisas sobre as situações de desajustes sociais;
- a organização do plano nacional de serviço social, englobando os setores público e privado;
- sugerir quanto às políticas sociais a serem desenvolvidas pelo governo;
- opinar quanto à concessão de subvenções governamentais às entidades privadas.

sobre o desenvolvimento do Serviço Social. Suas funções serão exercidas, na prática, pela Legião Brasileira de Assistência.

A primeira grande instituição nacional de assistência social, a Legião Brasileira de Assistência, é organizada em sequência ao engajamento do país na Segunda Guerra Mundial. Seu objetivo declarado[16] será o de "prover as necessidades das famílias cujos chefes hajam sido mobilizados, e, ainda, prestar decidido concurso ao governo em tudo que se relaciona ao esforço de guerra". Surge a partir de iniciativa de particulares logo encampada e *financiada* pelo governo,[17] contando também com o patrocínio das grandes corporações patronais (Confederação Nacional da Indústria e Associação Comercial do Brasil) e o concurso das *senhoras da sociedade*.

O surgimento da LBA terá, de imediato, um amplo papel de mobilização da opinião pública para apoio ao "esforço de guerra" promovido pelo governo, e consequentemente ao próprio governo ditatorial. Nesse sentido serão lançadas diversas campanhas de âmbito nacional, como as da *borracha usada*, confecção de ataduras e bandagens, campanha do livro, campanha das "hortas da vitória" etc. Para os soldados mobilizados serão patrocinados diversos serviços de promoção e lazeres (cantinas, espetáculos etc.). A assistência às famílias dos convocados terá também um amplo caráter promocional. Apenas no Distrito Federal, a LBA mon-

---

16. Objetivos básicos da LBA (art. 2º de seus Estatutos):

"1. executar seu programa, pela fórmula do trabalho em colaboração com o poder público e a iniciativa privada;

2. congregar os brasileiros de boa vontade, coordenando-lhes a ação no empenho de se promover, por todas as formas, serviços de assistência social;

3. prestar, dentro do esforço nacional pela vitória, decidido concurso ao governo;

4. trabalhar em favor do progresso do serviço social no Brasil".

17. Pelo Decreto-lei n. 4.830, de 15-10-1942, a LBA é reconhecida como órgão de colaboração com o Estado no tocante aos serviços de assistência social.

A Portaria n. 870, de 26-10-1942, do Conselho Nacional do Trabalho (CNT) estabelece a contribuição compulsória de *empregados* e *empregadores* (1/2%, respectivamente, dos salários recebidos e folha de pagamento a ser recolhido através dos Institutos e Caixas de Pensões e Aposentadorias) para o financiamento das atividades assistenciais da LBA.

A presidência da instituição será reservada à *primeira dama do país*, sendo exercida naquela ocasião pela Sra. Darcy Vargas. (Posteriormente o financiamento será feito através de verbas votadas pelo Congresso Nacional.)

tará mais de cem postos de atendimentos e postos diversos de trabalhos voluntários.

A partir de um acontecimento de grande impacto emocional, a LBA procurará granjear e canalizar apoio político para o governo, movimentando sua ação assistencialista. Nesse mesmo sentido sua organização estará profundamente ligada ao *preço* a ser pago pelo *esforço de guerra* — evidente queda do poder aquisitivo do proletariado e pequena-burguesia urbana — e às profundas transformações decorrentes do colapso do comércio internacional, que acelerarão o processo de aprofundamento do capitalismo.

Da assistência "às famílias dos convocados", progressiva e rapidamente a LBA começa a atuar em praticamente todas as áreas de assistência social,[18] inicialmente para suprir sua *atividade básica* e em seguida visando a um programa de ação permanente. Nesse sentido se constituirá em mecanismo de grande impacto para a reorganização e incremento do aparelho assistencial privado e desenvolvimento do Serviço Social como elemento dinamizador e racionalizador da assistência.

Partindo da constatação de que "muito pouco se poderá fazer dentro dos quadros atuais do serviço social no Brasil",[19] a LBA é organizada sobre uma estrutura nacional (órgãos centrais, estaduais e municipais), procurando mobilizar e coordenar as obras particulares e as instituições públicas, ao mesmo tempo em que, através de iniciativas próprias, tenta suprir as brechas mais evidentes da *rede* assistencial. Atuará também como repassadora de verbas — globalmente vultosas — para ampliação e reequipamento das obras assistenciais particulares.

No encaminhamento de seu objetivo de "trabalhar em favor do progresso do Serviço Social", oferecerá um sólido apoio às escolas especiali-

---

18. "Assistência à maternidade e infância à velhice, aos doentes, aos necessitados, aos desvalidos, melhoria da alimentação e habitação dos grupos menos favorecidos difusão da educação popular, levantamento do nível de vida dos trabalhadores e organização racional de seus lazeres". Legião Brasileira de Assistência, Diretrizes e Realizações (agosto de 1942 — julho de 1943). *Relatório apresentado pelo Secretário Geral, aos membros do Conselho Consultivo e Deliberativo*. Publicação da LBA, 1943.

Com o fim do conflito mundial, a LBA acentuará sua linha de assistência fundamentalmente para a *maternidade e infância*.

19. Idem.

zadas existentes. Estas serão mobilizadas desde o início para a implantação e programação dos serviços da nova instituição e, ao mesmo tempo, subsidiadas para — através da ampliação de suas instalações, expansão dos cursos normais, realização de *cursos extraordinários* e de pesquisas e *inquéritos sociais*, publicação de trabalhos técnicos etc. — suprir a demanda de trabalhadores habilitados por aquela *formação técnica especializada*, que seu surgimento incrementa de forma acentuada. Através do sistema de bolsas de estudo e da distribuição de recursos financeiros, viabiliza o surgimento de escolas de Serviço Social nas capitais de diversos Estados, atuando geralmente em convênio com os movimentos de ação social e ação católica.

Constituindo-se na primeira campanha assistencial de nível nacional, a Legião Brasileira de Assistência será de grande importância para a implantação e institucionalização do Serviço Social, contribuindo em diversos níveis para a organização, expansão e interiorização da rede de obras assistenciais, incorporando ou solidificando nestas os *princípios* do Serviço Social, e a consolidação e expansão do ensino especializado de Serviço Social e do número de *trabalhadores sociais*.

No referente às técnicas do Serviço Social, os relatos de práticas desenvolvidas parecem mostrar que estas se mantêm basicamente dentro dos padrões preexistentes. O *inquérito* e *pesquisa* social, as visitas domiciliares e entrevistas continuam sendo o fundamento do *serviço social de casos individuais*. Este será utilizado para a determinação de auxílios financeiros, encaminhamentos para serviços médicos, internação de crianças, obtenção de empregos, regularização de documentos, regularização de vida conjugal etc. Haverá sem dúvida avanço na coordenação e planificação das obras sociais e na estruturação administrativa dessas obras e dos órgãos de coordenação.

No entanto, a implantação da LBA parece ter propiciado, principalmente, a expansão e o aumento quantitativo do volume de assistência e do *uso* do *Serviço Social* para a organização e distribuição dessa assistência da forma mais rentável política e materialmente, não implicando, de imediato, mudança de sua qualidade.

3. O SENAI e o Serviço Social

Ainda em 1942 é criado o Serviço Nacional de Aprendizagem Industrial (SENAI)[20] com a incumbência de organizar e administrar nacionalmente escolas de aprendizagem para *industriários*. Essa instituição surge através de um *Decreto-lei Federal*, que atribui a uma entidade de classe, a Confederação Nacional da Indústria, a função de geri-la. Será um grande empreendimento de qualificação da Força de Trabalho — especialmente a juvenil — que rapidamente incorporará o Serviço Social em seu esquema de atuação. Certamente estará entre as primeiras grandes instituições a incorporar e teorizar o Serviço Social não apenas enquanto *serviços assistenciais corporificados*, mas enquanto "processos postos em prática, para a obtenção de fins determinados", utilizando para tal as *técnicas* de *caso* e *grupo*.

Aparece também, como fator que apressa o surgimento dessa instituição, contribuindo para sua rápida implantação nos dois maiores centros industriais — especialmente São Paulo — a evolução da Segunda Guerra Mundial.[21] Até esse momento, apesar da notável ampliação do parque industrial instalado e de sua crescente complexidade, a existência de instituições especializadas na adequação — qualificação — da Força de Trabalho aos fatores materiais do processo produtivo é extremamente limita-

---

20. Decreto-lei n. 4.048, de 22-2-42.

21. O ensino profissional é objeto de discussão entre empresariado e governo desde 1936. O primeiro passo nesse sentido é dado pelo decreto-lei de 1939, relativo à instalação de refeitórios em empresas industriais, o qual também dispunha sobre a criação de cursos de aperfeiçoamento profissional dos trabalhadores, determinando que os estabelecimentos com mais de quinhentos operários mantivessem cursos de qualificação da mão de obra.

Em 1941, o empresariado propõe ao governo a criação do SENAFI (Serviço Nacional de Seleção, Aperfeiçoamento e Formação de Industriários). Para o estudo da proposta o Ministério da Educação e Saúde nomeia uma "comissão de homens da indústria para estudar e sugerir medidas de caráter prático, que pudessem, com a possível urgência, tornar efetiva uma ponderável participação do parque industrial brasileiro na formação de seu operariado". (FIESP, Relatório da Diretoria, 1942. Citado in Marisa Saens Leme. *Ideologia...*, *op. cit*.). Dos trabalhos dessa comissão resulta o Decreto-lei de criação do SENAI e sua estruturação, que se divide em dois grandes campos: seleção e orientação profissional, e aprendizagem e aperfeiçoamento técnico, sendo o custeio dessas atividades feito às expensas da indústria, "que contribui com cota proporcional ao operariado utilizado".

da. Esse processo se realiza em geral dentro das próprias empresas, especialmente quanto a operários adestrados e semiqualificados. Para as funções industriais que exigissem operários mais qualificados, assim como as de comando e técnicas, procurava-se suprir a demanda através da importação de Força de Trabalho portadora das qualificações requeridas.[22]

O esgotamento dessa possibilidade com a eclosão e generalização do conflito mundial, assim como o crescente fluxo de migrações internas e sua pressão sobre o mercado de trabalho, tornam essencial, para o Estado e empresariado industrial, o desenvolvimento rápido e em escala apreciável de atividades específicas de qualificação da Força de Trabalho.

O Estado, como se observa no caso, agindo como centro de decisões relativamente autônomo orientado para a manutenção do equilíbrio do sistema indispensável à acumulação capitalista, não atuará apenas como receptor das pressões do empresariado para que assuma inteiramente os encargos desse empreendimento.[23] Neste sentido, como criador de *economias externas* para o empresariado industrial, o Estado assume progressivamente a educação elementar da população, assim como financia atividades educacionais profissionalizantes e subvenciona outras, de caráter privado, que se destinam a esse fim, no sentido de prover as necessidades a curto e médio prazos. Os problemas do equilíbrio orçamentário, a escassez de recursos, levam a que o Estado procure "interessar" o empresariado industrial na qualificação da Força de Trabalho, em atividades não exclusivamente relacionadas às unidades individuais de produção. Atuará, assim, também como agência de pressão sobre o empresariado industrial, no sentido de que este assuma diretamente — isto é, com recursos próprios — encargos no processo de adensamento tecnológico da Força de Trabalho coletiva.[24]

---

22. Warren Dean. A *Industrialização...*, op. cit., observa que tanto o empresariado como o Estado consideravam como mais barato esse procedimento.

23. Nesse momento a atuação estatal no sentido da qualificação técnica da Força de Trabalho é extremamente limitada. As maiores expressões de sua atuação resumem-se, em São Paulo, ao Liceu de Artes e Ofícios, que prepara *oficiais* em artes tradicionais, e no Centro Ferroviário de Ensino e Seleção Profissional — destinado ao adestramento de Força de Trabalho para atuar nas ferrovias — que servirá de modelo ao SENAI.

24. Luiz Pereira. *Classe operária, situação e reprodução*. São Paulo: Duas Cidades, 1978.

Procura-se estabelecer algo semelhante a uma divisão de tarefas, em que o Estado — como propiciador de economias externas — atua na educação elementar da população, assim como na preparação em nível superior de uma elite de *técnicos*, encarregando-se o empresariado da segunda etapa de qualificação da Força de Trabalho, de acordo com as necessidades do mercado de trabalho operário.[25]

Surgirá, assim, o SENAI, como principal instrumento de atuação coletiva do empresariado — sob o comando de sua fração dominante, que é também sua principal beneficiária[26] no processo de adequação da Força de Trabalho coletiva às necessidades da produção. Instrumento este que estará diretamente subordinado à racionalidade econômica e empresarial capitalista. O adiantamento realizado pelo empresariado (treinamento em serviço, SENAI etc.) é visto, essencialmente, através da ótica de seus rendimentos futuros, em que a Força de Trabalho deve passar a reproduzir seu valor agora acrescido[27] e a produzir outro *quantum* também acrescido a ser apropriado pela empresa.

---

25. "A ideia do SENAI brotou de um pensamento realista: já que a formação da mão de obra qualificada é tarefa da empresa, interessa organizar um sistema escolar que, além de completar essa formação, prestasse também assistência aos empregadores, no treinamento em serviço de aprendizes, operários adultos e supervisores". Rafael Noschese (Presidente da Federação e do Centro das Indústrias de São Paulo). *A Participação da livre empresa na formação da mão de obra e o papel do SENAI na industrialização nacional*. Publicação do SENAI. Citada por Luiz Pereira. *Classe*..., op. cit.

26. Devido às características históricas da industrialização que ocorre no país, a concentração industrial se dá de forma radical desde seu início (para maiores detalhes, ver Sérgio Silva. *Expansão cafeeira e origens da indústria no Brasil*. São Paulo Alfa-Ômega, 1976). Um reduzido número de grandes empresas concentra imensa fração do operariado e do *valor da produção* industrial. Estas empresas — às quais corresponde a fração dominante da burguesia industrial — concentram a demanda pela Força de Trabalho mais qualificada, exercendo uma constante *sucção* dessa *mão de obra*, em sua maioria "formada em serviço" nas empresas menores e disseminadas. Nesse sentido, a instituição do sistema SENAI, atuando em vários níveis na adequação do operariado, beneficiará principalmente a demanda dessas empresas, assim como servirá de fonte de *economias externas* através do treinamento em serviço — dentro do "padrão" SENAI — nos estabelecimentos menores.

27. "A fim de modificar a natureza humana, de modo que alcance habilidade e destreza em determinada espécie de trabalho, e se torne força de trabalho desenvolvida e específica, é mister educação ou treino que custa uma soma maior ou menor de valores em mercadorias. Esta soma varia de acordo com o nível de qualificação da força de trabalho. Os custos de aprendizagem, ínfimos para a força de trabalho comum, entram portanto no total dos valores despendidos na sua produção". Karl Marx. *O Capital*. Rio de Janeiro: Civilização Brasileira, 1975.

Aqui se retoma sob outro ângulo a problemática esboçada no início do capítulo relativa à Legislação Social. O desenvolvimento da produção capitalista traz consigo novas necessidades objetivas da produção, que geram, por sua vez, necessidades novas que o operário necessita satisfazer para se reproduzir enquanto Força de Trabalho. A intensificação do ritmo de trabalho, a atenção para a vigilância e manuseio de um número maior de máquinas etc., passam a exigir, concomitantemente, maior especialização e maiores necessidades para a reconstituição e reprodução da Força de Trabalho, como a diminuição da jornada de trabalho, férias etc. O acréscimo de valor da Força de Trabalho gera, por sua vez, a necessidade de *conservar os adiantamentos realizados* com esse fim. O desgaste da Força de Trabalho produzida deve ser controlado — momento em que a saúde se transforma em uma necessidade social — a fim de diminuir os custos de sua reprodução.[28]

Há, aí, uma mudança qualitativa no comportamento *assistencial* do Estado e do empresariado em relação ao proletariado. As atitudes aparentemente paternalistas — absolutamente não desprovidas de interesse econômico — que geralmente procuravam responder, até mesmo preventivamente, e desvirtuar em seu conteúdo a pressão reivindicatória, devem ceder o lugar a uma política mais global, representativa de uma nova racionalidade. Educação e saúde, principalmente, aparecem como *consumo produtivo* na produção, conservação e reprodução de homens enquanto Força de Trabalho do capital.

A implantação do SENAI aparece assim, claramente, como elemento constitutivo desse processo de aprofundamento do capitalismo e submetido a essa nova racionalidade, através da qual deve ser conduzida a "questão social" e as novas necessidades geradas por aquele aprofundamento.

O discurso produzido pelos gestores desse empreendimento é claro a esse respeito:

"[O SENAI é fundado] em 1942 quando atravessava o país uma fase crítica de seu desenvolvimento, em decorrência do segundo conflito mundial.

---

28. Wim Dierkxsens. *La Reproducción de la fuerza de trabajo bajo el capital*. Instituto de Investigaciones Sociales, Facultad de Ciencias Sociales de la Universidad de Costa Rica, 1977, mimeo.

Decretado o estado de beligerância, mobilizaram-se recursos naturais e humanos para o novo e poderoso surto de industrialização. A carência de mão de obra qualificada constituía um dos pontos fracos da economia nacional, pois o único sistema de ensino industrial existente em grande escala era a rede de escolas oficiais, com seus cursos de tempo integral e duração de quatro anos. Sua contribuição não atendia às necessidades da indústria por motivos diversos, entre os quais o regime de frequência e duração dos cursos, a idade de admissão dos alunos, o elevado índice de evasão escolar, a rigidez do sistema e a falta de vivência das situações de produção industrial."[29]

Trata-se, portanto, de manter um sistema de adequação da Força de Trabalho capaz de suprir aquelas necessidades da indústria, que não incorra ou limite ao máximo as *irracionalidades* do sistema oficial, isto é, que torne mínimo o *adiantamento* a ser realizado pelos empresários industriais, transformando esse processo em impulsionador da acumulação.[30] Trata-se de minimizar aquele *consumo produtivo* em termos de consumo *per capita*.

Por outro lado, essa Força de Trabalho se constituirá progressivamente no componente principal da "parcela superior" do proletariado. A qualificação da Força de Trabalho se dá como processo de constituição do trabalhador ajustado à formação capitalista, isto é, também como formação de sua *personalidade básica capitalista*.[31]

> "... deve o operário possuir, mais do que uma prática prolongada de operações manuais ou mecânicas, a compreensão exata dos processos tecnológicos e certa plasticidade de adaptação às novas técnicas... Entretanto, sempre e cada vez mais, o papel fundamental está reservado à 'formação humana', tarefa a ser confiada a verdadeiros educadores, cônscios de que, ao lado do treinamento técnico, impõe-se o aprimoramento dos atributos

---

29. Raphael Noschese. *A Participação...*, op. cit.

30. "A desvalorização relativa da força de trabalho, decorrente da eliminação ou da redução dos custos de aprendizagem, redunda para o capital em acréscimo imediato de mais-valia, pois tudo o que reduz o tempo de trabalho necessário para reproduzir a força de trabalho aumenta o domínio do trabalho excedente". Karl Marx. *O Capital*, op. cit.

31. Luiz Pereira. *Classe...*, op cit.

morais e cívicos da juventude operária. Hábitos sadios, atitudes corretas perante os problemas da vida e da comunidade, respeito à autoridade e às instituições, amor à liberdade, ao trabalho e aos estudos, consciência do dever, compreensão dos fundamentos do progresso nacional e das relações entre os povos, eis o que a livre empresa espera dos jovens operários.... Sensível às transformações de nossa época e incorporando as conquistas do progresso científico e tecnológico, a livre empresa amplia cada vez mais seus horizontes: aos objetivos técnicos e econômicos juntam-se os de ordem social e cultural. Já são notáveis, nesse sentido as realizações das grandes empresas".[32]

O SENAI será assim um misto de dois processos históricos de qualificação da Força de Trabalho. Combinará — para a reprodução da Força de Trabalho enquanto tal — a violência simbólica do sistema escolar com a coerção e o autoritarismo das unidades de produção. O empresariado confiará aos *verdadeiros educadores* a tarefa de aprimoramento dos atributos *morais e cívicos* da juventude operária. Estes deverão — juntamente com a qualificação técnica — tentar inculcar os requisitos psicossociais necessários à reprodução da ordem capitalista industrial, isto é, *produzir* o operário ajustado a esse estágio de desenvolvimento da formação econômico-social brasileira. Dentre os diversos quadros *técnicos* que serão cooptados para o empreendimento, o Assistente Social, apesar de em pequeno número, terá um lugar de destaque. Nesse sentido, poderá ser interessante, tomando como exemplo o SENAI — primeira grande instituição social gerida diretamente pela burguesia industrial como classe — procurar ver como o Serviço Social deve adequar-se à demanda social que lhe é formulada e tentar cumprir o mandato que lhe é confiado. Sobressairão aí dois elementos, a ação ideológica de ajustamento e a coordenação da utilização dos serviços assistenciais corporificados.

Nesse sentido, pesquisa realizada sob o patrocínio do Sindicato da Indústria de Fiação e Tecelagem em Geral, de São Paulo,[33] aponta para

---

32. Raphael Noschose. *A Participação...*, op. cit.

33. Milton de Pontes. "Condições sociais e econômicos dos menores que trabalham na indústria (Pesquisa realizada em São Paulo, no período de junho e julho de 1945)". In: *Comissão de orientação social*. São Paulo Sindicato da Indústria de Fiação e Tecelagem em geral, 1945.

diversos motivos — segundo seus realizadores — que tornam necessária a rápida implantação de serviços sociais junto às atividades de qualificação da Força de Trabalho juvenil. Visando explicitamente verificar "os principais fatores de desajuste, os motivos preponderantes de entrave ao bom andamento escolar e ao desenvolvimento normal da aprendizagem industrial", e demonstrar o "complexo vital das necessidades que urge assistir, tendo em vista melhorar o padrão dos aprendizes e trabalhadores menores que frequentam as escolas do SENAI", essa pesquisa procura retratar o perfil e as condições de existência do proletariado juvenil. Paralelamente, explicita de forma clara a necessidade de serviços assistenciais como fator indispensável à viabilização e produtividade do empreendimento, isto é, situa o quadro sobre o qual deverão ser implementadas medidas assistenciais (médico-dentárias, alimentação etc.) e de *educação social e moral*, destinadas àqueles fins.

O primeiro aspecto relativo à análise das "necessidades vitais dos menores" refere-se à alimentação e demonstra um quadro de subalimentação crônica. "O operário se alimenta pouco e mal, e os alunos do SENAI, menores e adultos, estão longe de atingir um padrão recomendável de robustez orgânica, tendo em vista as tarefas que precisam desempenhar na indústria, com as grandes perdas energéticas do trabalho". A conclusão será a de que, em função da alimentação insuficiente e das péssimas condições de conservação com que os alimentos são mantidos até o horário normal de refeição,[34] e a exemplo do que já vinha sendo desenvolvido em algumas unidades de ensino do SENAI, "é inegável que a criação da sopa escolar ou do copo de leite ou de outra merenda qualquer substanciosa, viria beneficiar extraordinariamente os nossos alunos, em regra geral, mal alimentados".[35]

---

34. "(...) transportam os alimentos destinados às suas refeições, em vasilhames inadequados ou embrulhados, muitas vezes, em papéis sujos (...) quase sempre comida fria e feita na véspera. Quando isso não acontece, trazem sanduíches de pão e mortadela, uma banana ou uma laranja e nada mais. Cinco alunos tiveram vertigem na oficina, constatando-se ser por falta de alimentação".

35. "Os estudos estatísticos, feitos com material colhido por nós durante os exames, confirmam o que acima expusemos. Assim é que para um grupo médio de 1,48 a 1,64 m de altura, temos como correspondente em peso 37,73 a 53,53 quilogramas. Temos, dessa forma, a média de 45,635 para o peso de 1,56 de altura, o que está evidentemente desproporcionado. Isso deve ser atribuído, como dissemos, à

No que toca à situação médico-dentária, verifica-se que o item *Moléstia* é responsável por 299 das faltas escolares, sendo "indispensável remover elemento tão elevado de perturbação".[36] Outro aspecto observado será o asseio corporal dos alunos, que, devido "às baixas temperaturas, à falta de hábito, à não existência de chuveiros ou locais apropriados nas residências, mormente quando se trata de quartos, porões e habitações coletivas (...) deixa muito a desejar".

Quanto à recreação e higiene mental, se verá uma "grande confusão existente nos meios operários" quanto à utilização de seu tempo de lazer, pois "não encontram o repouso indispensável nas horas em que estão de folga (...) Alimentando-se mal, dormindo em péssimas condições, vivendo em permanente excitação nervosa, não é de espantar que eles sejam truculentos e mal humorados". Apesar de reconhecer a quase impossibilidade de os aprendizes gozarem férias,[37] considera que a colônia de férias "virá resolver definitivamente o problema, dando-se aos menores um repouso integral, (...) com todas as vantagens da recuperação orgânica e da recreação adequada".

Os acidentes de trabalho, componente daquelas necessidades vitais, também são analisados, constatando-se que atingiram 16% dos alunos da única escola pesquisada quanto a esse fator.[38] Dos acidentados, apenas dois haviam recebido instrução para prevenção de acidentes, verifican-

---

alimentação precária a que estão sujeitos os referidos menores, aliada naturalmente a outros fatores de ordem higiênica".

36. "As observações realizadas (...) confirmam a necessidade de serviço médico permanente, que, além do aconselhamento, dos socorros de urgência, atue também no tratamento das moléstias periódicas ou ocasionais (...) Dos 108 alunos matriculados na Escola SENAI do Setor 5, (...) 56% estão necessitando ir ao dentista, apresentando dentes cariados e focos de infecção na boca (...) Somente 16% deles possuem bons dentes".

37. "Poucos são os menores que conseguem permanecer na mesma fábrica por mais de um ano, e a adquirir por isso mesmo o direito a férias de 15 dias conforme determina a legislação trabalhista. Todavia, os que fazem jus a esse descanso, muitas vezes deixam de gozá-lo, porque os empregadores os intimam a permanecer em serviço, pagando-lhos mais a metade do ordenado mensal. Devido a sua pouca estabilidade, o menor trabalha 3 ou 4 anos ininterruptos sem gozar férias".

38. Citando palestra do prof. Almeida Júnior, o relatório em questão apresenta os seguintes dados: "Nos Estados Unidos, há, cada ano, cinco acidentes por cem operários; na Alemanha (antes da guerra), havia três acidentes por cem operários; na Inglaterra (o país que mais cuida da prevenção), a proporção é de dois para cem. Pois, em um grupo de *fábricas de tecidos*, em São Paulo, houve, no período de vários anos,

do-se assim necessidade de *jornadas sociais* sobre esse assunto, a fim de reforçar os efeitos das aulas de higiene industrial.

Dessa forma, a prevenção de acidentes "intimamente relacionada com o bem-estar dos trabalhadores, o rendimento industrial e os ônus decorrentes da proteção ao trabalho e das horas perdidas na produção da empresa"[39] enquadram-se dentro do complexo de medidas *assistenciais e educativas* necessárias à adequação da Força de Trabalho às necessidades industriais. O problema dos acidentes de trabalho, malgrado se situe, de passagem, a existência de máquinas sem proteção e de outras condições de trabalho (iluminação, espaço etc.) que contribuem para a elevada taxa de acidentes existente, é visto essencialmente sob o prisma das *"carências"* psicológicas e morais do proletariado. Dentre essas carências serão destacados ainda os "maus hábitos" e os "problemas de moralidade", as "baixas tendências (que) não estão sofreadas e podem agravar-se quando há promiscuidade e coeducação".[40] Essas carências trazem a necessidade de "ressocialização" dos jovens proletários, "sem a qual não é possível manter a instituição", ao que se deve somar outras medidas que visem "à reeducação individual do menor" e ao "reajustamento dos inadaptados".[41]

---

a média de quinze acidentes por cem operários: e entre os estivadores de Santos, num ano, o de quarenta e dois por cem."

39. "No ano passado tive a oportunidade de mostrar que em 1943 houve no Distrito Federal cerca de 67.000 acidentes, resultando na perda de 3.500.000 horas de trabalho. Hoje [29 de junho de 1945] já se podem divulgar dados referentes às indenizações devidas pelos acidentes de trabalho, nesta capital, no ano de 1944, e esses dados não são menos impressionantes. As indenizações pagas em virtude de acordos ou sentenças judiciais, em 1944, somaram cinco milhões, duzentos mil cruzeiros, estando ainda em curso cerca de dois mil casos, que, pela média dos pagamentos feitos, deverão importar em oito milhões e quatrocentos mil cruzeiros, perfazendo assim um total indenizável de treze milhões e seiscentos mil cruzeiros. Some-se a isso o valor das horas não trabalhadas — que atingem cerca de dez milhões de cruzeiros — e teremos que os acidentes de trabalho custaram à economia do Distrito Federal mais de 23 milhões de cruzeiros despendidos, além do prejuízo resultante da produção não realizada". Marcondes Ferraz, Ministro do Trabalho, Indústria e Comércio, 1945. Citado pela pesquisa em questão.

40. "Diretores e professores das escolas são unânimes em afirmar a necessidade de uma campanha sistemática em favor dos bons costumes, despertando nos alunos os sentimentos de brio, dignidade, civismo e moralidade, a par de um esclarecimento contínuo de seus direitos".

41. "Já a inspetoria médica se refere à possibilidade do aparecimento desses casos-problemas, quando afirma que à questão da verificação dos tipos de personalidade psicopática, por meio de exames especializados, é de grande importância, pois a existência de um elemento amoral indisciplinado, em uma sala de

A tentativa de resposta a esses problemas, como já vem sugerido pelo relatório analisado, será dada pela implantação de serviços sociais nas escolas mantidas pela instituição. A formação *técnica* aliada à educação *social* e *moral* — concomitante à prestação de serviços assistenciais (médico-odontológicos e alimentares) — da Força de Trabalho juvenil, será denominada, por seus implementadores, *pedagogia integral*, forma desenvolvida de *educação popular*.

Antes de tentar ver de forma mais concreta em que consistem as relações e práticas sociais desenvolvidas sob essa denominação — onde aparecerá claramente a discrepância entre as proposições teóricas do Serviço Social e o raquitismo do que pode concretamente propor ou realizar — será importante observar a existência de um processo de adequação do discurso mais tradicional e integrista do Serviço Social à realidade do capitalismo urbano-industrial.

Nota-se esse processo, por exemplo, na consideração do desenvolvimento capitalista — formação de grandes centros urbano-industriais — como sendo um processo cujas consequências *nefastas*, o agravamento do problema social, deixam de ser responsabilidade de seus promotores e beneficiários. As considerações morais sobre o *egoísmo*, a *apetitividade desmesurada, os maus patrões*, são relegadas a um segundo plano, dando lugar a uma visão mais *objetiva*. As representações produzidas pela burguesia de base agrária e anteriormente veiculadas por importante parcela dos pioneiros do Serviço Social, quanto às *indústrias artificiais* e suas consequências tanto no que se refere à *exploração* do consumidor, como na redução do proletariado a uma situação de indigência, serão abandonadas e substituídas por um discurso determinista em que o progresso da sociedade se faz acompanhar, inevitavelmente, da miséria do proletariado. Será vista, por outro lado, na fração dominante da burguesia industrial uma crescente consciência social.[42] De forma semelhante se no-

---

aula, é o suficiente para a perturbação do andamento normal dos trabalhos' (...) Os fichários de conduta e rendimento e os exames psiquiátricos, quando houver necessidade, indicarão o tratamento a ser posto em prática pelo Assistente Social".

42. "Se o amor à objetividade não nos permite considerar a formação dos centros urbanos industriais, um mal em si, forçoso, entretanto, é reconhecer que dificilmente se desenvolve e progride uma cidade

tará a explícita concordância com o processo de desenvolvimento capitalista em toda a teorização das práticas a serem desenvolvidas. Toda ela estará voltada para o ajustamento do trabalhador à ordem capitalista amadurecida, o que pode ser sintetizado através dessa *máxima* que constitui o ideal pedagógico do SENAI: "tudo fazer para que o artífice de amanhã seja capaz de um rendimento ótimo, ao mesmo tempo em que tenha todas as possibilidades de participar da vida da comunidade, integrado em sua classe e identificado com o seu meio".[43]

As práticas que serão teorizadas e desenvolvidas tendo em vista essa finalidade, a *terapêutica social*, tomará por base o fato de tratar-se, o aprendiz do SENAI, de um menor operário, filho de uma família operária. Estará, pois, sujeito a dois tipos de influências negativas à sua formação adequada: proceder de uma família "que não prima quase nunca pela organização" e frequentar um ambiente "que costuma ser hostil à formação física e mental dos adolescentes". Tratar-se-á pois, de, sem subtraí-los a esses dois meios, "conduzir sua personalidade" para que se tornem esses menores "elementos de eficácia para a família e a profissão", ao mesmo tempo em que alcancem "o máximo de bem-estar". Ressalta que, se ocorre uma modificação no discurso em relação à burguesia industrial, persiste o julgamento moral do proletariado, que aparecerá explicitamente ou sob uma capa psicologizante: a "influência niveladora do trabalho" concorre para o surgimento de um tipo de adolescente para quem "as barreiras de idade não tem sentido", portador de uma "personalidade precocemente amadurecida" e de um "espírito de independência determinado pelo ganho próprio". As duras condições do trabalho industrial fazem com que esse adolescente adquira "um senso filosófico pessimista",

---

industrial isenta de problemas sociais agravados (...) Todavia, seria uma atitude puramente lírica pretender negar a existência de diversos fatores convergentes, de cuja ação resulta uma grande percentagem de indivíduos e famílias desajustados. Felizmente, diga-se de passagem, verificamos entre os responsáveis pela ordem social uma consciência cada vez mais esclarecida da respectiva missão social, do que é prova este vasto organismo que apenas se começou a montar por todo o Brasil, que é o Serviço Social da Indústria". Francisco de Paula Ferreira (Chefe do Serviço Social do Departamento Regional do SENAI em São Paulo). "Educação popular através do Serviço Social de Grupo no SENAI". In: *Anais do I Congresso Brasileiro de Serviço Social*. São Paulo, 1947.

43. Idem.

um sentido amargo da vida e "vá-se formando uma psicologia de tipo perigosamente individualista (...) Está aí a etiologia do sentimento de indiferentismo e da apatia, a gênese do espírito de egoísmo (...)".[44] A partir desse *perfil psicológico* a ação do Assistente Social deverá estar voltada para "radicar no espírito dos menores aprendizes a noção de autoridade associada harmoniosamente a uma forte disciplina e para despertar o espírito de iniciativa e de liberdade refletida, que nada tem em comum com os desvios libertários a que os adolescentes são particularmente sujeitos".[45]

A ação concreta do Assistente Social, dentro desse espírito, pouca diferença apresentará, no entanto, relativamente às suas atividades tradicionais. Atuando através de um núcleo montado em cada escola, coordenará os encaminhamentos a entidades externas para regularização da "vida civil e profissional"; o *tratamento social* dos alunos, seja em grupo (jornadas sociais, orientação familiar e sindical, cinema, teatro etc.), seja individual (readaptação profissional e higiene mental); recreação extraclasse; encaminhamentos ao equipamento social da instituição para atendimentos médico-dentários e alimentação supletiva; organização de "caixas sociais" e de "associação de alunos".

O que se pretende como método de educação social de maior alcance será uma "transplantação da pedagogia de Baden Powell para o Serviço Social", através da divisão dos alunos-aprendizes em equipes destinadas "a ser a organização social básica dos Cursos de Aprendizagem Industrial".[46] A ação sobre essas equipes deverá incentivar o senso de colaboração social, o senso de hierarquia, de capacidade de avaliação e estima dos valores integrantes da personalidade dos líderes.

A recuperação da "pedagogia" de Baden Powell, tradicionalmente incorporada pelos *educadores* para a ação sobre crianças *desajustadas*, aponta para outro aspecto da imbricação do Serviço Social com a organização industrial. Além da marca ideológica dessa *metodologia*, a exaltação

---

44. Idem.
45. Idem.
46. Idem.

da personalidade, a educação baseada nas qualidades humanas, nas virtudes e energias morais, na lealdade, que traduzem um mal disfarçado obscurantismo antiintelectual, a organização social que se propõe, assim como as qualidades que se pretende despertar, estão intimamente relacionadas não só ao inculcamento do respeito às regras da divisão social do trabalho, como também a adequar a Força de Trabalho em formação às modalidades em que se realiza o processo técnico de trabalho no interior das grandes unidades de produção: o trabalho em turmas, o comando e vigilância de um mestre ou contramestre também de origem operária etc.

Historicamente, na negação de suas condições de existência, a pressão exercida pelo proletariado — diversas formas de manifestação da luta de classes — sobre o capital induz à reorganização das empresas (alteração na composição orgânica do capital etc.) e, ao mesmo tempo em que nesse processo se incorpora uma nova tecnologia industrial, estas transformações se fazem acompanhar de novas *técnicas sociais*,[47] isto é, de novas formas de controle e dominação destinadas a *reforçar* a sujeição do proletariado, seu ajustamento ao aprofundamento do modo de produção.

O SENAI, criado no limiar de um novo ciclo de expansão capitalista da formação econômico-social brasileira, aparece, enquanto instituição social, claramente determinado por aquela conjuntura. A adequação da Força de Trabalho às necessidades do sistema industrial se revestirá, esquematicamente, de dois aspectos principais: o atendimento objetivo ao mercado de trabalho, no sentido de supri-lo de trabalhadores portadores das qualificações técnicas necessárias, e a *produção* de uma Força de Trabalho ajustada psicossocialmente (ideologicamente) ao estágio de desenvolvimento capitalista.

Cabe situar, nesse sentido, que a pressão exercida pelo proletariado sobre o mercado de trabalho no sentido de sua qualificação, *enquanto*

---

47. "Por técnicas sociais refiro-me a todos os métodos de influenciar o comportamento humano de maneira que este se enquadre nos padrões vigentes de interação e organização social". Karl Mannheim. "Educação como Técnica Social". In: Luiz Pereira e Marialice Foracchi (org.). *Educação e Sociedade*. São Paulo: Editora Nacional, 1971.

Força de Trabalho (mais ainda num momento em que se acelera a migração rural-urbana), é um processo *espontâneo* determinado pelas leis imanentes do modo de produção e permeado de contradições. Para o proletariado o trabalho, a venda de sua força de trabalho, representa a compra do salário, meio de ganhar a vida. Ao pressionar por uma melhor qualificação, enquanto Força de Trabalho — sua e de seus descendentes — estará atuando no sentido de aumentar o valor de sua mercadoria, como meio de melhorar sua condição de existência. Vai assim ao encontro das necessidades do mercado de trabalho, resultando sua ação da dominação desse mercado de trabalho, de sua subordinação ao capital. A criação do SENAI e as práticas e relações sociais que estabelece através de sua ação são determinadas pelo fato de que o desenvolvimento das forças produtivas na ordem capitalista não é apenas desenvolvimento das forças produtivas; "é também desenvolvimento das relações sociais capitalistas. Em outras palavras, o reforço da dominação do capital sobre o trabalho".[48]

As práticas sociais desenvolvidas pelos técnicos educadores cooptados pela instituição estarão assim voltadas — em diferentes graus de intencionalidade — para a suavização dos aspectos contraditórios (antagônicos) desse ajustamento, reforçando, objetivamente, a dominação de classe. As técnicas sociais que acompanham e fazem parte desse "investimento no fator humano" estão assim voltadas para a inculcação e reforço das determinações *subjetivas* do trabalho e do trabalhador para sua produção, conservação e reprodução, enquanto mercadoria Força de Trabalho. O Assistente Social, integrante desse quadro de técnicos manipuladores de técnicas sociais englobadas no processo educacional, aparecerá, teoricamente, na estrutura do SENAI como coordenador e reforçados dessa prática social e como explicitamente encarregado dos casos de *desviança* mais aparentes verificados no âmbito da instituição.

Como trabalhador assalariado, o Assistente Social aparece como produtor de serviços — não diretamente produtivos — que são, no entanto, necessários à existência e maior produtividade dos trabalhos dire-

---

48. Sérgio Silva. *Expansão...*, op. cit.

tamente produtivos, fato no qual coincide com outras tantas *funções técnicas*. Aparecerá como particularidade sua o fato de coordenar — na instituição — a utilização de parcela dos outros serviços tornados *consumo produtivo*. Atuará aí através da seleção e encaminhamento no sentido de minimizar o seu custo *per capita*, concorrendo indiretamente para o aumento do domínio do trabalho excedente.

Se os efeitos objetivos da prática social a ser desenvolvida pelo Assistente Social dentro da instituição *devem* — no quadro teórico do projeto de prática institucional — contribuir para o reforço da dominação de classe e do aumento da taxa de exploração, restará ver como no campo das representações se refletirá essa cooptação menos mediatizada do Serviço Social pela fração dominante da burguesia industrial. Esta é explicitamente gestora da instituição, sendo quem, também explicitamente, determina o sentido e os objetivos das práticas e relações sociais a serem desenvolvidas no seu âmbito.

Como foi visto anteriormente, além das transformações na retórica do discurso oficial do Serviço Social, solidifica-se uma adesão ao capitalismo em sua etapa de aprofundamento industrial urbano. O desenvolvimento capitalista, visto apenas como desenvolvimento necessário da sociedade, acarretando como "preço a ser pago pelo progresso" o agravamento da questão social — a negação ideológica de alternativas não capitalistas — estará no centro dessa questão. Permitirá à formação cristã-humanista do Assistente Social fundir-se ao *caráter mais social* que assume o capital, pondo-o a serviço das instituições que atuam segundo esse novo sentido. Representará também a solidificação da adesão ideológica à racionalidade capitalista, que levará à progressiva substituição do antigo binômio de socialização e controle social, "Igreja-Família", por um novo trinômio, "Escola-Indústria-Família".

No item a seguir, procura-se fixar alguns aspectos relativos ao surgimento do Serviço Social da Indústria (SESI). Apesar de esta instituição incorporar diversas das práticas desenvolvidas no âmbito do SENAI, relativas à tentativa de ajustamento físico e psicossocial da Força de Trabalho às necessidades do aprofundamento do modo de produção, o estudo se orientará para a discussão da dimensão política de sua atuação.

4. O SESI e o Serviço Social

O Serviço Social da Indústria (SESI) é oficializado em 1946, por intermédio do mecanismo de decreto-lei[49] ainda vigente, durante o período de elaboração da nova Constituição. Seus considerandos partem da constatação das dificuldades do pós-guerra e da premissa do dever do Estado em concorrer não só diretamente como em incentivar e estimular a cooperação das classes em iniciativas tendentes a promover o bem-estar, além da consideração de que a Confederação Nacional da Indústria dispõe-se a, com recursos próprios, proporcionar assistência social e melhores condições de habitação, nutrição, higiene ao operariado e, dessa forma, desenvolver o esforço de solidariedade entre empregados e empregadores. Com essa iniciativa, incentivando o espírito de justiça social, "muito concorrerá para destruir, em nosso meio, os elementos propícios à germinação de influências dissolventes e prejudiciais aos interesses da coletividade".

Será atribuído ao SESI estudar, planejar e executar medidas que contribuam para o bem-estar do trabalhador na indústria. Estarão claramente explicitadas, entre as funções da nova instituição a ser gerida pela corporação empresarial, a defesa dos *salários reais* do operariado — através da melhoria das condições de habitação, nutrição e higiene — a "assistência em relação aos problemas domésticos decorrentes da dificuldade da vida", pesquisas e atividades educacionais e culturais, "visando à valorização do homem e os incentivos à atividade produtora".

Dessa forma, o Estado institucionaliza a iniciativa da burguesia industrial — da sua fração dominante — para que essa classe organize e gerencie mecanismos assistenciais unificadores das iniciativas já existentes em inúmeras empresas, num grande complexo assistencial, extrapolando sua ação das unidades de produção para o cotidiano da vida do proletariado. Tendo por base a experiência pioneira do SENAI, o surgimento do Serviço Social da Indústria faz parte da evolução da posição do empresariado relativamente à "questão social", que se aprofunda no pós-guerra.

---
49. Decreto-lei n. 9.403, de 25-6-1946. (Presidente da República: Eurico Gaspar Dutra.)

Como foi visto anteriormente, a burguesia industrial apresenta, quanto à legislação social, três fases bastante distintas, que historicamente definem as posições imprimidas por seu setor majoritário.[50] Até a fase final da República Velha, essa posição se caracteriza pelo antagonismo a qualquer regulamentação da exploração da Força de Trabalho, sob o estatuto liberal do livre jogo do mercado. A fase seguinte, entre a instalação do Governo Provisório e o Estado Novo, é marcada também pela negativa em aceitar a legislação social, atitude mediatizada no entanto por um processo de discussão e negociação com a burocracia do Ministério do Trabalho, através da qual o empresariado consegue protelar e renegociar em seu favor tanto a aplicação quanto o conteúdo dos dispositivos que considera mais prejudiciais a seus interesses. Nesse momento — contrariamente ao que ocorre na República Velha, na qual as medidas de legislação social foram determinadas pelo Estado de forma praticamente unilateral — estabelece-se um mecanismo de consulta às entidades corporativas do patronato sobre os anteprojetos das medidas legais de cunho trabalhista, sucedendo-se um processo de negociação. Na terceira fase, que coincidiria com o Estado Novo, se vê a progressiva adesão do empresariado à política de controle social da ditadura varguista, rendendo homenagem à *paz social* e à sua elevada rentabilidade econômica.[51] No entanto, apesar da adesão a essa política, o empresariado procurará constantemente fugir ao ônus daí decorrente, reclamando o financiamento integral por parte do Estado e aceitando apenas em última instância a participação que lhe é imposta.

---

50. Luís Werneck Vianna. *Liberalismo...*, op. cit.

51. "Uma das grandes preocupações do governo de V. Exa. tem sido a decretação de uma legislação social avançada, que ao espírito de muitos tem parecido trazer excessivos ônus às nossas forças produtoras (...) os fatos estão entretanto demonstrando que o ônus que nos acarretou foram compensados pelos índices de paz e de progresso social que desfrutamos (...) E a sinceridade dos propósitos do governo, como das classes patronais, comprova-se cotidianamente pelas modificações que surgem, pela atenção prestada aos nossos apelos, em eloquente atestado do esforço de governantes e governados, para que se alcancem no país os elevados objetivos da paz social, que essa legislação colima. Evidencia-se, destarte, a sua função eminentemente criadora, e nunca destruidora, dos justos anseios de progresso que constituem o apanágio de todos os bons brasileiros". Roberto Simonsen. *Ensaios sociais, políticos e econômicos*. Citado por Mariza Saens Leme. *Ideologia...*, op. cit.

O surgimento do SESI se enquadra num processo marcado pela maior organização do empresariado, no qual este busca definir e homogeneizar uma série de posições que se relacionam à nova situação internacional, ao novo estatuto econômico do pós-guerra e a seus efeitos internos, tanto no plano econômico como no político. Em 1943 realiza-se o I Congresso Brasileiro de Economia; em 1944, o Congresso Brasileiro da Indústria e, em 1945, a Conferência das Classes Produtoras do Brasil. Os dois primeiros conclaves representam a realização de um amplo debate entre as corporações empresariais (indústria e comércio) e as instituições de política econômica do Estado, tendo em vista a reorganização da economia no pós-guerra que se avizinha, isto é, diante da futura cessação das encomendas estimuladas pelo conflito e a desmilitarização das economias dos países capitalistas centrais. Procura-se definir alternativas e uma programação a longo prazo para, com o subsídio estatal, reorientar o aprofundamento capitalista dentro da conjuntura nacional e internacional que se delineia. Entre os principais temas tratados estarão a planificação da economia, o custo da produção industrial interna e medidas para rebaixá-lo, o problema da produtividade da Força de Trabalho e as formas que assumiria o planejamento do desenvolvimento econômico. Já a Conferência das Classes Produtoras terá mais marcadamente o caráter de resposta ao fim da guerra e desagregação do Estado Novo. No plano político simbolizará uma adesão pública das diversas facções burguesas ao processo de liberalização e uma tomada de posição quanto às formas de intervir dentro da nova correlação de forças. Os principais temas debatidos estarão relacionados ao: combate ao pauperismo, aumento da renda nacional, desenvolvimento das forças econômicas, democracia econômica e justiça social. Aparecerá claramente, nessa reunião, uma até então insuspeitada preocupação com as condições da vida do proletariado e em "como assegurar a cada habitante do país um conjunto mínimo de recursos, capaz de lhe permitir uma existência digna".

A *elevação da renda nacional* — e, por conseguinte, "a elevação da renda dos brasileiros" — estará no centro das soluções encontradas tanto para prosseguir o *desenvolvimento*, como para uma justa solução da questão social. O caminho viável para esse fim será o aprofundamento da industrialização — subsidiada sob diversas formas pelo Estado — a indispensável "racionalização da agricultura", permitindo o desenvolvimento do mercado interno que deve se tornar o objetivo central das atividades produtivas. Dentro desse processo será, também, extremamente importante "reduzir a deficiência do homem como agente da produção". Pondo-o em condições compatíveis quanto à alimentação, educação, habitação para si e sua família e quanto à eficiência nos métodos de produzir, será possível superar sua subnutrição, estado físico precário, falta de responsabilidade e cooperação, sua ausência de esforço e desejo de melhorar, que estão na origem de sua instabilidade e causam enormes danos à produção.

A indústria reclamará o aumento do nível cultural do proletariado através da maior difusão da instrução pública e particular, recreação adequada e melhores condições de higiene e conforto material e espiritual; recomendará a ampliação da Previdência Social, a criação de cooperativas de consumo e de outros meios que possibilitem maior assistência às famílias operárias, a prevenção dos acidentes de trabalho etc. A elevação do nível de renda da população — a partir desses pressupostos — aparecerá como uma das preocupações centrais nos debates que desenvolvem os representantes da indústria e do comércio. A alimentação do trabalhador se situará como prioridade absoluta a ser tratada.

O enfrentamento da "questão social" aparece, assim teorizado, sob uma ótica *revolucionária*. Sua solução depende do prosseguimento da industrialização e da *racionalização* da agricultura, viabilizando o fortalecimento do mercado interno a partir do qual tanto o proletariado urbano quanto o rural — que precisa ser integrado a esse mercado — surgem com nova importância. Ao Estado caberá — através da extensão da educação, da ampliação da previdência social etc. — a parte essencial no tornar viável, de forma indireta, o incremento do nível de renda da população e de sua produtividade. O barateamento dos alimentos essenciais será outro importante elemento para o aumento do nível de renda, relacionando-se diretamente à *racionalização* da agricultura. Dessa forma, será possível integrar as amplas camadas da população aos frutos do desenvolvimento econômico, conquistar sua adesão para esse processo de mudança e eliminar as causas que possibilitam a perigosa expansão de *ideologias dissolventes* dentro de seu meio.

Nesse momento, também se observa a existência de importantes modificações no pensamento social da Igreja Católica. O II Congresso Brasileiro de Direito Social (1946) aparece como marco de consolidação de novas posições da Ação Social Católica. Nesse momento não se tratará mais de submeter o Estado laico e a sociedade burguesa ao direito natural e ao milenarismo de uma ordem transcendental e totalitária. O *Direito Social*[52] terá, agora, o papel de articular os diferentes grupos sociais de forma a que estes se submetam ao bem comum. Esse *direito* deverá, independentemente da ação do Estado, integrar os indivíduos dentro de uma ordem comunitária em que capital e trabalho, consumidor e fornecedor, terão sua apetitividade pautada através do lucro e salário *justos*, a fim de atender às necessidades materiais e espirituais da sociedade. A economia, o livre jogo do mercado, deve se submeter ao *direito* para a preservação do bem comum. Por outro lado, a disseminação da pequena propriedade e o agrarismo são substituídos por uma nova visão da *desproletarização do proletariado*. A empresa será vista como um órgão da comunidade, como uma *função social*. O acesso de todos à propriedade deve surgir a partir da crescente integração entre o capital e o trabalho dentro das modernas unidades de produção, através da copropriedade e da participação nos lucros. O Serviço Social será reafirmado como elemento

---

52. "O princípio da economia capitalista é o da primazia do lucro, é uma economia de lucro ou de ganância. O princípio da economia solidarista é o da primazia das necessidades do povo. Não quer dizer que a economia solidarista não vise ao lucro ou que a capitalista se esqueça do bem comum. Mas é uma questão de princípios dominantes, os quais, no entanto, têm poder revolucionador e vivificador. Na economia solidarista que visa primacialmente o ir ao encontro das necessidades do povo, o trabalhador tem precedência sobre a produção, e o consumidor sobre o fornecedor. Esta precedência não implica arbitrariedades porque trabalhador e capital, consumidor e fornecedor, são harmonizados por fatores de regulação, como seja, de um lado o *justo preço* e de outro o *Estado* e a condição da pessoa humana, cujos apetites são pautados de acordo com este Estado. Esta regulação próxima por parte do preço e do Estado se integra numa ordem em que o *direito social* articula as pessoas no grupo e os grupos entre si, pautando a máquina produtora e distribuidora de modo a que o estímulo do lucro e o poder de compra se submetam ao bem-estar comum, mais claramente à satisfação das necessidades do povo, dando a cada um uma oportunidade de vida razoável e digna. Porque o direito social pela estrutura da profissão exigirá o funcionamento da *justiça comutativa, distributiva e legal* e teremos a ordem em que simplesmente se dá o *seu a cada um*". Roberto Saboia de Medeiros, S. J. "Prelúdio à paz social". *Revista Serviço Social*. São Paulo, n. 35, 1945.

essencial para a harmonização entre capital e trabalho, atuando no sentido de conscientizar o patronato e preparar uma elite de trabalhadores que viabilize aquele tipo de comunhão.

A Ação Católica verá nos debates travados pelo empresariado um importante progresso na reforma moral da sociedade: "é o próprio industrial reconhecendo que a alimentação racional e em quantidade suficiente constitui o meio mais fácil, rápido e seguro de garantir ao trabalho o grau de produtividade que dele se espera. É a proteção ao próximo sobrepondo-se ao interesse individual".[53] "São os industriais que lutam e 'não têm horário' e trabalham mais que todos seus auxiliares, correndo os riscos, acoimados por cima de gananciosos, quando estão oferecendo oportunidades e desenvolvendo o Brasil, aborrecidos volta e meia por fiscais capciosos, são eles que declaram estar o remédio num aumento geral da renda".[54] Apesar de a Ação Católica centrar sua solução teórica para o aumento da renda na coparticipação na empresa[55] — posição "avançada" que o empresariado levará algum tempo para incorporar a seu arsenal de propaganda — nota-se uma crescente semelhança no teor de seu discurso e propostas, e aqueles provenientes das corporações patronais. É interessante notar, nesse sentido, que a partir do início da década se intensifica a articulação entre frações desses dois grupos, fato que não se dá apenas a partir dos Círculos Operários e iniciativas do mesmo tipo — isto é, no estabelecimento dos laços de complementaridade na campanha assistencialista e anticomunista que desenvolvem Estado, Igreja e empresariado, no meio operário — mas que se estende a entida-

---

53. Oscar Egidio Araújo. "Aspectos sociais do Congresso Brasileiro da Indústria". *Revista Serviço Social*, n. 35, 1945, São Paulo.

54. Roberto Saboia de Medeiros, S. J. "Prelúdio...", *op. cit.*

55. "(...) Hoje estão falando de planificação (...) A planificação pode chegar a agrilhoar o produtor uma revisão na situação de prioridades apenas a submeterá a leis morais. A planificação conforme seja entendida e executada, poderá favorecer as entidades de produção e da praça sem aumentar o padrão de vida do consumidor; a reforma moral da propriedade, associando (com modalidade a ser estudada conforme os casos) o trabalhador e empresa, fatalmente aumentará a renda de todos. Isto é velho como a Sé de Braga. É a versão moderna de práticas medievais. O curioso é que é o remédio eficaz (...) O aumento da renda nacional não é uma panaceia. Não é também um ideal humano. É um objetivo econômico subordinado ao bem comum e às finalidades superiores do homem. Apontar para as riquezas como um meio de resolver todos os problemas seria charlatão". Roberto Saboia de Medeiros, S. J. "Prelúdio...", *op. cit.*

des como o Instituto de Direito Social (1941), até uma série de iniciativas da Ação Social, visando colaborar com o aprofundamento industrial e o "esforço de guerra". A Comissão Permanente de Ação Social (fundada em 1940, quando da 4ª Sessão das Semanas de Ação Social em São Paulo), por exemplo, desenvolverá, dentro de suas diversas iniciativas, cursos de formação profissional em diferentes níveis (Escola de Administração e Negócios, Escola de Desenho Industrial, Instituto Têxtil etc.) e um curso de "racionalização industrial", organizada na previsão do fim da guerra e da desmilitarização das economias dos países centrais, "em relação aos quais a indústria nacional não terá condições de concorrer", e que teve "larga repercussão nos meios empresariais". Essa colaboração estará intensamente presente na idealização e implantação do Serviço Social da Indústria, instituição que representará a contribuição mais significativa da burguesia industrial àquele esforço de *elevação da renda* das camadas populares através de *benefícios indiretos*. Estarão entre seus principais dinamizadores elementos de longa tradição e pioneirismo na Ação Católica e a fração dominante do capital industrial.

Uma variada documentação, produzida pelos próprios artífices da nova instituição, atesta os móveis da premência com a qual o empresariado se propõe a intervir na "questão social", abandonando sua tradicional postura de negar ou de deixar ao Estado a gestão desse problema.

Um trabalho de Aldo M. Azevedo,[56] antigo ativista e teórico da Ação Social Católica, além de elemento importante na organização e direção do SESI, situa claramente a conjuntura em que se implanta a nova instituição: a superexploração da força de trabalho (atribuído às execráveis condições da civilização metropolitana) e o crescimento dos movimentos autônomos do proletariado:

> "A inflação da última guerra, além de promover outros efeitos, acelerou o agravamento das más condições econômicas e sociais do proletariado urbano, evidenciando então a céu aberto sua deplorável vida íntima, exposta à curiosidade científica dos sociólogos, nos cortiços proliferantes e nas fa-

---

56. Aldo M. Azevedo. "O Espírito do SESI". *Arquivo do Instituto de Direito Social*, v. 9, n. 1, dez. 1949, São Paulo.

velas que se multiplicam pelos terrenos baldios. (...) O período que então atravessamos era de grandes agitações estimuladas pela redemocratização do país. O Partido Comunista, que tudo prometia às massas explorando-lhes os recalques e misérias, a fim de recolher no fichário para a hora oportuna as mínimas forças individuais restantes e dispersas — tudo fazia para poder contar, mediante uma organização militarizada e bem distribuída, com a energia total necessária para a subversão social visada, que certamente lhe daria o somatório final dos movimentos infinitesimais. Mas, ao mesmo tempo, a ocasião era propícia a um movimento coordenador das atividades assistenciais das indústrias, congregando os esforços, disciplinando e uniformizando os serviços já instalados por iniciativa privada, e distribuindo por todos não só os benefícios da assistência ao trabalhador, como também os encargos de seus custos, que anteriormente recaíam em pequeno grupo de empresas dirigidas por homens de mais largos horizontes".

Explicita-se, aí, também de forma objetiva o sentido mais amplo e direto da instituição: contrapor-se, na nova conjuntura marcada pela ampliação das liberdades democráticas, ao fortalecimento da organização autônoma do proletariado através de uma ampla política assistencial. Para tal, será necessário unificar e ampliar os esforços dispersos e socializar seu custo. Nesse último aspecto, reaparece uma situação já observada quando da análise da criação do SENAI. A fração dominante da burguesia industrial institucionaliza, através do Estado, uma forma de ação política baseada no assistencialismo — tipo de atividade que não era estranha à grande empresa — repartindo seu custo entre a totalidade do empresariado industrial. Sem dúvida, será ela a principal beneficiária dos eventuais frutos do novo instrumento, tanto por dominá-lo como por concentrarem-se os movimentos contestatórios nas empresas de maior porte e número de empregados.

Para o funcionamento das atividades da instituição o empresariado fica legalmente obrigado a uma contribuição mensal equivalente a 2% da folha de pagamento. Nesse sentido, apesar da iniciativa de criação do SESI ter partido de diversos grupos patronais unificados sob a liderança de um de seus representantes mais significativos, o senador Roberto Simonsen, sua existência só pode se tornar viável através da intervenção do Estado, que estatui a compulsoriedade da contribuição, realizando ele mesmo — por meio dos mecanismos de coleta previdenciários — o recolhimento e fiscalização do novo *encargo*. Trata-se pois de impor, numa conjuntura em que os mecanismos de *paz social* do Estado Novo precisam ser reestruturados, ao restante do empresariado, a posição de seu núcleo hegemônico e mais próximo do controle do poder estatal.[57]

Ainda segundo o articulista citado, a criação do SESI teria desencadeado uma série de reações. A ele se teriam oposto tanto os *esquerdistas* — por considerá-lo uma "trincheira anticomunista" e um empreendimento "destruidor de seus mais fortes e vivos argumentos" — como os *idealistas ortodoxos anticomunistas* — por considerá-lo como destinado ao "domínio da massa operária" — e os industriais de *vistas curtas e bolsos fundos*. Apoiando-o, dois grupos bem diferenciados; um pequeno grupo de *idealistas sinceros* — idealizadores e dirigentes da instituição — tendo por objetivo a tarefa cristã de promover o nivelamento social através da melhoria das condições de vida do proletariado, e um outro "muito maior" de *homens realistas e práticos*, que "visavam tirar partido de sua contribuição". Caberia, portanto, àquele pequeno grupo de idealistas sinceros,

> "manter intacto em toda sua pureza original o espírito do SESI, tal como foi concebido e leal e corretamente corporificado em seus estatutos básicos, e nos princípios orientadores que se traçaram, [caso contrário] veremos prevalecer uma daquelas correntes, contrárias ou favoráveis, mas ambas fatais à criação de Roberto Simonsen. Então o SESI se transformará possivelmente numa entidade de fachada, dominada pela mentalidade realista, confirmando assim, com todas as provas, a opinião pessimista dos que previamente lhe atribuíam tais objetivos de interesses patronal exclusivo, e negando-lhe a ação social que lhe é inerente".

---

57. "Um pequeno núcleo de homens da indústria (...) toma a peito a execução de um programa de reerguimento do trabalhador brasileiro, contribuindo ao mesmo passo para a consolidação da paz social entre nós, no momento em que ela estava sendo fortemente desintegrada. (...) Graças ao tenaz esforço desse núcleo encabeçado por Roberto Simonsen, que teve que vencer a inércia e a resistência passiva da própria indústria, além dos entraves opostos pela burocracia do governo federal, que não desejava perder a oportunidade de possuir por inteiro um novo órgão de poder político delineado ao lado dos sindicatos profissionais — o SESI foi criado (...) Sua direção superior, embora composta de industriais na maioria, contém representantes dos poderes públicos, e é completamente autônomo em suas decisões". Aldo M. Azevedo. "O Espírito...", *op. cit.*

Será interessante, nesse sentido, procurar observar por quais motivos uma instituição social com um potencial econômico tão amplo para a prestação de serviços assistenciais poderá ter levantado tais e tão grandes controvérsias, capazes de reunir numa mesma posição comunistas e anticomunistas ortodoxos, e estar ameaçada pela *mentalidade prática* da maioria do patronato.

O SESI terá, inicialmente, a particularidade de se constituir numa instituição *sui generis*. Será a primeira a, com recursos e sob a direção do empresariado, ter por objetivo a prestação de serviços assistenciais e o desenvolvimento de *relações industriais* não apenas dentro de um âmbito delimitado (empresas, escola etc.), mas tendo por objeto uma parcela importante da população urbana. No plano assistencial pretenderá, inclusive, complementar a Previdência Social, oferecendo serviços não propiciados por aquela e facilitar, dando maior presteza, alguns outros cuja tramitação seria extremamente morosa. O programa de ação declarado do SESI poucas inovações trará em relação a práticas semelhantes já existentes, afora sua amplitude. Basear-se-á em serviços assistenciais, de educação popular e programas de "relações industriais", que procurarão teoricamente atingir a população operária dentro e fora dos estabelecimentos industriais, partindo de uma ampla base técnica e econômica de sustentação. A partir de seus núcleos regionais terá por eixo dois centros de atividades: aquelas *diretamente relacionadas* com suas finalidades (serviços assistenciais, lazeres, educação popular etc.) e *atividades complementares* (estudos e pesquisas econômico-sociais, preparação de técnicos etc.), cuja atuação seria suportada por um Departamento Central e Centros Sociais nos bairros operários.[58] No âmbito das *atividades sociais* a serem desenvolvidas, propiciará serviços de atenção médica (odontológico, ambulatorial, hospitalar, materno-infância etc.), econômicos, legal, alimentar e habitacional (visando "auxiliar o operário nos problemas mais frequentes de desequilíbrio e dificuldades"), serviços de lazer (educação popular e formal, recreação etc.) e serviços ligados aos "movimentos sociais", destinado a

---

58. Em 1949 o Departamento Regional do SESI-SP já terá instalado 22 Postos de Serviço Social (8 na capital e 14 no interior), contando em seu quadro permanente 30 Assistentes Sociais diplomados, 19 estagiários de Serviço Social (15 terceiranistas) e 65 auxiliares de Serviço Social.

preparar a comemoração de eventos históricos e religiosos, visando à "participação consciente" dos operários e suas famílias.

Dentro dessa estrutura de serviços e pesquisas, a Divisão de Serviço Social teria por função atuar em todos os setores, "promovendo ou facilitando a adaptação das atividades às necessidades dos operários", no sentido de que elas "sejam utilizadas na verdadeira educação e formação social do operário", a fim de "conseguir o melhor rendimento possível dos recursos do SESI". Terá assim a função de "coordenação das atividades da obra", atuando nos serviços de plantão (primeiro contato e encaminhamento), na divisão médica (aspecto moral, social e psicológico da doença), na divisão econômica (principal área de atuação do Assistente Social, centrando-se nos estudos para concessão de auxílios, orientação para o equilíbrio orçamentário, orientação quanto à utilização dos recursos oferecidos etc.), na divisão legal (seleção de casos para encaminhamento, procurando previamente conciliar as situações e prevenir os dissídios), na divisão de lazeres e movimentos sociais e nos trabalhos de ligação com as empresas e em seu interior. Terá ainda a função de — a partir de sua inserção em todas as atividades da instituição — reafirmar o cunho "não beneficente" da mesma (pois não se destina a indigentes), dando-lhe o caráter de "organização econômico-social com ativa participação dos operários", para melhor obter a adesão dos trabalhadores industriais e evitar o risco de transformá-los em "parasita social".[59]

Essas atividades, se no plano aparente não se diferenciam de forma notável de outras relativas às primeiras experiências do Serviço Social ou daquelas definidas no âmbito do SENAI (maior identificação entre o projeto de prática institucional do Serviço Social e a demanda da burguesia industrial), experimentarão a partir do SESI aprofundamentos importantes quanto a seu âmbito e utilização. Observa-se, inicialmente, a possibilidade da institucionalização do Serviço Social tendo por objeto (teórico) um amplo espectro social. A partir de uma infraestrutura de serviços assistenciais relativamente ampla que se vai montando (supor-

---

59. Maria Conceição de Carvalho. "Plano de atividades a serem desenvolvidas pelo Serviço Social da Indústria". In: *Síntese do Primeiro Congresso Brasileiro de Serviço Social*. São Paulo: Centro de Estudos e Ação Social, 1947.

tada por uma grande capacidade financeira), isto é, tendo uma sólida base de auxílios materiais como alicerce de sua prática social principal de pesquisa, classificação e *aconselhamento*, se tornará possível uma intervenção real junto a uma parcela — se bem que diminuta — do proletariado urbano. Esse mesmo suporte material permitirá, concomitantemente, a organização de verdadeiros departamentos de Serviço Social, onde o trabalho coletivo — entre Assistentes Sociais e entre estes e outros profissionais — quebrará o anterior isolamento do Assistente Social, integrando-o num *trabalho coletivo* específico.

O arcabouço institucional e o trabalho coletivo que se realiza em seu âmbito, viabilizarão a *transformação*, melhor dizendo, a *passagem* das *técnicas sociais* utilizadas pelos Assistentes Sociais, de forma dispersa e sem solução de continuidade, a mecanismos de controle social e político de uso extensivo. Outro aspecto daquele aprofundamento será a imbricação muito mais intensa do Serviço Social com as chamadas *relações industriais*. O Serviço Social deixará de se ater quase exclusivamente — no interior das empresas — às atividades de coordenação dos serviços assistenciais, concessão de benefícios, ao incentivo e organização de associações de ajuda mútua e cooperativismo etc. (que também fazem parte das relações industriais), para se vincular mais profundamente ao confronto direto entre capital e trabalho.

O que caracterizará as práticas sociais desenvolvidas no âmbito do SESI será a radicalização na sua utilização como instrumento de contraposição à organização autônoma da classe operária e de luta política anticomunista. O potencial financeiro da instituição, assim como seus serviços assistenciais — a começar pelo de alimentação, que é o primeiro a ser desenvolvido com maior amplitude — serão utilizados para a sustentação e articulação de lideranças sindicais pelegas comprometidas com a campanha anticomunista no interior do movimento operário. Da mesma forma serão utilizados para incentivar e coordenar o surgimento de movimentos com essa mesma característica.[60] Por esse ângulo, o SESI

---

60. "As entidades patronais da indústria e do comércio criaram uma nova instituição — o Serviço Social — que, a pretexto de cuidar das relações industriais e da assistência social, atua por vias indiretas sobre o movimento sindical, principalmente através de pelegos. Dessa maneira criaram-se movimentos sindicais e

aparecerá claramente como resposta do empresariado à nova conjuntura e correlação de forças que surgem com a desagregação do Estado Novo e a liberalização do regime, favorecendo o crescimento do movimento operário. Aponta também para o espírito ultraconservador desse empresariado e sua incapacidade — naquele momento — em adaptar seu novo instrumento de intervenção no movimento operário à correlação de forças presente, preservando-o de um rápido processo de desmoralização. E de, paralelamente, ao radicalizar abertamente sua utilização política, mostrar seu conteúdo oculto através da fachada assistencialista.[61]

---

organizações para-sindicais — muitas vezes rotuladas de 'democráticas' — que se caracterizaram principalmente por uma decidida ação anticomunista". José Albertino Rodrigues, obra citada.

"Há, na verdade, um íntimo contato entre os dirigentes executivos (chefes e funcionários) do SESI e representantes dos trabalhadores, tanto isolados como os da direção de sindicatos, que constantemente colaboram no aperfeiçoamento dos serviços sociais oferecidos. Além disso, o Conselho de Orientação do Serviço de Abastecimento — COSA — do SESI é constituído por cinco representantes patronais e cinco representantes dos sindicatos operários". Aldo M. Azevedo. "Cartas e crônicas". *Revista Serviço Social*. São Paulo, n. 47, 1947.

61. Nesse sentido, algumas Atas de reunião da Comissão de Orientação Social do Sindicato da Indústria e Fiação e Tecelagem em Geral, ao ser idealizada uma das experiências de Serviço Social empresarial, são bem ilustrativas daquela "mentalidade realista" que posteriormente se manifestará através do SESI:

"(...) O Sr. Pontes de Miranda iniciou sua esplêndida dissertação estudando com segurança as causas e os efeitos que se apresentam quando o operário, mal alimentado e sem orientação social, fica entregue à subterrânea e desagregadora campanha do comunismo. Indica e examina cuidadosamente as razões dos tumultos havidos no Norte em 1935, concluindo suas palavras com a declaração de que os mesmos se originaram da miséria social do operário. Pede a atenção dos presentes para o fato de que naquela época o Partido Comunista agia sorrateiramente e que agora reconhecido oficialmente, e com sua articulação com o Movimento Unificador dos Trabalhadores (MUT), sua ação é ainda mais perniciosa, porquanto se prevalece daqueles pequenos fatores que são de todos conhecidos, para impressionar a mente do operário, a quem devemos e precisamos educar socialmente para que volte a trabalhar com honestidade e dedicação, beneficiando-se e beneficiando o país. Propunha, pois, que a Comissão de Orientação Social criasse nas fábricas de tecidos a Comissão de Assistência Social da Indústria Têxtil (CASIT), cuja finalidade seria a de promover o bem-estar dos operários e evitar o descontentamento e a luta de classes. Isso só se concretizaria com a íntima colaboração entre empregador e empregados, motivo pelo qual deveriam figurar, nessa Comissão, um representante do patrão e um ou mais dos operários. Com o estreito contato desses fatores do trabalho, a campanha comunista seria fácil e eficazmente reduzida".

"(...) O Sr. Pontes, dado o adiantado da hora, resume suas observações formulando os seguintes itens: A) organização de comissões em cada fábrica, presidida pelo empregador ou seu representante, com a participação de um ou mais operários de cada seção de trabalho, podendo também organizar-se subcomissões, sob o controle da primeira, de acordo com a necessidade local e tendo em vista o número de operários das seções da fábrica; B) realizar inquérito das condições gerais de trabalho e necessidades vitais dos empregados e suas famílias; C) execução de um plano de articulação social e de assistência econômica

Essas práticas não estarão presentes apenas no nível da articulação e corrupção do movimento sindical para contrapor-se ao avanço dos movimentos autônomos. Ocorrerão, também, no interior das empresas, através de pesquisas *metódicas* e de chantagens quanto ao uso do equipamento assistencial. Essa atuação se tornará flagrante, a ponto de desencadear uma acesa polêmica no seio da Ação Católica, levando um setor de "idealistas anticomunistas ortodoxos" a atacar duramente a instituição,[62] e reivindicar

---

e social em todos os sentidos, onde se fizer necessário, abrangendo: alimentação, habitação, vestuário, assistência médica e dentária, recreação e prevenção de acidentes; e D) propaganda educativa dos princípios econômicos e sociais do solidarismo cristão, esclarecendo a questão social e as justas reivindicações do operariado". (Ata da Reunião da Comissão de Orientação Social, realizada aos vinte e quatro dias do mês de julho de 1945, Sindicato da Indústria de Fiação e Tecelagem em Geral.)

(Pontes de Miranda) "(...) Nós, que temos experiência do trabalho social, vemos que o combate ao comunismo não terá êxito por meio de propaganda, unicamente, porquanto isso traz como resultado maior ardor por parte de seus partidários. Por isso sugerimos a criação da CASIT, como unidade de assistência social nas fábricas. Devemos melhorar as condições de vida do trabalhador, evitar os dissídios, estabelecendo harmonia entre patrões e empregados. Conseguindo isso, faremos desaparecer a causa de exploração do comunismo. Por isso foi lembrada a formação das comissões nas fábricas. A esta hora o MUT tem organizadas suas células comunistas, e são coisas bem diversas agir contra o inimigo que se apresenta a descoberto e o que está escondido. A função das comissões será a seguinte: em cada fábrica o empregador teria um grupo de vigilância, que lhe comunicaria as manobras dos comunistas: a distribuição de boletins, por exemplo, sua origem, a que horas e quem fez a distribuição etc. Isso facilitaria em grande parte o trabalho". (Ata da Reunião da Comissão de Orientação Social, realizada em primeiro de agosto de 1945, Sindicato da Indústria de Fiação e Tecelagem em Geral.)

62. "Que diria Loew se nos visitasse e fosse convidado a visitar o SESI e SESC, ou seja, serviços sociais dirigidos e mantidos por patrões para operários, sem que estes possam ter a mínima ingerência no funcionamento da organização, serviços sociais que pretenderam até durante um momento transformar-se em serviço de espionagem anticomunista e que só não ficaram tais, porque há ainda grandes patrões com bom senso; serviços enfim que tentaram ser arma eleitoral e que seriam retirados no dia em que deixassem de 'interessar'." Roberto Saboia de Medeiros S. J. "Serviço Social e Sociologia". *Revista Serviço Social*. São Paulo, n. 46, 1947.

"Igualmente tenho relatórios pelos quais estou informado de que alguns Assistentes Sociais não puderam cumprir a sua tarefa específica porque estavam obtendo bem demais os fins do Serviço Social (fins sobre os quais algo direi mais abaixo). Esses assistentes foram substituídos por outros mais complacentes com os interesses do ou dos patrões. Mas ainda aqui são casos que não depõem contra as retas intenções e a benemerência das entidades em si.

Possuo também informações seguras de como, cá e lá, procuraram servir-se dos elementos dessas entidades quais pesquisadores anticomunistas, e de como certas greves foram "descobertas" por estes elementos, e de como a polícia foi chamada para "impor respeito" e de como operários foram despedidos sem indenização, graças à tática de acusá-los na Polícia como comunistas e assim serem chamados, interrogados, às vezes presos e... rua. Isso em vários Estados do Brasil. Ora, ou o SESI e o SESC se constituem em

o retorno do Serviço Social a um estatuto original, contrapondo-se à sua institucionalização. Críticas em relação às quais a direção do SESI reafirmará o conceito de *neutralidade*, e a ideologia e os objetivos do Serviço Social institucionalizado e dirigido pela burguesia industrial:

> "Existe uma grande diferença entre um sistema de contatos diretos com o corpo operário, para conhecer suas tendências e inclinações, bem como aqueles elementos que procuram influenciá-lo no sentido de tomar tal ou qual atitude e um serviço de espionagem propriamente dito. O SESI tem-se esforçado para conhecer previamente os movimentos operários e suas causas, a fim de neutralizar, quando possível, a ação perturbadora de agitadores e "meneurs" profissionais, que nada desejam para o operariado a não ser fazê-lo porta-voz de reivindicações cada vez maiores, ou usá-lo como arma de ataque e trincheira de defesa. A esse respeito, não há segredo nem intenção oculta por parte da direção do SESI. Sua ação, porém, tem sido escrupulosamente enquadrada no terreno neutro, entre patrões e operários, conciliando interesses, e impedindo a eclosão de explorações em que os obreiros figuram sempre como vítimas, embora pareçam ser autores. Sua ação é preventiva apenas. Seria ingenuidade supor que o comunismo não procurasse solapar por todos os meios a obra do SESI."[63]

A incorporação e institucionalização do Serviço Social pela burguesia industrial, como resposta a uma conjuntura marcada pela liberalização do regime político e pelo crescimento do movimento operário, aponta para um dos extremos que o compõem: seu funcionamento declarado e explícito como instrumento político-repressivo. O objetivo estatutário de

---

prolongamentos da polícia e se fazem agentes da ordem pública, ou são realmente Serviços Sociais. Se querem ser realmente Serviços Sociais, não podem entrar no campo da defesa social, sob pena de perder toda a confiança dos assistidos. Para a defesa social que haja outras entidades, nunca o SESI ou o SESC. O seu método de defesa há de ser outro, o método construtivo que vê a pessoa humana, às vezes pessoa perigosa, que se for perigosa acima de certo ponto, já passa à alçada de outro, já não tem que ver com o Assistente Social. Neste ponto, porém, a minha frase não generalizava, antes dizia que graças à clarividência de certos patrões, justamente dos idealizadores e criadores do SESI, esta espécie de 'inteligência' anticomunista havia sido refreada." Roberto Saboia de Madeiros, S. J. "Cartas e Crônicas". *Revista Serviço Social*, n. 47, 1947.

63. Aldo M. Azevedo. "Cartas e Crônicas". *Revista Serviço Social*. São Paulo, n. 47, 1947.

"destruir os elementos propícios à germinação de ideologias dissolventes", por meio de mecanismos assistenciais, diante da sua inviabilidade e da crítica teórica e prática do proletariado, torna-se na tentativa de procurar contrapor-se àquelas ideologias "dissolventes" por intermédio de uma ação política, ideológica e repressiva que se apoia na base material fornecida pelos equipamentos assistenciais.

Essa radicalização aponta, também, para outros modos de atuação do Serviço Social, que paulatinamente vão tomando forma a partir do aprofundamento capitalista e das múltiplas contradições produzidas pela sociedade burguesa. A recusa ou inadaptação às normas dominantes assume, também, uma multiplicidade de formas (que nada têm em comum com a luta política do proletariado), como o uso de drogas, delinquência, depressão, suicídio, doença mental etc. No item a seguir, relativo à Fundação Leão XIII, procura-se observar a implantação dessa instituição como resposta do Estado ao adensamento dos segmentos populacionais urbanos marginalizados econômica e socialmente. Aparecerá aí, no discurso institucional do Serviço Social, como as mais diversas manifestações de negação em relação à normalidade vigente serão rotuladas e enquadradas dentro de uma mesma conceituação de *desviança*, que terá por tratamento a Educação Popular.

5. Fundação Leão XIII e Serviço Social

A Fundação Leão XIII surge em 1946 — oficializada por Decreto-lei da presidência da República — como primeira grande instituição assistencial que tem por objetivo explícito uma atuação ampla sobre os habitantes das grandes favelas, que já nesse momento concentram parcela importante da *população pobre* dos grandes centros urbanos industriais. O âmbito de atuação dessa instituição — resultado de convênio entre a Prefeitura do Distrito Federal, Ação Social Arquidiocesana e Fundação Cristo Redentor — serão as favelas da cidade do Rio de Janeiro (capital federal à época), principal grande centro urbano onde o Partido Comunista do Brasil se torna força política majoritária nas eleições de 1946. Deverá "trabalhar pela recuperação das populações das favelas do Distrito Federal", tendo em vista "a extrema precariedade material e moral" que estas atravessam.

Contando com forte apoio institucional a partir do Estado e da hierarquia católica, procurará coordenar os serviços assistenciais que possam ser prestados à população englobada em seu âmbito, tendo por base sua própria infraestrutura a ser montada, assim como a de outras instituições e entidades. Dessa forma mobilizará apoio junto às forças armadas (transportes e serviço de alimentação), paróquias e obras paroquiais (Vicentinos, irmãs de caridade etc.), clubes esportivos (infraestrutura de esporte e lazer), Serviço de Alimentação da Previdência (merenda escolar) etc. Sua estrutura própria terá por base a implantação de Centros de Ação Social (CAS) nas principais favelas,[64] compondo-se os mesmos de serviços de Saúde (higiene pré-natal, higiene infantil, clínica médica, lactário, gabinete de odontologia, pequenas cirurgias e farmácia) e Serviço Social, tendo este por responsabilidade todas as atividades fora do campo médico: Serviço dos Casos Individuais (matrícula, triagem, inquéritos, visitação, seleção, orientação e tratamento), Auxílios (assistência jurídica, encaminhamento — emprego, situação civil, hospitais etc. — caixa beneficente, creche, merenda escolar etc.), Recreação e Jogos (adultos e crianças) e Educação popular. Além dessas modalidades, o Serviço Social de Grupo deverá ser aplicado para além de seu campo tradicional — lazer e educação — através da constituição, a partir dos CAS, de Associações de Moradores, teorizadas enquanto forma de aferir a penetração da instituição no meio, devendo permanecer sob sua tutela. Projeto de prática institucional que também não se diferencia em seu conteúdo das experiências anteriores, destacando-se mais pelo âmbito de atuação e amplitude do apoio oficial que mobiliza.

No entanto, o súbito despertar para essa necessidade de "recuperação" das populações faveladas do Rio de Janeiro — o que é facilmente discernível através de TCCs (Teses de Conclusão de Curso) de estagiários

---

64. Ainda em 1946 realiza-se o lançamento das "pedras fundamentais" dos doze primeiros CAS, realizando-se a cerimônia com a presença do cardeal arcebispo do Rio de Janeiro — dom Jaime de Barros Câmara, novo chefe nacional da Igreja Católica, substituto de dom Sebastião Leme, falecido alguns anos antes — e de altas autoridades federais e locais.

de Serviço Social da Fundação Leão XIII, assim como de exposições de membros de sua direção[65] — terá como um de seus componentes mais importantes a necessidade de uma ação político-assistencial imediata junto àqueles segmentos, buscando contrapor-se a sua organização autônoma, que aparecerá no plano do discurso como "barrar o avanço do comunismo". A constatação de que as grandes favelas dos morros cariocas (assim como das baixadas da periferia e subúrbios) poderiam transformar-se em *redutos eleitorais* do Partido Comunista do Brasil leva à mobilização, pelo Estado e hierarquia, de seu aparato assistencial para contrapor-se e consolidar seu controle sobre aquela população. A consciência dessa demanda, não só a partir de um posicionamento ideológico definido, como também de uma alta sensibilidade política, tendo em vista a obtenção de dividendos junto aos setores dominantes para sua própria expansão e consolidação, aparece claramente no discurso institucional do Serviço Social:

> "Outras pessoas e outras Obras, entretanto, sentindo que o advento da Fundação Leão XIII representa para as suas pretensões uma perda de terreno que pretendiam conquistar para fins inconfessáveis, têm buscado por todos os meios e modos sabotar-lhe o trabalho. Destaca-se nesse mister o Partido Comunista do Brasil, que, por meio de seus jornais, já por 3 ou 4 vezes tem procurado intrigar a FUNDAÇÃO e seus dirigentes com as populações das favelas. Tais tentativas não encontraram ressonância, porém, entre as populações que têm sido atingidas pela atuação sincera e leal de nossos centros. Prova disso foi o insucesso que coroou a pretensão dos comunistas de fundar uma célula (A União Feminina da Barreira do Vasco) nas vizinhanças mesmo do CAS. Realizaram apenas uma única reunião, e assim mesmo sob a capa de obter banha em quantidade por preço barato para a população. Essa célula abortou nessa mesma reunião".[66]

Para aquela situação de anomia que permite e propicia a germinação das ideologias exóticas — ideologias que no discurso institucional do

---

65. Maria Luiza Moniz de Aragão (Diretora do Serviço Social da Fundação Leão XIII). "Informe sobre as atividades da Fundação Leão XIII". *Anais do I Congresso Brasileiro de Serviço Social*. São Paulo, 1947.

66. Maria Luiza Moniz de Aragão. *"Informe..."*. op. cit.

Serviço Social são igualadas a doenças endêmicas existentes no quadro da miséria material e moral das populações faveladas — a única solução possível será a *"Educação"*. Para o Serviço Social da Fundação Leão XIII, o "problema da favela" será o problema da educação, idealização muito ao gosto e enraizada na classe média a partir de suas pretensões culturais aristocratizantes, através da qual a totalidade dos problemas sociais se reduz à questão da educação, do capital cultural, que em muito lhe serve de divisor de águas com o proletariado. A posse desse capital passa a legitimar a *diferenciação* que auxilia a agravar e a perpetuar e, ao mesmo tempo, os antagonismos de classes são transubstanciados em oposição entre educados e ignorantes, e deslocados para o campo da cultura. Por essa visão o proletariado passa a ser definido tanto a partir de uma menor posse de bens materiais ou rendas, como de uma menor posse de cultura. Posições que são também fundamento ideológico do *liberalismo excludente*, que nega a cidadania política aos analfabetos e condiciona a ampliação da democracia formal a um estágio não definido de educação e formação ética e moral da população.

As bases da atuação do Serviço Social estarão assim centradas nos casos individuais, nos lazeres educativos e, principalmente, na educação popular e formal: "estamos certos de que o problema da favela é eminentemente o problema da falta de educação (...) doenças, analfabetismo, ideologias exóticas, crimes, contravenção etc., são males de uma população que vem vivendo anos a fio sem o benefício de uma palavra esclarecedora e amiga, que só a escola, na sua mais alta expressão, pode dar. (...) pela educação, princípio da formação e regeneração dos indivíduos, poderá o Serviço Social atingir os mais altos fins, pois que acreditamos que pela educação, e só por ela, conseguiremos construir algo de duradouro".[67] A educação será, portanto, o meio de arrancar o proletariado das influências exóticas e reconquistá-lo. Dessa forma, como instrumento para "atingir e redimir" a família, os CAS serão dotados de escola maternal, jardim de infância, escola primária, ensino pré-vocacional, biblioteca e "círculos de palestras". A educação popular constará de educação sanitária, educação alimentar, educação sexual, educação religiosa, profilaxia

---
67. Maria Luiza Moniz de Aragão. *"Informe...", op. cit.*

das doenças venéreas, cursos de imunização contra doenças infecciosas etc. E de uma novidade no arsenal da "educação popular", a *educação democrática*.

A educação popular, a partir de seus elementos mais originais, de caráter confessional ou filantrópico, sempre teve em sua base uma visão de "democratização" da cultura. Esta não deveria ser privilégio apenas de uma pequena elite e seus benefícios — seja a partir de aspectos estritamente religiosos, como o contato pessoal e direto com a Bíblia (grupos protestantes), seja das *cruzadas* de conteúdo assistencial, que visavam libertar das *trevas da ignorância* as classes populares deixadas à margem do ensino[68] — deveriam ser acessíveis a toda a população. Essa "democratização" da cultura tinha por suporte ideológico (matizado na caridade cristã) a proposta de transformação do mundo a partir da transformação dos homens, sendo a educação o elemento-chave dessa transformação. Integrava-se num projeto tutelar em que a educação — mesmo que se reduzisse na prática a uma semi-escolarização, em que se ministravam rudimentos da cultura oficial — aparece como uma compensação e uma possibilidade de *promoção social* através do esforço continuado da ação individual. Tem seu fundamento na constatação da existência de uma sociedade essencialmente justa — malgrado a existência de certas falhas menores que serão corrigidas com o progresso — e da necessidade de preparar os homens para que possam usufruir de suas possibilidades.

Com a progressiva ampliação do aparelho escolar oficial nos maiores centros urbanos, a educação popular interioriza-se ou é deslocada para atividades complementares e grandes campanhas de alfabetização. Exceção parcial destas últimas, que assumem conotações diversas, acentua-se o caráter assistencialista desses empreendimentos. Eliminados os resquícios de fundamentação "iluminista" da educação popular, sua utilização passa a ter em vista a *regeneração* das populações *desvalidas* e *carentes*. Será importante situar, no entanto, que historicamente esta não é a única ver-

---

68. Segundo Carlos Rodrigues Brandão. "Da Educação fundamental ao fundamental na Educação". *Proposta*, set. 1977, Suplemento I, essas campanhas existiram antes mesmo da *descoberta* do analfabetismo como fenômeno social, quando este ainda era encarado oficialmente como problema isolado, como carência que poderia ser sanada a partir de campanhas localizadas e de rápida duração.

tente das preocupações que relacionam educação e classes populares. O acesso à educação e à cultura é uma reivindicação antiga do proletariado. E, como foi visto, as organizações operárias, a partir da compreensão do sentido mais amplo dessas reivindicações — a educação e a cultura vistas como instrumentos de sua própria libertação — desenvolveram autonomamente e em conjunto com intelectuais progressistas diversas iniciativas com esse objetivo. Essa preocupação também se manifesta a partir do empresariado.

A existência de equipamentos para a educação elementar das classes populares tem sido constantemente uma exigência dirigida ao Estado, reservando-se o empresariado, na falta de outra alternativa, à tarefa de adestramento profissional propriamente dito — como no treinamento em serviço ou a partir do SENAI, SENAC etc., conhecidos como "ginásios de pobres".

A educação popular, como instrumento principal da atuação do Serviço Social da Fundação Leão XIII, incorporará diversos desses elementos, aos quais acrescentará novos. Tendo por objeto uma população tradicionalmente abandonada e carente de qualquer infra-estrutura social ou assistencial e vivendo em níveis diversos de pauperismo, o analfabetismo será percebido como a causa fundamental de sua marginalização social. Afastando-se em seu conteúdo global da educação formal — apesar de incorporá-la em seus programas — o projeto de educação popular da Fundação Leão XIII assume o sentido de *levantamento moral* das populações faveladas. Projeto ao qual não é estranha — dentro do quadro da nova conjuntura política existente — a perspectiva do controle de massas semi-escolarizadas, tendo em vista a necessidade de legitimação do poder via processo eleitoral.

Esse projeto, que não pode ser desvinculado de seu complemento — os lazeres educativos — também deve ser analisado a partir de um segundo aspecto, este não tão evidente. Educação popular e lazeres educativos, apesar de partirem de justificativas diferentes, fazem parte de um empreendimento coerente que tem em mira o disciplinamento do *tempo livre* do proletariado. Nesse sentido, são pertinentes — entre outras — duas ordens de comentários. Uma primeira se refere ao conteúdo histórico do que se costuma denominar tempo livre.

É de notar, de início, que não teria sentido falar-se em educação popular, animação de lazeres, lazeres educativos etc., antes da existência de uma série de condições diretamente relacionadas ao desenvolvimento das forças produtivas e ao controle social da exploração da Força de Trabalho. Condições que — a partir da perspectiva do proletariado — só começam a existir no momento em que este, através de uma luta histórica, consegue resgatar ao domínio do capital parcelas cada vez maiores de seu tempo, isto é, de sua existência. Educação e lazeres educativos não teriam razão de ser quando orientados para um proletariado obrigado a uma jornada de trabalho de doze a quinze horas, sem direito a férias ou descanso semanal remunerado. Esse tempo livre é um tempo em que o proletariado não está produzindo seu salário — isto é, sua subsistência e a de sua família —, é o tempo que o proletariado tem para viver sua própria existência e, concomitantemente, recuperar-se física e mentalmente. O empreendimento de educação e lazeres para as *classes populares* se volta justamente para a ocupação desse tempo resgatado ao capital. Para ocupá-lo de uma forma que neutralize, que esterilize seu conteúdo de autonomia e relativa liberdade.

Será interessante observar, nesse sentido, como o Serviço Social — um dos instrumentos utilizados para a ocupação desse tempo e cuja importância será tanto maior quanto menos desenvolvidas forem as iniciativas de caráter empresarial para explorar as "possibilidades de lazer popular" — vai buscar na argumentação mais atrasada e conservadora das corporações empresariais as justificativas da necessidade de seu empreendimento:

> "As férias podem, pois, em certas circunstâncias, tornar-se contraproducentes. Que fará, realmente, o operário em férias se, em lugar da associação onde cultive seu espírito, existe o botequim corrompedor, se a habitação é uma pocilga, se a família o atordoa com lamúrias, se os vícios são multiformes, acessíveis, vivem em cada canto acumpliciados para seduzi-lo, narcotizá-lo e deprimi-lo, se lhe falta ambiente sentido, ideal de vida? (...) As férias devem possuir um sentido essencialmente reajustador. A receptividade humana, nesse período, é muito sensível. As férias têm função social elevada em nossos dias; cabem-lhe proporcionar ao homem, não apenas o

repouso físico e espiritual, senão também o contato estreito com a família — tão abalado pela agitação moderna — e a contemplação de verdades e belezas ignoradas pela dissipação espiritual comum.

Devido ao estado de disponibilidade em que se encontra o espírito durante esse período de repouso, torna-se preciso usar de precaução para que não venha ele a sofrer danosa influência."[69]

Diante dos perigos que cercam os momentos livres da existência do proletariado, será necessário ocupá-lo de uma forma inofensiva, ajustadora, que não marque um antagonismo aberto com o restante do seu tempo subordinado ao autoritarismo do capital. Em vez de senhor de seu tempo livre, é necessário tornar o trabalhador um consumidor passivo de distrações, lazeres educativos, da *contemplação do belo*. E utilizar esse mesmo tempo para procurar aumentar sua produtividade (tanto através da "racionalização" de seu repouso, como de cursos de instrução formal ou profissionalizante), e para uma ação de ajustamento às relações sociais vigentes, de caráter religioso ou outras formas de inculcação que tenham por objetivo a mudança de atitudes.

Um segundo aspecto a considerar será relativo ao tipo de população sobre a qual pretende atuar a Fundação Leão XIII. Cabe aqui a consideração de que será justamente junto à população favelada que aparecerá de forma mais chocante a *acumulação de miséria* correspondente à grande acumulação de capital que se realiza em períodos imediatamente anteriores. Nessas aglomerações habitacionais se concentra uma parcela importante da *superpopulação relativa*, isto é, segmentos da Força de Trabalho que ultrapassam as necessidades médias de expansão do capital; ao mesmo tempo produto e condição necessária da acumulação — vegetando na indigência. As grandes favelas serão um dos pontos de encontro e aglutinação, nos grandes centros urbanos industriais, dessa multidão de miseráveis mantidos na ociosidade forçada em contrapartida ao trabalho excessivo de outras parcelas da população trabalhadora: desempregados, subempregados, vítimas da indústria — mutilados, viúvas, órfãos, crian-

---

69. Luís Carlos Mancini. "Lições que devem ser meditadas". *Revista Serviço Social*. São Paulo, n. 23, 1940.

ças abandonadas etc. — aposentados, elementos refugados pelo mercado de trabalho, seja pela idade, incapacidade de adaptar-se às novas situações e, ainda, vagabundos, criminosos, prostitutas etc., segmentos que caem no banditismo ou lumpensinato; conjunto onde é marcante a presença de populações recentemente expulsas do campo.

O aprofundamento do capitalismo gera a formação de uma grande massa indeterminada de *marginalizados* de todos os tipos, cujo crescimento contínuo e comportamento *desviante* aparecem como um desafio, um elemento de anomia dentro da ordem burguesa. A indisciplina assume, assim, uma multiplicidade de formas que precisam ser controladas ou neutralizadas, que devem ser reduzidas às suas *reais dimensões,* ao mesmo tempo em que os aspectos mais gritantes da miséria social devem ser aliviados.

Coloca-se, aí, um problema central que deverá ser enfrentado pelo Serviço Social da Fundação Leão XIII: ocupar-se dessa população *marginalizada*, que por suas ligações extremamente irregulares com o mercado de trabalho — isto é, por não estarem sob o controle contínuo e prolongado da agência básica de socialização, a *empresa*, e por suas condições de existência, são verdadeiros "delinquentes sem delito". A resposta, em face da situação de miséria material e moral dessas populações, será, mais uma vez, a pesquisa e classificação dos *desvios* e as ações paliativas, que têm em vista estender a área de influência e controle da instituição. Ante a incapacidade de agir com vistas a modificar as terríveis condições de existência daquelas populações, o projeto de prática institucional do Serviço Social da Fundação Leão XIII se proporá — através da administração regular de rudimentos da cultura oficial e de lazeres educativos e edificantes — a regenerá-la, isto é, contrapor-se às diferentes manifestações de inadaptação e rejeição das normas vigentes.

6. Previdência Social e Serviço Social

O Seguro Social começa a ser implantado ainda na fase final da República Velha. Enquadra-se nos marcos da dúbia política social desenvolvida pelos últimos governos dominados pela "oligarquia cafeeira". Nesse momento, paralelamente à constante repressão aos movimentos populares, se inicia uma prática de *concessões* a setores específicos do proletariado, mais diretamente ligados ao Estado e à infra-estrutura da agro-exportação. O Seguro Social será uma das promessas agitadas ante os pequenos assalariados urbanos pelo candidato (Artur Bernardes) vitorioso nas eleições presidenciais de 1922, em sua campanha visando ao apoio dos setores trabalhistas.

A partir da Lei Eloy Chaves,[70] aprovada pelo Parlamento em 1923, lançam-se as bases para a futura política de Seguro Social, cujos princípios fundamentais permanecem válidos até 1966 quando da unificação das instituições de previdência. Semelhante ao modelo em uso na República Argentina, terá por característica orientar-se para setores específicos da Força de Trabalho, englobando a totalidade dos assalariados daquele setor ou empresa, a partir de quatro *benefícios* principais: medicina curativa; aposentadoria por tempo de serviço, velhice ou invalidez; pensões para dependentes e ajuda para funerais. A diferença da Sociedade de Ajuda Mútua, partirá dos princípios da contribuição tripla (empregador, empregado e Estado) e da filiação obrigatória.

Durante os anos finais da República Velha, a expansão do Seguro Social será lenta. Sua aplicação estará vinculada principalmente aos ferroviários (objeto da lei votada em 1923) e estivadores e marítimos (para os quais a legislação é estendida em 1926), atingindo a pouco mais de 140 mil assalariados do setor privado (1929). São parcelas da Força de Trabalho que se destacavam pela organização, e por vincular-se a setores vitais da economia voltada para a agro-exportação. A partir de 1930 assiste-se a uma acelerada ampliação do Seguro Social, agora vinculados progressivamente a uma política global do Estado para a classe operária. As CAPs (Caixas de Aposentadorias e Pensões) deixam de ter por âmbito as grandes em-

---

70. O projeto de lei que tomará o nome de seu apresentador no Parlamento — que por sinal ocupava o cargo de secretário de Justiça de São Paulo na ocasião das grandes greves de 1917 — tem origem na iniciativa de alguns empresários do setor de ferrovias (Ferrovia Paulista), que propõem ao parlamentar paulista um modelo de Seguro Social por empresa para aplicação institucionalizada em todos os estabelecimentos do setor.

presas tomadas individualmente, para abrangerem as chamadas Categorias Profissionais (1933), surgindo os IAPs (Institutos de Aposentadorias e Pensões), que paulatinamente — conforme a capacidade de pressão e barganha de cada setor — passam a englobar grande parcela dos assalariados urbanos do setor privado e estatal.[71] Dessa forma, em 1938, através de 99 CAPs e 5 IAPs,[72] estavam sob cobertura de diversas instituições previdenciárias mais de 3 milhões de assalariados urbanos e seus dependentes diretos, constituindo-se uma ampla e diversificada estrutura administrativa, profundamente marcada por sua vinculação ao Ministério do Trabalho e à burocracia alimentada pelo sindicalismo corporativista.

As primeiras tentativas de introdução do Serviço Social na previdência — entendido enquanto contratação de elementos formados nas escolas especializadas, agindo individualmente ou por intermédio de departamentos específicos — se dará num momento de reorganização e reordenação da legislação e mecanismos de enquadramento e controle do proletariado. Será um momento — dentro da conjuntura de reanimação do movimento operário e erosão da base social da ditadura estado-novista, aflorada anteriormente — em que o Estado procura sistematizar sua legislação social, fato que terá sua expressão maior na Consolidação das Leis do Trabalho, CLT. Nesse mesmo ano, 1943, se procurará, sob influência direta do Plano Beveridge, modernizar e ampliar o Seguro Social. Para tal será proposta a unificação das diversas instituições previdenciárias, a ampliação dos programas de *benefícios* e sua universalização, com a criação do ISSB (Instituto de Serviço Social do Brasil).[73] Esse projeto de reforma e modernização da estrutura previdenciária sofrerá, no

---

71. O segundo setor a ser atingido pelo Seguro Social será o de bancários e comerciários. Os operários industriais — categorias maior e mais dispersa — deverão esperar até 1938, quando entra em função o último grande instituto — IAPI, Instituto de Aposentadoria e Pensão dos Industriários — e se consolida a previdência ao funcionalismo público civil.

72. Que se constituem em entidades públicas autônomas sob a supervisão do Ministério do Trabalho através do DNP, Departamento Nacional da Previdência. A estrutura sindical corporativista fica estruturalmente vinculada à previdência por meio da indicação de membros para os órgãos colegiados paritários de gestão administrativa (empregados e empregadores), aos quais se somavam os membros indicados pelo governo, geralmente ocupando a presidência da instituição.

73. O projeto do ISSB — que Getúlio Vargas tenta implantar em 1943 — terá por base os objetivos de assistência extensiva ("berço à sepultura"), programas assistenciais amplos aliados aos benefícios tradicio-

entanto, uma intensa oposição a partir dos mais diversos polos de interesses (políticos, econômicos e pessoais), encastelados naquelas organizações burocráticas. Da mesma forma, categorias profissionais que por sua luta reivindicatória e poder de barganha haviam conseguido planos mais amplos e eficientes de benefícios se oporão radicalmente à mudança proposta. A conjunção de interesses corporativos aliados às manifestações dos setores políticos interessados em impedir o fortalecimento do governo determinará o arquivamento desse projeto.[74] A derrota da tendência reformista dentro da previdência se refletirá no estreitamento das possibilidades de implantação, de cima para baixo, e de forma homogênea, do Serviço Social na estrutura do Seguro Social englobada dentro de um programa modernizador.

A progressiva incorporação do Serviço Social nos diversos Institutos e Caixas de Pensões e Aposentadoria, apesar de institucionalizada em 1944 — Portaria n. 45 do Conselho Nacional do Trabalho, que autoriza a organização de *Seções de Serviço Social* em todas as instituições de previdência — se fará de forma heterogênea e em ritmo bastante lento, assim como é desigual a estrutura, o desenvolvimento e os benefícios prestados por cada instituição. Dependerá, em parte, para sua implantação, das características da burocracia de cada organismo e do campo e espaço que os assistentes sociais serão capazes de abrir e ocupar.

Antes de se procurar apreender em seus aspectos mais amplos como se realiza esse processo, será interessante verificar a posição dos pioneiros do Serviço Social em relação ao Seguro Social controlado pelo Estado.

Os primeiros Assistentes Sociais — especialmente aqueles do núcleo de São Paulo — constantemente explicitam uma aguda desconfiança em

---

nais, a extensão da Previdência a toda a população e a unificação dos planos de contribuições e benefícios com a unificação das instituições previdenciárias.

74. A implantação dos principais itens previstos no projeto do Instituto de Serviço Social do Brasil apenas será efetivada em 1974. Como principais etapas intermediárias surgirão, em 1960, a Lei Orgânica da Previdência Social — unificação dos programas de contribuições e benefícios — e, em 1966, a unificação das Instituições previdenciárias através da criação do INPS. Nesse sentido, deve-se ter em vista a necessidade de acumulação de elementos no plano político e econômico necessários à implantação de um projeto semelhante ao do ISSB. As condições necessárias à sua implantação apenas aparecem após o golpe militar de 1964 e se implantam definitivamente no início da década de 1970.

relação ao seguro e previdência estatais, fazendo a apologia das Caixas de Auxílio Mútuo e outras iniciativas de tipo corporativista particular.[75] Atribuíam a existência dessas entidades à iniciativa própria do proletariado, esquecendo o fato de que já há tempos as Mútuas e Caixas eram em grande parte impostas pela administração das empresas, caracterizando-se claramente como iniciativa patronal. O Seguro Social, da mesma forma que a Legislação trabalhista, é visto como outorga do Estado paternalista e autoritário. O trabalhador, em função desse monopólio estatal da previdência, "despejado" sobre a nação, estatui-se em "servil pedinte" de uma burocracia fria e despreparada. A "febricitante inflação legislativa" não teria sido precedida de inquéritos que adaptassem a lei ao meio social e preparassem este último para sua recepção. O trabalhador,

> "integrado numa sociedade inorgânica, sem vida grupal democrática, contido nos coletes da uniformidade política, desacreditado de uma autoridade ao mesmo tempo rígida e cínica, sem instrução, educado no circo dos espetáculos coletivos, desaprendeu de participar, de colaborar, de *fazer e pagar*. (...) Desse modo desenvolveu-se mecanicamente a previdência, divorciada do povo e sem convicção ou plano referente às necessidades de proceder seu embasamento no consumo popular".[76]

Dada a existência do fato consumado, esses pioneiros reclamarão a participação do Serviço Social na estrutura previdenciária. A fim de *humanizá-la*, dar-lhe *conteúdo social*, de *reconciliar* a máquina administrativa com a massa segurada, incorporando-a à instituição. Esta não deve apenas pretender o cumprimento das técnicas de seguro social, mas preocupar-se, também com o bem-estar social do associado, com o sentido social do seguro; deve almejar a aplicação do humanismo cristão às técnicas do seguro.

---

75. "Esse sistema de auxílio mútuo não passa em vão sobre um povo. Vinca-lhe fundo o caráter, forjando-lhe o senso de responsabilidade, a livre iniciativa, a solidariedade social, a independência em relação às soluções cômodas que o Estado oferece, geralmente, em troca da liberdade individual. Essas instituições dão ao associado o verdadeiro e fundamental senso de previdência, que é — por certo — a melhor profilaxia contra os males oriundos da imprevidência". Luís Carlos Mancini. "Variações sobre a Previdência Social". *Revista Serviço Social*. São Paulo, n. 23, 1940.

76. Luís Carlos Mancini. "Variações...", *op. cit.*

A primeira experiência oficial da implantação do Serviço Social na estrutura burocrática do Seguro Social se fará a partir da Administração Central de uma das maiores instituições previdenciárias. Em 1942 é organizada pelo Instituto de Pensões e Aposentadorias dos Comerciários (e institucionalizada através da Portaria n. 25, de 1943, do Conselho Nacional do Trabalho), a Seção de Estudos e Assistência Social, sendo convidado para dirigi-la um dos pioneiros e principais divulgadores do Serviço Social naquele momento.[77] A principal atividade desenvolvida por aquela seção será a realização de ampla pesquisa sobre o "meio e modo de vida" dos segurados. As conclusões dessa pesquisa[78] permitirão ao núcleo pioneiro de Assistentes Sociais sistematizar uma série de contribuições que os métodos e técnicas de serviço social poderiam trazer como aporte ao Seguro Social: a fundamentação do seguro na consciência popular para que possa cumprir sua função de "integração social"; a "reconciliação" entre os Institutos e a massa segurada; a ampliação do raio de ação da Previdência, vinculada ao Serviço Social, para atingir de forma mais ampla a consciência e a reprodução material da Força de Trabalho.[79]

Em primeiro lugar, segundo o discurso desses pioneiros, será necessário corrigir a legislação copiada de modelos estrangeiros, que pouco ou

---

77. O Sr. Luís Carlos Mancini, formado na primeira turma da Escola de Serviço Social de São Paulo e primeiro diretor da *Revista Serviço Social*, editada nesse mesmo Estado pelo Centro de Estudos e Ação Social.

78. Luís Carlos Mancini. *Revista Serviço Social*. São Paulo, n. 36, 1945.

79. Acontecimento importante nesse processo seria a realização em 1944 — sob o patrocínio do Instituto de Direito Social — da I Semana de Previdência e Assistência Social. Com a participação de representações do Ministério do Trabalho e de quase todas as instituições de Seguro Social e de personalidades da Ação Social, juristas etc., serão tiradas uma série de "Resoluções" dentre as quais pode-se destacar:

1. O papel subsidiário do Estado quanto à assistência social, a qual é função da sociedade civil;

2. a fundamentação da "Segurança Social" em seu duplo aspecto: Seguro Social e Assistência Social, tendo em conta que o "maior rendimento social dos indivíduos não pode prescindir do respeito à sua dignidade humana";

3. a diferenciação entre seguro e assistência social, caracterizando-se esta pela isenção de contribuição pelos benefícios;

4. ampliação e extensão do campo de aplicação dos benefícios, devendo-se dar maior peso aos benefícios em natureza ou dinheiro;

5. simplificação dos procedimentos burocráticos;

6. a constatação de que não há mais campo para o empirismo na assistência social, reclamando-se o preenchimento dos cargos e funções por Assistentes Sociais diplomados.

nada têm a ver com a realidade nacional (ela própria é extremamente diversificada) e que foi "despejada" sobre o país unicamente para "projeção internacional". Apenas a promoção periódica de amplas pesquisas sociais poderá fornecer os elementos indispensáveis para orientar a ação do seguro, tornando-o eficiente, tanto no socorro material quanto em seus objetivos de justiça e harmonia social:

> "A investigação social revelará os fatores sorrateiros que desesperam a atuária, as causas remotas dos flagelos sociais, os tipos recomendáveis de habitação, os hábitos alimentares, as relações profissionais, os elementos psicológicos que configuram a classe, a organização familiar, os móveis de suas posições ideológicas etc., agarrando a realidade. Essa penetração social proporcionará meios de melhor adaptação das instituições de Seguro Social ao território de atuação, respondendo às peculiaridades ambientes. E, acima de tudo, porá a burocracia em contato direto com o homem, longe da hierarquia do guichê."

Outro aspecto essencial será o de unir moralmente as instituições de previdência à "massa segurada", possibilitando uma participação mais ativa das mesmas. Nesse sentido será proposta a organização de *clubes da previdência* — onde seriam debatidos com os usuários os problemas atinentes ao Seguro Social — o estabelecimento de "modernas agências de informação ao nível de rua" e a implantação de uma propaganda moderna. Paralelamente se deverá promover uma intensa ação social junto a empregados e empregadores, visando ao esclarecimento dos deveres e direitos recíprocos e relativos ao Seguro Social. O problema da *educação social* estará colocado em primeiro plano, pois:

> "O total desconhecimento da finalidade do seguro e dos benefícios que este proporciona aos associados e beneficiários, tem levado grande contingente de operários ao desespero e à revolta, quando os revezes da vida os atingem em pleno exercício de suas atividades. Não é pequeno o número de operários que recebem, contrariados, meses a fio, anos talvez, aquele desconto obrigatório em seus diminutos ordenados, sem saber seu fim e sua utilidade."

O Assistente Social será o elemento habilitado como "esclarecedor do Seguro Social", desempenhando fundamentalmente um papel educativo, ouvindo as queixas, esclarecendo e reconfortando o associado. No entanto, o seguro só se tornará eficiente na medida em que sua rigidez e frieza puderem ser penetradas em todos os níveis por um novo espírito social, que dê uma face humana à burocracia e às técnicas atuariais. Nesse sentido se recomenda tornar obrigatória a formação em Serviço Social dos funcionários de maior responsabilidade ante os segurados, e a organização do Serviço Social nos conjuntos residenciais, em todas as seções de Assistência dos Institutos, e no meio social do segurado — em colaboração com outras obras e entidades. O Serviço Social deve estar junto aos departamentos médicos, hospitais, ambulatórios, atuando sobre os aspectos sociais e morais da doença, na educação social quanto aos princípios básicos de higiene e puericultura e, principalmente, na readaptação à vida familiar e reintegração à produção. Proceder a uma ação complementar junto à concessão de pensões e aposentadorias, pois apenas os auxílios materiais não bastam:

> "A pensão, a aposentadoria e o seguro-doença supõem uma quebra no padrão de vida, frequentemente definitiva. A modificação do padrão, pela redução da receita, produz abalos que o Serviço Social pode amortecer, orientando, ajudando, encaminhando, reestruturando a organização doméstica."

Nos conjuntos residenciais, pois,

> "(...) a casa proletária abandonada aspira ao cortiço e, portanto, o conjunto residencial deve necessariamente possuir serviços de reeducação dos moradores, que preparam seu ajustamento residencial e à comunidade."

Será ainda reclamada a simplificação dos processos de habilitação aos benefícios e a concessão de auxílios "mais substanciais", visando atender às "múltiplas carências" dos associados.

Essa humanização do Seguro Social não deveria resultar apenas na tão necessária aproximação e integração entre os institutos e a massa segurada, fazendo refluir a surda revolta desses últimos. Os pioneiros do Serviço Social na Previdência acenam, paralelamente, com uma série de vantagens econômicas: o interesse do Seguro Social por todos os aspectos da vida do contribuinte, no sentido do prolongamento da higidez da vida humana, é situado não apenas como fator de ajustamento social, mas também de diminuição dos riscos do seguro. A atuação do Serviço Social nos conjuntos habitacionais é relacionada à defesa daquele patrimônio e ao aconselhamento dos orçamentos domésticos para que não falhem o pagamento das prestações. O Serviço Social junto à assistência médica, em sua contribuição para abreviar a readaptação e reintegração à produção. Junto ao setor de pensões e aposentadorias, tendo por finalidade, também, prolongar a permanência em algum tipo de trabalho remunerado, que possa complementar o montante irrisório das pensões. Esse projeto de prática institucional será progressivamente ampliado e refinado, à medida que se adensa a incorporação do Serviço Social às instituições previdenciárias.

Este não será, no entanto, um processo rápido como o que ocorre nas instituições assistenciais anteriormente vistas. Apesar da possibilidade de institucionalização do Serviço Social aberta pelo Departamento Nacional do Trabalho em 1944, as *Seções ou Turmas* de Serviço Social apenas começam a generalizar-se pelas Delegacias Regionais das instituições previdenciárias no decorrer da década de 1950. Desenvolve-se anteriormente, e de forma embrionária, apenas nas Administrações Centrais de alguns institutos, no Rio de Janeiro,[80] e em Delegacias Regionais de alguns Estados.

A aparente lentidão na incorporação do Serviço Social pela Previdência Social — fato que é frequentemente visto pelos assistentes sociais

---

80. Até 1950 as seções de Serviço Social que são organizadas em diversos Institutos ou Caixas permanecem em geral ligadas à administração central dessas instituições, possuindo um âmbito de atuação extremamente reduzido. No IAPC, por exemplo, onde se cria a primeira seção de Serviço Social, sua atuação — além dos trabalhos de pesquisa — se limitará durante vários anos aos conjuntos habitacionais construídos pela instituição. No período 1947-49 iniciam-se as atividades junto ao setor médico (hospitais e ambulatórios) e apenas em 1950, com a implantação da Seção de Informações e Orientação, passa a atingir os vários setores do Instituto. Nas Delegacias Regionais, apesar da existência no quadro funcional de estudantes e Assistentes Sociais diplomados, apenas a partir de 1949 são criadas Turmas de Serviço Social. Aí, já serão estruturadas tendo em vista atuar nos diversos departamentos e serviços assistenciais. No IAPI, até 1947 o Serviço Social se limitará a um conjunto residencial no Rio de Janeiro, e sua extensão aos demais departamentos da sede assim como às Delegacias Regionais ocorrerá apenas no início da década de 1950.

aí integrados durante aquele período como objetivo deliberado ou descaso de administradores[81] — parece dever-se a fatores mais objetivos. Sobressai, inicialmente, o crescimento acelerado dos organismos de Seguro Social e o constante funcionamento de pequenas instituições que darão origem aos grandes Institutos e Caixas; a organização das Delegacias Regionais (Estados) e a interiorização dessas instituições por intermédio de órgãos regionais subordinados, processo que começará a estabilizar-se apenas no início da década de 1940. Outro aspecto a considerar será o caráter dos *benefícios* prestados por essas instituições e sua extensão. Tais benefícios estarão inicialmente limitados àqueles definidos como fundamentais (aposentadoria, pensões e auxílio funerário; a medicina curativa só se desenvolverá posteriormente). Apenas após a primeira fase de estabilização, as instituições previdenciárias começarão a desenvolver e ampliar os chamados serviços assistenciais: assistência médica, alimentar, conjuntos habitacionais, auxílios diversos etc. A implantação do Serviço Social dentro da Previdência estará subordinada à organização desses serviços assistenciais — que ocorre de forma desigual entre os diversos Institutos e Caixas — consolidando-se à medida que estes serviços se estendem e adensam. Inicia-se nos conjuntos habitacionais; estende-se para os setores de atenção médica e, só posteriormente, incorpora-se aos diversos departamentos e à concessão dos benefícios considerados fundamentais. Outro elemento a ser considerado se refere às características e ao número reduzido de profissionais de serviço social formados nas escolas especializadas.

O que se nota, nesse sentido, é que as instituições previdenciárias desde cedo sentem a necessidade de um tipo de funcionário especializado para o trato direto com os usuários. Chegam a desenvolver, dentro de seu próprio quadro funcional, a figura do "*informante-habilitador*", para a qual procuram selecionar pessoas "especialmente dotadas" a partir de

---

81. Opinião que aparece bastante generalizadamente nas TCCs (Teses de Conclusão de Curso) de Assistentes Sociais, funcionários de diversos Institutos e Caixas, que se formam na Escola de Serviço Social (SP) e no Instituto Social (RJ), geralmente através de bolsas de estudo e/ou outras facilidades proporcionadas pelas instituições com as quais mantêm vínculos empregatícios.

suas "qualidades humanas[82] e conhecimento da legislação". Funcionários que deveriam estar preparados para, a partir do atendimento, tornar mais acessível e rápida a tramitação burocrática dos processos de concessão de benefícios. A disponibilidade extremamente reduzida de Assistentes Sociais diplomados leva a que as instituições de Seguro Social[83] sejam forçadas a patrocinar, elas mesmas, a formação de seu quadro de Serviço Social, servindo-se para tal das escolas especializadas existentes. Nesse âmbito, o início efetivo de organização do Serviço Social na Previdência tem um de seus marcos em Portaria do Departamento Nacional da Previdência — órgão do Ministério do Trabalho que tem por função a coordenação das instituições previdenciárias — que em 1945 organiza cursos intensivos de Serviço Social para os funcionários dos diversos Institutos e Caixas. Posteriormente se instituirá um sistema de bolsas de estudo e facilidades de horário e ponto, que permitirão a diplomação nas escolas especializadas de um número crescente de funcionários dessas autarquias. Estes constituirão a base humana que permitirá no início da década de 1950 a generalização das *Turmas* e *Seções* de Serviço Social. É visível que já nesse momento a alta burocracia do Ministério do Trabalho manifesta plena "consciência do sentido da incorporação dos métodos e técnicas do Serviço Social". Isso é visto como resposta a uma necessidade política relacionada à eficiência dessas instituições. Tem por sentido a busca por tornar mais eficiente a integração do proletariado aos mecanismos institucionais elaborados para a canalização e controle de suas reivindicações econômicas e sociais:

> "Assistência e Previdência tornam-se, hoje, direito adquirido e assegurado por todo um sistema de lei que, dia a dia, mais cresce e se aperfeiçoa.
> Devido exatamente aos conceitos supraemitidos a moderna noção de 'Serviço Social' como conjunto de cuidados através dos quais intenta o Estado, ajustando convenientemente os benefícios já prestados pelos diversos sistemas de previdência e assistência social às reais necessidades

---

82. Tais como "urbanidade, paciência, capacidade de persuasão etc.", pois dele dependerá a eficiência do processo burocrático e técnico, além das repercussões de ordem social, pois "a primeira impressão é a que fica".

83. De forma semelhante às outras grandes instituições assistenciais, como a LBA, SESI, SESC e SENAI.

dos indivíduos ou do grupo familiar, humanizar seus efeitos, evitando, por outro lado, que o emprego gélido e mecânico dos meios utilizados venha criar novos e mais graves problemas."[84]

O desenvolvimento do projeto de prática social institucional do Serviço Social que progressivamente é desenvolvido pelos Assistentes Sociais integrados nos Institutos e Caixas[85] terá por eixo central essa orientação. Teorização e prática institucional que terão por base — por um período relativamente longo — os métodos e técnicas tradicionais adaptados para o que rapidamente se transformará num atendimento "em massa" dos usuários.

Parte-se da constatação de que o "crescimento vertiginoso" da Previdência levou a que esta se dedicasse mais à técnica do que ao "lado humano":

"(...) O bom andamento da parte administrativa exige uma série de determinações que forma uma burocracia por vezes exagerada (...) a grande massa de serviço quase reduziu o associado a um cartão e a um número de protocolo ou caderneta (...) O associado não pode ser encarado como um simples número de caderneta ou protocolo personificado, que vai à instituição reivindicar direitos, mas deve ser atendido e respeitado como pessoa, portador que é de uma dignidade humana (...) É à atuação do Serviço Social que se deverá recorrer para que o associado seja valorizado como homem e seja reajustado como pessoa humana e integrado como pessoa útil na sociedade."

O Serviço Social na previdência deve ser "o elo que irá unir e possibilitar o exercício da Justiça social em conexão à prática administrativa da lei".

Serviço Social e Seguro Social são projetos bem diferenciados, pois o último está subordinado às exigências das técnicas atuariais, possuindo

---

84. Moacyr Velloso Cardoso de Oliveira (Diretor do Departamento Nacional da Previdência Social), discurso pronunciado no 2º Congresso de Direito Social, 1946.

85. Recortado a partir da leitura de uma série de TCCs de funcionários dessas instituições que se formam em Serviço Social na Escola de Serviço Social e Instituto Social na década de 1950.

fronteiras delimitadas. Cabe ao Serviço Social aplicado ao seguro exercer um caráter supletivo e complementar.

"Ele [o Serviço Social] não só acompanha a atuação do Seguro Social, como um complemento deste, mas também continua atuando, quando as possibilidades do seguro atingiram seu limite preestabelecido."

Quando os problemas apresentados fogem às possibilidades de atendimento normal da instituição, é o momento em que o Serviço Social "torna-se uma necessidade real", procurando dar aos mesmos uma "solução satisfatória", a partir dos recursos da comunidade. Deverá o associado encontrar nos Institutos "compreensão, simpatia e interesse pelos seus problemas", permitindo assim "sua total humanização".

A legislação do Seguro Social tem aplicação burocrática preestabelecida e programada. Mas no plano social não há casos gerais, "há somente casos individuais". A humanização do seguro passa então necessariamente pela individualização dos benefícios e da assistência, pois:

"Dois casos, embora semelhantes, embora enquadrados na mesma classificação, possuem características diferentes e próprias, por isso mesmo a solução aplicada para um nem sempre seria aconselhável ao outro. A individualização evidencia as particularidades de cada problema e de cada caso; ao mesmo tempo considera o associado como ser humano e, dessa forma, o seu problema é encarado na sua totalidade, não apenas o aspecto que diz respeito ao Seguro Social."

Por outro lado, o espírito de imprevidência e insegurança das camadas pobres deriva de sua ignorância das finalidades do Seguro Social. Tarefa essencial será, nesse sentido, a *educação social* do segurado e seus dependentes. Compreendendo o alcance e as limitações do seguro, seus direitos e deveres diante do seguro, deixarão de ter sentido as explosões de inconformismo, quanto a benefícios não concedidos, e melhor aproveitamento daquilo que é colocado à disposição. A educação social tenderá, pois, a tornar mais seletivas as demandas ao seguro, tornando o usuário mais independente e eficiente.

A partir desses pontos essenciais se inicia uma série de programas e funções que paulatinamente os Assistentes Sociais vão contribuir para abrir e, em seguida, ocupar, compondo-se um projeto de integração dos métodos, técnicas e ideologia do Serviço Social ao Seguro Social. Aspecto parcial e embrionário da constituição do que modernamente se denomina Previdência Social.

Partindo de que o Serviço Social é o setor apto para atender o segurado que se apresenta com os mais variados problemas, serão reclamadas funções e programas tais como:

1. Trato diário com o público através do plantão e das técnicas de entrevista: triagem, informações e reclamações:
   - orientação e execução de atos necessários para que o associado receba os benefícios devidos;
   - casos que fogem à rotina ou não previstos pelo regulamento (casos que demandam maior estudo);
   - encaminhamentos para que o associado tenha alguma satisfação quando seus problemas estiverem fora do alcance do seguro.

2. Reeducação sistematizada, educação social:
   - esclarecimento quanto a direitos e deveres em relação ao seguro;
   - orientação econômica e orçamento doméstico;
   - orientação profissional, reintegração ou continuação na produção;
   - readaptação dos trabalhadores enfermos e acidentados;
   - orientação e conforto moral nos casos de morte ou invalidez;
   - adaptação aos imóveis e vida comunitária;
   - profilaxia e higiene;
   - orientação e apoio moral, evitar acomodações;
   - terapia ocupacional.

3. Seleção econômico-social:
   - para a obtenção de benefícios pagos (imóveis etc.);
   - para distribuição de auxílios.

4. Distribuição de auxílios:
   - fornecimento de medicamentos gratuitos;
   - compra de aparelhos ortopédicos ou instrumentos de trabalho;
   - auxílios destinados à manutenção quando atrasam os benefícios;
   - auxílios diversos em dinheiro, para regularização da situação civil, para realização de tratamentos.

5. Casos de desviança, fiscalização ou conflito:
   - recusa ou abandono de tratamento médico;
   - atraso ou recusa no pagamento de prestações (imóveis);
   - problemas de "má vontade" ou exploração da instituição;
   - contornar inconformismos.

O Seguro Social, como foi visto, aparece como um dos componentes centrais da política do Estado pós-1930, englobado no quadro mais amplo das instituições que surgem ou se desenvolvem, como legislação trabalhista, sindical, justiça do trabalho, salário mínimo etc., processo que T. H. Marshall[86] situa em termos de renegociações periódicas de um *pacto social*. Instituições que devem atender às necessidades do aprofundamento do modo de produção ao alcançar novas etapas de seu desenvolvimento.

Sem nos determos nos aspectos essenciais que o Seguro Social representa no plano econômico — e, nesse sentido, se as instituições assistenciais em geral produzem efeitos econômicos, políticos e ideológicos, parece-nos que a preponderância dos primeiros na previdência é evidente — os dois outros aspectos podem ser privilegiados para a análise do

---
86. *Cidadania...*, op. cit.

aporte do Serviço Social a esta instituição. Ao reportar-se o âmbito de atuação do Seguro Social a elementos vitais relativos à sobrevivência da população, essa instituição atua como deslocador de contradições existentes ao nível das relações de produção. Contradições que se explicitam numa infinidade de carências e que se reproduzem no nível do aparelho de Estado; e especialmente em face do Seguro Social, instituição concreta criada para canalizar esses conflitos. Há, nesse quadro — e se verdadeira essa colocação — um fosso profundo entre as necessidades prementes de grandes parcelas da população, lançada em diferentes níveis de pauperismo, e o campo restrito dos *benefícios* que o seguro social pode ou pretende propiciar.

Surge, inicialmente, a necessidade de triagem da população que demanda a instituição. Tem por sentido eliminar aqueles que não têm vinculação com o aparelho produtivo e encaminhar para outra instituição de seguro aqueles não vinculados ao setor de atividade próprio daquela instituição em particular. Cabe, em seguida, um segundo nível de triagem, que se refere a estar ou não o segurado apto a requerer determinados benefícios e/ou se aquela demanda se enquadra dentro dos programas preestabelecidos. Há, assim, esquematicamente, um primeiro nível de contradição entre as imensas carências da população e o âmbito seletivo e restrito do seguro. Essa mesma contradição reaparece no choque entre as carências da população segurada e aquilo que pode obter do seguro, o leque limitado de benefícios e sua qualidade. O montante insuficiente das pensões e aposentadorias, a assistência médica curativa insuficiente e que pretende apenas a manutenção da Força de Trabalho no exército industrial ativo, o número insuficiente de *habitações populares* e o montante relativamente elevado das prestações etc., que mostram seu caráter de lenitivo e sua função principal de *auxiliar* a população a se manter e reproduzir dentro de uma situação crônica de carências que estruturalmente não são atingidas.

O Seguro Social, orientado para a absorção de conflitos de classes — e englobado num projeto de hegemonia e dominação política — passa a ser ele próprio palco da luta de classes, transformando-se em campo de luta. Campo de luta da população pobre, que se manifesta através de formas organizadas de protestos e reivindicações e, também — de forma mais aparente em determinadas conjunturas — pela resistência e inconformismo individual dos segurados.

Coloca-se aí a questão central da *humanização* do Seguro Social. De como amortecer as contradições que passam a se manifestar em seu âmbito, de como "recuperar" e enquadrar o usuário, de como preservar a instituição. Torna-se necessário, inicialmente, dar algum tipo de satisfação àquelas demandas, demonstrar que de alguma forma o Estado se interessa pelos problemas apresentados. Clarifica-se aí o papel dos programas de caráter *complementar* e *supletivo*. Encaminhar a população sem *"cidadania social"* às obras caridosas da comunidade, encaminhar os usuários cujos problemas não se enquadram nos programas do seguro a instituições semelhantes, possibilitar algum tipo de auxílio que, acompanhado e como base do aconselhamento moral, procure neutralizar o inconformismo. A distribuição de *auxílios* — a partir de triagem econômica e social — passa a ser uma das atividades básicas do Serviço Social na Previdência. A redistribuição de parcela ínfima do excedente — que no total representa verbas vultosas — é controlada e ministrada em doses homeopáticas para atenuar aspectos mais gritantes do pauperismo.

O amortecer das contradições torna necessário, também, obscurecer a regularidade estatística dos *casos*, sua base de classe, procurando desvinculá-los das relações sociais de produção e do próprio seguro. A *individualização* do seguro, a negação dos *casos gerais*, a consideração da *totalidade do problema*, permite, a partir do *histórico familiar* e da *formação moral e social* do usuário cliente do Serviço Social, um *novo* diagnóstico de sua situação carencial. Diagnóstico que, se não nega a base social em sua totalidade, permite privilegiar os aspectos de ordem individual. Abre assim campo à *reeducação sistemática* e à *formação social*. Ação ideológica de enquadramento dos hábitos de saúde, de gestão do orçamento doméstico etc., em função de uma racionalidade estranha ao meio e ao modo de vida de pessoas às quais é proposta. Veiculação da "ideologia do trabalho", do respeito às regras do jogo, de interiorização das normas institucionais, enfim, de disciplinamento das relações sociais. Ação ideológica que propõe, também, a participação do usuário entendida como uma adesão à instituição. Esclarecimento e "repescagem" para o papel canalizador da instituição, e neutralização do inconformismo e revolta dos usuários.

A partir desses elementos se pode destacar um aspecto essencial do projeto de prática institucional do Serviço Social. Vinculando-se ou não a serviços assistenciais materialmente equipados para tratar do corpo, ou possibilitar a subsistência, toma relevo sua ação ideológica, que tem por objetivo atingir o modo de pensar e viver da população cliente. Nesse sentido, se as práticas sociais desenvolvidas pelo Serviço Social no âmbito do Seguro Social têm efeitos econômicos, políticos e ideológicos, mais evidentes aparecem ainda os efeitos políticos e econômicos de uma ação de cunho fundamentalmente ideológico. Ação ideológica que, no caso estudado, tem por efeito constituir-se no elemento principal de amortecimento de contradições que se manifestam dentro do âmbito das relações sociais englobadas na própria instituição e, como elemento auxiliar, contribuir para a eficiência no desempenho da instituição em sua função de enquadramento político e controle social. Repercussões econômicas, que se fazem presentes através da ação racionalizadora dentro da instituição, contribuindo para maior eficiência no campo da reparação, conservação e reprodução da Força de Trabalho, e aquelas derivadas da inculcação de atitudes em relação ao trabalho, ao consumo, saúde, orçamento doméstico etc.

7. Institucionalização da Prática Profissional dos Assistentes Sociais

Como foi visto anteriormente, a partir da década de 1930 e especialmente da Segunda Guerra Mundial, concomitantemente ao aprofundamento do capitalismo, acentuam-se os mecanismos de disciplinamento e controle social. Aparecem novas técnicas sociais, associadas ao revolucionamento dos processos produtivos e ao aumento da composição orgânica do capital. O Estado assume crescentemente as funções de zelar pelo disciplinamento e reprodução da Força de Trabalho (e socialização de seus custos), tarefas em relação às quais as instituições assistenciais desempenham um papel fundamental. Ao abranger condições essenciais da sobrevivência e reprodução da Força de Trabalho (e materializar a vinculação entre o modelo econômico e político, e as políticas sociais), tais instituições passam a desempenhar funções políticas, econômicas e ideológicas vitais para a manutenção da dominação de classe.

Ao "expropriar" uma série de reivindicações do proletariado (defesa dos salários reais, melhores condições de vida, direito à saúde e à cultura, aposentadoria etc.) derivadas da situação crônica de carência em que este subsiste; ao *devolver* essas reivindicações sob a forma de *benefícios indiretos*, outorgados através de uma estrutura burocrática, direta ou indiretamente controlada pelo Estado, as instituições assistenciais atuam no sentido de recuperar e falsificar o conteúdo mais profundo das lutas do proletariado por melhores condições de existência. A partir deste prisma, estas instituições aparecem claramente como agência política de contenção e controle das lutas sociais (e das sequelas derivadas do crescimento da miséria relativa da população), ao procurarem deslocar as contradições do campo explícito das relações de produção e tentar absorvê-las e neutralizá-las, dentro dos canais abertos a partir do aparelho de Estado. Função que aparece também sob outros tantos aspectos, como os de carrear apoio político e eleitoral para o regime; demonstrar o "espírito social" e solidariedade do empresariado; demonstrar a preocupação do Estado para com o *bem-estar* da população; contrapor-se à organização autônoma do proletariado, às suas lutas reivindicatórias e, por que não, demonstrar que existiriam caminhos mais fáceis e eficientes do que este, para a obtenção de melhores condições de vida.

O aprofundamento do capitalismo traz ainda, como necessidade inerente a seu processar, uma nova racionalidade, por meio da qual a questão social deve ser conduzida. O desenvolvimento das forças produtivas, a centralização e concentração do capital, o aumento de sua composição orgânica, a complexidade e o ritmo dos métodos e processos de trabalho trazem novas exigências quanto à qualificação e produtividade de importantes parcelas da Força de Trabalho. Na medida em que os acréscimos na extração de trabalho excedente se baseiam, crescentemente, na diminuição do tempo de trabalho necessário a cobrir a subsistência do trabalhador, enfim, o fato de afirmar-se a supremacia da mais-valia relativa traz embutido, em seu interior, um aumento do valor da Força de Trabalho. A Força de Trabalho se demanda maior qualificação e nível de instrução para integrar-se ao processo de trabalho; resistência física e equilíbrio psicológico para resistir ao ritmo exigido pelo processo de trabalho etc. Essas são necessidades que paulatinamente se vão afirmando como *necessidades sociais*, cujo atendimento representa um acréscimo efetivo no valor da Força de Trabalho.

Dessa forma, a nova racionalidade no atendimento da "questão social" aparece no fato de que serviços assistenciais e educacionais (entre outros), fornecidos a determinada parcela da população — especialmente aquela engajada no processo produtivo — tornam-se consumo produtivo para o Capital e para o Estado.

Determinadas parcelas da população passam a consumir serviços médicos, educacionais, *benefícios* diversos (tais como habitação, férias, descanso semanal remunerado etc.), acrescendo o valor da Força de Trabalho e implicando também a necessidade de controlar o seu desgaste — pois este incide diretamente no custo de sua reprodução. Vendo-se a questão sob este prisma, aparece outro aspecto extremamente importante das instituições assistenciais: a conservação e recuperação da capacidade de trabalho, exercendo ademais um efeito regulador no mercado de trabalho: controle da reprodução física da Força de Trabalho (atenção materno-infantil, salário-família, controle das condições sanitárias e de epidemias etc.); manutenção dos aposentados, mutilados, viúvas e órfãos; cuidado dos alienados e tísicos etc. Essa ação das instituições assistenciais se traduz, assim, na atuação sobre a Força de Trabalho ativa e sua reprodução, sobre parcela do exército industrial de reserva, e em manter a sobrevivência do segmento da Força de Trabalho exaurida ou mutilada no processo de trabalho.

A manutenção e reprodução da dominação de classe exige, simultaneamente, a interiorização e aceitação dessa dominação, a constante recriação e inculcação de formas mistificadas que obscureçam e encobrem a dominação e a exploração. É nesse plano que se desvenda outro aspecto essencial das práticas sociais que se desenvolvem no âmbito das instituições assistenciais: sua intervenção normativa sobre a vida dos diferentes grupos sociais que atingem. O enquadramento dos hábitos de saúde, alimentação, habitação, comportamento etc., são assim elementos essenciais no instituir-se, como natural (e universal), uma ordem que é fundamentalmente particular. O estímulo à cooperação de classes, o ajustamento *psicossocial* do trabalhador, são, entre outros, elementos básicos na ação de impor a aceitação e interiorização das relações sociais vigentes, a aceitação da hegemonia social do capital.

Ao procurar explicitar a partir de que tipos de contradições as instituições assistenciais são chamadas a atuar, e o conteúdo das propostas de que são portadoras; ao recuperar o discurso institucional específico, e aquele de seus mantenedores (Estado e empresariado), o que se teve por meta foi obter respostas acerca das necessidades a que estas instituições vieram responder e em benefício de que setores. Num segundo momento se procurou analisar em função de quais necessidades estas instituições integram, nas relações e práticas sociais que desenvolvem em seu âmbito de atuação, os métodos e técnicas do Serviço Social.

Tendo presente que as instituições assistenciais desempenham funções e ocasionam, a partir de suas práticas, efeitos tanto econômicos como políticos e ideológicos — cujo relevo maior ou menor é dado pelas características específicas destas instituições, e pelas conjunturas presentes — procurou se destacar os aspectos mais evidentes, especialmente aqueles relacionados a uma estratégia de poder. A partir desta caracterização, buscou-se analisar o mandato que será confiado aos Assistentes Sociais, agentes concretos preparados para utilizar aqueles métodos e técnicas. Mandato institucional profundamente vinculado a uma demanda, objetivamente determinada pela relação de forças entre as classes fundamentais da sociedade.

O processo de surgimento e desenvolvimento das grandes entidades assistenciais — estatais, autárquicas ou privadas — é também o processo de legitimação e institucionalização do Serviço Social. A profissão de Assistente Social apenas pode se consolidar e romper o estreito quadro de sua origem no bloco católico a partir e no mercado de trabalho que se abre com aquelas entidades. A partir desse momento só é possível pensar a profissão e seus agentes concretos — sua ação na reprodução das relações sociais de produção — englobados no âmbito das estruturas institucionais.[87] O Assistente Social aparecerá como uma categoria de assalariados — quadros médios cuja principal instância mandatária será, direta ou indiretamente, o Estado. O significado social do Serviço Social pode ser apreendido globalmente apenas em sua relação com as políticas sociais do Estado, implementadas pelas entidades sociais e assistenciais.

As grandes instituições assistenciais desenvolvem-se num momento em que o Serviço Social, como profissão legitimada dentro da divisão social do trabalho — entendido o Assistente Social como profissional que domina um corpo de conhecimentos, métodos e técnicas — é um projeto ainda em estado embrionário; é uma atividade profundamente marcada e ligada à sua origem católica, e a determinadas frações de classes, as quais ainda monopolizam seu ensino e prática. Nesse sentido, o processo de institucionalização do Serviço Social será também o processo de profissionalização dos Assistentes Sociais formados nas Escolas especializadas.

O Serviço Social deixa de ser uma forma de intervenção política de determinadas frações de classes, a qual se baseia no assistencial e é implementada — por intermédio da Igreja — pelos segmentos femininos destas mesmas frações de classes, para ser uma atividade institucionalizada e legitimada pelo Estado e pelo conjunto do bloco dominante. Ao mesmo tempo, por meio das escolas especializadas na formação em Serviço Social, alarga-se sua base social de recrutamento (com a crescente absorção de setores sociais mais amplos, especialmente a partir da pequena burguesia e do conjunto *dos setores médios*). Guardando, no conteúdo da formação e dos métodos de intervenção, seu anterior conteúdo ideológico de classe, o Serviço Social, ao passar a constituir-se em *profissão remunerada*, passa a ser ocupado de maneira crescente por setores subalternos.

Por outro lado, se as pioneiras do Serviço Social tiravam a certeza da legitimidade de sua intervenção junto aos setores populares do caráter

---

87. Este fato é determinante na caracterização da profissão. Neste sentido, apesar da profissão de Assistente Social guardar algumas características das chamadas "profissões liberais", sua subordinação às instituições sociais e assistenciais se faz presente desde muito cedo no processo de consolidação da profissão.

de missão de apostolado social e de sua origem de classe, agora esta legitimidade passará a vir de um *mandato* institucional. Para impor-se e atuar, o Serviço Social estará englobado e legitimado por um quadro jurídico e institucional; deixará de ter por base de sua ação de "enquadramento" as pequenas obras caridosas e assistenciais. As ações dispersas e sem solução de continuidade, que atingem parcela insignificante da *população pobre* das cidades, deixam lugar a uma prática institucionalizada cujo âmbito de atuação são grandes segmentos do proletariado. A partir dos *aspectos materiais* de sua intervenção, o Serviço Social deixa de ser uma forma de distribuição controlada da exígua caridade particular das classes dominantes, para constituir-se numa das engrenagens de execução das políticas sociais do Estado e corporações empresariais.

O Serviço Social reaparece modificado, dentro do aparelho de Estado e grandes instituições assistenciais, guardando contudo suas características fundamentais. Atuando através de canais administrativos — e, às vezes, disciplinares — o Serviço Social mantém sua ação *educativa* e *doutrinária* de "enquadramento" da população cliente. Não se tratará mais, no entanto, do apostolado doutrinário, da salvação e recristianização das massas populares, de exorcizar o conteúdo liberal da sociedade burguesa. A boa consciência "da ação caridosa dos benévolos, substitui-se a atividade metódica e burocratizada de agentes assalariados".

Mas quais serão as especificidades desses novos agentes institucionais e das práticas sociais por eles desenvolvidas? Uma primeira especificidade será aquela de não acrescentarem ao equipamento social e assistencial instituições concretas onde sejam (mesmo que aparentemente) os *agentes institucionais principais*. Os Assistentes Sociais serão integrados ao tipo de equipamento já existente, como elementos auxiliares e subsidiários relativamente ao desempenho das *práticas materiais* principais de cada instituição particular. Mesmo aí, e quando organizados em *Turmas ou Departamentos* específicos, os Assistentes Sociais terão por âmbito de atuação uma área abrangente e pouco definida.

No entanto, há um traço fundamental que pode servir como fio condutor para deslindar essa primeira especificidade apontada. O Serviço Social é incorporado a instituições cujas *práticas materiais* principais são dos mais diversos tipos: medicina curativa, medicina preventiva, puericultura, recuperação motora, seguro, distribuição de auxílios, conjuntos habitacionais, assessoria jurídica, institutos correcionais para menores e adultos, asilos etc. — isto é, inúmeras atividades, as quais são utilizadas (ou impostas em maior ou menor grau) por faixas relativamente amplas da população. Contudo, o domínio mais específico do Serviço Social, dentro destas instituições, será uma determinada parcela dessa população. Se a clientela básica das instituições sociais e assistenciais são, por definição, os *setores populares* — sendo bastante recente a utilização desses equipamentos por segmentos mais abastados da população (tais como escola pública, atenção médica etc.) — o Serviço Social se dedicará àqueles segmentos mais carentes, cujo comportamento se torna mais desviante em face de um *padrão* definido como *normal*. Isto não significa, porém, que o Serviço Social se dedique exclusivamente à parcela mais miserável da sociedade. Significa, outrossim, que o Serviço Social se dedica prioritariamente à parcela mais carente e problemática da população que tem acesso ao equipamento social e assistencial, entendido este em sua diversidade e características próprias. O possível e problemático igualamento entre esses dois universos, estaria na dependência da *universalização* real do atendimento a partir destas instituições, o que, no período em foco, está longe de acontecer.

A partir dessa caracterização, obtém-se um primeiro nível, mais geral, da especificidade do Serviço Social institucionalizado: integrando-se a uma grande diversidade de instituições que se definem a partir de práticas sociais e assistenciais determinadas, o Serviço Social tem por clientela privilegiada os segmentos mais carentes que têm acesso a elas.

A esta especificidade acrescenta-se uma particularidade, profundamente vinculada à origem do Serviço Social: o fato de sua atenção voltar-se mais diretamente para mulheres e crianças.

O sentido da ação do Serviço Social institucionalizado, no entanto, não é dado apenas por este nível de especificidades — o qual é particularmente importante para *caracterizar socialmente* o Serviço Social, informando acerca dos segmentos da população em relação aos quais caberá ao Serviço Social uma dedicação especial, porém não exclusiva. O sentido mais geral da atuação do Serviço Social será dado, essencialmente, pelas funções econômicas, políticas e ideológicas que presidem o surgimento e o desenvolvimento das instituições às quais é incorporado. A partir desta colocação, portanto, caberia investigar um outro nível de especificidade do Serviço Social institucionalizado, ou seja, aquilo que é específico às práticas sociais que o Serviço Social desenvolve, "enquadrado" pelas funções econômicas, políticas e ideológicas daquelas instituições, tendo em vista segmentos determinados da população cliente.

Um primeiro elemento a considerar aqui, novamente, é a relação entre Serviço Social e as *práticas materiais* desenvolvidas pelas instituições sociais e assistenciais. Nesse sentido, como foi assinalado anteriormente, observa-se que, de maneira geral, a ação do Serviço Social pouco tem a ver diretamente (salvo casos específicos) com as *práticas materiais* principais desempenhadas pelas instituições. Em relação a esses aspectos, a ação do Serviço Social é auxiliar e subsidiária. Estas práticas auxiliares — muitas vezes contendo aspectos extensamente burocráticos — são no entanto necessárias ao funcionamento *racional* das instituições e mesmo à realização das *práticas materiais* que estas desempenham. Dito de outra forma, o Serviço Social desenvolve práticas auxiliares ao funcionamento daquelas instituições e às *práticas materiais* que se realizam em seu âmbito; mas essa ação auxiliar se torna necessária tanto em função do próprio conteúdo dessas instituições dentro do modo de produção capitalista, como das características que esse modo de produção assume entre nós. Esse desenvolvimento se baseia na perspectiva de que as instituições assistenciais não se destinam a superar o estado de múltiplas carências em que vive a grande maioria da população usuária, mas sim a perpetuar este estado, reproduzi-lo, minorando ou remediando as sequelas mais aberrantes da exploração.

Observa-se, assim, um segundo nível de especificidades do Serviço Social institucionalizado. O caráter necessário e "racionalizador" das práticas subsidiárias desenvolvidas pelo Serviço Social deriva, em parte substantiva, do conteúdo de classe — dos interesses das classes dominantes embutidos nas políticas sociais do Estado — que preside e determina a ação das instituições assistenciais. Essa situação se torna tão mais presente e clara quando se constata, historicamente, a continuada e constante marginalização política da grande maioria da população. O caráter limitado e excludente da democracia formal nos períodos de *normalidade* institucional, assim como o conteúdo repressivo e antipopular do regime nos períodos de ditadura declarada, têm por característica a negação sistemática da possibilidade de os setores populares influírem sobre o conteúdo das Políticas Sociais. Essa exclusão, que marca fundamente a estrutura política e social, aparece claramente na hegemonia absoluta dos interesses das classes dominantes na definição e execução dessas políticas. Nesse sentido o Serviço Social aparece como necessário, em grande parte, em função de uma determinada correlação de forças na sociedade, que se reflete na determinação das Políticas Sociais, constantemente desfavorável aos setores explorados.

A partir deste prisma, pode-se observar e tentar analisar as práticas auxiliares, burocráticas e de aconselhamento do Serviço Social institucionalizado — observação que pode começar por alguns de seus aspectos mais evidentes e generalizados, como por exemplo o *plantão* e a *triagem* (ou seleção), e os *encaminhamentos*. Nas instituições analisadas, observaram-se diversos ângulos do significado dessas atividades. Em primeiro lugar — aspecto evidente no Seguro Social — está a contradição entre a demanda e o caráter excludente e seletivo da assistência fornecida, a qual se destina apenas a uma parcela (se bem que crescente) da população trabalhadora.[88] Esta contradição permanece e se agrava, apesar das polí-

---

88. Caberia considerar, quanto a esse aspecto, que não parece existir no modo de produção capitalista uma barreira absoluta à "universalização" em graus relativos — da assistência, como se pode ver pelo exemplo de diversas nações capitalistas maduras. Tem a ver, no entanto, diretamente com o nível de desenvolvimento das forças produtivas e/ou com a intensidade das lutas reivindicatórias e vitórias alcançadas pela população trabalhadora; relaciona-se a modelos de dominação política, diante da força organizada dos setores explorados, em que se impõe ao bloco dominante uma série de *concessões*, tanto no que se refere à extensão e qualidade dos serviços assistenciais, como quanto à sua gestão e à possibilidade de influir no direcionamento das políticas sociais. No entanto, o controle dessas políticas tem permanecido fortemente enfeixado nas mãos do Estado, vinculando-se essencialmente aos interesses das classes e frações hegemônicas no aparelho de Estado. Da mesma forma, o *custo* crescente dessas políticas sociais tem levado a um permanente choque entre amplas parcelas da população e as diversas frações capitalistas — que desejariam mobilizar parcelas desses recursos para *investimentos* mais lucrativos. A profunda ligação entre a extensão e a qualidade da assistência e Previdência Social, e a correlação de forças no plano político, fica

ticas oficiais que, mais recentemente, se propõem — a partir de modelo político, econômico e social profundamente antipopular e *perverso* — a estender ao máximo alguns programas de assistência curativa e de Previdência Social. Contradição que se manifesta também na impossibilidade, dentro daquele modelo, da extensão da assistência curativa e do seguro social com a intensidade proposta pelos programas sociais; este fato aparece em toda a sua nudez com a profunda crise que atravessa a Previdência Social, hoje em situação de insolvência. Assim, como foi visto anteriormente, há o direito extremamente limitado que amplas parcelas da população têm, por exemplo, à saúde e a outros serviços assistenciais; e há o *não direito* a esses mesmos serviços, que recai sobre outras parcelas da população, ambos determinando a existência e exigência da triagem, da seleção "econômico-social", dos encaminhamentos a obras da comunidade. Estes são elementos extremamente contraditórios, entre outros motivos por se situarem nos limites da contradição entre a necessidade de restringir um consumo — que para o Capital e para o Estado só é diretamente produtivo quando realizado pela Força de Trabalho engajada no processo de produção — e a necessidade política de tentar absorver e neutralizar as reivindicações e conflitos sociais. Em outras instituições aparecem com maior realce aspectos semelhantes, como aqueles tendentes a influir no sentido de *minimizar* o consumo *per capita* daqueles serviços tornados consumo produtivo, e a aumentar, portanto, o domínio do trabalho excedente.

Nesse sentido observa-se que, com relativa independência do tipo de instituição concreta e das *práticas materiais* que esta realiza, esses primeiros aspectos da intervenção do Serviço Social colocam-no *entre* a necessidade — e, portanto, a demanda da população — e o caráter seletivo e limitado do equipamento assistencial e previdenciário de que pode dispor. Parece-nos, porém, um enfoque unilateral privilegiar apenas essa característica da prática institucional do Serviço Social — de *meio* de

---

bem demonstrada no plano intencional, com as recentes derrotas eleitorais para coalizões mais à direita de partidos ou frentes social-democratas que estavam no poder, e a imediata colocação em questão de diversos programas assistenciais.

triagem quanto aos "direitos" das populações que demandam as instituições. E, privilegiar a característica dessa prática social enquanto elemento "racionalizador", no sentido de minimizar o consumo *per capita* dos serviços assistenciais — ou, o que resulta idêntico, contribuir, o Serviço Social, para *maximizar* o fluxo de atendimentos dentro do equipamento social dado (incluindo-se aí não só o equipamento material, como também os agentes institucionais *aparentemente* principais, como médicos etc.). A partir das contradições anteriormente apontadas, a prática institucional do Serviço Social apresenta outros aspectos, certamente tão ou mais substanciais. Entre esses aspectos, situa-se a questão da canalização, para as instituições assistenciais e previdenciárias, de uma série de contradições que se originam no plano das relações sociais de produção. Nesse sentido, por colocar-se entre as instituições e a população, o Serviço Social atua, por um lado, como meio de triagem e seleção; por outro lado, deve atuar também como instrumento de atração e ligação de parcelas específicas da população, às quais são destinados programas assistenciais determinados.

Observam-se aqui outros aspectos da atuação do Serviço Social, os quais independem, relativamente, das *práticas materiais* realizadas no âmbito das instituições. Assim, um primeiro elemento a considerar é o da viabilização do acesso aos serviços e benefícios controlados pelas políticas sociais, o qual se vincula ao aspecto anteriormente considerado, acerca da existência de uma clientela preferencial do Serviço Social.

As populações de baixo padrão de renda familiar ou com desajustamentos biopsicossociais constituem os segmentos mais carentes da população que teoricamente têm acesso ao equipamento previdenciário, assim como a outros serviços de saúde ou assistência pública e privada de caráter preventivo e curativo. Estes segmentos precisam ser *adaptados*, e ter seu acesso *viabilizado* a esses programas: abre-se aí uma série de campos de intervenção para o Serviço Social institucionalizado.

O Serviço Social atuará como instrumento de esmorecimento e conscientização quanto aos *direitos*, quanto aos *serviços* e *benefícios* proporcionados pelas instituições, e que poderão ser utilizados pelos segmentos da população para os quais são orientados. Essa ação implica, também, o esclarecimento quanto aos mecanismos necessários para sua utilização; ante a barreira burocrática que muitas vezes se interpõe entre o indivíduo e o benefício (ou serviço) a que tem direito, o Serviço Social deverá atuar no sentido de facilitar e agilizar o acesso a eles, proporcionando maior rapidez e eficiência. Através desses aspectos da ação esclarecedora do Serviço Social, os quais podem ser visualizados como atendimento a uma demanda *positiva*, aparecerá de maneira mais clara uma outra face da prática do Serviço Social, impossível de separar da primeira: a ação ideológica dos aconselhamentos. O próprio processo de esmorecimento e de viabilização do acesso às instituições e programas assistenciais já traz, em si, a ação no sentido da adaptação e subordinação da população-cliente a essas instituições e programas, a seu modo de atuar, a seu conteúdo autoritário e burocrático. Essa é uma ação, contudo, que implica a aceitação passiva ou adesão simbólica a algo que é imposto à população e sobre o qual não lhe foi permitido o direito de opinião ou participação. Cabe notar, assim, que o *esclarecimento dos direitos* se faz acompanhar da explicitação dos *deveres* da população-cliente em relação às instituições ou programas, e das normas e canais que deverão ser utilizados. A ação de esmorecimento constitui um primeiro passo na integração daquela *clientela* aos aparatos institucionais através dos quais se exerce um controle social.[89] A ação esclarecedora e integrativa se acopla uma ação ideológica e normativa relativa à maneira de a clientela encarar o mundo, na medida em que se deixa de ver o conjunto de problemas de que a população-cliente é portadora enquanto fenômeno social, para enxergá-los, essencialmente, sob a ótica do histórico individual e familiar de cada "paciente".

O conteúdo dessa atuação se torna ainda mais claro quando, novamente, se toma por parâmetro o fato de o Serviço Social estar inserido no bojo das contradições que atravessam as instituições assistenciais. Parte-se do fato de essas instituições se tornarem palco da luta de classes, da re-

---

89. Essa integração tende a conduzir aquela clientela a percorrer um processo de "institucionalização", a estabelecer uma série de vínculos de dependência controlada em relação à instituição, fazendo-se acompanhar de uma intervenção crescente em seu modo de vida. Ver a esse respeito Madel T. Luz. *As Instituições...*, op. cit.

sistência e inconformismo da população-cliente ante os limites e qualidade dos serviços a que tem direito, em suma, ante as condições nas quais deve subsistir e reproduzir-se. O Serviço Social aparece aqui como anteparo às instituições, colocando-se não apenas entre estas e as necessidades da população carente, mas agora entre as instituições e a revolta e o inconformismo da população-cliente. O Serviço Social atuará, então, no sentido de aplainar as arestas; individualizar os casos; propiciar alguma solução paliativa como satisfação às demandas; *jogar para a frente* o problema insolúvel, se encarado em seu conjunto, em sua manifestação social, nos limites do modo de produção vigente.

Funcionando a partir dos *plantões*, na seleção, triagem e encaminhamentos, nos *esclarecimentos* e viabilização do acesso às instituições e programas, colocando-se como anteparo entre estes e a população-cliente etc., parte substancial da atuação do Serviço Social apenas aflora as práticas materiais que justificam, teoricamente, a existência dessas instituições e programas. Não se quer afirmar com isto a inexistência de especificidades, no que toca aos vários campos de atuação do Serviço Social, em relação a essa e a outras atividades, mais imbricadas com cada campo em particular. É fácil observar, no entanto, que esses elementos comuns dão às atividades do Serviço Social seu conteúdo mais específico e caracterizador de suas práticas.

Indo além desses elementos mais comuns e generalizados — isto é, procurando analisar as práticas mais particulares do Serviço Social em cada campo de atuação —, encontram-se novamente algumas constantes, que parecem determinantes do conteúdo e das características das práticas específicas em cada um desses campos. Essas constantes dirão respeito, fundamentalmente, à suavização dos aspectos contraditórios do ajustamento da população-cliente aos arcabouços institucionais, ao acompanhamento e complementação dos efeitos *ajustadores* dos serviços e benefícios materiais, e à pesquisa e classificação das situações apontadas como de *anomia* e comportamentos desviantes.

As práticas não burocráticas do Serviço Social assumirão, constantemente, a *forma educativa*, a qual se justifica teoricamente a partir da *inadaptação* da população-cliente (sua ignorância, rebaixamento moral e miséria material) ao *usufruto* produtivo e ajustador dos equipamentos e serviços assistenciais. Independentemente do campo específico de ação, essa prática social de cunho educativo constitui-se num empreendimento de inculcação ideológica, em intervenção normativa no modo de vida da população-cliente. Seja em relação aos hábitos de higiene, saúde, de moradia, seja em relação à educação das crianças, à gestão do orçamento doméstico etc., são veiculadas normas de comportamento em relação às quais se procura arrancar a adesão ou, ao menos, a aceitação passiva dos pacientes.

Por meio de uma ação persuasiva se pretende obter da população-cliente a aceitação de normas cuja fundamentação ela ignora — que dizem respeito a um *comportamento racional* que pouco tem a ver com suas condições de vida — e a aplicação de técnicas diversas, igualmente desvinculadas de um conhecimento científico que as torne globalmente compreensíveis. Essa ação não se limita a influir sobre aqueles aspectos da vida cotidiana, mas procura incidir também sobre a visão global do mundo dos assistidos, especialmente sobre seu comportamento político e reivindicatório. Aparece aqui a veiculação da "ideologia do trabalho" e de atitudes de espera passiva e resignação. Partindo da situação problemática de seus pacientes, o Serviço Social estará voltado para reintegrá-los numa existência cotidiana *normal*. Assim, a ação de aconselhamento ultrapassa o âmbito da clientela direta para atingir também as famílias, o ambiente de trabalho e moradia etc. A ação persuasiva do Serviço Social, desconhecendo objetivamente as bases sociais das situações de *desajustamentos*, procura impedir que sua clientela "caia abaixo de um determinado nível" — que pode ser representado pelo pauperismo aberto, marginalidade ou lumpensinato — além do qual será extremamente difícil "repescá-la" ou ter a garantia de que será capaz de manter autonomamente sua subsistência, mesmo que parcial. O elemento caracterizador dessa ação educativa será, sem dúvida, o fato de propor, veicular e induzir mudanças de comportamento, sem colocar em questão a estrutura de classes. Baseando-se na ideologia da ordem, na concepção funcionalista do normal e do patológico, tem por efeito invalidar o modo de vida da população-cliente, detectar em suas atitudes as causas etiológicas das condições carenciais de existência dessa mesma população. Resta, portanto, ao Serviço Social, procurar modificar as representações que a população-cliente faz de sua própria situação e mudar sua atitude em relação à mesma. Essa ação de reforço objetivo às relações sociais vigentes torna-se ainda mais efetiva a partir de outro aspecto das práticas sociais desenvolvidas pelo Serviço Social.

A distribuição de auxílios (auxílios materiais, facilidades especiais etc.) é uma atividade também presente em quase todas as instituições, serviços e programas assistenciais. Realizada a partir da pesquisa econômico-social, é monopolizada pelo Serviço Social, constituindo-se numa de suas principais atividades. Essa distribuição de auxílios, em seu desdobramento molecular, possibilita uma forma eficaz de subordinação e controle de seus beneficiários. É interessante considerar, nesse sentido, que a formação de "clientelas" através da manipulação do equipamento assistencial ou de outras *benesses* não é uma descoberta recente. Governantes e mandatários *paternalistas* fazem parte de uma tradição já antiga em nossa história social. A distribuição de auxílios, no entanto, assume e representa uma forma moderna de realização dessa política — moderna porque o novo *coronel* será agora o próprio Estado, agindo através de suas instituições — e suas *benesses* serão outorgadas com o aval de critérios técnicos e distribuídas por intermédio da ação de funcionários especializados. A pobreza extrema, que em tempos antigos foi considerada *sinal divino* e em tempo mais recentes como crime (legislação contra os desocupados e Work Houses na Inglaterra, por exemplo), atinge um novo estágio: ela é, em diferentes níveis, institucionalizada pelo Estado. E, nesse novo estágio, caberá ao Serviço Social selecionar e manter em acompanhamento e controle constante os indivíduos e famílias beneficiários do paternalismo institucionalizado.

Para o Serviço Social, a partir de outro prisma, as demandas da população-cliente também não são vistas como direitos, mas como manifestações de carências. O atendimento, especialmente a distribuição de auxílios materiais, se faz acompanhar de uma pressão moral que tem por horizonte *impedir as acomodações* e afirmar a ausência de alternativas fora de um comportamento "racional e equilibrado", integrado à ordem vigente. Partindo da noção de que todos poderiam obter um mínimo de bem-estar que aquela ordem lhes reservaria, as situações de dependência, ao mesmo tempo que alimentadas, são caracterizadas a partir de critérios morais. E às doses homeopáticas de auxílios materiais se acrescenta um volume desproporcional de controle e inculcação ideológica.

Um terceiro aspecto a considerar se refere às práticas de pesquisa e classificação. Essa atividade tradicional e original do Serviço Social assume um caráter metódico e burocrático a partir da sua institucionalização. Se num caso extremo, como foi observado na análise do SESI, a pesquisa e classificação podem ter uma utilização abertamente repressiva e mesmo de cunho policial, essa ação parece ter, em geral, um sentido mais sutil. Apoiando-se em técnicas desenvolvidas inicialmente pela filantropia particular (técnicas autoritárias que se destinavam a neutralizar as "artimanhas" e "explorações" da pobreza),[90] as práticas sociais de pesquisa e classificação das populações pobres ganham uma nova roupagem. Realizando-se a partir de entidades concretas dotadas de infraestruturas assistenciais localizadas e orientadas para segmentos específicos da população e/ou com a cobertura de funções técnicas especializadas que possuem prestígio e autoridade próprios (como a medicina preventiva e curativa, a atenção materno-infantil e puericultura, a viabilização do acesso ao seguro social etc.), a pesquisa dos elementos que compõem o modo de vida e existência do proletariado alcança uma grande amplitude e abrangência.

Esses elementos permitem uma hierarquização, uma graduação dos *riscos* a que estão sujeitos indivíduos, famílias, comunidades etc., conforme o âmbito de atuação de cada instituição. Permitem, assim, delimitar uma *população-alvo* preferencial da atuação de programas assistenciais e da própria atuação do Serviço Social, estabelecendo as bases de uma *patologia social*. A classificação será um elemento central da hierarquização dos *riscos*, isto é, da população a ser atingida prioritariamente. Tendo por base uma escala teórica de desajustamentos "bio-sócio-psíquico-culturais", as situações patológicas são discriminadas — isto é, os indivíduos e famílias são discriminados e classificados — através de uma multiplicidade

---

90. Ver, a esse respeito, Jacques Donzelot. *La Police des familles*. Paris: Minuit, 1977.

de critérios. Por exemplo, como *"irrecuperáveis"* (pauperismo aberto, marginalidade, inconformismo e ativismo político etc.) ou *"recuperáveis"* (população economicamente ativa, mas com graves dificuldades financeiras, numerosos dependentes, doenças etc.); aqueles *evoluídos* e *não evoluídos*, conforme sejam considerados capazes ou não de aceitar e aplicar as normas e técnicas de comportamento propostos etc. Essa classificação informará ao Serviço Social — e à instituição a partir da qual este desenvolve suas práticas sociais — a atitude a assumir em relação a cada grupo, a qual pode variar do esquecimento a medidas paliativas rotineiras e à multiplicação das iniciativas de intervenção e controle.

Retornando à questão das especificidades do Serviço Social institucionalizado, vê-se que, da relação entre o Serviço Social e as *práticas materiais* que se realizam no âmbito das instituições, aparece como face mais evidente a ação personalizada *sobre* uma parcela da população-cliente. Essa ação não se constitui em ajuda material, serviço ou benefício assistencial objetivo. O que parece caracterizar o projeto de prática institucional do Serviço Social é a ação de cunho *educativo*, de transformação das representações e atitudes dos indivíduos; ação persuasiva de inculcação que não nega, no entanto, a existência, a partir dos campos específicos, de variações na relação entre intervenção técnica-ação ideológica. Serão, no entanto, técnicas essencialmente vinculadas *à palavra*, à motivação, escuta e interpretação que, em geral, se englobam na ação de "enquadramento" da clientela.

Nesse sentido, muito mais que à prestação de *ajuda* ou serviços assistenciais — os quais, apesar de seu conteúdo *perverso*, auxiliam e subsidiam objetivamente a sobrevivência e reprodução da Força de Trabalho, o Serviço Social, isto é, a prática institucional do Serviço Social se vincula e aparece como aspecto de um projeto mais amplo. Este projeto se articula através do conjunto das práticas institucionais englobadas numa estratégia de hegemonia, em que o Estado (a partir do surgimento e desenvolvimento das grandes instituições sociais e assistenciais na década de 1920) assume paulatinamente um controle crescente.[91]

---

91. Ver, a esse respeito, Madel T. Luz, *As Instituições...*, op. cit.

As antigas técnicas sociais, apoiadas numa limitada base de ajudas materiais e aplicadas de maneira descontínua, que caracterizavam as protoformas do Serviço Social, transfiguram-se agora em procedimentos administrativos e processos burocráticos, aplicados por agentes assalariados, mandatados pelas instituições. Reaparecem como mecanismos intensivos de controle social englobados dentro de estruturas destinadas a garantir o aumento da produtividade média da Força de Trabalho, a evitar o confronto de classes e a canalizar, vigiar e reprimir os conflitos sociais e outras formas de desvianças, derivadas das múltiplas contradições geradas e/ou agravadas pelo aprofundamento do modo de produção capitalista.

O processo de institucionalização, as novas e múltiplas atividades que o Serviço Social passa a desenvolver (sendo importante observar que, devido ao caráter pouco definido do campo em que atua, muitas dessas atividades são teorizadas e implantadas pelo próprio Serviço Social) orientam uma reestruturação profunda em suas formas de organização e intervenção. Malgrado mantenha como um elemento central de sua prática a noção da *ação personalizada*, esta estará contida dentro de um esquema mais amplo. Um primeiro aspecto, como foi visto acima, é a legitimação da intervenção do Serviço Social através de um mandato institucional e, muito frequentemente, por um quadro jurídico-legal; o Assistente Social será um agente legitimado pelo Estado.

A par dessa transformação decisiva, as formas, métodos e técnicas de intervenção devem adaptar-se a um novo tipo de demanda e a um âmbito de ação extremamente abrangente. No que toca à organização do trabalho, observa-se a estruturação de Turmas, Seções e Departamentos de Serviço Social, centralizadores ou coordenadores da atuação dispersa dentro da instituição. A ação isolada do Assistente Social é substituída por um trabalho coordenado e metódico, com o aparecimento de um agente coletivo que favorece a divisão técnica do trabalho e as especializações. A essa transformação na organização prática do Serviço Social se soma uma segunda, de maior impacto, e que parece decisiva para a determinação e delimitação de seu desenvolvimento posterior: o surgimento e disseminação das *equipes multidisciplinares*. Quanto a esse aspecto, será interessante situar a origem de sua implantação nas instituições assistenciais.

Esta origem está profundamente vinculada ao agravamento da "questão social", especialmente das condições de saúde da população dos países dependentes e terá vários desdobramento posteriores — principalmente no fim da década de 1950 — com a generalização das iniciativas de organização e mobilização de comunidades. A equipe multidisciplinar surge como alternativa, tendo em vista a crise que atinge as condições vitais de sobrevivência da população, e como solução racionalizadora para seu enfrentamento. Diante da inviabilidade da universalização da atenção médica e social, são delimitados segmentos da população — segundo regiões, níveis de renda, sexo, faixa etária etc. — de *mais alto risco* em relação aos quais são formulados programas prioritários. Estes programas, cuja tônica é dada por seu conteúdo *preventivista* e *educativo*,[92] se propõem a uma ação preventiva metódica ligada a áreas determinadas da saúde ou assistência, a qual deve ser fundamentada e complementada por uma ação educacional quanto a hábitos de higiene, organização doméstica, cuidado das crianças, aleitamento etc. Têm em vista um atendimento *integral* e, portanto, multidisciplinar daqueles segmentos da população e requerem, também, a integração dos diversos serviços e instituições assistenciais e sociais vinculados àquela população de maior risco. Constitui-se, assim, numa reorganização parcial dos mecanismos assistenciais, em que a formação de equipes multiprofissionais e o trabalho em equipe é um dos aspectos mais característicos. Aparece como um projeto racionalizador, não apenas por contornar a questão da universalização da assistência, interligar instituições etc., mas também por permitir a utilização, em escala ampliada, de pessoal auxiliar em diferentes níveis e, portanto, a redução do número de técnicos cuja formação é mais demorada e cara, engajados nos programas.

As novas características que assumem os programas assistenciais destinados às populações de *maior risco*, seu conteúdo *preventivista e edu-*

---

92. Marilda Bernardes Marques. "Atenção materno-infantil como prioridade política." In: Reinaldo Guimarães (org.). *Saúde e medicina no Brasil*. Rio de Janeiro: Graal, 1978.

cativo — elementos que compõem o discurso tradicional do Serviço Social — se constituirão numa abertura significativa para o Serviço Social. Permitirá expandir seu campo de atuação e abrir uma nova perspectiva para a afirmação de seu *status* profissional. Organizado em seções e departamentos que configuram um agente coletivo, e atuando a partir de grandes instituições — cujo crescimento abre um mercado em expansão e proporciona um grande impulso ao ensino especializado em todo o país — o Serviço Social, enquanto teorização e prática, experimentará um grande desenvolvimento. Torna-se possível — em resposta às novas demandas e ao apoio institucional — a experimentação prática de novas teorias, métodos e técnicas que chegam através da influência externa e são sistematizados e repassados pelas escolas e, posteriormente, a criação de novos instrumentos de intervenção e planificação. Elevado ao nível de disciplina e tendo seus agentes especializados integrados em equipes multiprofissionais, o Serviço Social terá facilitada sua pretensão de desenvolver-se em sentido do planejamento, organização e gestão de programas assistenciais, ao mesmo tempo em que procurará assumir novos setores do *campo social* ao absorver domínios de outras disciplinas. Munidos desse novo instrumental, os Assistentes Sociais procurarão afirmar o *status* teórico de sua profissão e apagar não só o estigma do agente benévolo e autoritário, mas também a figura do agente intermediário (e subalterno) entre o paciente e o agente técnico principal, a partir da qual, originariamente, era reclamada a institucionalização da profissão.

Capítulo IV
Em Busca de Atualização

A especificidade que historicamente caracteriza o Serviço Social, como foi apontado no início deste trabalho, situa-se na demanda social que viabiliza e legitima a implantação e desenvolvimento da instituição. A inexistência — ou quase — de uma demanda a partir dos setores da população que são objeto prioritário da prática profissional dos Assistentes Sociais marca essa atividade com o selo da imposição. A partir do momento em que a "secularização" e o alargamento da base social de recrutamento — o meio profissional passa a ser composto principalmente por elementos provenientes dos setores sociais subalternos — se acentuam, isto é, a partir do momento em que ultrapassa os limites do "bloco católico", a profissão não poderia deixar de ser profundamente marcada por aquela especificidade.

Situa-se aqui a questão da autojustificação da atividade profissional dos Assistentes Sociais e das estratégias de desenvolvimento do campo de ação profissional, de reconhecimento e *status*. Contrariamente, por exemplo, aos serviços de educação e saúde, o Serviço Social não está isento da necessidade de constantemente produzir sua própria justificação.[1] Atividade recente e portadora do estigma de assistencialismo paternalista e autoritário, o qual se origina do conteúdo de classe da ação

---
1. Ver, a respeito, Jeannine Verdès-Leroux. *Le Travail...*, op. cit.

profissional — na diferença de origem e posição de classe entre agente e paciente — será necessário atualizar constantemente um discurso que legitime o Serviço Social perante sua clientela. Por outro lado, a contradição evidente entre o discurso institucional, seus objetivos e pretensões, e aquilo que realiza cotidianamente o Assistente Social, torna premente uma autojustificação para a prática desenvolvida; uma confirmação constante de sua utilidade social e do caráter imanente de seus objetivos: de que os "determinismos sociais" — vistos como fatores que atuam de fora — são os principais responsáveis pelas limitações e condicionamentos à prática profissional.

Um terceiro nível de autojustificação aparece ainda com maior importância. Trata-se de justificar para aqueles setores que constituem a demanda real que viabiliza a instituição, isto é, sua implantação e reprodução, o rendimento das inversões realizadas. Justificar para as classes dominantes — para o empresariado, para os altos escalões do Aparelho de Estado — a necessidade de seus serviços e, ao mesmo tempo, apresentar resultados. O fato de orientar-se o Serviço Social essencialmente aos *setores médios* — para os quais representa um campo de emprego — e às classes dominantes e ao Estado — que representam a demanda — cria uma situação específica em que o desenvolvimento da instituição depende diretamente do crédito de confiança de seus credores, do convencimento destes sobre sua necessidade e capacidade de ação. A fragilidade da *justificativa técnica* da atividade profissional exige, ademais, para a obtenção da *delegação de autoridade*,[2] uma redobrada afirmação de sua adesão à ordem.

Esta necessidade constante de produzir uma autojustificação — em relação à definição de suas funções, a seus mantenedores institucionais e, secundariamente, à clientela — constitui-se num dos fatores explicativos da importância de que se reveste, para o meio profissional, seus grandes encontros e reuniões. Os Congressos e Seminários aparecem, assim, como acontecimentos extremamente importantes para o desenvolvimento das estratégias de confirmação e autojustificação. Por reunirem

---

2. Ver, a respeito, Jeannine Verdès-Leroux. *Le Travail...*, op. cit.

os principais setores interessados na instituição — delegados do meio profissional, das escolas especializadas, das entidades assistenciais públicas e particulares, do Aparelho de Estado e do empresariado, e da intelectualidade a serviço das classes dominantes e da Igreja[3] — constituem-se em momentos privilegiados para explicitar a atualização da instituição — objeto, métodos, técnicas etc. — em relação aos principais problemas sociais da conjuntura presente. É também um momento em que aqueles intelectuais podem sugerir retificações e reafirmar a legitimidade da instituição.

Nesse sentido, nos itens a seguir se procurará acompanhar alguns elementos mais característicos dos Congressos oficiais da instituição, no período 1945-1961. Nas "considerações finais" será feita uma rápida abordagem dos rumos da instituição e da prática profissional no período mais recente. O uso bastante extensivo de notas tem em vista manter o caráter de sistematização de informações.

1. Os Congressos de Serviço Social na década de 1940

"Fronteamos, portanto, uma atividade onde o bem-estar social da pessoa humana é a nota dominante, onde a preocupação com a sorte do homem tomado individualmente ou em grupo é o caráter decisivo e, por isso mesmo, embebido naquela concepção de vida, a concepção cristã, onde todas as soluções se encontram, para onde todos os ideais de concórdia convergem, onde todas as aspirações de paz se cruzam, se entretecem, se misturam.

Num país onde há muito que fazer, e refazer, construir, instaurar e restaurar, o Serviço Social é um estandarte a agitar-se no horizonte de nossa futuridade histórica, como um convite irresistível à dedicação aos mais sobranceiros ideais de solidariedade humana. É um toque de bronze — em cujas vibrações se envolve a caridade cristã — a apelidar os homens de boa vontade e os governos empenhados no bem do povo, para a grande obra de redenção do brasileiro, do erguimento do seu nível de vida, da harmo-

---

3. Os *Relatórios* e *Anais* desses encontros não registram, em nenhum momento, a presença de sindicalistas "autênticos" ou de representantes dos "movimentos sociais".

nia entre o capital e o trabalho, da séria compreensão dos direitos e deveres de todos.

Ao lê-las, ver-se-a que as conclusões do I Congresso Brasileiro de Serviço Social descerram todo um mundo de vias, rasgam para nós todos um amplo roteiro, o roteiro do bem comum, de que carecemos tanto, neste mundo salteado de crises."[4]

O primeiro Congresso Brasileiro de Serviço Social é promovido em 1947 pelo CEAS — Centro de Estudos e Ação Social.[5] Constitui-se no primeiro grande conclave que reúne representantes das principais entidades particulares e governamentais ligadas ao Serviço Social e à Assistência. Apresenta, também, o caráter de encontro preparatório para o 2º Congresso Pan-Americano de Serviço Social, a ser realizado no Brasil, em 1949. Um antecedente importante a essa reunião é o 1º Congresso Pan-Americano de Serviço Social, realizado no Chile, em 1945. Este último, por sua vez, apresenta uma linha de continuidade em relação ao Congresso Inter-Americano de Atlantic City (EUA, 1941), inclusive no que se refere à afirmação da influência norte-americana no Serviço Social Latino-Americano, marco de uma nova hegemonia internacional, que se faz presente com especial vigor na América Latina.

O Congresso Pan-Americano de 1945, ao qual comparecem 14 delegações estrangeiras, é marcado por seu caráter de oficialidade. A maioria dos países que se fazem presentes, paralelamente aos delegados indicados pelas Escolas de Serviço Social, enviam representação oficial relativamente numerosa, como é o caso do Brasil.[6] O encontro, cujo temário é dividido

---

4. *Anais* do Primeiro Congresso Brasileiro de Serviço Social. Introdução às conclusões.

5. A primeira participação brasileira em encontros desse tipo parece ter sido o envio pelo CEAS — Centro de Estudos e Ação Social (SP) — de representação à V Conferência Internacional de Serviço Social, Bruxelas, Bélgica, 1935, cujo tema central foi "O Serviço Social como realizador da nova ordem cristã".

6. Da delegação oficializada pelo governo brasileiro, através do Ministério do Trabalho, constam os seguintes representantes:

Dr. Joel R. Carvalho de Paulo (Ministério do Trabalho)

Sr. Osvaldo Carijó de Castro (Ministério do Trabalho)

Dr. Moacyr Cardoso de Oliveira (Diretor do Departamento de Previdência Social do Conselho Nacional do Trabalho)

Dr. Luís Carlos Mancini (Legião Brasileira de Assistência)

em três seções,[7] apresenta em seu transcorrer — entremeado de visitas a entidades assistenciais e festividades — três aspectos a serem ressaltados.

O primeiro, de nítido caráter de posicionamento político e ideológico da grande maioria dos participantes, se refere aos debates acerca do Serviço Social na Indústria.[8] Nesse debate é derrotada uma "ala mais avançada" — segundo a expressão de um dos participantes da delegação oficial brasileira — que se posiciona a favor de um Serviço Social ao lado dos operários, afirmando, inclusive, que as organizações operárias são as únicas legítimas fontes mantenedoras dos Assistentes Sociais. Prevalece amplamente a posição que afirma o caráter de neutralidade, conciliação entre o capital e o trabalho, ação educativa e valorização integral do homem como fundamento do Serviço Social, e que este deve contar com a colaboração dos setores patronal e operário. Os dois outros aspectos se referem, respectivamente, ao intercâmbio interamericano e à formação para o Serviço Social, este último o tema central do Congresso.

O Congresso se posiciona por um apoio decidido às entidades e programas pan-americanos — e interamericanos — relacionados à assistência (Bureau de Trabalho e Informações Sociais da União Pan-Americana e Instituto Interamericano de Proteção à Infância, entre outros), apoio que deveria desdobrar-se através da Organização dos Estados Americanos

---

 D. Terezinha Porto Silveira (Diretora da Escola Técnica de Serviço Social — RJ)

 D. Nadir G. Kfouri (Monitora da Escola de Serviço Social de São Paulo)

 As duas últimas pessoas citadas são também representantes de suas respectivas Escolas.

Compõem a delegação não oficial: Srta. Lourdes Moraes (Escola de Serviço Social de Pernambuco) e Srta. Aylda Pereira da Silva e um grupo de alunas (Instituto Social do Rio de Janeiro).

7. 1. Ensino de Serviço Social
   2. Temas oficiais:
      Serviço Social no Meio Rural
      Serviço Social Industrial
      Serviço Social em Instituições Médicas
      Serviço Social da Infância e Adolescência
   3. Temas Livres
      Anais do Primeiro Congresso Latino-Americano de Serviço Social.

8. Os dois mais importantes trabalhos apresentados pela delegação brasileira são de autoria de D. Odila Cintra, "O Serviço Social na Indústria no Brasil", e de D. Aylda F. da S. Pereira, "Uma experiência de Serviço Social Médico-Social".

— OEA.[9] As discussões mais importantes serão travadas em relação ao tema formação para o Serviço Social. Procura-se definir normas para o funcionamento das escolas especializadas, que se multiplicam,[10] a partir de um padrão mínimo de exigências — condições de ingresso nas escolas, currículo básico, planos de trabalho prático etc. — esboçando-se uma homogeneização desses elementos no âmbito latino-americano. Dentro desse debate duas outras questões assumirão relevância: a regulamentação do ensino e a luta pelo reconhecimento profissional, que influíram no surgimento da Associação Brasileira de Escolas de Serviço Social (ABESS) e da Associação Brasileira de Assistentes Sociais (ABAS).[11]

---

9. Baseando-se na concepção, dominante no Aparelho de Estado norte-americano, da necessidade e possibilidade de barrar o *avanço comunista* com a erradicação de suas fontes potenciais: a situação de pauperismo de grandes parcelas da população, especialmente no meio rural, são implementados, a partir da II Guerra Mundial, diversos programas de assistência técnica aos países pobres, com especial ênfase para a América Latina, desempenhando os organismos internacionais — entre os quais a OEA — um importante papel nesse sentido.

Safira B. Ammann (*Ideologia do desenvolvimento de comunidade no Brasil*. São Paulo: Cortez, 1980) situa alguns desses programas como formadores dos embriões do Desenvolvimento de Comunidade no Brasil: Convênio entre os governos do Brasil e EUA (1942) para incremento da produção de gêneros alimentícios, prorrogado em 1944, permanecendo um quadro de técnicos norte-americanos junto ao Ministério da Agricultura (BR); Acordo sobre Educação Rural e Industrial (1945), pela cooperação da "Inter-American Edusational Foundation, Inc". (subordinada ao "Office of Inter-American Affairs" do governo dos Estados Unidos da América), com os Ministérios da Agricultura e Educação, resultando na "Comissão Brasileiro-Americana de Educação das Populações Rurais" — CBAR — e na CBAI, visando à educação industrial; Associação de Crédito e Assistência Rural — ACAR (Minas Gerais, 1948), organizada sob os auspícios da "American International Association for Economic and Social Development" — AIA.

Ainda segundo essa autora, na década de 1950 a ONU se empenhará em divulgar e sistematizar os métodos relativos a trabalho com Comunidades. A OEA assumirá linha semelhante, criando, junto a sua Divisão de Assuntos Sociais, uma unidade especializada para impulsionar e divulgar programas desse tipo nos países latino-americanos.

10. Escolas de Serviço Social na América Latina: 1925 — 1 escola; 1930 — 3 escolas; 1940 — 20 escolas; 1948 — 51 escolas, distribuídas da forma seguinte: Argentina — 11 escolas; Brasil — 14 escolas, Chile — 7 escolas; Colômbia — 4 escolas; Equador e Venezuela — 2 escolas; Uruguai, Paraguai, Bolívia, Peru, Panamá, Costa Rica, México e Cuba — 1 escola.

11. Essas duas entidades, organizadas em 1946, especialmente a primeira, desempenharão um papel extremamente importante no desenvolvimento do Serviço Social no Brasil. A ABESS será montada a partir das três escolas pioneiras no ensino de Serviço Social (Instituto Social — RJ; Escola de Serviço Social — SP; e Instituto Social — SP) e terá em vista promover intercâmbio e colaboração entre as escolas filiadas e

A leitura dos *Anais* do Primeiro Congresso Brasileiro de Serviço Social mostra a ausência de uma temática central. As preocupações do reduzido meio profissional existente nesse momento se voltam para um sem-número de frentes. Os debates, assim como as conclusões e recomendações, são organizados segundo seis grandes campos — Serviço Social e Família, Serviço Social de Menores, Educação Popular e Lazeres, Serviço Social Médico, Serviço Social na Indústria, Agricultura e Comércio, e os Agentes do Serviço Social — abarcando em cada um grande número de assuntos. As teses apresentadas referem-se a uma longa listagem de temas de difícil sistematização.[12] O conteúdo dessas teses situa-se fundamentalmente dentro do quadro descrito nos capítulos anteriores, especialmente no capítulo II, como pode ser observado através das recomendações definidas pelo Congresso.[13]

---

promover a adesão a um padrão mínimo de ensino. Desenvolverá uma campanha constante para o reconhecimento e institucionalização do ensino e da profissão, representando o interesse coletivo das escolas. A ABAS, que se propõe a "promover o aperfeiçoamento e a garantia do nível da profissão de Assistente Social", tem por fim imediato o reconhecimento da profissão e a defesa de seus interesses corporativos. A Seção Regional de São Paulo, ainda em 1947, estabdecerá o primeiro Código de Ética Profissional dos Assistentes Sociais brasileiros, elegendo o competente Conselho.

12. Um primeiro contingente dessas teses — dentro de uma organização que procura fugir aos *campos* situados acima — se refere à exposição de experiências — e projetos — de implantação do Serviço Social em entidades e programas específicos: Serviço Social no SENAI, SESI, Fundação Leão XIII; Serviço Social Médico no Instituto de Cardiologia (RJ), no Hospital das Clínicas (SP), na assistência dentária ao Servidor do Estado no Nordeste Serviço Social Escolar, na Colmeia; e Serviço Social na Campanha de Assistência ao Litoral de Anchieta e no Morro da Providência (população favelada, D.F.). Um segundo contingente dessas teses pode ser referido a áreas de atuação efetiva de Assistentes Sociais e corresponderia a uma sistematização de experiências: Serviço Social e doenças venéreas, delinquência infantil, infância excepcional, refugiados em função da guerra, proteção à infância e menores abandonados, aspectos sociais da readaptação; a campos de atuação: Serviço Social Médico, Serviço Social na Indústria, Serviço Social Escolar; e a preocupações: o Serviço Social e as condições da família proletária, a formação de líderes através do Serviço Social de Grupo. Um terceiro e quarto contingentes se referem, respectivamente, a problemas do ensino e reconhecimento profissional: Formação do Assistente Social, Supervisão nos Estágios, Segredo Profissional, reconhecimento do Serviço Social como profissão; e à atuação de entidades ligadas à Ação Católica: Juventude Operária Católica, Liga dos Professores Católicos, Confederação Nacional dos Operários Católicos. Um último contingente de teses será apresentado por funcionários qualificados do Ministério do Trabalho e de entidades estatais de assistência médica, variando entre relatos de atividades assistenciais e a reafirmação das altas funções desenvolvidas pelo Serviço Social.

13. *Serviço Social e a Família*: Criação de órgãos de assistência integral à família, moradias populares, legalização das uniões, assistência às jovens decaídas etc.

Essa diversidade de temas e de experiências — permitida pela organização bastante aberta do Congresso — é bem reflexo da situação do Serviço Social no Brasil.

É um momento em que o aparato assistencial desenvolvido pelo Estado Novo e, mais recentemente, pelas corporações empresariais encontra-se em expansão e passa a constituir-se crescentemente em mercado de trabalho para os Assistentes Sociais. Essa expansão atende às necessidades de absorver as pressões desencadeadas pelos novos setores urbanos, que crescem aceleradamente em função do avanço da industrialização e da urbanização, e tem em vista controlar a reprodução do proletariado urbano e atuar sobre as sequelas mais aberrantes do aumento de sua miséria relativa. A vastidão desse campo, assim como a grande quantidade de especialidades que cada subcampo comporta; o fato de que na representação dos setores socialmente dominantes a "questão social" é vista através da multiplicidade dos *efeitos* (da exploração capitalista), determinam a existência, para o Serviço Social, de um sem-nú-

---

Serviço Social de Menores: Dar prioridade à colocação familiar; criação de Serviços de Colocação Familiar; reforma do Código de Menores e da Justiça de Menores; assistência à infância excepcional; que as instituições pré-escolares sejam acessíveis a todas as crianças etc.

Educação Popular e Lazeres: necessidade da educação integral como fundamento da moral cristã; educação integral da família operária; educação de adultos; aproveitamento racional das horas de lazer do trabalhador; preparação de líderes; adoção na educação popular do Serviço Social de grupo, adoção do Serviço Social Escolar; bandeirantismo; colônias de férias etc.

Serviço Social Médico: integração do Serviço Social médico nas instituições médicas; que o Assistente Social nas instituições médicas não seja exclusivamente um funcionário polivalente, mas que exerça suas funções específicas; aplicação do Serviço Social dos Casos Individuais como indispensáveis no Serviço Social Médico; definição das funções do Assistente Social no Serviço Social Médico; necessidade do Serviço Social Médico no tratamento da tuberculose, sífilis e doenças venéreas etc.

Serviço Social na Indústria, Comércio e Agricultura: visão da empresa como comunidade, respeito mútuo entre os elementos da produção; Serviço Social como meio de reajustamento e emancipação, autonomia do Serviço Social, que deve ser subordinado apenas à administração superior das empresas; incorporação às empresas da prevenção de acidentes, educação para que a legislação social seja eficiente; estudo das soluções dos problemas rurais; criação de entidade assistencial para os trabalhadores rurais, legislação trabalhista para os trabalhadores rurais, criação do Serviço Social nas escolas rurais etc.

Agentes do Serviço Social: visão do Serviço Social como atividade científica e também como filosofia de vida; incremento do número de Escolas de Serviço Social; formação de supervisores; intercâmbio entre as escolas; criação de associações de alunos; necessidade da seleção dos alunos — o Assistente Social necessita ter aptidões específicas; reuniões para melhorar o preparo técnico, regulamentação da profissão etc.

mero de frentes de atuação, cuja sistematização irá exigir um esforço prolongado.

Dentro desse arcabouço assistencial — autoritário e paternalista, produto de anos de ditadura — administrado pelo empresariado e pelo Estado, o Serviço Social consolida suas primeiras experiências de maior vulto.

O 2º Congresso Pan-Americano de Serviço Social realiza-se no Rio de Janeiro, entre os dias 2 e 9 de julho de 1949, e tem por tema central "O Serviço Social e a Família". É solenemente aberto com a presença do presidente da República Eurico Gaspar Dutra, sendo o Dr. Clemente Mariani, Ministro da Educação, encarregado da saudação aos congressistas.

O tom das discussões, debates e teses apresentados no transcorrer desse Congresso pouco se diferenciam relativamente ao Congresso de 1945 e ao de 1947. Apenas algumas poucas manifestações podem ser consideradas como inovadoras — e precursoras de futuras tomadas de posição da instituição — ou contestadoras. Há, sem dúvida, um discurso mais secularizado (menos apostolar), com maior ênfase na psicologia e na técnica. Definem-se novas qualidades para o Assistente Social: "deve ser equilibrado psico-afetivamente para eliminar os conflitos e não ser causa dos mesmos"; o Assistente Social não pode ser encarado como cientista, mas "como o utilizador das técnicas de base científica, nos problemas de ajustamento do homem à coletividade e de integração do mesmo em si próprio". Fala-se mais em *articular, integrar*, em *problemas afetivos e relacionais* etc., se bem que *formação moral, educação* etc., continuam sendo elementos essenciais na ação recomendada para o proletariado. Ao mesmo tempo em que se afirma o caráter fundamental do Serviço Social dos Casos Individuais, a vida familiar íntegra como objetivo precípuo, a entrevista como principal instrumento de trabalho etc., há maior solicitação para a utilização dos métodos de Grupo e Comunidade e um chamamento bastante generalizado para a preparação de Assistentes Sociais para o meio rural.

Dentre as posições veiculadas neste Congresso, aquelas que poderiam ser consideradas como inovadoras — no sentido de propor um campo de atuação mais amplo que os reajustamentos individuais — ocorreram em muito pequeno número, mas não deixaram de ser expressivas. Destaca-se, na abertura do Congresso, a posição defendida pelo intelectual e líder católico Amoroso Lima. Trata-se, para ele, da afirmação de uma terceira via, baseada na reforma social: "Nem conservadorismo estéril, nem transmutações revolucionárias ou reacionárias de um modelo totalitário".

Nesse processo, o Serviço Social é apresentado com funções bem mais amplas: "O Serviço Social é, portanto e ao mesmo tempo, um movimento de ordem econômica, de ordem moral e estrutural. Visa extirpar o pauperismo, visa trabalhar pela purificação dos costumes e visa dar à sociedade uma estrutura que melhor corresponde às exigências da natureza humana".

Nas discussões travadas pelo meio profissional, duas assumiram a forma de confrontação, delimitando posições. Uma primeira se refere à tese defendida pela Escola Técnica de Serviço Social quanto à "Contribuição do Serviço Social para a solução dos problemas econômicos da Família". Retratando com muitos dados estatísticos a situação carencial do proletariado, constata a existência de uma situação de crise: "Diante desse imenso campo de ação social, a solicitar trabalho urgente e de ampla envergadura, não pode o Serviço Social no Brasil deter-se num marca-passo, praticamente inútil, no tratamento dos casos individuais. Urge evoluir rapidamente, economizar tempo, antes que seja tarde".

A preocupação central estará em, diante de tão graves problemas sociais e para "barrar o avanço do comunismo", implementar técnicas eficazes, suplementando aquelas, próprias do Serviço Social, pelas da Ação Social. Na situação de crise, haveria um desajustamento coletivo, e o Serviço Social dos Casos Individuais seria inoperante; a psicologia deveria ceder lugar à economia. Até mesmo as técnicas de Grupo e Comunidade deveriam ser suplementadas pela Ação Social.[14] Pede a adaptação do Serviço Social à situação brasileira (e não a simples cópia, divorciada

---

14. Essa perspectiva guarda muita semelhança com a proposta de Amoroso Lima, que vê uma dimensão de transformação estrutural na ação do Serviço Social. Na perspectiva de reforma social defendida pela Igreja, essas posições negam a delimitação — anteriormente tão bem explicitada e definida — entre a área de atuação do Serviço Social e da Ação Social, cabendo apenas à última, enquanto movimento de opinião, as questões estruturais.

da realidade, daquilo que é feito nos Estados Unidos), ao mesmo tempo em que acena, como modelo, o desempenho do Serviço Social norte-americano durante a "Grande Depressão". A configuração de uma terapêutica social que atingisse as diferentes formas de desadaptação (financeira, alimentar, habitacional etc.), incorporando planejamento e eficiência técnica. Pede, também, uma reformulação do currículo do Assistente Social, situando como matérias básicas para o curso de Serviço Social a economia, sociologia urbana e rural, planejamento e psicologia social, e o desenvolvimento, nas escolas, de estudos sobre pesquisa social, cooperativismo, planejamento etc., procurando reforçar os aspectos técnicos na formação do Assistente Social. Pede, em suma, mais técnica, mais planejamento e mais Ação Social.

A defesa do Serviço Social dos Casos Individuais polariza a discussão das questões levantadas nessa tese. O plenário rejeita maciçamente a crítica ao Serviço Social dos Casos Individuais, situando seu caráter básico e fundamental dentro do Serviço Social, e sua compatibilidade enquanto método, com qualquer situação de desajustamento. Se as técnicas de Grupo e Comunidade vem tendo sua importância acrescida, a pesquisa social e o Serviço Social dos Casos Individuais continuam sendo a base do diagnóstico e do tratamento em Serviço Social.

Um segundo confronto de opiniões ocorre nas discussões sobre *Formação para o Serviço Social*, que também neste Congresso acabou por se tornar no tema central das discussões. Esse confronto se colocou em torno da questão do nível das escolas de Serviço Social, pois até aquele momento não havia uma definição — se nivel médio ou superior — exigindo as escolas apenas o ginasial como condição para o ingresso nas mesmas. A discussão se polariza quando, nos debates sobre "Dificuldades e Soluções Encontradas na Formação do Assistente Social", a Sra. N. G. Kfouri (da Escola de Serviço Social de São Paulo) expõe as experiências que sua escola vinha desenvolvendo para formar Assistentes Sociais de origem operária. Torna-se mais acalorada, a partir da proposta (Escola Cecy Dodsworth, da Prefeitura do Distrito Federal) de, em face das características específicas da realidade brasileira, formarem-se trabalhadores sociais em dois níveis. Argumenta-se que os estudantes de classe média só com muita dificuldade chegam ao ginásio e que, assim, a profissão seria de elite; poderia ser implementado um nível popular para que pessoas do próprio meio atuassem como agentes, tendo em vista as dificuldades das elites em resolver os problemas das classes baixas.

Essas colocações são também majoritariamente rejeitadas. Exige-se que a formação para o Serviço Social se faça unicamente em nível universitário. Por outro lado, aprovam-se definições tais como: "O Serviço Social é uma voeação e, sendo princesa ou trabalhadora, será sempre uma Assistente Social". "Não podemos em absoluto, num sacerdócio como o da Assistência Social, estabelecer distinções em torno de categorias sociais ou de classes. O que importa é o espírito, é a mentalidade que deve reinar na profissão". Definições que exprimem a posição, majoritária no meio profissional, que ainda não aceita alterações nos dogmas principais da instituição.

Uma última posição destoante dentro deste 2º Congresso Pan-Americano será a tese defendida pelo Sr. Luis Carlos Mancini, "Formação do Assistente Social em face das necessidades presentes". É um primeiro grito de alerta — famoso na crônica posterior dos Congressos do Serviço Social — para que os agentes profissionais do Serviço Social tomassem posição em face dos problemas estruturais, da necessidade de preparar agentes para atuar nas comunidades:

> "É preciso fazer o povo pensar, reunir-se, equacionar os seus problemas, aprender a discutir. (...) O Assistente Social deve ser habilitado a analisar, identificar e mobilizar os órgãos e agentes da comunidade e aí ajudar a criar as molas da ação individual e coletiva. Todo o sistema pedagógico, da criança ao adulto, como todo o planejamento urbano, social e político, deve orientar-se no sentido de proporcionar meios de congregação do povo, equipando os agentes responsáveis por sua educação, com técnicas modernas do serviço de grupo e de métodos de discussão".

Esses três Congressos que se realizam na segunda metade da década de 1940 apresentam alguns elementos comuns, que os caracterizam. Elementos estes que, sob aparências diversas, reaparecerão frequentemente. Se o conteúdo *modernizante* da tese defendida pelo Sr. L. C. Mancini aparece como uma antecipação — refletindo posição de diversos organismos que no plano internacional vão se constituindo nas principais agências de divulgação e incentivo à utilização dos métodos relacionados a Desenvolvimento de Comunidade — do caminho a ser palmilhado pela instituição, outras manifestações inovadoras e/ou contestadoras e a recorrência de certos temas aparecem como sinais de inquietação do meio profissional. Quanto às posições contestadoras, é preciso assinalar que o tipo de material utilizado — os *Anais* dos Congressos e relatos de participantes — só permite (quando o permite!) registrar a existência das mesmas. Como posições minoritárias, as *Conclusões e Recomendações* não fornecem uma avaliação de sua importância ou impacto. A partir desse material pode-se observar com maior precisão o comércio e circulação das ideias e posições assumidas pela maioria dos participantes, sendo que, desses debates, afloram outros tipos de inquietação.

A recorrência a certos temas pode ser exemplificada por um que nesse período assume caráter dominante: a Formação para o Serviço Social. Esse tema aparece por efeito da contradição insolúvel entre as representações e o discurso sobre a profissão e o profissional e, neste caso, a realidade das escolas, da cooptação de vocações e do mercado de trabalho. A posição do Serviço Social e do Assistente Social dentro das instituições — e futuramente nas equipes interdisciplinares — e a necessidade de fixar suas funções; a discussão sobre ciência, métodos e técnicas; sobre objeto e objetivo; sobre a quem deve servir o Assistente Social etc., constituem-se em outros tantos temas que retornam às arenas de discussão — pois as soluções encontradas frequentemente são atropeladas pela realidade — demonstrando a insegurança, limitações e dúvidas que atravessam o meio profissional.

A recorrência a uma série de outros temas aparece, por outro lado, como desenvolvimento de estratégias coerentes — mesmo que se originem na incoerência de ações individuais — de reafirmação das características especiais e específicas da profissão (primado do ser, por exemplo) e de luta pela legitimação e ampliação do campo de ação profissional. Quanto a este último ponto, trata-se de mostrar, para as instâncias que viabilizam a instituição, que os postos e funções conseguidos dentro do Aparelho de

Estado vêm sendo ocupados com eficiência. Que o Serviço Social tem função de grande relevância dentro do equipamento assistencial, sendo imprescindível ao seu funcionamento eficiente. Que a implantação do Serviço Social representa um investimento altamente produtivo, e que contribui para a organização técnica da prestação da assistência. Trata-se, também, de mostrar a necessidade de ampliar a área de atuação do Serviço Social, de convencer da rentabilidade do negócio, de mostrar a seriedade da formação profissional, a solidez dos princípios cristãos, de seu posicionamento apenas moderadamente reformista, a partir do qual se mostra plenamente visível sua adesão à *ordem natural* (capitalista). Trata-se, neste nível, de mostrar que se fala a mesma linguagem das classes dominantes e que é possível atuar com maior racionalidade em cima de uma série de problemas sociais (de economia política) que começam a ser percebidos como problemas... assistenciais.

Um outro aspecto a ser observado, nesses Congressos, é a elevada participação de pessoas que não são Assistentes Sociais e de entidades que empregam Assistentes Sociais, mas cujas práticas materiais principais pouco ou nada se relacionam com o Serviço Social. Entre os participantes há numerosos intelectuais — bacharéis, professores, higienistas, sanitaristas etc. — cuja atuação profissional se liga de alguma forma à assistência; ou que de alguma forma são vinculados à Ação Católica (ou Ação Social); ou, finalmente, que aparecem como representantes (burocratas) de sem-número de departamentos, agências etc., pertencentes ao Aparelho de Estado[15] nos planos federal, estadual e mesmo municipal. Observa-se também a presença destacada da Hierarquia, de intelectuais, entidades e obras católicas, o que é perfeitamente explicável, nos quadros da própria origem do Serviço Social. Será interessante procurar situar, no entanto, algumas das razões da forte presença de representantes de escalões importantes do Aparelho de Estado.

Há, como já foi observado, o fato de que o Estado passa a ser, direta ou indiretamente, o grande empregador de Assistentes Sociais, o que não é necessariamente uma razão suficiente para prestigiar seus Congressos.

---

15. Intelectuais que muito frequentemente se enquadram nas três situações citadas.

Cabe situar, nesse sentido, que não apenas para o Serviço Social, mas para grande parte das profissões ditas liberais, a estruturação corporativa da sociedade tornou o Estado árbitro maior de seu desenvolvimento, pois passa a controlar currículos mínimos, garantia de reconhecimento dos títulos, garantia do monopólio do exercício da função etc.[16] Nesse sentido, as profissões liberais são crescentemente tributárias do Estado, inclusive em termos de mercado de trabalho.

As razões procuradas, ao menos algumas dentre elas, parecem originar-se em outras instâncias. Têm seu fundamento numa perspectiva de hegemonia, de manutenção e reforço do poder pelas classes dominantes. A presença desses intelectuais, desses representantes de movimentos e entidades católicos e de inúmeras agências do Aparelho de Estado, tem o sentido de prestigiar o meio profissional dos Assistentes Sociais, de reafirmar a legitimidade do Serviço Social, reafirmar seu alto valor social, exaltar seu caráter de profissão técnica que não abre mão de ser também um apostolado, de exaltar a vocação de servir etc. Isto é, de validar as práticas sociais desenvolvidas pelos Assistentes Sociais em sua intervenção junto à clientela das instituições sociais e assistenciais, isto é, junto ao proletariado.

Enquadra-se, também, dentro de uma estratégia de acumulação de forças e manutenção de posições pela Igreja, porque esses intelectuais e burocratas aí se encontram, muitas vezes, por suas ligações com o Movimento Católico, por serem — ou terem sido — ativistas dos grupos católicos de extrema direita.[17] Suas presenças assumem, nessa condição, também

---

16. A expansão das atividades do Estado Central faz com que ocorra uma "centralização do mando político sobre o mercado de postos públicos, na medida em que essa instância dispõe de autoridade para fixar os níveis de rentabilidade dos títulos escolares, podendo ademais restringir ou ampliar as oportunidades de emprego para as diversas categorias de profissionais diplomados". O Estado transforma-se em instância suprema de legitimação das competências ligadas aos trabalhos culturais, técnicos e científicos, passando a atuar como agência de recrutamento, seleção, treinamento e promoção do público portador de diplomas superiores. A "diferenciação na divisão do trabalho técnico, político e cultural se faz acompanhar pelo reconhecimento oficial das regalias e prerrogativas a que passaram a fazer jus os contingentes de especialistas onde se recrutava parcela apreciável dos futuros ocupantes de cargos públicos de nível superior". Sérgio Micelli. *Intelectuais...*, op. cit.

17. Na cooptação de intelectuais foram pinçados elementos de praticamente todos os matizes no processo de expansão do aparato estatal; militantes de organizações de esquerda, quadros da cúpula in-

o sentido de prestigiar e fortalecer iniciativas que ainda sofrem grande influência da Igreja, que ainda incorporam seu ideário de Justiça Social; que representam, dentro do Aparelho de Estado, cunhas que podem ser utilizadas na defesa dos interesses materiais e simbólicos da Hierarquia.

2. Expansão da profissão e a ideologia desenvolvimentista

É na década de 1960 que se observa a existência de um meio profissional em franca expansão.[18] No decorrer desses anos, a profissão sofrerá suas mais acentuadas transformações, "modernizando-se" tanto o agente como o corpo teórico, métodos e técnicas por ele utilizados. Há, também, um significativo alargamento das funções exercidas por Assistentes Sociais, em direção a tarefas, por exemplo, de coordenação e planejamento, que evidenciam uma evolução no *status* técnico da profissão. Assumem relevo e aplicação mais intensiva os métodos de Serviço Social de Grupo e, especialmente, Comunidade, a partir dos quais os agentes poderão exigir uma nova caracterização de suas funções. É no período que se situa entre os dois primeiros Congressos Brasileiros de Serviço Social (1947-1961)

---

tegralista, da *reação católica*, da intelectualidade tradicional etc. Embora nenhuma facção se destaque como beneficiária exclusiva, ou tenha conseguido a conversão de seus pontos de vista, os *ganhos posicionais* de maior vulto teriam favorecido os adeptos e simpatizantes dos movimentos de direita, especialmente da AIB e da *reação católica*. "A incorporação de intelectuais católicos alcançou grandes dimensões, fazendo valer a presença da Igreja em todos os setores políticos e culturais do serviço público e, em especial, em determinadas áreas próximas dos núcleos executivos". A penetração da Igreja se orientou sobretudo para os Ministérios da Educação e Trabalho. Sérgio Micelli. *Intelectuais...*, op. cit.

18. Escolas de Serviço Social em São Paulo

Matrículas na 1ª Série e Diplomações

ANO	1940	1945	1950	1955	1960	1965	1968
Matrícula na 1ª Série	24	20	48	123	200	405	421
Diplomações	11	13	18	39	55	150	206

Em 1968, as oito Escolas de Serviço Social de São Paulo (cinco das quais se organizam na década de 1960) tinham 1.055 alunos matriculados (mais de 10% do total de estudantes universitários do Estado), sendo 94% do sexo feminino. Maria Amália Faller Vitale. "As Profissões que integram os serviços de bem-estar social". *Debates Sociais* n. 11, ano VI, out. 1970, Guanabara.

que, no essencial, se gestam as condições para aquele florescimento da profissão. Estas condições amadureceram dentro de um quadro mais amplo, de expansão econômica e de afirmação do desenvolvimentismo como ideologia dominante.

No decorrer da década de 1940 e até a metade da década seguinte, a economia nacional apresenta — graças a diversos fatores, entre os quais sobressai a melhoria das relações de intercâmbio com o exterior — taxas de crescimento altamente positivas, que se fazem acompanhar de medidas de política econômica que têm em vista o aprofundamento da industrialização. A reversão dessas tendências positivas — deterioração das relações de troca, esgotamento das reservas em moeda forte e endividamento externo crescente — a partir de 1955, e a luta pela definição das opções tendo em vista criar condições favoráveis à expansão econômica, nos marcos do "capitalismo dependente", são elementos das condições concretas em que se engendra a ideologia desenvolvimentista e que marcam suas vertentes. No momento em que, com a eleição e posse de Juscelino Kubitschek na presidência da República, esta ideologia se torna dominante, servirá de suporte a uma estratégia que associa a política de massas getulista com a abertura para a internacionalização da economia brasileira.[19]

A ideologia desenvolvimentista[20] em seu aspecto mais aparente e geral envolve a proposta de crescimento econômico acelerado, continuado, autossustentado. O problema central a resolver constitui-se em superar o estágio transitório do subdesenvolvimento e do atraso. A meta a atingir é a prosperidade, a grandeza material da nação, a soberania dela decorrente, a paz e a ordem social — tudo isso potencialmente viável, bastando que se traga à luz a riqueza existente e adormecida de que o país dispõe, através do traçado de política adequada e do trabalho constante.

A ideologia desenvolvimentista se define, assim, por meio da busca da expansão econômica, no sentido de prosperidade, riqueza, grandeza

---

19. Ver, a respeito, Miriam Limoeiro Cardoso. "Ideologia do Desenvolvimento — Brasil JK.-JQ". Tese de Doutoramento, junto à Faculdade de Filosofia Ciências e Letras da USP, 1972; e Octavio Ianni. *O Colapso do populismo no Brasil*. Rio de Janeiro: Civilização Brasileira, 1968.

20. Esta síntese de elementos centrais da ideologia desenvolvimentista se baseia, estreitamente, no trabalho de Miriam Limoeiro Cardoso, anteriormente citado.

material, soberania, em ambiente de paz política e social, e de segurança — quando todo o esforço de elaboração de política (política econômica) e trabalho são requeridos para eliminar o pauperismo, a miséria, elevando-se o nível de vida do povo como consequência do crescimento econômico atingido. O problema central a atacar seria, nesse sentido, o atraso, do qual decorre a posição secundária ou marginal ocupada pelo Brasil dentro do sistema capitalista; e a superação do atraso — a expansão econômica — se integra à expansão do próprio sistema capitalista global. Nesse sentido, "o desenvolvimentismo visa a uma integração mais dinâmica no sistema capitalista". A especulação presente na ideologia desenvolvimentista sobre as razões do subdesenvolvimento percebe que este se deve ao predomínio do modelo agrário-exportador e/ou ao ainda fraco desenvolvimento industrial do país (indústrias de transformação). A meta é, nesse sentido, a industrialização de base do país, o que aproxima o significado entre desenvolvimento-industrialização, devendo aquele ser acelerado e autossustentado — e para tanto sendo necessário que a industrialização se desenvolva no sentido da produção industrial pesada — garantindo-se a libertação econômica e a própria continuidade da expansão.

Na busca do desenvolvimento, não é necessário discutir ou questionar a presença do capital estrangeiro. Pelo contrário, a ajuda internacional ao processo expansivo da economia é um fator positivo, representando o esforço industrializante a abertura de uma frente atrativa para o ingresso e participação dos capitais externos. Nesse sentido, o conceito de soberania fica politicamente invertido, quando vinculado e dependente do desenvolvimento ou riqueza: não se trata de garantir a soberania do país, evitando ou controlando a presença do capital estrangeiro. Pelo contrário, efetivando-se a soberania a partir da riqueza econômica do país, trata-se de *conquistar* aquela soberania.

Os resultados do progresso econômico, assim entendido, não seriam, segundo essa ideologia, exclusivos de e para certos setores ou classes; pelo contrário, abrangeriam, nas consequências por ele geradas, o conjunto da sociedade. Nesse sentido, e se veiculada como ideologia e política pelo poder do Estado, a ideologia desenvolvimentista constituir-se-ia em meta e mobilização de toda a coletividade, sendo portanto o desenvolvimento um ponto de convergência entre Estado e povo. O desenvolvimento significa, pois, no plano desse discurso, a valorização do homem brasileiro, e traz como consequência o fim do pauperismo, a elevação do nível de vida.

Cabe notar, especialmente em sua vertente juscelinista, que o conteúdo econômico na base da ideologia desenvolvimentista passa a constituir seu elemento central, o qual marcará de forma profunda o conteúdo dos demais fatores presentes no discurso, imprimindo-lhes características bastante específicas e próprias. A miséria e pobreza, *superadas no e pelo desenvolvimento*, são apenas uma etapa transitória para o destino final, quando a riqueza será patrimônio de todos — grupos sociais ou nações. Por outro lado, miséria e pobreza devem ser superadas, pois podem constituir-se em focos de descontentamento social, facilmente exploráveis pelo comunismo e ideologia materialista, podendo transformar-se em meios que ameacem a democracia. Em seu lugar, o desenvolvimento significará não só a riqueza, como a paz social e política, garantia de ambiente de ordem e segurança.

Apesar do caráter dominante que assume a ideologia desenvolvimentista, de esta ideologia propor soluções para problemas que tradicionalmente são objeto de suas preocupações, o Serviço Social se mostrará, até o final da década de 1950, essencialmente alheio a seu chamamento. Diversos parecem ser os motivos que contribuem para esse desencontro. Num primeiro nível, o fato de o desenvolvimentismo juscelinista subordinar a resolução da totalidade dos problemas ao da expansão econômica; o fato de o *social*, dos diversos campos em que este se subdivide, aparecer como variável dependente — e ter por eixo de suas políticas específicas a potencialização do desenvolvimento econômico — explicitam uma larga diferenciação de objetivos. Ao centrar a perspectiva de integração das massas marginalizadas nas virtualidades da expansão econômica, para a qual se orientam os esforços da política econômica e social, restringe-se o espaço para um reforço da ação assistencial e, portanto, a possibilidade de sua incorporação àquelas políticas. Compreende-se que, a partir desse ângulo, o desenvolvimentismo juscelinista se mantivesse relativamente alheio à instituição Serviço Social. E que esta, num momento em que os Assistentes Sociais consolidam importantes posições e campos de atuação no interior do equipamento social e assistencial, não tenha sentido a necessidade premente de reciclar-se, atualizar-se diante daquela ideologia dominante. Apenas nas áreas ligadas a projetos e programas que se valem dos métodos de DC e DOC se faz sentir essa preocupação.

Por outro lado, a face populista da política desenvolvimentista, o apelo à participação das *massas trabalhadoras* — herança da política de massas do getulismo — se choca e se contrapõe à tendência conservadora da instituição, tendência essa que é respaldada pela posição da Igreja naquele momento. Como o situa Ianni,[21] "Numa sociedade burguesa, é sempre muito difícil legitimar a participação política das massas trabalhadoras", e os setores mais conservadores da sociedade brasileira sempre combateram com violência o populismo, por verem nele o prenúncio da "destruição do poder burguês e das suas ligações externas". Parece situar-se em torno a essas questões um segundo nível de hipóteses, para explicar o desencontro entre este tipo de desenvolvimentismo e o Serviço Social: a repulsa à demagogia, ao jogo político com as massas, às alianças com a esquerda, enfim, a perspectiva do perigo — permitido por essa política ambígua — que constituía o populismo em termos de politização e organização do proletariado.

Observa-se assim que, à exceção das primeiras experiências com DOC e DC, que serão assinaladas mais adiante, o Serviço Social se mostra relativamente alheio à temática desenvolvimentista. O que não o impede de beneficiar-se da expansão econômica; das novas pressões pela ampliação de seu consumo desencadeadas pelas classes subordinadas; de desenvolver-se enquanto instituição, absorver e aprofundar novas experiências e institucionalizar-se enquanto profissão.[22] No fim da década de 1940

---

21. Octavio Ianni. *O Colapso...*, op. cit.

22. No plano legal, essa legitimação se traduz pela Lei n. 1.889, de 13 de junho de 1953 (regulamentada em 1954), que estatui em nível federal os objetivos do ensino do Serviço Social, sua estruturação e as prerrogativas dos diplomados. A Lei n. 3.252, de 27 de agosto de 1957, confere o monopólio do exercício da profissão aos portadores de diploma. O Decreto-lei n. 994, de 15 de maio de 1962, regulamenta a lei, definindo requisitos, atributos, prerrogativas dos profissionais, CEAS, CRAS etc.

e especialmente na década seguinte, abre-se um novo e amplo campo para os Assistentes Sociais; as grandes empresas (especialmente as industriais) passam a constituir um mercado de trabalho crescente.[23] O Serviço Social se interioriza, acompanhando o caminho das grandes instituições, a modernização das administrações municipais, e o surgimento de novos programas voltados para as populações rurais. Ao mesmo tempo, nas instituições assistenciais — médicas, educacionais etc. — o Serviço Social paulatinamente logra maior sistematização técnica e teórica de suas funções, alcançando definir áreas preferenciais de atuação técnica. Aprofunda-se, no plano do ensino, a influência norte-americana, voltando-se o Serviço Social ainda mais para o tratamento, nas linhas da psicologia e psiquiatria, dos desajustamentos psicossociais. O Serviço Social de Grupo, que há tempo vinha sendo utilizado de forma tradicional (recreação e educação), na década de 1950 começa a fazer parte dos programas nacionais do SESI, LBA, SESC, em hospitais, favelas, escolas etc.,[24] iniciando-se uma nova abordagem — que se generaliza na década de 1960 — que relaciona estudos psicossociais do participante com os problemas da estrutura social e utilização da dinâmica de grupo.

---

23. Setor de Atuação dos Assistentes Sociais Diplomados até 1960 pela Escola de Serviço Social, PUC-SP:

Setor	Número de Assistentes Sociais	Setor	Número de Assistentes Sociais
Serviço Social Rural	2	Reabilitação Profissional	8
Educação Popular	4	Coord. de Obras e Assistência Técnica	14
Organismos Internacionais	4	Escolas de Serviço Social	20
Serviço Social Escolar	5	Previdência Social	54
Imigração	6	Serviço Social Médico	67
Detentos	6	Menores	69
		Assistência à Família	82
		Serviço Social junto ao Trabalhador	95
		TOTAL	467

Fonte: Prospecto de Comemoração dos 25 anos de fundação da Escola (1936-1961).
Arquivo da Escola de Serviço Social, PUC-SP.

24. Ver a respeito Arlette Braga. "O Serviço Social de grupo em sua visão histórica" (monografia).

As iniciativas vinculadas ao Desenvolvimento de Comunidade apresentam nesse período franco desenvolvimento, com o surgimento de uma série de organismos e a realização de importantes Seminários. Esses organismos[25] desenvolverão programas que buscam sua inspiração na experiência norte-americana. Estarão, essencialmente, baseados em técnicas de Desenvolvimento de Comunidade e perseguem a modernização da agricultura brasileira, tendo por estratégia a *Educação de Adultos*. Três Seminários, realizados nesse período,[26] desempenham papel extremamente importante para que o Desenvolvimento de Comunidade se solidifique enquanto nova opção de política social para atuar nos meios sociais marginalizados pelo desenvolvimento econômico e, portanto, como nova disciplina.

Como se procurará ver no item a seguir, a ideologia subjacente a esses programas e seminários — inspirada em e por agências internacionais — se acopla à do desenvolvimentismo em pontos centrais que podem ser resumidos na perspectiva da modernização como opção para o reforço e manutenção das relações sociais vigentes.

3. O II Congresso Brasileiro de Serviço Social e a descoberta do desenvolvimentismo

O II Congresso Brasileiro de Serviço Social realizar-se em 1961, tendo também o caráter de ato preparatório de um encontro internacional, no

---

25. Em 1950, é instalada a missão rural de Itaperuna (RJ), experiência pioneira que desencadeará uma série de outras e serve de base para a criação da CNER — Campanha Nacional de Educação Rural — pelo Ministério da Educação, cuja atuação é baseada em equipes pluridisciplinares e em técnicas de Desenvolvimento de Comunidade. Em 1955, a partir de convênio entre o Ponto IV e o Ministério da Agricultura, surge o SSR (Serviço Social Rural), que começa a funcionar efetivamente em 1959. Em 1956 surge a ABCAR (Associação Brasileira de Crédito e Assistência Rural) sob os auspícios da AIA, e generalizando a experiência da ACAR em Minas Gerais e no Nordeste. (Ver, a respeito, Safira Ammann. *Ideologia...*, op. cit.)

26. O Seminário sobre Desenvolvimento de Comunidade, com patrocínio da O.E.A., é realizado em Porto Alegre, em 1951; o Seminário Regional de Bem-estar Rural, realizado em 1953, na Universidade Rural do Brasil (RJ), com patrocínio da ONU; o Seminário de Educação de Adultos para o Desenvolvimento de Comunidade, promovido pela UCISS e patrocinado pela UNESCO, realizado em 1957, em Porto Alegre. (Ver, a respeito, Safira Ammann. *Ideologia...*, op. cit.)

caso, a XI Conferência Internacional de Serviço Social, marcada para a cidade de Petrópolis (RJ), em 1962.

Com um intervalo de quatorze anos em relação ao último Congresso, este segundo encontro abrangente do meio profissional dos assistentes sociais irá ocorrer numa conjuntura bastante modificada. Após mais de uma década de "desenvolvimentismo" sustentado em estratégias políticas populistas, a vitória do janismo representava a possibilidade de um novo começo.

A preocupação central do que poderia ser caracterizado como projeto desenvolvimentista janista estaria na formação de uma nação forte, com um povo forte e uma economia globalmente forte. Desse eixo central decorre uma atenção especial ao *social*; a meta prioritária é o homem e não o crescimento econômico em si mesmo.[27]

Daí a crítica ao tipo de crescimento econômico proposto por seus antecessores: este desenvolvimento marginaliza ainda mais os setores sociais atingidos pela pobreza, aumenta as disparidades de renda e nível de vida, e as disparidades regionais. Trata-se, para a ideologia janista, de diminuir a pobreza para que a democracia se faça no plano econômico e a nação possa constituir um todo harmônico e equilibrado. Pretende um desenvolvimento integral, equilibrado e nacional.

É urgente a realização de uma Reforma Institucional: ante a inadequação das instituições vigentes — as normas e mecanismos institucionalizados — o ritmo de mudança se encontra entravado. Essa reforma não deverá voltar-se apenas para as instituições legais; deve passar, também, pelo regime de propriedade, atingindo aquelas cujo subaproveitamento ou não aproveitamento produtivo — que representam áreas extensas — são responsáveis pela marginalização social, econômica e política de amplas parcelas da população, justificando-se assim as desapropriações por interesse social. Projeta uma reforma agrária para dinamizar a produção no campo, alcançando paralelamente o alargamento do mercado interno. Visa, desse modo, a expansão do capitalismo para o setor rural.

---

27. Este desenvolvimento, que pretende marcar as diferenças mais notáveis presentes na ideologia desenvolvimentista janista, se baseia estreitamente em Miriam Limoeiro Cardoso. *Ideologia...*, op. cit.

A ênfase no social não é, assim, um (ou apenas um) alvo demagógico no projeto janista. Dá grande importância à saúde, propondo, além da perspectiva de uma melhora no nível de vida, campanhas de enriquecimento do sistema alimentar, contra a desnutrição infantil e contra as insalubridades. Em seu projeto educacional situa-se outro ponto de destaque: a educação não é vista apenas a partir do prisma economicista de aumento da produtividade. A proposta educacional inclui, como um de seus aspectos fundamentais, uma perspectiva de reestruturação da sociedade, de "redenção do país pela educação", a visão da educação como um dos esteios do projeto de desenvolvimento para a integração nacional. Essa proposta consta tanto de uma parte informativa (educação formal), como de uma que tem em vista a mudança de mentalidade e de atitude. Quanto ao *trabalho*, o projeto janista se baseia num tripé: eficiência, moralização, despolitização. A preocupação básica é o aumento da produtividade em relação à qual o trabalhador deve receber sua parte, implicando aumento de seu salário real. A saída para tanto é a qualificação do trabalhador e o salário profissional. Quanto ao sindicalismo, se coloca pela plena liberdade sindical, propondo o fim do paternalismo estatal. Tem em relação a esse campo uma perspectiva moralizadora e de Justiça Social.

O projeto janista propõe, enfim, um desenvolvimento harmônico e humano. Percebendo a causa da crise na crise moral e político-social, propõe soluções moralizantes, justiça social solidariedade. Preocupado com a racionalidade, exige um planejamento democrático e a integração nacional.

A vitória do janismo representa, assim, a colocação na ordem do dia de uma nova estratégia desenvolvimentista, que, mantendo os grandes eixos do crescimento econômico, passaria a centrar-se no homem, no pleno florescimento de suas capacidades, tudo dentro da ordem e do respeito à dignidade da pessoa humana.

Nas palavras do Ministro do Trabalho e Previdência Social, Francisco C. de Castro Neves — na sessão solene de instalação do II Congresso Brasileiro de Serviço Social — a vitória eleitoral do Sr. Jânio Quadros tem apresentado seu significado mais profundo:

"É uma subversão para mudar o sentido de um crescimento puramente artificial, um crescimento que não atinge o homem, um crescimento exterior, um crescimento que seria ainda aparentemente, mas que seria social e não foi individual. Não atingiu o homem brasileiro, tocou-o numa centelha de patriotismo, fê-lo vibrar, sem dúvida, e ainda o faz vibrar com patriotismo, porque tem o desdobramento da mentalidade do desenvolvimento que nestes últimos 20 anos transformaram a mentalidade do Brasil. Mas ele, na consciência de membro da família, que precisa realizar-se espiritualmente e que sabe que espiritualmente não pode realizar-se senão com solidariedade e fraternidade, que sente que não tem o direito de ele próprio crescer à custa dos seus irmãos, ele também, como aquele que não cresceu, se volta contra o irmão que cresce. Então é o mesmo princípio afirmado nos dois sentidos: no sentido daquele que não suporta que seja feito. Ambos a escolher uma mudança. Mudança econômica? Mudança Política? Não, mudança social".

Além do clima ideológico retratado neste discurso, amplamente favorável ao Serviço Social, o Congresso se realiza sob o impacto do *crédito de confiança* dado à instituição pelo novo chefe do Poder Executivo, que, por sinal, é também o Presidente de Honra do Congresso:

"A política do Estado neste setor se alicerça em dois importantes princípios: o que preconiza para o trabalhador condições de bem-estar mais condizentes com a dignidade humana e que considera a família como a unidade da vida social. O processo de desenvolvimento a que almejamos enseja a participação do homem na solução de seus problemas, tornando-o agente de seu próprio bem-estar. É por aí que o Serviço Social se transforma num instrumento da democracia, ao permitir a verdadeira integração do Povo em todas as decisões da comunidade.

Para tanto, cumpre estimular nas populações locais o espírito progressista, a necessidade de criar novos hábitos, novos processos e métodos de trabalho, a fim de, pelo aumento das possibilidades de emprego, melhorar as rendas da família.

Os programas de desenvolvimento comunal, necessário remate desta concepção ampla de Assistência Social, constituem hoje meio eficaz à consecução dos objetivos nacionais, pois que despertam vocações adormecidas, estimulam as iniciativas individuais e asseguram a participação efetiva do homem no meio social que lhe está mais próximo, no estudo e na solução de seus próprios problemas.

O processo de desenvolvimento exige, antes de mais nada, mudança cultural, permitindo assimilar novas formas de organização social, ensejando uma nova perspectiva e melhor conhecimento dos problemas econômicos, para sua adequada interpretação e solução."[28]

A vitória eleitoral do populismo de direita — aliado às forças mais conservadoras — traz para o discurso do Poder uma linguagem há tempo relegada a segundo plano. Uma linguagem em certos momentos muito próxima àquela tradicionalmente empregada pelo Serviço Social. Não apenas o discurso do Poder se faz através de uma linguagem conhecida; o próprio Serviço Social é situado como instrumento de consecução dos objetivos nacionais. Mais ainda, o Poder adianta a forma pela qual o Serviço Social deverá trabalhar: diversas modalidades de atuação em Desenvolvimento da Comunidade.

Diante dessa realidade, o Serviço Social deve urgentemente re-situar-se. Readaptar-se, procurando sintonizar seu discurso e métodos com as preocupações das classes dominantes e do Estado em relação à *questão social* e sua evolução. A *organização do II Congresso Brasileiro de Serviço Social aparece como um exemplo bastante claro de uma estratégia de atualização em relação às ideias que agitam os setores dominantes e às demandas objetivas que fazem à instituição Serviço Social.*

De acordo com o momento, o tema central do Congresso será: "Desenvolvimento Nacional para o Bem-estar Social", sendo os trabalhos organizados, segundo as modernas técnicas, em torno desse tema e sua particularização para o Serviço Social,[29] com a presença de diversos especialistas — seja como conferencistas, seja nas comissões — viabilizan-

---

28. Trecho da Mensagem do Presidente da República, Jânio Quadros, ao Congresso Nacional (1961).

29. As sessões plenárias são preenchidas por conferências com temas pré-definidos ligados ao tema geral:
   1. O Desenvolvimento Nacional e a Interdependência dos Aspectos Social e Econômico.
      Conf.: Dr. Francisco Castro Neves, Ministro do Trabalho e Previdência Social.
   2. Fundamentos da Política Social para o Desenvolvimento Nacional.
      Conf.: D. Eugênio Salles, Bispo de Natal.

do o aprofundamento das discussões para temas não específicos do Serviço Social.

Para os Assistentes Sociais — este será o tom das declarações — essa nova conjuntura, esse novo clima ideológico que emana do Estado representam um momento importantíssimo para o desenvolvimento da profissão:

> "Se precisamos ser honestos, devemos também reconhecer que hoje as possibilidades do Serviço Social atingem a grandiosidade (...) O desejo de desenvolvimento nacional que a todos nos anima constitui, menos que

---

3. O Desenvolvimento e Organização de Comunidade como Instrumento do Desenvolvimento Nacional.
   Conf.: Sra. Aylda F. Pereira Reis, Assistente Social.
4. O Desenvolvimento e a Organização de Comunidade e o Planejamento Regional.
   Conf.: João Paulo de Almeida Magalhães, Economista.
5. O Desenvolvimento e a Organização de Comunidade e a Integração e Fortalecimento dos Municípios.
   Conf.: Dr. José Arthur Rios, Departamento de Assistência Social do Estado da Guanabara.
6. A Posição do Serviço Social no Desenvolvimento Nacional para o Bem-estar.
   Conf.: Dr. Luís Carlos Mancini, Secretário-geral da Administração do Estado da Guanabara e Vice-presidente da Conferência Internacional de Serviço Social.

As discussões são realizadas através de cinco Comissões e 10 Grupos de Estudo com temas e Roteiros de Discussão pré-definidos:

Comissões:

I — As Implicações da Previdência Social para o Desenvolvimento Nacional. Coord.: Roberto Eiras F. Werneck Relator: Moacyr V. Cardoso de Oliveira

II — Desenvolvimento e Organização de Comunidades e o Processo de Urbanização. Coord.: Dr. Carlos Pinto Alves Relatores: Dr. Stellio Emanuel de A. Roxo — Dr. José Teódulo da Silva

III — O Desenvolvimento e Organização da Comunidade e as Áreas Rurais. Coord.: Dr. Lingard de Paiva Relator: Dr. Hélio Brum

IV — As Estruturas Político-administrativas e sua Adequação às Exigências do Desenvolvimento.
Coord.: Sr. Nylton Moreira Velloso Relator: Dr. Geraldo Semenzato

V — Formação e Treinamento de Pessoal para o Desenvolvimento e Organização de Comunidade. Coord.: Assistente Social Helena Iracy Junqueira Relator: Assistente Social Miriam Augusto da Silva

Os grupos de Estudo se dedicam aos temas: Serviço Social e os novos rumos da Previdência-Universidade e formação de líderes para o Desenvolvimento; Programas de Bem-estar para o Trabalhador; Serviço Social no Campo da Saúde; Papel do Serviço Social na Reabilitação Profissional; O Menor em face da Família e da Comunidade; Contribuição do Serviço Social para os Programas de Renovação Urbana; O Centro Social como Instrumento de Vida Comunitária; Problemas Profissionais do Assistente Social; A Posição do Serviço Social nos Programas de Desenvolvimento das Áreas Rurais.

(*Anais* do II Congresso Brasileiro de Serviço Social. Rio de Janeiro: CBCISS, 1961.)

um investimento econômico, uma genuína revolução para incorporar à nação a massa dos brasileiros atados ao atraso. E o Serviço Social está entre as técnicas mais aptas a provocar esse progresso. (...) Vemos hoje que os poderosos, por muitos anos surdos a problemas sentidos por Assistentes Sociais, voltam-se atentos para sua solução". (Saudação da ABESS — Associação Brasileira de Escolas de Serviço Social — na 1ª Sessão Plenária.)

"Este pode ser o grande momento do Serviço Social no Brasil: fazer dele uma hora de triunfo de nossos ideais de justiça social e de caridade, é a mensagem alta e pura deste Congresso, a todos os trabalhadores sociais e ao próprio Governo da União". (Luís Carlos Mancini, A Posição do Serviço Social no Desenvolvimento Nacional para o Bem-Estar Social, 7ª Sessão Plenária.)

Representa também um desafio. O governo solicita da instituição o cumprimento de determinadas funções, para as quais ela deve reorientar-se institucionalmente:

"Vejo como um imperativo categórico para nós, Assistentes Sociais, a necessidade imediata de nos colocarmos em sintonia com a hora que vivemos e, na atual conjuntura, vincularmos o Serviço Social, integrarmos o Serviço Social, corajosamente, no esforço comum pelo desenvolvimento nacional, autêntico, democrático e solidário. (...)

A meu ver, é a hora do Assistente Social estar presente, junto a outros técnicos, pondo a serviço do desenvolvimento nacional — seja na comunidade local, no âmbito de um Município, de um Estado ou de uma região ou em plano nacional — toda sua capacidade profissional." (Aylda Pereira Reis, O Desenvolvimento e a Organização de Comunidade como Instrumento do Desenvolvimento Nacional. 3ª Sessão Plenária.)

"O Brasil inicia, este ano, com dureza e aflição, mas cheio de esperanças e de vigor físico, uma etapa histórica de sua existência. Num instante como este, em que assume o poder um governo tão profundamente marcado de sentido ético e de preocupações humanas, o Serviço Social precisa estar à altura de sua missão para participar das decisões que traçam os nossos destinos". (Luís Carlos Mancini, discurso citado).

Na explicação do programa e temário constante dos *Anais*, essas preocupações e intenções são resumidas de forma concisa:

"Ora, se o Serviço Social não quiser ser relegado a um segundo plano, deve preparar-se para poder competir na mesma igualdade de condições com os demais setores profissionais. As solicitações de uma sociedade em mudança e em crescimento, como é o caso de nosso país, são cada vez maiores. Maiores, também, têm de ser as contribuições dos profissionais, da técnica, da ciência. Este é o motivo pelo qual se torna necessário de um lado aperfeiçoar o aparelhamento conceitual do Serviço Social e, de outro, elevar o padrão técnico, científico e cultural dos profissionais desse campo de atividade. Somente assim o elemento teórico e os executores da política social poderão corresponder satisfatoriamente às exigências de uma sociedade em mudança.

Cumpre, pois, vincular estreitamente o Serviço Social ao processo de desenvolvimento nacional e dar aos Assistentes Sociais, na área de sua estrita competência, as atribuições que lhes são próprias e que ainda não foram devidamente definidas. Neste sentido, tanto o Serviço Social como os profissionais dessa atividade devem desempenhar na sociedade brasileira um papel pioneiro e relevante no que toca ao desenvolvimento nacional".

Os trabalhos e conclusões das Comissões e Grupos de Estudo se orientam nesse sentido. Trata-se, em primeiro lugar, de mostrar que, nas mais diversas frentes do *campo social*, o Assistente Social tem importante contribuição a prestar, sendo necessária maior explicitação de suas funções dentro dos programas de desenvolvimento.[30] Constata-se que nesses di-

---

30. Várias dessas contribuições são definidas, como por exemplo:

a) no DOC em áreas rurais: "O Assistente Social exerce uma função própria de natureza socioeducacional na ativação do relacionamento grupal e intergrupal, procurando, em última análise, a melhoria das condições de vida dos membros da comunidade em seu conjunto";

b) nos programas regionais de desenvolvimento de comunidade: planejamento, execução e avaliação de programas de bem-estar social quanto à fixação de objetivos, levantamento de áreas, estudo de problemas, implantação e execução de programas, seleção das técnicas de trabalho;

c) nos programas de renovação urbana: preparação da comunidade para receber a pesquisa, colaboração na execução da pesquisa;

d) nos programas de Medicina Social: assessor, coordenador e agente executivo como membro de uma equipe interprofissional.

ferentes campos se faz necessário reorganizar os programas, dando maior participação ao Serviço Social na formulação das políticas e planejamento; que a posição do Assistente Social deve ter seu *status* redefinido nas equipes interdisciplinares, delimitando-se suas funções próprias, situando-o nas mesmas condições dos demais profissionais, integrando objetivamente o Assistente Social nessas equipes, enquanto técnico.

Constatam, também, que as "novas concepções político-sociais" e o processo de industrialização trazem maiores responsabilidades para o Serviço Social, e que o meio profissional está empenhado em preparar-se para assumir essas responsabilidades. A questão central, a partir daí, passa a situar-se, mais uma vez, na formação do Assistente Social. Para diversos campos (Previdência, Serviço Social Médico, Reabilitação) solicita-se maior especialização na graduação, supervisão especializada e cursos específicos de pós-graduação. Para a atuação em DOC e DC, mudanças mais radicais: revisão dos métodos em face da realidade brasileira, o aproveitamento de todas as oportunidades para integrar-se numa perspectiva desenvolvimentista, a documentação das experiências tendo em vista o aperfeiçoamento do método. Para tanto será necessário o reaparelhamento das escolas de Serviço Social, a organização de cursos específicos de pós-graduação etc., o que deveria dar-se no quadro geral de uma reforma universitária, de maior aproximação das escolas em relação à comunidade e às agências que executam os programas de DOC e DC. No campo profissional, reivindica-se a fixação de uma série de direitos, entre os quais carga horária reduzida (máximo de 30 horas semanais), remuneração condigna (fixação do salário profissional), e a estimulação da organização gremial, propondo-se a coexistência de entidades sindicais e das associações profissionais.

Os Assistentes Sociais se propõem a aceitar o desafio de sua participação no novo projeto desenvolvimentista, exigem posições e funções, e avaliam as formas para preparar-se para desempenhá-las a contento. Propõem-se, através do DOC e DC, a contribuir para o processo de mudança exigido pelo desenvolvimento. Propõem-se a participar num processo de mudanças estruturais que tem em vista integrar amplas parcelas da população, que subsistem marginalizadas do progresso. Mas, afinal, o que são e como se posiciona o Congresso em relação a essas mudanças às quais aderem com entusiasmo? O que propõem de concreto para as populações objeto de sua preocupação? Como conciliam a tradicional perspectiva conservadora com a participação num projeto desenvolvimentista?[31] Como é vista a população cliente?

As intervenções e resoluções do II Congresso Brasileiro de Serviço Social são ambíguas quanto a essas questões. Há consciência da agudização[32] das contradições sociais e da existência de *entraves estruturais*. Há a consciência — num momento em que para a grande maioria da população politicamente ativa se coloca a questão de reformas (mais ou menos radicais) e em que mesmo os setores mais conservadores são obrigados a concordar com a necessidade de mudanças — da necessidade de superação desses entraves. Quanto à forma de superação desses entraves, pouca coisa, no entanto, é explicitada. Os métodos e técnicas ligados ao DC e DOC são situados como formas de participar das mudanças, mas não se avança muito além do enunciado. Assim, as posições definidas se orientarão, basicamente, para uma perspectiva modernizadora e de um reformismo muito tímido, quando não se limitam à constatação da necessidade de reformas. Procuram-se soluções técnicas para os grandes problemas estruturais: órgãos nacionais de coordenação e planejamento; a definição de uma *política social* e a fixação de diretrizes básicas de atuação etc., muito pouco se adiantando em termos de medidas concretas.

---

31. Em sua conferência na 6ª Sessão Plenária, o Sr. Arthur Rios situa os termos da questão: "(...) Desenvolvimento é palavra que hoje assume as mais diversas conotações (...); organização de Comunidade, técnica de serviço social que, segundo alguns, prende-se apenas a determinada estrutura social, a determinado tipo de sociedade e, segundo outros, já foi superada; bem-estar social, noção difícil de situar no terreno da filosofia (...).

Pior ainda, essas noções, esses conceitos hoje partilham-se entre dois campos diversos: o campo da tradição e o campo da revolução. O desenvolvimento não é apenas um conceito técnico ou científico. Hoje ele desfralda uma bandeira revolucionária, ao passo que a organização de comunidade e o Bem-estar Social são valores que se atribuem a uma mentalidade conservadora. Entre a tradição e a revolução aumenta a nossa perplexidade (...)".

32. "Num momento em que as massas perplexas e miseráveis se politizam irreversivelmente, ou as promovemos à condição de povo esclarecido, espiritual e economicamente elevado, ou sofremos a tirania de seu ódio e de sua revanche". Luís Carlos Mancini. Conferência na 7ª Sessão Plenária.

Criticam-se as práticas paternalistas das grandes instituições assistenciais,[33] constata-se a inadequação das estruturas político-administrativa às exigências do desenvolvimento socioeconômico e a necessidade de medidas corretivas; verifica-se a necessidade de uma reforma universitária — ao mesmo tempo em que se aplaude a Lei de Diretrizes e Bases da Educação Nacional, que é combatida pela parcela da comunidade universitária que mais se bate pela reforma. Pede-se melhor qualidade e pontualidade nos serviços prestados pela Previdência, Salário-família e Auxílio Desemprego (caso se constate ser o desemprego uma questão social). Reafirma-se a necessidade de uma legislação agrária, de uma revisão da legislação social e sua extensão às populações rurais. No que diz respeito às chamadas *reformas de base*, uma única comissão se manifesta de forma mais explícita, não fugindo suas conclusões, no entanto, ao tom moderado do Congresso, pois apela unicamente ao Estado:

> "Na reforma deste sistema haveria de se ter em vista, pois, que a simples alteração nos aspectos de distribuição da terra não acarretaria por si só mudanças radicais. Estas seriam conseguidas por um complexo de medidas tendentes à multiplicação de maior alcance e profundidade no plano social e técnico.
>
> Da mesma maneira, concordou a Comissão que esta reforma deverá se processar de modo paulatino, na medida em que as populações interessadas participem ativa e conscientemente na sua realização (...)
>
> Finalmente, considerando que a atual Estrutura Agrária Nacional constitui um grande obstáculo ao desenvolvimento nacional para o bem-estar social, faz sentir ao Grupo de Trabalho da Reforma Agrária, criado pelo Sr. Presidente da República, o interesse geral na urgência e na importância da conclusão de seus trabalhos".[34]

---

33. "Certos grandes organismos assistenciais, do tipo LBA, SESC, SESI, Serviço Social Rural e Pioneiras Sociais, manejando verbas totais superiores a dez bilhões de cruzeiros, estão montados sobre estruturas paternalistas ou de privilégios em desacordo com as modernas concepções do problema (...)

Com o vulto dos dinheiros manipulados muita coisa apreciável pode ser e é feita o que não legitima uma estrutura cuja modernização é inadiável. Não pairam dúvidas, aliás, de que nos tempos que correm seria de bom alvitre que essa atualização estrutural *corajosa e democrática* se fizesse por iniciativa de seus próprios dirigentes, pois tudo leva a crer que se fará até contra eles." Luís Carlos Mancini. Conferência na 7ª Sessão Plenária.

34. Relatório Final da Comissão n. 3: Desenvolvimento e Organização de Comunidades em Áreas Rurais.

É fácil de se observar que toda esta série de proposições situa-se — muito timidamente — dentro dos limites do projeto governamental janista. As conclusões e recomendações das diversas Comissões e Grupos de Estudo, quando se aventuram a ir além dos estreitos limites de seu campo específico, apenas repisam aspectos daquele projeto. Permanecem, assim, no campo da modernização,[35] da valorização do desenvolvimento com um mínimo de desestabilizacão, posição própria dos estratos médios ante seu horror à agitação reivindicatória. Não ultrapassam a ideia dos "obstáculos internos" ao desenvolvimento e, nesse nível, situam-se dentro das proposições da Aliança para o Progresso, da Conferência de Punta del Este, em 1961.

Importa ressaltar, nesse momento, as condições em que a ideologia desenvolvimentista se apresenta como progressista. Suas raízes estão na oposição ou dicotomia que incorpora e reproduz; entre atraso-modelo primário-exportador-entrave ao desenvolvimento, de um lado, e progresso-modelo industrializante-expansão do desenvolvimento, de outro. Na verdade, o processo de industrialização é colocado como remédio miraculoso para os problemas do país — permanecendo as relações sociais à margem do discurso ideológico e da explicação para as determinações do processo social. Além de manter intocada a estrutura das relações sociais, o desenvolvimentismo também preserva e mantém em patamar inatingido a ordem que fundamenta o sistema capitalista e a divisão da sociedade em classes. As duas esferas acima (estrutura de relações sociais e ordem), que são preservadas pelo desenvolvimentismo, dão bem a indicação do conteúdo dominante desta ideologia. O desenvolvimento do sistema capitalista, dada a tendência intrínseca ao modo de produção, fica então obscurecido em seu sentido objetivo; na ideologia desenvolvimentista o crescimento econômico passa a constituir solução para os problemas da nação, interessando a todos e a todos beneficiando com seus frutos. É nesse aspecto que se pode analisar as inversões presentes na ideologia, situando-a no

---

35. A modernização pretendida no campo, reforma agrária e legislação trabalhista, enquadra-se numa perspectiva de propiciar a mercantilização efetiva das relações de produção, e de controle das tensões sociais pela modernização das relações de trabalho com a liquidação dos chamados "resquícios feudais" ou pré-capitalistas. Ver, a respeito, Octavio Ianni. *O Colapso...*, *op. cit.*

plano da dominação. Fica assim definida a dimensão de progressismo a que adere o Serviço Social. No limite, perdura a perspectiva de *modernização*, de facilitar o movimento do capital e a permanência das relações sociais capitalistas.

Como o situa Florestan Fernandes, o capitalismo monopolista redefine as relações entre as nações capitalistas centrais e as periféricas, surgindo o que este autor denomina *imperialismo total*.[36] A introdução das técnicas de DC e DOC se enquadram nos marcos desse novo tipo de relacionamento. Penetrando no país através de programas e seminários patrocinados por organismos internacionais — sob a bandeira da modernização do meio rural através da educação de adultos — essas técnicas alcançam rápida difusão. Sob a influência das regras da *obsolescência programada* de ideias e concepções formuladas e exportadas pela indústria do conhecimento norte-americana,[37] as técnicas de DC e DOC passam a ser aplicadas crescentemente em programas diversos, até constituir-se em elemento de importância na política assistencial do governo central. A partir desse momento deverá se constituir, também, numa preocupação do Serviço Social, que apenas marginalmente vinha se ocupando dessas técnicas. A partir da "renovação de ideias, valores e orientações de comportamento" emanadas da nação hegemônica, as técnicas de DC e DOC, ao serem incorporadas pelo Estado, passam a se colocar como problema básico para o Serviço Social.

---

36. "O âmbito da dominação imperialista aprofunda-se e alarga-se com a passagem do capitalismo competitivo para o capitalismo monopolista. Não existem neste último, fronteiras ou controle societário externo, o que permite falar em um imperialismo total. As experiências, nessa esfera, são bem conhecidas. Há os grupos, extraídos de várias categorias profissionais, civis e militares, que foram deslocados para o exterior e sofreram completa reciclagem (ideológica e utópica), graças a programas especiais de 'treinamento', de 'preparação técnica especializada' ou de doutrinação. Há os programas de comunicação em massa, através do rádio, televisão, imprensa e mesmo da educação escolarizada, e os programas de assistência técnica (saúde, cooperação militar, defesa e segurança pública, cooperação econômica, cooperação educacional etc.), que criam redes articuladas de 'modernização dirigida'. Há, por fim, programas de instituições mundiais e de Governo a Governo que recobrem essas e outras áreas, todos difundindo uma filosofia desenvolvimentista própria. Por aqui, os estratos burgueses aprenderam a mudar a qualidade de suas percepções e explicações do mundo, procurando ajustar-se a 'avaliações pragmáticas', que representam o subdesenvolvimento como um 'fato natural' autocorrigível e estabelecem como ideal básico o princípio, irradiado a partir dos Estados Unidos, do 'desenvolvimento com segurança'". Florestan Fernandes. *A Revolução burguesa no Brasil. Ensaio de interpreção sociológica*. Rio de Janeiro: Zahar, 1976.

37. Ver, a respeito, Octavio Ianni. *Imperialismo e cultura*. Petrópolis: Vozes, 1979.

Semelhante processo permite que se realcem alguns aspectos centrais da instituição Serviço Social aflorados anteriormente. Sobressaem, em primeiro lugar, os limites da instituição cujos programas de atuação deverão estar enquadrados em relação às definições políticas do Estado e empresariado, e atualizadas em relação às novas preocupações que agitam aqueles mesmos setores.

Observa-se, por outro lado, que neste Congresso reaparecem diversos elementos destacados nos conclaves anteriores. Repetem-se impasses e proposições que nunca são resolvidos pela profissão. Repetem-se os desempenhos de papéis pelos intelectuais a serviço do Estado.[38] Verifica-se, por fim, que a adesão ao desenvolvimento leva a que se reifiquem os métodos considerados mais adequados a essa postura, ao mesmo tempo em que se desqualificam os anteriores; adotam-se novos ideólogos, celebrando-se as novas perspectivas para atuar em cima da *questão social*; ao discurso profissional se integra uma série de novas categorias como demonstração de sua nova racionalidade: produtividade, programação de atividades, racionalização de recursos etc. Essas transformações, no entanto, parecem pertencer mais ao terreno das aparências; pouco atingem a perspectiva central da atuação dos Assistentes Sociais: o prisma através do qual é vista a população cliente, a perspectiva daquilo que deve ser transformado. A população cliente é sempre *objeto* e nunca *sujeito* de sua própria história.

---

38. "O desenvolvimento econômico confere novas dimensões e importância à função do Assistente Social. O economista pode indicar as medidas gerais que facilitem o desenvolvimento. A aceitação destas e a disposição de colaborar deverá ser obtida em outro nível; neste, as técnicas de organização de comunidade constituem o grande instrumento de trabalho". Conclusão da Conferência do Economista João Paulo de Almeida Magalhães, na 5ª Sessão Plenária.

Os agentes do Serviço Social "(...) são mais que professores, porque não se fecham nas salas para ensinar, não submetem os alunos à disciplina das salas de aula e precisam, muitas vezes, submeter-se à disciplina dos alunos. Sei o que é a necessidade de compreensão, de formação técnica, de aprimoramento de uma equipe toda sobre a qual repousará uma longa parte desta tarefa de reconstrução por todo o território nacional, mas sei também que é absolutamente essencial, é condição sem a qual não existe o Assistente Social, que ele tenha o coração voltado para o que faz, que tenha o seu carinho, a sua afeição devotados à sua tarefa". Conclusão da Conferência do Ministro do Trabalho Francisco de Castro Gomes, na 1ª Sessão Plenária.

Considerações finais

A revisão da trajetória histórica do Serviço Social no Brasil foi encerrada, dentro dos limites desta pesquisa, nos inícios da década de 1960, no bojo do desenvolvimentismo janista, conforme o apresentado no último capítulo. O que se pretende nessas considerações finais é registrar o debate, que se desenvolve no interior da categoria profissional, a partir desse período, no qual marcam presença tendências contestadoras e/ou inovadoras, eventualmente existentes antes desse momento, mas que não deixaram sua atuação documentada. Afirma-se, no seio da categoria profissional de Assistentes Sociais, uma heterogeneidade de posições relativas ao significado social da profissão na sociedade capitalista e à direção que deve ser imprimida à prática dessa instituição, aparecendo de forma explícita um "contra-discurso" institucional ante aquele predominante até então.

Os estreitos limites institucionais dentro dos quais as posições assumidas pelo Serviço Social foram situadas no último capítulo (Parte II, cap. IV) devem ser mediatizados e melhor explicitados. Deve-se considerar, em primeiro lugar, que representa o posicionamento dominante da instituição e majoritário no meio profissional. Este meio apresenta características específicas naquele período: é extremamente limitado numericamente, compõe-se basicamente de mulheres que se originam em proporção ainda significativa de setores abastados da sociedade; as posições dominantes e/ou de prestígio, assim como o controle de escolas especializadas e das funções de docência são ocupadas, em sua grande maioria, pelos pioneiros e seus sucessores imediatos — quadros formados e profundamente influenciados pela hierarquia católica. Deve-se ter em conta, enfim, que durante aquele período o Serviço Social é uma instituição essencialmente conservadora. Como observado, é apenas no decorrer da década de 1960 que o meio profissional dos Assistentes Sociais começa a ampliar-se com certa rapidez, processo que ocorre paralelamente a uma "abertura", isto é, um processo de "modernização" em que a instituição e o agente profissional procurarão abrir mão de certas características, especialmente aquelas que lhes valeram o estigma de autoritarismo e paternalismo a serviço das classes dominantes.

Nos últimos anos da década de 1950 e início da seguinte podem ser localizadas as primeiras manifestações públicas, de que se tem conhecimento, no interior do "campo social" que se posicionam contra a manutenção do *status quo*.[1] Essas posições diferenciadas, no Serviço Social, florescem especialmente entre profissionais vinculados a trabalhos de Desenvolvimento de Comunidade, que se lançam na busca de alternativas à proposta oficial, veiculada através de organismos internacionais, na tentativa de adequação de diretrizes e métodos de atuação comunitária às peculiaridades da conjuntura nacional. Tais iniciativas pulveri-

---

1. Safira Ammann, em sua análise sobre o Desenvolvimento de Comunidade no Brasil, situa o II Congresso Nacional de Educação de Adultos (Porto Alegre, 1958) como um momento decisivo em que se confrontam correntes de opiniões, a partir de um leque abrangente de posicionamentos, incluindo desde marxistas até humanistas cristãos sob essas influências (J. Maritain, T. Chardin, J. Lebret, E. Mounier etc.). Começa-se a questionar a perspectiva crítica do encaminhamento da educação de adultos, momento em que vem a público a proposta de Paulo Freire, fornecendo conceitos inovadores capazes de informar uma alternativa prática concreta. Segundo a autora, o "Seminário Nacional sobre Ciências Sociais e Desenvolvimento de Comunidade no Brasil, em julho de 1960, expressa a preocupação de intelectuais vinculados ao DC com mudanças macro-societárias. Este evento origina-se de convênio entre o Ponto IV e o Serviço Social Rural, tendo em vista orientar programas de desenvolvimento socioeconômico em áreas rurais do país. O Encontro de Técnicos promovido pela Secretaria de Saúde Pública e Assistência Social de São Paulo (1962) e o Seminário de Desenvolvimento e Organização de Comunidade, levado a efeito pela ABESS em 1963, são duas reuniões importantes por marcarem posições minoritárias que contestam o conteúdo do DC e DOC situando-os como reforçadores do *status quo*. Ver, a respeito, Safira Ammann. *Ideologia...*, *op. cit*. Deve ser marcada, ainda, a influência do Movimento de Educação de Base (MEB) intimamente vinculado a intelectuais da esquerda católica no reforço dos questionamentos à prática profissional. Essas atividades e reuniões, embora nem todas específicas do Serviço Social, contavam com a presença de profissionais, repercutindo na reflexão teórico-prática do Serviço Social nesse período.

zadas, minoritárias perante o conjunto da profissão, refluem após o movimento de 1964, verificando-se seu reaparecimento nas décadas seguintes. Uma vez firmado o fato de que neste período começam a se formar no meio profissional de Assistentes Sociais correntes de pensamento que contestam, em diversos níveis, as práticas institucionais vigentes, é forçoso dar-lhes sua verdadeira dimensão, vendo nelas tendências apenas marginais cujo crescimento foi truncado com o golpe de 1964. Porém, sua presença expressa um dado novo de significativa importância para o desenvolvimento posterior da profissão, na linha de busca de novas bases de legitimidade de seu exercício junto àqueles setores que são o alvo da intervenção técnica.

Não se pretendendo reconstruir o processo de desenvolvimento da profissão a partir da década de 1960, busca-se, aqui, ressaltar alguns marcos característicos do Serviço Social relacionados aos novos quadros conjunturais, visando essencialmente situar aquele debate.

Esses questionamentos emergem tendo como pano de fundo um período de crise e intensa efervescência política no continente, no quadro de colapso do populismo e de uma reorientação tática do imperialismo em relação às sociedades dependentes. Internamente, tem-se uma conjuntura político-econômica cujas tensões vão culminar em expressivas mudanças na correlação de forças com o movimento de 1964. Nesse contexto é fortalecida uma "esquerda cristã" que passa a influenciar contingentes maiores de Assistentes Sociais, seja pela sua convivência no interior do "bloco católico", seja por meio das escolas e do movimento estudantil. Por paradoxal que possa parecer, o rompimento de parcela do meio profissional com a tradição conservadora da instituição partirá, essencialmente, do interior do próprio movimento católico. É importante ressaltar que o momento em que o meio profissional começa a ampliar-se — ampliação essa que ocorre diante de uma demanda objetiva do aparelho do Estado e das empresas — coincide com a intensificação da radicalização política que caracteriza o colapso final do populismo. A partir de várias frentes, o meio profissional passa a ser pressionado a posicionar-se mais concretamente em face do debate que atravessa a sociedade, podendo ser sintetizado naquele momento na questão das "Reformas de Base", entre transformações estruturais da sociedade e a perspectiva da modernização, da aceitação da função "civilizatória" do capital estrangeiro etc.

O processo de politização dos setores médios acompanha o crescimento da organização dos trabalhadores rurais e urbanos, através dos sindicatos, ligas camponesas etc., enquadrados na perspectiva do pacto populista. A própria realidade apresenta questionamentos políticos que sensibilizam segmentos do meio profissional e se traduzem num início de revisão da prática dessa instituição.

Como já foi visto, o discurso institucional predominante do Serviço Social tendeu a adaptar-se às preocupações das classes dominantes e às suas demandas. A adesão ao desenvolvimentismo que se verifica no II Congresso Brasileiro de Serviço Social mantém-se dentro dos marcos do projeto governamental. As proposições saídas desse congresso, deslocadas do quadro geral da ideologia desenvolvimentista, não ultrapassaram uma perspectiva modernizante. Essa perspectiva deverá acentuar-se com o Golpe Militar de 1964.

Com a liquidação da "coalizão nacionalista-populista" explicita-se uma nova correlação de forças mais favorável às necessidades decorrentes do processo de aprofundamento capitalista nacional e internacional. Ou seja, o modelo político que se impõe tem em vista a adequação do poder de Estado às novas necessidades do processo de acumulação, de modo a fortalecer a grande unidade de produção, pública ou privada, nacional ou estrangeira. Visto de outro ângulo, significa que a política de incorporação subordinada de interesses das classes populares, que se havia verificado durante o período populista, torna-se secundária em face da nova correlação de forças e base social de apoio ao governo central. Mais ainda, tratava-se da necessidade prévia de desarticulação dos instrumentos de defesa das classes populares para impor a radicalização do modelo de acumulação, necessário à afirmação do novo patamar em que se situava internamente o aprofundamento do capitalismo e sua inserção na divisão internacional do trabalho. O conjunto dessas novas necessidades tem como suporte um poder de Estado que assume tanto funções repressivas no plano social, como modernizadoras no plano administrativo. Ganha relevo a política de apoio e subsídio ao grande capital (estatal, multinacional e privado nacional), ao mesmo tempo em que, progressivamente, tornam-se dominantes, dentro do aparelho de Estado, os representantes da aliança entre as forças armadas e a tecnoburocracia, expressando os interesses daqueles setores do capital. Tal se dá em detrimento da participação no poder dos setores agrário-latifundistas e da burocracia e políticos conservadores tradicionais. Em substituição à ideologia "nacional-desenvolvimentista" impõe-se uma perspectiva "pragmático-tecnocrática", que, a partir de critérios de "racionalidade crescente", justifica um processo de superconcentração do poder estatal e de acentuada burocratização.

Importa ressaltar que, em decorrência do novo equilíbrio de forças, verifica-se uma mudança significativa nas relações de trabalho, expressando-se através das novas políticas salarial e sindical, que traduzem um aumento do nível de exploração da classe operária. O arrocho salarial é complementado tanto pela liquidação de "direitos" já conquistados — greve, estabilidade etc. — como pela desarticulação da estrutura sindical. Essas medidas viabilizam um aumento da taxa de exploração através da ampliação da jornada de trabalho, do reforço da disciplina industrial etc., tendo como contrapartida um aumento da produtividade dentro de um clima de "ordem" e aparente "paz social". A consequência da implantação dessas novas estratégias de desenvolvimento, altamente concentradoras de renda e de capital é a queda do padrão de vida dos assalariados, que se expressa, entre outros fatores, no agravamento da desnutrição, de doenças infecciosas, na elevação das taxas de mortalidade infantil, dos acidentes de trabalho. Em síntese: verifica-se a ampliação da miséria relativa e absoluta de grande parcela da população trabalhadora, consubstanciando-se um processo crescente de dilapidação da força de trabalho coletiva.

Diante desse panorama emergem indagações básicas para a análise da profissão: Quais os mecanismos que o novo bloco no poder utilizará para "digerir" as consequências dos altos custos sociais da proposta levada à prática de "crescimento econômico com estabilidade política"? O que, nessa conjuntura, será solicitado aos agentes profissionais e quais as suas respostas?

Na medida em que, na concepção oficial, a política salarial não se constitui em questão de política social, a esta é sonegado seu elemento determinante, que define o padrão de vida dos trabalhadores assalariados. A política social é reduzida, no discurso do governo, aos tradicionais campos: educação, saúde, habitação etc., a partir dos quais são compartimentalizadas as necessidades vitais de reprodução da classe trabalhadora em seu conteúdo moral e histórico. As soluções passam a ser definidas a partir de programas específicos que individualizam respostas de reivindicações de conteúdo coletivo. Essas mesmas respostas, isto é, programas *sociais*, passam por sua vez a constituir-se em campos de investimento de capitais nacional e estrangeiro, passando a obedecer à lógica de sua própria valorização, o que incidirá na subordinação da qualidade dos "serviços" prestados às necessidades de rentabilidade das empresas.

Dentro de semelhantes características, essa política está voltada a assegurar, com um mínimo possível de custos, a manutenção e a reprodução ampliada da força de trabalho; assegurar a contenção das tensões sociais, antecipando e prevenindo a radicalização de conflitos; angariar apoio político através de uma prática clientelista; enfim, demonstrar à opinião pública a preocupação do governo com as questões sociais. No entanto, o limite dessa política está na impossibilidade de superar as carências efetivas da população, reduzindo-se a atenuar e reproduzir aquelas "carências", *institucionalizando* as manifestações do processo de pauperização absoluta e relativa do proletariado e das sequelas daí derivadas.

Essa política social representará para os Assistentes Sociais uma ampliação crescente de seu campo de trabalho. Paralelamente, diversificará as demandas feitas ao meio profissional no sentido de assumir e enfrentar uma série de tarefas e funções relativas à implementação daquelas políticas sociais dentro da nova "racionalidade" que o modelo político e econômico impõe. A isso se acrescem os efeitos da burocratização crescente que a modernização do aparelho do Estado, no plano administrativo, acarreta. Este fato, que também se reflete no interior das empresas, torna ainda mais necessária a existência de funcionários especializados nas tarefas de interpretação e encaminhamento para a obtenção de "benefícios" a que se referem aquelas políticas. Assim, observa-se que o crescimento da demanda e exigências que essa conjuntura coloca para o meio profissional nada mais é que um aspecto da resposta institucional ao agravamento das condições de existência do proletariado. Em outros termos, a ampliação do mercado de trabalho e o reforço da legitimidade do Serviço Social é expressão da resposta das classes dominantes ao enfrentamento das novas formas de expressão da questão social, que tem como pano de fundo a ampliação do processo de pauperização da população trabalhadora, dentro de uma conjuntura em que sua capacidade de luta encontra-se gravemente afetada pela política de desorganização e repressão a suas entidades de classe. Nesse quadro, a instituição Serviço Social deverá capacitar-se a fornecer uma resposta que a atualize, face aos novos desafios que lhe são colocados pela conjuntura político-econômica. Estes se traduzirão num repensar da atuação profissional, seja numa linha de tecnificação pragmatista, seja numa busca de questionamento das próprias bases da legitimidade dessa demanda.

Esse processo de revisão da profissão é uma exigência da realidade, uma vez que, para atender as demandas, torna-se indispensável a adoção de padrões e técnicas *modernas* que se contraponham àquilo que poderia oferecer o chamado "Serviço Social tradicional". Essa *modernização* se caracterizará pela preocupação com aperfeiçoamento do instrumental técnico, de metodologias de ação, da busca de padrões de eficiência, sofisticação dos modelos de análise e diagnóstico etc. A realidade político-econômica brasileira é tida como um dado objetivo a partir do qual se busca a adequação e eficiência, isto é, rentabilidade dos procedimentos de intervenção junto à população cliente. Assim, é uma atualização que o meio profissional enfrenta, a reboque das transformações que se processam dentro da economia do aparelho do Estado. Os Seminários de Teorização do Serviço Social de Araxá e Teresópolis,[2] onde no essencial essas posições são ratificadas, representaram, também, tentativas de pensar a profissão na totalidade de seus elementos constitutivos internos.

---

2. Ver a respeito: "Documento de Araxá". *Revista Debates Sociais* n. 4, ano III, Rio de Janeiro, CBCISS, mai. 1967; "Documento de Teresópolis — Metodologia do Serviço Social". *Revista Debares Sociais*. 5. ed. Suplemento. Rio de Janeiro: CBCISS, n. 4, set. 1978.

A partir da impossibilidade, cada vez mais evidente, de se intervir profissionalmente de forma objetiva no saneamento ou eliminação das situações de "carência" da população cliente, o Serviço Social refugia-se cada vez mais numa discussão interna de seus elementos técnico-metodológicos. No entanto, as posições assumidas nos anos áureos do "milagre econômico brasileiro", pelos setores mais dinâmicos e mais próximos dos núcleos institucionais do poder, são crescentemente questionadas. Esse questionamento é posto ao profissional pela realidade dentro da qual trabalha, passando a exigir dele respostas mais além de métodos e técnicas de intervenção e gestão e/ou organização dos problemas sociais. O que se encontra subjacente a esses questionamentos é o próprio alcance das políticas sociais. Por maior extensão que as classes dominantes pretendam atribuir-lhes e por maior perfeição com que os técnicos — entre eles Assistentes Sociais — pretendam executá-las, seu resultado mais marcante é a reprodução ampliada das desigualdades, contradizendo o discurso que justifica aquelas políticas.

A esse fator se acresce uma série de outros, que contribuirão para que significativas parcelas da categoria passem a questionar o conteúdo de sua prática: a crise do "milagre" e seus efeitos sobre o conjunto dos setores médios, que são levados a organizar-se tendo em vista a defesa de seus interesses corporativos; o reaparecimento de movimentos sociais que, progressivamente, recuperam espaço que lhes tinha sido vetado nas conjunturas anteriores; o surgimento de um sindicalismo operário independente, numa aliança objetiva com as lutas reivindicativas das categorias profissionais dos estratos médios; o pensamento e a prática de uma parcela da Igreja, que se posiciona a favor dos oprimidos. No plano das escolas, a orientação que estas vieram assumindo no sentido de direcionar os currículos para uma maior incorporação das ciências sociais, ampliando a bagagem científica dos profissionais. É preciso considerar ainda que, à medida que o meio profissional dos Assistentes Sociais se *moderniza*, isto é, à medida que se expande numericamente, sua base social predominante é cada vez mais constituída a partir dos estratos médios; à medida que se solidifica a "secularização" da profissão e se afirma seu caráter *técnico*, mais esse meio profissional se torna permeável às contradições principais que se colocam para a sociedade. A partir desse momento, dentro das estratégias de atualização da profissão, deve ser considerado um novo elemento. Trata-se da adaptação do discurso e do projeto de prática institucional à correlação de forças presentes nas diversas conjunturas históricas. Todo este conjunto heterogêneo de fatores contribui para que se aprofunde o questionamento do sentido da prática profissional.

Dentro da diversidade de tendências que se propõem a negar o "Serviço Social tradicional" e a vertente modernizadora da profissão, afirma-se uma perspectiva que questiona a própria legitimidade da demanda e dos compromissos políticos subjacentes ao exercício da prática profissional. A existência e crescimento dessa tendência tem por efeito revigorar e polarizar o debate e a luta pelo controle de posições representativas no meio profissional. Sem dúvida, as raízes dessa nova perspectiva têm a ver com as experiências da década de 1960, porém submetidas a um processo de reflexão que incorpora a dimensão latino-americana. A literatura produzida pelo Movimento de Reconceituação[3] em países como Uruguai, Argentina, Chile, Peru, entre outros, é incorporada, de maneira crítica, nas elaborações iniciais dessa nova perspectiva. Uma de suas expressões pioneiras no país, do ponto de vista da formação profissional, é dada ainda nos inícios da década de 1970 pela experiência levada a efeito pela Escola de Serviço Social da UCMG.[4]

---

3. Sobre o movimento de Reconceituação do Serviço Social existe, em termos latino-americanos, uma considerável literatura disponível. Não tendo sido este movimento objeto de reflexão sistemática desta pesquisa, remetemos o leitor a algumas das publicações existentes a respeito: D. Palma. *La Reconceptualización: Una Búsqueda en América Latina*. Buenos Aires: ECRO, Serie CELATS, n. 2, 1975; H. F. Morales et al. *Compendio sobre la metodología del Trabajo Social*. 2. ed. Buenos Aires: ECRO, Serie ISI-4, 1976; N. Alayón et al. *Desafío al Servicio Social*. Buenos Aires: Humanitas, 1975; V. P. Faleiros. *Trabajo Social: Ideología y método*. Buenos Aires: ECRO, 1972; H. Kruse. *Introducción a la teoría científica del Servicio Social*. Buenos Aires: ECRO, Serie ISI/1, 1972, N. Kisnerman. *Sete estudos sobre Serviço Social*. São Paulo: Cortez & Moraes, 1978; E. Ander-Egg. *El Servicio Social en la Encrucijada*. México: UMETS, 1971; L. Lima e R. Rodrigues. "Metodologismo: Estallido de una Época". *Acción Crítica*. Lima: CELATS/ALAETS, n. 2, jul. 1977; L. Lima. "Marchas y contramarchas del Trabajo Social: Repasando la reconceptualización". *Acción Crítica*. Lima: CELATS/ALAETS, n. 6, dez. 1979; B. Lima. *Contribuição à metodologia do Serviço Social*. Belo Horizonte: Interlivros, 1976; J. P. Netto. "A Crítica conservadora à reconceptualização". *Revista Serviço Social & Sociedade*. São Paulo: Cortez, ano II, n. 5, mar. 1981; H. Junqueira. "Quase duas décadas de reconceituação do Serviço Social: Uma Abordagem Crítica". *Serviço Social & Sociedade*. São Paulo: Cortez, ano II, n. 4, dez. 1980.

4. A experiência da Escola de Serviço Social da Universidade Católica de Minas Gerais encontra-se documentada através dos seguintes trabalhos: L. S. Lima et al. "A Prática como Fonte de Teoria". Escola de

É no desenvolver desse debate que ganham relevo as tentativas de formulação de uma estratégia teórico-prática a serviço do fortalecimento do processo organizativo dos setores populares. Semelhante busca se realiza a partir das práticas dos movimentos sociais e se origina de um contingente hoje expressivo, embora minoritário, do meio profissional. Conscientes de que tal orientação pode se tornar uma armadilha de cooptação do processo de organização independente das classes trabalhadoras pelos organismos institucionais do poder, são temas de preocupação desses profissionais, entre outros: a recusa à ação profissional tutelar e normativa da população "cliente"; a busca de maior proximidade com o cotidiano de vida das camadas populares, solidarizando-se com seus interesses e reivindicações, o que demonstra maior consciência desta parcela do meio profissional das contradições da sociedade expressas na sua prática profissional; e a procura de novas bases sociais de legitimação do Serviço Social. Considera-se importante frisar que o debate ora em desenvolvimento, não se constituindo em movimento autônomo do meio profissional, tenderá a aprofundar-se no processo de consolidação de uma contra-hegemonia, que, tendo por centro o proletariado, seja capaz de incluir em seu projeto para a sociedade as aspirações dos setores médios que lhe são mais próximos.

Serviço Social de UCMG, jun. 1971, mimeografado; L. S. Lima et al. "A Relação teoria-prática no Serviço Social". In: *Compendio sobre metodología para el Trabajo Social*. 2. ed. Buenos Aires: ECRO, Serie ISI/4, 1976. p. 76-178; S. Lima et al. "Proyecto de reestruturación de la Escuela de Servicio Social de la Universidad Católica de Minas Gerais (Belo Horizonte)". In: *Compendio sobre reestruturación de la carrera de Trabajo Social*. Buenos Aires: ECRO, Serie ISI/5, 1973. p. 25-67; "Análise histórica da orientação metodológica da Escola de Serviço Social da UCMG-BH". Mimeografado, 1974.

Bibliografia

DOCUMENTOS

ARAGÃO, M. L. M. de. "Informe sobre as atividades da Fundação Leão XIII". In: *Anais* do 1º Congresso Brasileiro de Serviço Social. São Paulo: CEAS, 1947.

CASTRO NEVES, F. "O Desenvolvimento nacional e a interdependência dos aspectos social e econômico". In: *Anais* do II Congresso Brasileiro de Serviço Social. Rio de Janeiro: CBCISS, 1961.

CARVALHO, M. C. "Plano de atividades a serem desenvolvidas pelo Serviço Social da Indústria". In: CONGRESSO BRASILEIRO DE SERVIÇO SOCIAL, 1. São Paulo: CEAS, 1947.

CEAS. *1º Relatório do CEAS*. Arquivo da Escola de Serviço Social da Pontifícia Universidade Católica de São Paulo, 1934.

_____. *Estatuto do Ceas*. Arquivo da Escola de Serviço Social da Pontifícia Universidade Católica de São Paulo.

_____. *Tese* apresentada ao Congresso do "Centro Dom Vital" pelo CEAS, na sessão especializada que se realizou no dia 13 de maio de 1933. Arquivo da Escola de Serviço Social da Pontifícia Universidade Católica de São Paulo.

DOCUMENTO DE ARAXÁ. *Revista Debates Sociais*, Rio de Janeiro, CBCISS, ano III, n. 4, maio 1967.

DOCUMENTO DE TERESÓPOLIS — METODOLOGIA DO SERVIÇO SOCIAL. *Revista Debates Sociais*. 5. ed. Rio de Janeiro: CBCISS, supl., n. 4, set. 1978.

ESCOLA DE SERVIÇO SOCIAL. *Programa*. Arquivo da Escola de Serviço Social da PUC-SP, 1944.

_____. *Relatórios*. Arquivo da Escola de Serviço Social da PUC-SP, 1937.

_____. *Relatórios*. Arquivo da Escola de Serviço Social da PUC-SP, 1947.

ESCOLA DE SERVIÇO SOCIAL DA UNIVERSIDADE CATÓLICA DE MINAS GERAIS. "Análise histórica da orientação metodológica da Escola de Serviço Social da UCMG — Belo Horizonte", out. 1974. (Mimeo.)

FARO, S. "Recrutamento e formação de quadros". In: SEMANA DE AÇÃO SOCIAL DO RIO DE JANEIRO, 1. Relatório apresentando as Conclusões Votadas. Rio de Janeiro: Typ. do "Jornal do Commercio" Rodrigues & Cia., 1938.

FERREIRA, F. P. "Educação popular através do Serviço Social de Grupo no SENAI". In: CONGRESSO BRASILEIRO DE SERVIÇO SOCIAL, 1. São Paulo: CEAS, 1947.

FERREIRA, O. C. Discurso como paraninfa da turma de 1940 da Escola de Serviço Social de São Paulo. Arquivo da Escola de Serviço Social/PUC-SP.

KFOURI, N. G. Conferência realizada na União Brasil-Estados Unidos, em 21 de maio de 1943. Arquivo da Escola de Serviço Social da PUC-SP.

KIEHL, M. "O ensino do Serviço Social no Brasil" (entrevista), 1942. Arquivo da Escola de Serviço Social da PUC-SP.

LBA — *Diretrizes e realizações*. Relatório apresentado pelo Secretário Geral aos membros do Conselho Consultivo e Deliberativo (agosto de 1942 — julho de 1943). Publicação da LBA. Arquivo da Escola de Serviço Social da PUC-SP.

LIMA, L. S. et al. "Prática como fonte de teoria". Escola de Serviço Social da UCMG, jun. 1971. (Mimeo.)

MACIEL, Y. "Uma Experiência de Serviço Social na Indústria". Trabalho apresentado no 1º Congresso de Direito Social, 1941. Arquivo da Escola de Serviço Social da PUC-SP.

MAGALHÃES, A. Discurso no encerramento da 1ª Semana de Ação Social do Rio de Janeiro. In: SEMANA DE AÇÃO SOCIAL DO RIO DE JANEIRO, 1. Relatório apresentando as conclusões votadas. Rio de Janeiro: Typ. do "Jornal do Commercio", Rodrigues & Cia., 1938.

MAGALHÃES, S. P. A. "O Desenvolvimento e organização de comunidade e o planejamento regional". In: CONGRESSO BRASILEIRO DE SERVIÇO SOCIAL, 2. Rio de Janeiro: CBCISS, 1961.

MANCINI, L. C. "A Posição do Serviço Social no desenvolvimento nacional para o Bem-estar social". In: CONGRESSO BRASILEIRO DE SERVIÇO SOCIAL, 2. Rio de Janeiro: CBCISS, 1961.

OLIVEIRA, M. V. C. "Discurso pronunciado no 2º Congresso de Direito Social". In: CONGRESSO DE DIREITO SOCIAL, 2. 1946.

PONTES, M. "Condições sociais e econômicas dos menores que trabalham na indústria (pesquisa realizada em São Paulo, no período de junho e julho de 1945)". In: COMISSÃO DE ORIENTAÇÃO SOCIAL. São Paulo: Sindicato da Indústria de Fiação e Tecelagem em Geral, 1945.

PORTO, H. "Discurso de inauguração da 1ª Semana de Ação Social do Rio de Janeiro". In: SEMANA DE AÇÃO SOCIAL DO RIO DE JANEIRO, 1. Relatório apresentando as Conclusões Votadas. Rio de Janeiro: Typ. do "Jornal do Commercio", Rodrigues & Cia., 1938.

QUIROGA, A. J. "Discurso". In: SEGUNDA SEMANA DE AÇÃO SOCIAL DO RIO DE JANEIRO. Rio de Janeiro, 1937.

RAMOS, A. F. "Discurso". In: SEMANA DE AÇÃO SOCIAL DE SÃO PAULO, 4. São Paulo, 1940.

RAMOS, B. "A Formação do Assistente Social". In: *Anais* da 4ª Semana de Ação Social de São Paulo, 1940.

REIS, A. P. "O Desenvolvimento e a organização de comunidade como instrumento do desenvolvimento nacional". In: CONGRESSO BRASILEIRO DE SERVIÇO SOCIAL, 2. Rio de Janeiro: CBCISS, 1961.

RIOS, A. "O Desenvolvimento e a organização de comunidade e a integração e fortalecimento dos municípios". In: CONGRESSO BRASILEIRO DE SERVIÇO SOCIAL, 2. Rio de Janeiro: CBCISS, 1961.

SEMANA DE AÇÃO SOCIAL DO RIO DE JANEIRO, 1938. Relatório apresentando as conclusões votadas na I Semana de Ação Social do Rio de Janeiro. Rio de Janeiro: Typ. do "Jornal do Commercio", Rodrigues & Cia.

SILVA, Lucy Pestana. Discurso como oradora da primeira turma que se formou na Escola de Serviço Social de São Paulo, 1938. Arquivo da Escola de Serviço Social da PUC-SP.

SINDICATO DA INDÚSTRIA DE FIAÇÃO E TECELAGEM EM GERAL. "Atas das reuniões da Comissão de Orientação Social (realizadas aos vinte e quatro dias do mês de julho e primeiro de agosto de 1945)". In: COMISSÃO DE ORIENTAÇÃO SOCIAL. Sindicato da Indústria de Fiação e Tecelagem em Geral. São Paulo, 1945.

DOCUMENTOS OFICIAIS

LEGISLAÇÃO

LEI n. 2.497, de 24 de dezembro de 1936 (organiza o Departamento de Assistência Social do Estado). São Paulo, Imprensa Oficial do Estado. Arquivo da Escola de Serviço Social da PUC-SP.

PORTARIA INTERNA, DAS, 1938. Portaria Interna do Departamento de Assistência Social, de 1-2-1938 (organiza o Serviço de Assistência Social). São Paulo: Arquivo da Escola de Serviço Social da PUC-SP.

PORTARIA n. 35, de 19 de abril de 1949, do Ministério do Trabalho Indústria e Comércio (enquadra o Serviço Social no 14º Grupo de Profissões Liberais).

REVISTAS e PERIÓDICOS

ARAÚJO, O. E. "Aspectos sociais do Congresso Brasileiro de Indústria". *Revista Serviço Social*, São Paulo, n. 36, 1945.

AZEVEDO, A. M. "O Espírito do SESI". *Arquivo do Instituto de Direito Social*, São Paulo, v. 9, n. 1, dez. 1949.

_____. "Cartas e — crônicas". *Revista Serviço Social*, São Paulo, n. 48, 1948.

BRAGA, A. "O Serviço Social de grupo em sua visão histórica". *CBCISS*, Rio de Janeiro, ano 2, n. 13, 1969.

BRANDÃO, C. R. "Da educação fundamental ao fundamental da educação". In: *Proposta*, Rio de Janeiro: Fase, supl. I, set. 1977.

CERQUEIRA, E. G. "O Centro de Estudos e Ação Social de São Paulo". *Revista Social*, São Paulo, n. 33, 1944.

COSTA, M. D. "Serviço Social, vinte e cinco anos". *Debates Sociais*, Rio de Janeiro: CBCISS, ano VII, n. 12, maio 1971.

DELLA CAVA, R. "Igreja e Estado no Brasil do século XX". *Estudo CEBRAP*, São Paulo, n. 12, 1975.

FALLER VITALE, M. A. "As Profissões que integram os serviços de bem-estar social". *Debates Sociais*, Guanabara, ano VI, n. II, out. 1970.

FERREIRA, F. P. "O Serviço Social em São Paulo". *Revista Serviço Social*, São Paulo, n. 29-30, 1941.

_____. "Problemas didáticos e pedagógicos do Instituto de Serviço Social". Tese apresentada na Semana de Estudos do Serviço Social. *Revista Serviço Social*, São Paulo, n. 34, 1944.

HADLER, M. S. "A Política de controle da classe operária no governo Vargas". *Revista Cara a Cara*, São Paulo: Vozes, n. 2, jul./dez. 1979.

IAMAMOTO, M. V.; MANRIQUE, M. C. "Hacia el estudio de la historia del Trabajo Social en América Latina". *Acción Crítica*, Lima, CELATS/ALAETS, n. 5, p. 53-73, abr. 1979.

JUNQUEIRA, H. I. "Considerações sobre a organização do programa para a Escola de Serviço Social". *Revista Serviço Social*, São Paulo, n. 31, 1943

_____. "Quase duas décadas de reconceituação do Serviço Social: Uma Abordagem crítica". *Serviço Social & Sociedade*, São Paulo, ano II, n. 4, dez. 1980.

KFOURI, N. G. "A Técnica do Serviço Social dos casos individuais". *Revista Serviço Social*, São Paulo, n. 38, 1945.

KOWARICK, L. "Proceso de desarrollo del Estado en América Latina y políticas sociales". *Acción Crítica*, Lima, CELATS/ALAETS, n. 5, p. 6-13, abr. 1979.

LIMA, L. S. "Marchas y contramarchas del Trabajo Social: Repasando la reconceptualización". *Acción Crítica*, Lima, CELATS/ALAETS, n. 6, p. 25-31, dez. 1979.

LIMA, L. S.; RODRIGUEZ, R. "Metodologismo: Estallido de una época". *Acción Crítica*, Lima, CELATS/ALAETS, n. 2, jul. 1977.

MAGUIÑA, A. L. "Trabajo Social: Servicio o actividad produtiva?" *Acción Crítica*, Lima, CELATS/ALAETS, n. 3, p. 17-26, 1977.

MANCINI, L. C. "Lições que devem ser meditadas". *Revista Serviço Social*, São Paulo, n. 21-22-23, 1940.

_____. "Variações sobre a previdência social". Revista *Serviço Social*, São Paulo, n. 47, 1947.

MARTINS, J. S. "O Café e a gênese da industrialização em São Paulo". *Revista Contexto*, São Paulo: Hucitec, n. 3, jul. 1977.

_____. "As Relações de classe e a produção ideológica da noção de trabalho". *Revista Contexto*, São Paulo: Hucitec, n. 5, mar. 1978.

MEDEIROS, R. S. "Cartas e crônicas". *Revista Serviço Social*, São Paulo, n. 47, 1947.

_____. "Prelúdio à paz social". *Revista Serviço Social*, São Paulo, n. 36, 1945.

_____. "Serviço Social e Sociologia". *Revista Serviço Social*, São Paulo, n. 46, 1947.

NETTO, J. P. "A Crítica conservadora à reconceptualização" *Revista Serviço Social & Sociedade*, n. 5, São Paulo, Cortez, ano II, mar. 1981.

PARODI, J. "El Significado del Trabajo Social en el Capitalismo y la Reconceptualización". *Acción Crítica*, Lima, CELATS/ALAETS, n. 4, p. 33-43, 1978.

PEREIRA, H. "Aspectos do Serviço Social no Rio de Janeiro". *Revista Serviço Social*, São Paulo, n. 31, 1943.

QUEDA, O.; DUARTE, J. C. "Agricultura e Acumulação". *Debate e Crítica*, São Paulo: Hucitec, n. 2, p. 90-7, jan./jun. 1974.

QUEIROZ, C. P. "Contribuição à história do Serviço Social no Brasil". *Cadernos de Serviço Social*, Rio de Janeiro: ABAS (Associação Brasileira de Assistentes Sociais), ano I, n. 8, jun. 1950.

SILVA, A. F. da. "O Assistente e a liberdade do assistido". *Revista Serviço Social*, São Paulo, n. 23, 1940.

_____. "Escola de Serviço Social". *Revista Serviço Social*, n. 33, São Paulo, 1944.

VIEIRA, B. O. "A Concessão de auxílios financeiros no tratamento social de problemas econômicos". *Revista Serviço Social*, São Paulo, n. 49, 1948.

WEY, A. M. F. "50 casos de desajustamento". *Revista Serviço Social*, São Paulo, n. 27, 1941.

LIVROS

ALAYÓN, N. et al. *Desafío al Servicio Social*. Buenos Aires: Humanitas, 1975.

ALTHUSSER, L. *Ideologia e aparelhos ideológicos do Estado*. São Paulo: Martins Fontes, s.d.

AMMANN, S. B. *Ideologia e desenvolvimento de comunidade no Brasil*. São Paulo: Cortez, 1980.

ANDER EGG, E. *El Servicio Social en la encrucijada*. México: UMETZ, 1971.

BARBOSA LIMA, S. *Participação social no cotidiano*. São Paulo: Cortez & Moraes, 1979.

BEIGUELMAN, P. *Os companheiros de São Paulo*. São Paulo: Símbolo, 1977.

BOBBIO, N. et al. *O marxismo e o Estado*. Rio de Janeiro: Graal, 1979.

BOURDIEU, P. *A economia das trocas simbólicas*. São Paulo: Perspectiva, 1974.

BRANDÃO, B. C. *O movimento católico leigo no Brasil* (as relações entre Igreja e Estado — 1930-1937). Tese (Mestrado) — Departamento de Ciências Humanas da Universidade Federal Fluminense. Rio de Janeiro, 1975 (Mimeo.)

BRAVERMAN, H. *Trabalho e capital monopolista*: a degradação do trabalho no século XX. Rio de Janeiro: Zahar, 1977.

BRUNEAU, T. *O Catolicismo brasileiro em época de transição*. São Paulo: Loyola, 1974.

CAMARGO, C. P. *Igreja e desenvolvimento*. São Paulo: Ed. Brasileira de Ciências, 1971.

CARDOSO, M. L. *Ideologia do desenvolvimento*: Brasil JK-JQ. Tese (Doutoramento) — Faculdade de Filosofia Ciências e Letras, Universidade de São Paulo. São Paulo, 1972. (Mimeo.)

CARONE, E. *A República nova (1930-1937)*. São Paulo: Difel, 1976.

_____. *A República Velha*. São Paulo: Difel, 1975. t. I.

_____. *O Movimento operário no Brasil*. São Paulo: Difel, 1979.

CARPEAUX, O. M. *Alceu Amoroso Lima por Otto Maria Carpeaux*. Rio de Janeiro: Graal, 1978.

DEAN, W. *A industrialização de São Paulo*. São Paulo: Ed. Universidade de São Paulo, 1977.

DIERKXSENS, W. *La Reproducción de la fuerza de trabajo bajo el capital*. Costa Rica: Instituto de Investigaciones Sociales — Facultad de Ciencias Sociales de la Universidad de Costa Rica, 1977. (Mimeo.)

DONZELOT, J. *La police des familes*. Paris: Les Éditions de Minuit, 1977.

ENGELS, F. "A contribuição à crítica da economia política de Karl Marx". In: MARX, K.; ENGELS, F. *Textos 3*. São Paulo: Ed. Sociais, 1977.

FALEIROS, V. P. *Trabajo Social: ideología y método*. Buenos Aires: ECRO, 1972.

FAUSTO, B. *A Revolução de 30*. São Paulo: Brasiliense, 1970.

_____. *Trabalho urbano e conflito social*. São Paulo: Difel, 1977.

FERNANDES, F. *A revolução burguesa no Brasil*. Ensaio de interpretação sociológica. Rio de Janeiro: Zahar, 1976.

_____. "Raça e sociedade: O preconceito racial em São Paulo (projeto de estudo)". In: *A Sociologia numa era de revolução social*. 2. ed. Rio de Janeiro: Zahar, cap. IX, 1976. p. 285-313.

_____. "A Análise sociológica das classes sociais". In: *Ensaios de sociologia geral e aplicada*. 3. ed. São Paulo: Pioneira, cap. 2, 1976. p. 65-92.

FORACCHI, M. M.; MARTINS, J. S. Sociologia e sociedade (leituras de introdução à Sociologia). Rio de Janeiro: Livros Técnicos e Científicos, 1977.

GORZ, A. (org.). *Crítica da divisão do trabalho*. São Paulo: Martins Fontes, 1980.

GRAMSCI, A. "Americanismo e fordismo". In: *Obras escolhidas*. Lisboa: Estampa, 1974. p. 135-86.

_____. "Problemas da vida cultural". In: *Obras escolhidas*. Lisboa: Estampa, 1974. 2 v, p. 184-214.

GRAMSCI, A. *Maquiavel, a política e o Estado moderno*. 3. ed. Rio de Janeiro: Civilização Brasileira, 1978.

IANNI, O. *O colapso do populismo no Brasil*. Rio de Janeiro: Civilização Brasileira, 1968.

_____. *Imperialismo e cultura*. Petrópolis: Vozes, 1979.

KISNERMAN, N. *Sete estudos sobre Serviço Social*. São Paulo: Cortez & Moraes, 1978.

KRISCHKE, P. J. *A Igreja e as crises políticas no Brasil*. Petrópolis: Vozes, 1979.

KRUSE, H. *Introducción a la teoría científica del Servicio Social*. Buenos Aires: ECRO, 1972. (Série ISI/1.)

LEFEBVRE, H. *Critique de la vie quotidienne*. Paris: L'Arche, 1958-1961. 2 v.

_____. *La vida cotidiana en el mundo moderno*. Madrid: Alianza, 1972.

_____. *Sociologia de Marx*. São Paulo: Forense, 1968.

_____. "Estrutura social: a reprodução das relações sociais". In: FORACCHI, M. M.; MARTINS, J. S. *Sociologia e sociedade* (leituras de introdução à Sociologia). Rio de Janeiro: Livros Técnicos e Científicos Ed., 1977.

LEME, M. S. *Ideologia das indústrias brasileiras, 1914-1945*. Petrópolis: Vozes, 1978.

LÊNIN, V. I. *O Estado e a revolução*: o conceito marxista do poder. Rio de Janeiro: Diálogo Livraria, s.d.

LIMA, A. A. *Memórias improvisadas*. Petrópolis: Vozes, 1973.

_____. *A Fundação das duas primeiras Escolas de Serviço Social no Brasil*. Dissertação (Mestrado) — Escola de Serviço Social da PUC-RJ. Rio de Janeiro, 1977. (Mimeo.)

LIMA, B. *Contribuição à metodologia do Serviço Social*. Belo Horizonte, Interlivros, 1976.

LIMA, L. S. et al. "Proyecto de reestruturación de la Escuela de Servicio Social de la Universidad Católica de Minas Gerais (Belo Horizonte)". In: *Compendio sobre*: reestruturación de la carrera de Trabajo Social. Buenos Aires: ECRO, 1973. (Série ISI/5.)

LIMA, L. S. et al. "A relação teoria-prática no Serviço Social". In: *Compendio sobre metodología para el Trabajo Social*. 2. ed. Buenos Aires: ECRO, 1976. (Série ISI/4.)

LUZ, M. T. *As Instituições médicas no Brasil. Instituição e estratégia de hegemonia*. Rio de Janeiro: Graal, 1977.

MAGUIÑA, A L. *Desarrollo capitalista y Trabajo Social*: Perú, 1896-1979. Lima: CELATS, 1979.

MANNHEIM, K. *Sociologia sistemática*. 2. ed. São Paulo: Pioneira, 1971.

_____. "Educação como técnica social". In: PEREIRA, L.; FORACCHI, M. (Orgs.). *Educação e sociedade*. São Paulo: Nacional, 1971.

MARQUES, M. B. "Atenção materno-infantil como prioridade política". In: GUIMARÃES, R. (Org.). *Saúde e medicina no Brasil*. Rio de Janeiro: Graal, 1978.

MARSHALL, T. H. *Cidadania, classe social e "status"*. Rio de Janeiro: Zahar, 1967.

MARTINS, J. S. *A imigração e crise do Brasil agrário*. São Paulo: Pioneira, 1973.

_____. *Capitalismo e tradicionalismo*: estudos sobre as contradições da sociedade agrária no Brasil. São Paulo: Pioneira, 1975.

_____. *Sobre o modo capitalista de pensar*. São Paulo: Hucitec, 1978. (Col. Ciências Sociais.)

_____. *O cativeiro da terra*. São Paulo: Livraria Ed. Ciências Sociais Humanas, 1979.

MARX, K. *Los fundamentos de la crítica a la economia política*. Madrid: Comunicación, 1972. 2 t.

_____. *El Capital. Libro I. Capítulo VI (Inédito)*. Buenos Aires: Siglo XXI, 1973.

_____. "Introdução geral à Crítica da Economia Política". In: MARX, K.; SWEEZY, P. *Para uma crítica da economia política*. Porto: Publicações Escorpião, 1973. (Cadernos O Homem e a Sociedade.)

_____. *La miseria de la filosofía*. 3. ed. Buenos Aires, Siglo XXI, 1974.

_____. *Teorías de la plusvalia*. Madrid: Comunicación, Alberto Corazón Editor, 1974. t. I.

_____. "Manuscritos econômico-filosóficos de 1844". In: MARX, K.; ENGELS, F. *Manuscritos económicos varios*. Barcelona: Grijalbo, 1975.

MARX, K. *El capital*: crítica de la economía política. 2. ed. 5. reimpr. México: Fondo de Cultura Económica, 1975. 3 t.

_____. *O capital*. Rio de Janeiro: Civilização Brasileira, 1975.

_____. "O Dezoito Brumário de Luís Bonaparte". In: MARX, K.; ENGELS, F. *Textos 3*. São Paulo: Sociais, 1977.

_____. "Prefácio à contribuição à Crítica da Economia Política". In: MARX, K.; ENGELS, F. *Textos 3*. São Paulo: Sociais, 1977.

_____. "Trabalho assalariado e capital". In: MARX, K.; ENGELS, F. *Textos 3*. São Paulo: Sociais, 1977.

_____; ENGELS, F. *A ideologia alemã* (Feuerbach). São Paulo: Grijalbo, 1977.

MICELLI, S. *Intelectuais e classe dirigente no Brasil (1920-1945)*. São Paulo/Rio de Janeiro: Difel, 1979.

MILLIBAND, R. *El Estado en la sociedad capitalista*. Rio de Janeiro: Paz e Terra, 1977.

MILLS, W. *A nova classe média*. Rio de Janeiro: Zahar, 1969.

MONTENEGRO, J. A. *Evolução do catolicismo no Brasil*. Petrópolis: Vozes, 1972.

MOURA, D. O. *Ideias católicas no Brasil*. São Paulo: Convívio, 1978.

NOSCHESE, R. *A participação da livre empresa na formação da mão de obra e o papel do SENAI na industrialização nacional*. SENAI.

OLIVEIRA, F. "A emergência do modo de produção de mercadorias: uma interpretação teórica da economia da República Velha no Brasil". In: *História geral da civilização brasileira*. t. III. *O Brasil republicano*. v. 1. *Estrutura de poder e de economia (1889-1930)*. São Paulo: Difel, 1977.

PALMA, D. *La reconceptualización*: una búsqueda en América Latina. Buenos Aires: ECRO, n. 2, 1970. (Série Celats.)

PEREIRA, L. *Classe operária situação e reprodução*. São Paulo: Duas Cidades, 1978.

PORTELLI, H. *Gramsci et la question religieuse*. Paris: Anthropos, 1974.

PORTELLI, H. *Gramsci e o bloco histórico*. Rio de Janeiro: Paz e Terra, 1977.

POULANTZAS, N. *Poder político e classes sociais*. São Paulo: Martins Fontes, 1977.

POULANTZAS, N. *O Estado em crise*. Rio de Janeiro: Graal, 1977.

QUEDA, O. et al. *Evolução recente das culturas de arroz e feijão no Brasil*. Brasília: Biblioteca Nacional de Agricultura (Binagri), 1979.

RIZZOLI, A. *Assistencialismo e marginalidade*: o Serviço de colocação familiar em São Carlos. Piracicaba. Dissertação (Mestrado) — ESALQ/USP, 1978.

RODRIGUES, J. A. *Sindicato e desenvolvimento no Brasil*. São Paulo: Difel, 1968.

SARTRE, J. P. *Problemas do método*. Bogotá, Estrategia, 1963.

SILVA, S. *Expansão cafeeira e origens da indústria no Brasil*. São Paulo: Alfa-Ômega, 1976.

SIMÃO, A. *Sindicato e Estado no Brasil*. São Paulo: Dominus, 1966.

VIANNA, L. W. *Liberalismo e sindicato no Brasil*. Rio de Janeiro: Paz e Terra, 1976.

VILLAÇA, A. C. *O pensamento católico no Brasil*. Rio de Janeiro: Zahar, 1975.

VERDÈS-LEROUX, J. *Le travail social*. Paris: Les Éditions de Minuit, 1978.

UNZER, A. V.; MENDES SOBRINHO, O. T. *Migração rural urbana*. Diretoria de Publicidade Agrícola da Secretaria de Agricultura, 1951.

WEFFORT, F. C. *Classes populares e política*. São Paulo: Faculdade de Filosofia Ciências e Letras da USP, 1968.

_____. *O populismo na política brasileira*. Rio de Janeiro: Paz e Terra, 1978.

YAZBEK, M. C. *Estudo da evolução histórica da Escola de Serviço Social de São Paulo no período de 1936 a 1945*. Tese (Mestrado) — Pontifícia Universidade Católica de São Paulo. São Paulo, 1977. (Mimeo.)